杨立新　郭明瑞 ◎主编

《中华人民共和国民法典·合同编》释义

戚兆岳　郝丽燕　孙犀铭 ◎编著

人民出版社

总　序

杨立新　郭明瑞

2020年5月28日,第十三届全国人民代表大会第三次会议通过了《中华人民共和国民法典》(以下简称《民法典》)。这标志着启动5次、耗时66年、凝聚数代民法人心血与智慧的民法典编纂任务顺利完成。我国由此开启了全新的民法典时代。

这是一个具有重大历史意义的时刻。民法典作为社会生活的"百科全书",规范和调整着社会经济生活与家庭生活的方方面面,并在此基础上深入而持久地型构、塑造着一个国家、民族、社会和人民鲜明的整体气质。作为新中国第一部以"法典"命名的法律,民法典是市民社会全体成员的"民事权利宣言书和保障书",其始终以人为焦点,并以人的权利和自由为终极关怀。按照民法典生活,尊严就能够得到尊重,权利就能够得到实现,不仅在一生中生活得更加幸福,而且在其生前和死后都能够得到法律的保护。民法典是我国社会主义法治建设的重大成果,其奠定了民法作为市民生活基本法的地位,有利于从私权角度抵御公权力对公民生活的不当干预。民法典通过将社会主义核心价值观融入法律条文,彰显了鲜明的中国文化特色。作为新时代的法典,民法典紧扣时代脉搏,回应时代需求,体现时代特征。

民法典用法典化方式巩固、确认和发展了民事法治建设成果,健全和完善了中国特色社会主义法律体系。民法典的制定充分体现了中国共产党全心全意为人民服务的宗旨,体现了人民至上的理念。民法典的实施将助推国家治理体系和治理能力现代化迈上新的台阶,助推人民生活走上诚信、有爱、团结、奋进的正轨。民法典颁布后的次日,中共中央政治局就"切实实施民法典"举行第二十次集体学习,要求全党切实推动民法典实施:要加强民法典重大意义的宣传教育,讲清楚实施好民法典;要广泛开展民法典普法工作,将其作为"十四五"时期普法工作的重点来抓;要把民法典纳入国民教育体系,加强对青少年民法典教育;要聚焦民法典总则编和各分编需要把握好的核心要义和重点问题,阐释好民法典一系列新规定、新概念和新精神。

为此,人民出版社组织编写了《中华人民共和国民法典》释义系列丛书。丛书由全程参与民法典编纂的著名法学家担纲主编,汇集了国内相关领域的中青年学术骨干,本着积极勤勉的态度、求真务实的精神,按照民法典体例设立总则编(含附则)、物权编、合同编、人格权编、婚姻家庭编、继承编、侵权责任编七册。每册书按照法典章节顺序展开,各章先设导言以提纲挈领,然后逐条阐释条文主旨、立法背景、含义;力图做到紧扣立法原义,通俗易懂、深入浅出,既有利于广大读者掌握法律原义,指导日常生活的方方面面,形成和谐幸福的社会秩序;又可成为私权保障和社会责任实现的重要参考。

目 录

第三分编　准 合 同

前　言

　　2020 年 5 月 28 日,第十三届全国人民代表大会第三次会议表决通过了
《民法典》,开启了我国法治的新时代。《民法典·合同编》在民法典体系中占
有突出的重要地位,它与物权编一道构成了我国民法财产法基本规范的最主
要内容。合同编有条文 526 条,占据了民法典条文 1260 条的近一半,充分反
映了合同作为市场经济的基本交易方式在现代民法中的中心地位。

　　合同编为民法典的第三编,列于总则编、物权编之后。在结构上,合同
编下设三个分编,分别是合同通则分编、典型合同分编、准合同分编。内容
和体系上依然是遵循由一般到具体的总分模式。通则分编分 8 章,共计
132 条,就合同的概念、范围、订立、效力、履行、保全、变更和转让、合同权利
义务终止、违约责任等内容做一般性规范。在功能上,借助准用性规范(第
468 条)实现了合同通则代行债法总则的功能和地位,显现了我国民法典立
法的一大特色,也是对我国实行社会主义市场经济以来民事立法中以合同
法规范为中心的立法传统的尊重和继承,这种模式解决了合同、侵权责任独
立成编后,无法安排债法总则所带来的体系上不协调的问题,反映了立法者
高超的立法智慧和巧妙的立法技术。典型合同分编分 19 章,共计 384 条,
规定了 19 种典型合同,基本上概括了市场交易中主要的交易形式,从合同
类型上看,既规定了民事合同,如赠与合同、保管合同等,又规定了大量的商
事合同,如保理合同、融资租赁合同、仓储合同等,是为民商统一的立法模
式。对于典型合同之外的非典型合同的法律适用,一方面,可以类推适用有
关典型合同的规定,如有偿合同,可以准用买卖合同规则;无偿合同,则可以
准用赠与合同规范。另一方面,在无可供类推适用的典型合同类型时,适用
合同通则以及民法典总则部分的规定。准合同分编,分 2 章,共计 10 条,规
定了无因管理和不当得利两种法定之债。如前述,因我国民法典中合同、侵
权责任独立成编,如何排布无因管理、不当得利成为立法上又一争议问题,

立法者寻诸罗马法、法国法,以准合同概括,列其于合同编之中,也是一种立法技术上的创新和发展。

民法典之前,有关合同规范除 1986 年民法通则外,我国在 1999 年立有合同法,该法将在 2021 年 1 月 1 日民法典生效后而被废止。民法典合同编无论在形式上还是主要内容方面都对 1999 年合同法做了沿袭和继受,同时也根据合同法实施以来我国司法实践的经验和合同法理论学说的最新发展做了大量的修改。这些修改之处主要表现在以下几个方面:第一,合同通则部分,首先,在结构上,合同编也设八章,但将合同保全由原来合同法履行部分分离出来,单独成章。因合同法单独立法在其总则部分的"其他规定"内容均分解而归入通则的"一般规定"等章节,或者因不合时宜而直接删除。合同法总则部分的"一般规定"部分的一些内容,如合同法基本原则的规定等,在民法典中,则移入民法典总则编规定。这样的处理,正是法典编纂的要求和法典成其为法典的表现。其次,在具体规范内容上,做了一些删除、较多的增加和修改,如删除了原合同法第 51 条关于无权处分的规定。新增加或修改的主要内容表现在如下方面,在合同订立部分,增加或修改了数据电文的要求、要约邀请的范围、强制缔约、预约、悬赏广告、电子商务合同订立规则、格式条款的规范要求等;合同履行部分,增加或修改了绿色原则,电子商务合同的履行规则,选择之债效力、连带之债效力,利益第三人合同,情势变更、不安抗辩与先期违约制度的衔接规范等;合同保全部分,扩大了债权代位权的范围,明确了在低价转让或者不正常高价受让财产情况下,债权人行使撤销权时,第三人善意的构成要求等;合同变更和转让部分,增加当事人关于金钱债权禁止转让特约不得对抗第三人的规定等;合同权利义务终止部分,增加或修改了债务清偿抵充顺序,解除权行使方式、解除权行使期限等规定;违约责任部分,增加了合同僵局规则等。第二,典型合同部分,在原合同法中典型合同的基础上增加了四种典型合同,即保证合同、保理合同、物业服务合同和合伙合同;合同名称上,将原"居间合同"修改为"中介合同";在有关的合同内容上也做了较多的修改,限于内容较多,不再一一列举。第三,准合同部分,即无因管理和不当得利,过去无论是民法通则还是民法总则中,这一部分内容都规定得特别少,这次准合同编设 10 个条文,与总则编第 121 条、第 122 条呼应,从成文化的立法说来,皆为新增内容。

本书分工如下:戚兆岳,第九至十七章;郝丽燕,第一至八章;孙犀铭,第十八至二十九章。本书由戚兆岳统稿。在此，谨向各位作者及人民出版社法律与国际编辑部洪琼主任表示衷心的感谢。

戚 兆 岳

2020 年 6 月 5 日

第一分编

通　则

本分编导言

　　本分编是《民法典·合同编》的通用规定，主要承继原《合同法·总则》及其重要司法解释。《合同编·通则》统领第二分编各典型合同。鉴于民法典不设债法总则，本分编在一定程度上发挥债法总则的功能，故法条在措辞上经常使用"债权债务"替代"合同权利义务"。本分编共 132 条，包括一般规定、合同的订立、合同的效力、合同的履行、合同的保全、合同的变更和转让、合同的权利义务终止、违约责任。相比《合同法》及其司法解释，本编在内容上有新变化，对社会发展过程中出现的新问题予以回应，将理论中发展成熟的制度立法化。

第一章 一般规定

本章导言 ▶

本章是合同编的基本规定,共6条,对《民法典·合同编》的调整对象、合同的定义、契约严守原则、合同的解释和参照适用《民法典·合同编》的情况作出规定。与《合同法》的一般规定相比,本章不再规定"平等原则""自愿原则""公平原则""诚实信用原则"等,因为上述基本原则属于整部民法典的基本原则,在第一编第一章中作出规定。本章仅规定合同编的基本规则。

第四百六十三条 本编调整因合同产生的民事关系。

释 义

本条是关于合同编调整对象的规定。

本条规定了合同编的调整对象,即基于合同产生的民事关系,与之对应的是依法产生的民事关系。但并非所有因"合同"产生的民事关系均受本编调整,或者主要受本编调整,比如行政合同、劳动合同虽然也被称为"合同",但并不是本编规范对象,而是由各自的特别法调整。本编调整的合同关系由第464条以具体化。

一、合 同

合同也被称为"契约""协议""合意"等。现代民法将合同分解为意思表示,合同是两方或者多方当事人旨在引起特定法律后果的合意。在多数合同中,当事人要作出相互的意思表示,且达成合意。某些合同,比如合伙合同中订立合同的当事人虽意思表示一致,但并不是相互的意思表示,而是合伙人为了共同目的达成的合同。

民法意义上的合同是最重要的法律行为,可以区分为债权合同、物权合同和与身份相关的合同。债权合同是本编调整的主要内容。我国民法承认物权合同,比如设定动产抵押的合同等,也有移转物权以外的其他权利的合同,即所谓的准物权合同,如债权让与、债务转让等,这些合同也属于本编调整的内容。婚姻、收养、监护、继承关系中的协议首先应当适用各编中的特别规定;在没有特别法规范时,也有适用本编规范的可能性,具体是否可以适用,依协议性质确定。

从当事人数量的视角看,合同区别于单方法律行为,比如解除权人行使解除权,撤销权人行使撤销权等,属于单方意思表示。悬赏广告也是单方法律行为,他人实施被悬赏行为只是事实行为,虽然此时并不存在合同,但仍然被规定于本编。

二、准合同

不当得利和无因管理被冠以"准合同"之名,但是实际属于法定之债,根据民法典总则编第118条,不当得利、无因管理与合同、侵权处于并列地位。由于民法典没有统一的债权编,而是将合同和侵权分别成编,不当得利和无因管理显然无法归属到侵权责任中,也与婚姻家庭编、继承编等其他编规范的对象没有直接关联。另一方面,不当得利和无因管理不足以独立成为一编,将两者置于"准合同"这一概念下是不得已而为之的立法技术选择。

第四百六十四条 合同是民事主体之间设立、变更、终止民事法律关系的协议。

婚姻、收养、监护等有关身份关系的协议,适用有关该身份关系的法律规定;没有规定的,可以根据其性质参照适用本编规定。

释 义

本条是对合同编调整对象的进一步具体化。

一、合同关系的主体

本条不再特别强调"平等"主体,而是表达为"民事主体",原因在于,民事主体的"平等性"在本法第一编第 2 条和第 4 条已经做出规定。根据《民法典》第 2 条,本条所称民事主体包括自然人、法人和非法人组织。

二、以财产关系为内容的合同

当事人之间订立合同的目的旨在设立、变更或者终止私法上的权利义务关系。依协议产生的民事法律关系包括与财产相关的法律关系和与身份相关的法律关系。本条第 2 款是第 1 款的特别规定,有关身份关系的协议在没有特别法规定的情况下,如果其性质与合同法基本原则相适应,则可以参照适用本编相关规定。

本编所调整的与财产相关的合同具体包括债权合同和物权合同。债权合同除了本编第九章至第二十七章规定的 19 种典型合同外,还包括有关财产关系的非典型合同。非典型合同要先适用各自的特别法,没有特别法或者相关特别法未做规定的内容,适用本编通则,本编分则中与该合同相似的典型合同的规定参照适用。准物权合同,比如债权让与合同、债务承担合同等受本编调整。物权合同,比如设立抵押权的合同、设立土地承包经营权的合同、设立建设用地使用权的合同、设立地役权的合同等,在没有特别规定的情况下也适用本编的规定。

有特别法规定的合同,比如保险合同、信托合同、著作权转让合同等,其特别法没有对具体事项作出相关规定时,适用本编规定。混合合同,包括多个具体合同关系,比如演艺经纪合同是一种集委托、居间、行纪、培养、宣传、推广、知识产权归属等内容为一体的混合合同,具体法律关系应适用本编通则及分则中与其最接近的典型合同的规定。

从规范领域上看,本编适用于民事合同和商事合同,这很好地体现了民法典民商合一的特点。本法规定了典型的商事合同,比如融资租赁合同、保理合同、仓储合同、行纪合同等;也规定了典型的民事合同,比如赠与合同、无偿保管合同、无偿委托合同等。

本编对政府采购合同也适用。政府采购合同,是指各级国家机关、事业单位和团体组织使用财政资金取得货物、工程或服务,具体合同类型包括买卖合同、租赁合同、委托合同等。

三、与身份关系有关的合同

与婚姻有关的协议包括与身份相关的协议和与财产相关的协议。此类协议的内容通常是混合性的,比如离婚协议包括终止婚姻关系、子女抚养等与身份相关的约定,也包括财产分割、债务偿还等与财产相关的协议。与收养相关的协议包括设立收养关系的协议和解除收养关系的协议,都是与身份有关的协议。继承法中的遗赠扶养协议兼有人身和财产属性。与监护有关的协议不会导致亲属法上身份关系的设立、终止,仅产生将监护职责转让给他人的法律效果,是一种特殊的委托协议。

上述协议不管涉及身份关系的部分还是涉及财产关系的部分,本法第五编、第六编中具体法律规定均构成本编的特别法,首先应当适用特别法的规定。无特别法规定时,可以根据协议的性质判断是否参照适用本编规定。

第四百六十五条　依法成立的合同,受法律保护。

依法成立的合同,仅对当事人具有法律约束力,但是法律另有规定的除外。

释　义

本条第 1 款规定契约严守原则,第 2 款规定合同关系的相对性。

一、契约严守

根据私人自治原则,合同当事人对是否订立合同、与谁订立合同以及合同的具体内容等,可以自由决定。然而合同成立生效后,受法律保护,合同当事人要严守合同,即合同对当事人有约束力,甚至可以认为,合同就是当事人之间的法律。根据契约严守原则,合同成立生效后,除非被撤销,或者被解除或终止,当事人要根据合同约定履行各自的义务。合同当事人不履行或者履行不符合约定的,要承担违约责任。

二、合同相对性及其例外

因合同产生的权利义务关系是典型的债的关系,因此遵守债的相对性原则。合同是特定当事人之间的关系,一方当事人基于合同关系产生的请求权仅能对合同另一方当事人主张。发生违约时,也只能要求违约的合同当事人承担违约责任,不能要求第三人承担违约责任。

　　然而,合同的相对性在极个别情况下被突破。根据本条第2款,我国合同法仅承认法律规定的合同相对性的突破,在此情况下全部合同关系或者个别债权对合同当事人以外的第三人发生效力,这种合同被称为涉他合同。理论上涉他合同区分为对他人有利合同(也称"利他合同")和为他人设立负担合同。法律只承认"利他合同",本编第522条规定的当事人之间约定向第三人履行合同就是利他合同,比如,甲向鲜花店购买鲜花,双方约定将鲜花送至甲的女朋友处。我国《保险合同法》中也规定了利他合同,即可以将第三人指定为保险合同的受益人。利他合同对第三人的约束力与对合同当事人的约束力不同,因为第三人与任何一方当事人都没有合同关系(具体见本法第522条释义)。

　　本编第523条规定了由第三人履行合同,即合同当事人为他人设立负担。然而,此类为第三人设立负担合同对第三人并没有约束力,第三人不是债务人,他不履行或者履行有瑕疵的,由合同债务人承担责任。故合同不得为第三人设立负担,换言之,实际并不存在真正的为第三人设立负担合同。

　　第四百六十六条　当事人对合同条款的理解有争议的,应当依据本法第一百四十二条第一款的规定,确定争议条款的含义。

　　合同文本采用两种以上文字订立并约定具有同等效力的,对各文本使用的词句推定具有相同含义。各文本使用的词句不一致的,应当根据合同的相关条款、性质、目的以及诚信原则等予以解释。

释　义

本条规定了合同的解释。

本条第1款规定了合同争议条款解释;第2款规定使用两种以上语言文字的合同表达不一致时的解释。

合同当事人对合同中约定的条款含义存在争议时,需要对该条款进行解释。本法第142条将意思表示的解释区分为有相对人的意思表示和无相对人的意思表示。合同中的意思表示是有相对人的意思表示。解释合同条款时要根据诚实信用原则,以所使用词句为基础,探寻意思表示的含义。不能简单地仅从字面上理解合同条款的意思,而是要探寻"交易习惯"中合同双方理性期待的意思表示所传达的含义,禁止当事人主张根据诚实信用不允许主张的含义。

一、规范解释/客观解释

在合同的解释中,现代民法解释学提出了客观解释(也被称为"规范解释")。根据客观解释理论,意思和表示不能割裂,实际构成功能上的一体,合同条款意义应当是客观接受人根据上下文所能理解的意义,要考虑到具体情况中的所有因素,特别是说话的场合、时间、地点、表示人使用的语言,等等。因此,解释合同中的意思表示不是为了探究表示人的"真实意思",而是探究"合理意思"。根据该理论探究的表示人的"合理意思"未必是其内心的"真实意思",此时表示人方面出现了意思表示的错误的,可以撤销意思表示,这样,表示人的利益也得到保护。

二、补充解释

"补充解释"实际指,确定合同成立后,对其内容进行补充,目的是填补合同的漏洞。补充解释合同的视角有二:其一是当事人的假设意愿,即如果双方意欲在合同中规定该漏洞,他们将怎样规定,要探寻的不是当事人缔结合同时的真实意思,而是客观第三人理解的意思,也属于规范解释的范围。解释合同中相关条款含义时,要考虑一系列因素,所谓的"假定意思"其实是"理性的延续思考"的合同内容。其二是要根据诚实信用、交易习惯等因素解释合同条款的含义。

补充解释的条件是确定合同存在漏洞,即存在应当约定而未约定的内容,如果双方当事人订立合同时已经知道有未规定的事项,则可以认为当事人不想对此约定,此类内容不属于漏洞。合同中虽未予以规定,但是可以适用法律的任意规范加以补充的内容,亦不属于需要进行补充解释的漏洞,比如买卖合同中未对物之瑕疵予以约定,但是可以适用瑕疵担保责任的相关条款。合同的漏洞是在订立合同时还是事后才产生,则不重要。合同的效力具有持续性,合同的适用也具有现时性,一般都是在具体适用合同时才发现漏洞,而且既然把假定意思理解为理性的"延续"思考,应当以解释合同时的因素作为解释的标准。

三、不同语言文本的合同

当事人订立合同时,合同文本可以用不同语言表达,此时不同语言的合同含义相同。各语言文本使用的词句的含义有歧义的,应当以合同条款为基础,结合该条款的性质、目的,依据诚实信用原则解释该条款的含义。

第四百六十七条　本法或者其他法律没有明文规定的合同,适用本编通则的规定,并可以参照适用本编或者其他法律最相类似合同的规定。

在中华人民共和国境内履行的中外合资经营企业合同、中外合作经营企业合同、中外合作勘探开发自然资源合同,适用中华人民共和国法律。

释　义

本条规定了非典型合同的参照适用规则。

本编分则规定了 19 种有名合同。实践中的合同类型远不止于这些被规定的有名合同。有的合同因为其特殊性有特别立法进行规范,比如劳动合同、著作权使用合同等。有特别立法规范的合同,首先要适用各特别立法,比如劳动合同先适用《劳动合同法》。特别法存在规范漏洞的,符合本编合同性质的合同可以参照适用本编相关规定。没有特别法规范的非典型合同,《民法典·合同编》通则对其适用,分则部分关于典型合同的规范是否适用,取决于该类合同与典型合同是否类似。

中外合资经营企业合同是指,中外合营各方为设立合营企业达成一致意思。中外合作经营企业合同是指,外国的企业和其他经济组织或者个人,同我国的企业或者其他经济组织,就在我国境内共同举办中外合作经营企业而达成意思一致。中外合作企业是契约性合营,合同中约定的是双方在经营的整个过程中的权利和义务分配。中外合作勘探开发自然资源合同是指,中国法人或非法人组织与外国自然人、法人或其他组织,订立的合作勘探、开发、生产自然资源的协议。此类合同履行地在我国境内的,适用我国法律。

第四百六十八条 非因合同产生的债权债务关系,适用有关该债权债务关系的法律规定;没有规定的,适用本编通则的有关规定,但是根据其性质不能适用的除外。

释 义

本条的规范内容明确了本编通则具有债法总则的功能。

债之关系除了合同之债,还包括侵权之债、不当得利之债、无因管理之债等。侵权之债由本法第七编"侵权责任"规范。不当得利之债和无因管理之债适用本编第三分编的规定。债权债务关系没有特别规定的,根据债的性质参照适用本编通则相关规定。

第二章　合同的订立

　　本章规定了合同订立的问题。本章共 33 条,主要规定了合同的形式、合同的内容、合同订立的方式、预约合同、格式条款、悬赏广告和缔约责任。本章规定的内容主要承继《合同法》第二章,在《合同法》的基础上有新的变化,回应了社会生活发展中的新型交易方式,也将理论和实践中已经发展成熟的制度立法化。

　　第四百六十九条　当事人订立合同,可以采用书面形式、口头形式或者其他形式。

　　书面形式是合同书、信件、电报、电传、传真等可以有形地表现所载内容的形式。

　　以电子数据交换、电子邮件等方式能够有形地表现所载内容,并可以随时调取查用的数据电文,视为书面形式。

释　义

本条规定了合同的形式。

一、合同的形式

原则上形式并非合同生效力的条件。通常情况下,合同是形式自由的,即使当事人口头达成合意,合同依然成立。口头形式的合同既可以由当事人明确订立,也可以通过行为默示订立,比如通过点头等行为。对形式没有特殊要求的合同是"非要式合同",反之则是"要式合同"。

二、书面形式

(一) 书面形式的目的

合同的书面形式,既可以由当事人约定,也可以由法律规定。注重合同形式会给交易带来不便,因为将合同内容载于书面需要时间和精力,因此立法者只有在需要借助形式达到特定目的时,才会规定书面形式的合同。

书面形式最主要的目的是证明目的。如果合同当事人只是口头订立合同,事后很容易对是否订立合同,何时订立合同,合同的内容等产生争议。将合同以书面形式固定,虽然不能完全避免争议,但是却可以大大减少争议。书面形式还具有警告目的,比如担保合同要求书面形式,除了有证明目的之外,还为了使保证人有时间谨慎考虑。要求书面形式还可以将合同的磋商阶段和合同订立明晰分开,特别是对磋商时间较长的合同,这种区分格外重要。在某些合同中,形式还有提供信息功能,比如在消费者和银行的借款合同中,借款利率等信息必须准确地记载于合同。

(二) 具体的书面形式

1. 合同书。

合同要求书面形式的,通常当事人要制作合同文书,即要将合同的内容用文字表达在合同文书上。合同文书既可以由当事人或者第三人笔书,也可以用机器书写并打印、复印。合同文书要具有整体性。

在很多情况下,当事人会制作多份内容完全一致的合同文书,此时双方当事人在给一方当事人的合同文书上签名、盖章或按指印已足。比如租赁合同的出租人将两份合同签名后寄给承租人后,承租人仅在其中一份合同上签名并将该合同书寄回给出租人,则满足书面形式。当事人的签字、盖章、按指印要能覆盖整个合同的内容。

2. 信件、电报、电传、传真。

通过往来信件可以确定当事人已经达成合意,并满足当事人在同一文书上签字或盖章要求的,仍然属于书面合同。电报、电传、传真只要可以承载合同内容,且当事人在同一份文书上签字、盖章或者按指印的,满足本条规定的书面合同要求。

3. 数据电文。

根据本条第 2 款的规定,数据电文被拟制为书面形式。在现代交易中,意思表示经常通过数据电文做出,比如通过电子数据交换、电子邮件等方式,因此法律允许数据电文替代传统的书面形式。被视为书面形式的数据电文要求能够有形地表现所载内容,并可以随时调取查用。

有效的以数据电文订立的书面合同必须经当事人签名。根据《电子签名法》第14条,可靠的电子签名和手写签名或者盖章有相同效力。第16条规定,电子签名需要第三方认证的,由依法设立的电子认证服务提供者提供认证服务。电子签名,是指数据电文中以电子形式所含、所附用于识别签名人身份并表明签名人认可其中内容的数据。法律可以排除电子签名的适用,比如《电子签名法》第3条规定,不适用电子签名的合同包括涉及婚姻、收养、继承等人身关系的合同;涉及停止供水、供热、供气等公用事业服务的合同等。

4.其他形式。

在特殊情况下,简单的书面形式不足以达到其目的,还会有更严格的合同形式,比如经公证的合同、经认证的合同、经登记的合同等。

三、违反合同形式的法律后果

在大陆法的传统中,合同没有以法定或者约定的形式订立的,原则上无效;在英国法中,对违反形式的合同不得提起诉讼,即合同不具有可实现性。根据本法第490条,有形式要求的,形式是合同成立的要件;但是这种形式瑕疵可以基于当事人的履行而被治愈。

合同不符合法定形式的,还可能产生其他法律后果,比如根据本法第707条,六个月以上的租赁合同未以书面形式订立的,无法确定租赁期限的,视为不定期租赁合同。

第四百七十条 合同的内容由当事人约定,一般包括下列条款:

(一)当事人的姓名或者名称和住所;

(二)标的;

(三)数量;

(四)质量;

(五)价款或者报酬;

(六)履行期限、地点和方式;

(七)违约责任;

(八)解决争议的方法。

当事人可以参照各类合同的示范文本订立合同。

释 义

本条规定了合同的主要内容。

一、合同的主要内容与核心要素的区别

本条列举了合同的 8 项主要内容,它区别于合同的核心要素。合同必须包括的内容被称为合同的核心要素或必要之点,即合同虽然是当事人的意思表示一致,但是该合意必须包括核心要素,否则合同不能成立。因为不包含核心要素的合同根本无法实施。本条所列举的合同一般包括的内容并非全部是合同的核心要素,换言之,虽然本条列举了合同通常包含的内容,但当事人如果在合同中没有约定的内容不属于合同的核心要素时,不影响合同成立。部分没有约定的内容可以由法律规定,或者由交易习惯确定,或者通过解释合同确定,比如履行地点、时间、标的质量等。合同的核心要素由合同的类型决定,不能从立法技术上逐一列举合同的核心要素。

本条列举的 8 项内容,是否属于合同核心要素要具体分析。

(一) 当事人的姓名或者名称和住所

合同的成立必须有当事人。法律行为的当事人是做出相应意思表示者,可能是本人亲自作出意思表示,也可能是通过代理人作出意思表示,也可以通过使者传达意思表示。但姓名或名称和住所只是确定当事人身份一致性的通常方式,并非必要条件,因此,姓名或名称和住所不是合同的核心要素。

(二) 标的

这里所称"标的"实际指给付。根据合同类型,给付也不相同。合同的核心要素可能是给付对象,比如买卖合同的标的物,也可能是具体的给付义务,比如在承揽合同和服务合同中需要详细确定给付义务。

(三) 数量

数量属于给付内容,一般是核心要素,没有数量则合同无法履行,发生争议时,法官也无法作出裁判。

（四）质量

标的物的质量是指物的状态。给付本身也可以用质量评价,比如服务有衡量其好坏的标准。质量不属于核心要素,当事人没有对给付质量达成合意的,要根据本法第 510 条和第 511 条的规定确定。

（五）价款或报酬

价款或报酬本身是双务合同的对价给付,原则上是合同的核心要素。比如,买卖合同没有对价,就不是买卖合同,而是赠与合同。但在合同具体类型确定后,价款或报酬的数额不是核心要素。比如,服务或承揽加工的报酬如果没有约定,可以根据通常报酬确定。

（六）履行期限、地点和方式

合同内容不包括履行期限、地点和方式的,不影响合同成立。本法在第 510 条和第 511 条规定了这种情况下的处理方法。

（七）违约责任

当事人在合同中约定违约责任的,属于约定惩罚,比如定金、违约金等。违约责任不是合同的核心要素,当事人没有约定违约责任的,适用法定违约责任。

（八）争议解决方式

争议解决途径并非合同核心要素,即使达不成合意,也可以通过诉讼的方式解决争议。争议解决方式包括和解、调解、诉讼和仲裁。有效的仲裁约定排除法院的诉讼管辖,但是当事人约定通过调解或和解方式解决争议的,仍然可以提起诉讼。当事人也可以约定诉讼管辖地。

二、合同的示范文本

合同示范文本可以为当事人订立合同提供参照,为没有经验的当事人订立合同,特别是为订立书面合同提供便利。合同的示范文本在一定程度上有积极作用,但当事人完全可以自行约定合同内容。订立合同时,法律只要求就当事人对合同的核心要素达成合意。

第四百七十一条　当事人订立合同,可以采取要约、承诺方式或者其他方式。

释 义

本条规定了合同的订立方式。

一、合同订立的一般方式

合同通常由两个意思表示构成,即一方当事人向另一方当事人提出要约,另一方当事人通过承诺接受该要约。采用要约和承诺方式订立的合同被称为"合同的按顺序完成模式"。但并不是说,合同只能通过要约和承诺订立,还可以通过其他方式达成合意。

在某些情况下,双方当事人经过长时间的磋商才达成合意。没有人怀疑合同已经成立,但是很难将某个具体的行为界定为"要约"或"承诺"。也有些合同的内容是由双方当事人共同确定。总之,对合同成立而言,关键的是当事人之间的合意,只要当事人之间达成有约束的合意,合同即成立。

二、合同订立的其他方式

合同订立的其他方式包括"强制缔约""交错要约"和"同时表示"等订立方式。强制缔约是本法第494条规定的按国家下达的指令性任务或者订货任务订立的合同,或者在负有强制要约义务或者强制承诺义务情况下订立的合同。交错要约订立的合同是指,双方订约当事人以非对话的方式,在彼此不知情的情况下,向对方作出内容相同的要约。比如甲向乙作出"我愿用5000元购买您的MacBook Pro"的要约,而乙在对该要约不知情的情况下作出"我愿将我的MacBook Pro以5000元钱卖与您",此时买卖合同通过交错要约成立。"同时表示"是指,订约当事人以对话方式、不约而同地向对方发出内容相同的要约,此时合同也成立。

第四百七十二条 要约是希望与他人订立合同的意思表示,该意思表示应当符合下列条件:

(一)内容具体确定;

(二)表明经受要约人承诺,要约人即受该意思表示约束。

释 义

本条规定了要约的定义和成立条件。

从法律属性上看,要约是旨在订立合同的单方的需受领的意思表示,由要约人向受要约人作出。有效的要约必须符合以下要求:

1. 要约必须符合意思表示有效的条件。受要约人原则上是特定的,但在个别情况下也可以向不特定多数人作出。要约人必须具有民事行为能力,限制行为能力人是否可以发出有效力的要约,取决于合同是否对要约人有法律上不利。要约人既可以明示发出要约,也可以默示发出要约。

2. 要约要有具体确定的内容,或者内容具有可确定性。这里的内容确定或可确定的意思是,有效力的要约必须包括交易的核心要素,或者称"合同的必要之点"。只有内容包括合同核心要素的要约,才能在要约受领人表示接受时成立合同。要约是否足够具体确定,与合同的类型有关。比如买卖合同的要约通常只要包括买卖标的物(包括数量)、价格和当事人,内容就足够确定。其他未包含的内容,可以通过法律规定或者通过解释合同确定。在某些情况下,即使要约没有包含价格,也可能满足确定性要求,此时的价格应当是市场通常价格。

3. 要约人必须有受约束的意思。有效力的要约还要求,从受领人角度看,要约人有产生法律上的约束力的意思。要约人应当在要约中对外表示,如果受要约人接受要约,则要约人将受合同约束。要约到达后被接受前,出现本法第 476 条规定的情况的,要约人不得撤销要约,此时要约人受约束的时间提前至要约到达时。如果要约人没有受法律约束之意思,则不存在法律意义上的要约,而是要约邀请。商事交易中当事人一般会明确表示,该表示不具有约束力,比如表示人特别注明"不具有约束力""供货以库存量为限"。很多情况下,表示人是否有受法律约束意思,需要从客观第三人视角进行解释来查明。比如,某商品出卖人向不特定多数人作出想以特定价格出卖该商品的意思表示,该表示并不是要约。原因是,任何表示购买该商品的意思表示都会成立买卖合同,出卖人有履行义务,而他的商品的数量有限,这可能使他面临违约进而承担损害赔偿责任的风险。因此,理性的出卖人不应当有受法律约束意思。然而,法律可以作出不同规定,比如本法第 473 条第 2 款。

第四百七十三条　要约邀请是希望他人向自己发出要约的表示。拍卖公告、招标公告、招股说明书、债券募集办法、基金招募说明书、商业广告和宣传、寄送的价目表等为要约邀请。

商业广告和宣传的内容符合要约条件的,构成要约。

释　义

本条规定了要约邀请。

第472条规定的要约很容易与要约邀请混淆,故本条对要约邀请作出规定。要约邀请仅一般性地表达订立合同之意向,它只是合同准备阶段的非约束性的表示。一个表示是要约还是要约邀请,要从客观第三人视角进行判断。本条第1款第2句列举了几个常见的要约邀请:拍卖公告、招标公告、招股说明书、债券募集办法、基金招募说明书、商业广告和宣传、寄送的价目表。这些表示的共同特点是公开向不特定多数人作出,表示人并没有受法律约束的意思,原因见第472条释义。表示人作出上述表示的目的是希望有兴趣的人发出要约。

一、重要的要约邀请

本条列举了以下要约邀请:

（一）拍卖公告

一般的拍卖公告是要约邀请,竞买人出价为要约,该要约在出现更高竞价要约时失效;一般拍卖人击锤拍定为承诺,也可以通过其他方式表示买定（《拍卖法》第51条）。关于网络拍卖公告的法律属性,我国立法、理论和实践没有给予关注。与普通拍卖不同,网络拍卖合同并不是经拍卖人击锤拍定而成立,而是在拍卖时间结束时,与最高竞价自动成立合同。因此在网络拍卖中,要区别拍卖前的宣传公告和拍卖开始后对拍卖物描述介绍的"公告",后者不是要约邀请,而是要约或者是提前作出的承诺,即提前表示接受有效的最高价要约。

（二）招标公告

《招投标法》第16条第1款规定,招标公告是采取公开招标方式必须实施的缔约行为。是招标人为了邀请不特定法人或者其他组织投标,向社会公开发布的载明招标人名称、地址、招标项目的性质与数量、招标地点和时间、获取招标文件途径等事项的法定文件。招标公告的目的是,希望他人向自己发出要约,发布招标公告的主体没有受约束的意思。故招标公告是要约邀请。

（三）债券募集办法、基金招募说明书

债权募集办法和基金招募说明书是有发行证券和基金的主体向社会发布的载明债券和基金的发行时间、规模、方式、利率、市场风险等影响投资者决策的信息的法律文件。债券募集办法、基金招募说明书的目的在于,希望投资者购买债券或基金,是要约邀请。

（四）价目表

价目表是载明特定商品或服务及其单价或收费标准的信息表。寄送价目表者,是希望他人发出邀约,因此是要约邀请。

（五）商业广告和宣传

原则上商业广告和宣传是要约邀请。商业广告一般不具有内容上的确定性,而且是向不特定多数人发出,广告主通常没有受法律约束之意思。商业宣传同样向不特定多数人作出的,其目的是为了扩大影响力,促使他人发出要约,商业广告实际也是宣传,通常是要约邀请。

二、构成要约的商业广告或宣传

如果商业广告或宣传的内容足够具体确定,并且可以得出广告主有受约束的意思的,商业广告或宣传是要约。《最高人民法院关于审理商品房买卖合同纠纷案件的司法解释》第3条规定,商品房的销售广告和宣传资料为要约邀请,但是出卖人就商品房开发范围内的房屋及相关设施所作的说明和允诺具体明确,并对商品房买卖合同的订立及房屋价格的确定有重大影响的,应当视为要约。

三、特殊情况

（一）标价商品陈列

标明价格的商品陈列是要约邀请还是要约,各国民法所持观点有分歧。我国合同法理论中的观点是,应当区别对待标价陈列商品:柜台上陈列或者货架上放置的标价商品,是要约;临街橱窗陈列商品,是要约邀请;自选超市中的标价商品,是要约邀请。

（二）自动售货机设置

设置的自动售货机是要约,以存货量为限,且以自动售货机可以使用为条件。顾客投币行为是承诺。出货是卖方履行买卖合同。在自动售货机无货,或者不运转的情况下,要约失去效力,顾客投币后并不能成立合同。顾客可以根据不当得利要求返还货币。

（三）电商平台标价商品

电商平台上标价商品与柜台陈列的标价商品相同,符合要约成立要件的,根据我国合同法理论中的观点,构成要约,但是应当以库存数量为限。

第四百七十四条 要约生效的时间适用本法第一百三十七条的规定。

释 义

本条规定了要约生效的时间。

要约生效后,产生法律约束力。自要约生效之时起,要约才可能经承诺成立合同。要约是需受领的意思表示,即有相对人的意思表示,其生效时间由本法第137条规定。

要约人作出意思表示,且该意思表示达到受要约人时,要约生效。根据本法第137条,应当将要约的生效区分为以对话方式作出的要约和以非对话方式作出的要约。无论是对话方式的要约,还是非对话方式的要约,在表示人作出要约且该要约达到受领人后生效。

一、要约的作出

要约由要约人作出。要约的作出可以具体分解为要约的表述和要约的发出。要约首先要被表述出来,也可以称为作成要约,要约表述后,意思表示事实存在。表示人必须将完成表述的要约对外表达,即发出要约。要约的发出使它在法律上存在。一般认为,表示人有意识、有意愿地将要约发往受要约人,且在通常情况下可以期待它能到达受要约人处,则认为要约人发出要约。要约的表述和发出在书面要约中区分得比较明显,口头要约的表述和发出是一个行为。

要约的发出具体要求如下：首先，要约人有目的地向确定的或者可以被确定的受领人表达要约，向不可确定的公众表达不足以完成要约的发出。其次，要约人必须有发出要约的意愿，否则要约不能归属于意思表示人。比如甲将写好的要约放在桌子上，但是他尚未决定是否要发出要约，其同事误认为甲忘记送出要约，于是把要约寄出。在此情况中表示人没有发出要约。最后，要约必须以在一般情况下可以到达受领人的方式作出。

二、要约的到达

根据本法第 137 条，要约的生效区分为以对话方式作出的要约和以非对话方式作出的要约。

（一）以对话方式作出的要约

第 137 条第 1 款的文本表述为："以对话方式作出的意思表示，相对人知道其内容时生效。"对话既包括面对面的口头作出要约，也包括通过电话口头作出要约。以对话方式作出要约，要约作出时即到达。根据"相对了解主义理论"，只要表示人可以合理地认为，受领人在声音上正确了解意思表示的内容，要约就生效。

（二）以非对话方式作出的要约

以非对话方式作出的要约的生效，以要约到达为标准。这里所谓的到达是指，要约进入受领人管控领域，且受领人在通常情况下可以获悉要约内容。比如要约在工作时间被投入信箱、塞进门缝、被秘书签收等，均可以认为进入受领人管控领域，且受领人有知悉内容的可能性。然而，如果要约在非工作时间被投递到信箱，则不能合理期待受领人获悉要约内容。要约的到达时间是紧随其后的工作时间。

（三）以数据电文作出的要约

以数据电文形式作出的要约，没有特别约定的，其生效时间也采用进入受领人管控领域并可能期待他知悉的判断标准。相对人指定特定系统接收数据电文的，该数据电文进入该特定系统时生效；未指定特定系统的，相对人知道或者应当知道该数据电文进入其系统时生效。比如以电子邮件发出要约的，受领人指定接收电子邮件地址的，发送要约的电子邮件进入该接收系统时生效。未指定接收电子邮件的 E-mail 邮箱的，以接收人的主观认知为标准。该规定是否合理值得商榷，因为通过数据电文发出的要约与其他以非对话方式发出的要约并无不同,要考虑是否可以合理期待接收人获悉要约内容。比如深夜进入指定接收邮箱的电子要约,并不能期待受领人深夜获悉要约内容。

第四百七十五条 要约可以撤回。要约的撤回适用本法第一百四十一条的规定。

释 义

本条规定了要约的撤回。

要约是需受领的意思表示(也称"有相对人的意思表示"),随着其到达发生效力,要约人通过撤回要约阻止其发生效力。要约的撤回是指,要约被发出后但未生效之前,要约人收回要约,从而使要约不发生效力。要约的撤回由本法第141条规定。

有效的撤回通知应当在要约到达相对人之前,或者最晚与要约同时到达相对人。如果撤回通知在要约到达相对人之后才到达,则撤回不产生法律效力,在此情况下尽管相对人知道撤回通知,仍然可以接受要约,进而使合同成立。

从要约撤回的条件看,以口头形式作出的要约实际不可能被撤回,因为此时要约的发出与到达同时发生,没有撤回的空间。决定要约是否能撤回的关键是两个意思表示到达的时间点,与相对人是否实际知悉无关。比如,要约人以普通邮件邮寄书面要约,紧接着以加急快递邮寄撤回通知,撤回先于要约到达,虽然受领人同时拿到两份文件,且先阅读要约,但不影响要约的撤回。在德国民法中,只有在法律明确规定的情况下,要约到达之后可撤回。

根据本条,要约到达后不得撤回;第476条又规定了要约的撤销及其限制。说明我国民法典立法者认为,意思表示的受约束性始于其到达,但这种受约束性与德国民法典不同,因为德国民法典没有规定意思表示的撤销,仅规定要约在到达之前可以撤回,到达之后不可以由意思表示人撤销或者撤回而使其失去法律效力。因此在我国民法典中,要约自到达时起要约人受到有限约束。其他国家法律有不同规定,比如在英国法律中,要约只要没有被接受就可以撤回。法国司法裁判认为,要约在接受前可以撤回,但如果撤回要约被评价为滥用权利,则要约人要承担损害赔偿责任。

撤回要约的形式不必与要约形式相同,比如要约是以书面形式发出,可以通过电话口头撤回要约。即使要约有形式要求,比如约定或法定书面形式,要约的撤回也不需要形式。

第四百七十六条　要约可以撤销,但是有下列情形之一的除外:

(一)要约人以确定承诺期限或者其他形式明示要约不可撤销;

(二)受要约人有理由认为要约是不可撤销的,并已经为履行合同做了合理准备工作。

释　义

本条规定了要约的撤销。

一、要约撤销的基本条件

要约的撤销是指,在要约发生法律效力之后,受领人承诺之前,要约人使要约再次失去法律效力的意思表示。民法典既规定要约的撤回,又规定要约的撤销,这与很多国家的民事立法的相关规定不同,但与《国际商事通则》第2.4条第2款的规定相近。本法原则上允许要约撤销,旨在保护要约人利益,否则,不管受要约人何时表示接受或拒绝要约,要约人在此前都受要约的约束,这将限制要约人向其他人发出要约,不符合交易利益。

要约的撤销与撤回有以下区别:撤回在要约生效前,撤销在要约生效后;撤回是为了阻止要约生效,撤销是为了使生效要约重新失去效力;撤回产生法律效力的时间和撤销产生效力的时间不同。

二、撤销排除

本条同时规定了要约不得撤销的情况:(1)要约附承诺期限,即要约人作出要约时附有效期限,在此期限内不能通过意思表示使要约失去效力。该规定属于法定禁止撤销的情况。(2)要约人明确或者推定表示要约不可撤销的,如果允许要约人撤销,则存在自相矛盾行为。比如要约人在要约中表示,

"这是一个确定的要约"或者"我们遵守该要约直至贵方回复"等。(3)受要约人有值得保护的信赖,即受要约人有合理原因信赖要约不会被撤销,并且基于该信赖为履行合同做准备。

第四百七十七条　撤销要约的意思表示以对话方式作出的,该意思表示的内容应当在受要约人作出承诺之前为受要约人所知道;撤销要约的意思表示以非对话方式作出的,应当在受要约人作出承诺之前到达受要约人。

释　义

本条规定了撤销要约的意思表示的到达时间。

撤销要约的意思表示应当在合同成立之前到达受要约人,才产生撤销要约的效力。合同成立之后不可能撤销要约。

一、以对话方式撤销要约

以对话方式撤销要约,如果受要约人同样以对话方式作出承诺的,撤销要约的意思表示应当在受要约人作出承诺前到达。根据本条规定,要约撤销产生相应法律后果的时间点是受要约人作出承诺的时间点,而不是承诺到达的时间点。可能出现的情况是,要约人以对话的方式向受要约人表示撤销要约,但此时受要约人已经以非对话方式作出承诺,比如通过邮寄的方式已经向要约人发出承诺文书,但并未到达要约人管控领域,要约人没有知道承诺的可能性。此时,合同虽然尚未成立,但根据本条,要约不具有撤销的可能性。对话方式也包括电话通话等可以直接听到或看到的方式作出撤销要约意思表示。

二、不以对话方式撤销要约

撤销要约的意思表示以非对话方式作出,比如通过电子邮件或邮寄,产生效力的时间点以撤销到达受要约人管控领域且他有可能知道的时间点为判断标准。撤销要约的意思表示应当在受要约人作出承诺的意思表示之前到达,否则不产生撤销效力。

第四百七十八条 有下列情形之一的,要约失效:

(一)要约被拒绝;

(二)要约被依法撤销;

(三)承诺期限届满,受要约人未作出承诺;

(四)受要约人对要约的内容作出实质性变更。

释 义

本条规定了已经生效的要约失去效力的情况。

要约产生法律效力后,相对人没有承诺之前,可以失去法律约束力,即要约消灭,要约人不再受要约的约束。从反面看,要约失效后,受领人不能再对该要约作出承诺。本条表面规定了四项要约失效的情况,但实际第(四)项属于第(一)项的情况。

一、要约被拒绝

要约被受领人拒绝是要约失效的原因之一,即受领人表示不接受要约或不同意以要约内容订立合同。要约的拒绝是单方的需受领的意思表示,在到达要约人后生效。拒绝要约的意思表示的形式不必与要约形式相同,比如要约是书面形式,相对人仍然可以口头拒绝要约。即使当事人约定或者法律规定,要约和承诺需要具备某种形式,但拒绝要约仍然可以是口头的;反之亦然。要约相对人既可以明确表示拒绝要约,比如,表示"不接受该要约"或者"不同意订立合同";也可以推定表示拒绝要约,比如,如果出卖人要约的单价是1000元,受领人表示"同意以单价900元购买"。因为拒绝要约是意思表示,因此适用意思表示的一般规定。如果要约受领人是限制行为能力人,拒绝要约的,需要经过法定代理人同意或者追认,否则拒绝要约的意思表示没有法律效力。发生意思表示的错误等撤销原因时,拒绝要约的意思表示可以被撤销,但是要在承诺期限内。拒绝要约的意思表示被撤销后,要约受领人仍然可以对原要约作出承诺,借此成立合同。

二、要约被依法撤销

要约被要约人根据本法第476条、第477条撤销的,当然失去效力。

三、承诺期限届满,受要约人没有作出承诺

要约人可以在要约中附承诺期限。附承诺期限的要约实际是要约人通过私人自治限制要约的效力期间。对要约人而言,要约的约束力实际隐藏一定风险,即经济关系很可能发生重大变化,如果要约人不及时撤销,承诺后合同成立。要约约束力时间越长,这种风险越大,这对要约人不利。因此要约人可以设置承诺期限,承诺期限经过受要约人未承诺的,要约失去效力。这也是合同自由的表现。要约人未设置承诺期限的,受要约人没有在合理期间内表示承诺的,要约失去效力。很多情况下要约人没有明确承诺期限,这不意味着,只要要约不被撤销,就一直有效力,因为这样会徒增要约人的交易成本。在此情况下,应当认为,只要受要约人没有在合理期间内表示承诺的,要约失效。

四、受要约人对要约内容作出实质变更

受要约人对要约内容作出实质变更的,包括两个意思表示:首先默示作出拒绝要约的意思表示,然后作出新要约(或称反要约)。受要约人默示拒绝要约的,根据本条第 1 项,原要约失去效力。

第四百七十九条 承诺是受要约人同意要约的意思表示。

释 义

本条规定了承诺的定义。

承诺是受要约人向要约人作出的同意接受要约内容的意思表示,即同意以要约内容订立合同。承诺生效后合同成立。在法律属性上,承诺是单方的、(原则上)需受领的意思表示,承诺一般要对要约人作出。仅在个别情况下,承诺无须受领。作出承诺的应当为受要约人,如果要约是向特定受要约人发出,而第三人获悉要约,并向要约人表示,愿意以要约内容订立合同,此时第三人的意思表示并非承诺,而是第三人向要约人作出的要约。

有效力的承诺首先要满足意思表示有效的要件。受要约人应当具有行为能力,限制行为能力人作出的承诺的效力要区别对待:合同仅为承诺人带来法律上之利益的,不需要其法定代理人同意或者追认,否则承诺的效力依赖于承

诺人的法定代理人的同意或者追认。在法律没有特别规定，或者当事人没有约定（包括在要约中单方要求）的情况下，承诺不需要形式。承诺在内容上与要约内容一致，即承诺意味着受要约人完全接受要约，对要约内容作出实质改变的，是拒绝要约，并发出新要约。

受要约人通常明确表示承诺，简单的"同意"等表达足以。也可以默示作出承诺，比如日常现货交易中卖方将标的物交给买方，或者酒店入住者将酒店房间内标明具体价格的饮料打开（默示的承诺详见第480条）。与默示的承诺相区别了"沉默"，沉默不是意思表示，因此通常不应当解释为承诺。

第四百八十条　承诺应当以通知的方式作出；但是，根据交易习惯或者要约表明可以通过行为作出承诺的除外。

释　义

本条规定了作出承诺的方式。

承诺是意思表示，既可以由受要约人明确表示，即本条前半句规定的以通知方式作出，也可以由受要约人默示作出，即本条后半句规定的通过行为作出。

一、以通知方式作出承诺

以通知方式作出承诺，即受要约人向要约人明确作出承诺的意思表示。承诺既然是意思表示，就必须满足意思表示的要件，即表示人必须有受合同约束的意思，承诺的内容要与要约一致。如果受要约人的表示只是确认收到要约，或者对要约作出实质变更，或者表示"只有在满足其他条件时才受合同约束"，则他的表示不是承诺。以通知方式作出承诺的，可以口头通知，也可以书面通知。如果法律特别规定，或者当事人约定（包括在要约中单方要求）书面形式或其他形式的，承诺应当符合所要求的形式。在没有法定形式或者约定形式的情况下，承诺的形式也不必与要约形式相同，比如要约是书面的，受要约人可以口头表示承诺，反之亦然。

二、通过行为作出承诺

通过行为作出承诺，即默示作出承诺。普遍承认了，受要约人可以通过特定行为表示承诺,前提条件是,该行为根据人们对社会典型行为的理解,足以被认为是接受要约。受要约人开始为履行合同做准备就属于典型的通过行为作出承诺。比如某人向零售商书面作出购买货物的要约,该零售商将货物包装好交给快递公司,或者该零售商将随要约一起寄来的支票交给银行提现。在上述情况中,零售商都是通过行为表示承诺。其他国家或国际立法对通过行为的承诺作出明确规定。《联合国国际货物销售合同公约》第18条第1款规定:"受要约人声明或者作出其他行为表示同意一项要约,即为承诺。"

在很多通过行为作出承诺的情况中,承诺不需要达到要约人即产生法律效力。这发生在要约人不需要通过知道合同成立被保护的情况下。要约不需要达到即生效的情况还可以根据交易习惯得出。当要约人表示"尽快将货物寄给我处",属于要约人放弃承诺到达。

三、沉　默

有疑问的是,沉默或者不作为是否是承诺。原则上沉默不是承诺,因为受要约人有不订立合同的自由,沉默或不作为通常是消极合同自由的表现。《联合国国际货物销售合同公约》第18条第1款规定,沉默或不作为不是承诺。只有在当事人之间有约定,或者法律有明确规定的情况下,沉默才可能是承诺。比如甲、乙两人订立长期供酒合同,在合同中两人约定,对于每次购买酒的要约,卖方的沉默视为承诺。法律也可以规定,在特殊交易中沉默是承诺。

第四百八十一条　承诺应当在要约确定的期限内到达要约人。

要约没有确定承诺期限的,承诺应当依照下列规定到达:

(一)要约以对话方式作出的,应当即时作出承诺;

(二)要约以非对话方式作出的,承诺应当在合理期限内到达。

释　义

本条规定了承诺期限。

一、要约中确定承诺期限

根据私人自治原则,要约人可以在要约中确定承诺期限。根据本法的相关规定,确定承诺期限对要约人利弊参半:有利的是,承诺期限内受要约人不接受要约的,要约失去效力;不利的是,承诺期限内要约不得撤销。要约人通常明确地确定承诺期限,或者表示承诺的时间段,比如"贵方应当在1月2日至1月15日之间答复",或者表明承诺结束的时间点,比如"贵方应当在1月15日前答复"。个别情况下,也可以从具体情况中得出承诺期限。比如购买彩票的承诺期限是开奖前。承诺期限的确定是单方法律行为,与要约的形式要求相同,即如果要约是非要式的,则承诺期限确定也如此;如果法律规定或当事人约定,要约需要书面形式、公证形式等特殊形式的,承诺期间的确定也要符合形式要求。要约人可以延长承诺期限。

二、要约未确定承诺期限

要约没有确定承诺期限的,要区别以对话方式作出的要约和非以对话方式作出的要约。

（一）以对话方式作出的要约的承诺期限

以对话方式作出的要约是指,意思表示的作出与对它的了解同时发生。要约人与受要约人面对面口头表达要约当然属于此,但并不限于此情况。要约人与受要约人尽管有空间上的距离,但仍可以通过听觉接受到要约的,也属于通过对话方式作出要约,比如通过电话等方式作出要约。

根据本条规定,以对话方式作出的要约应当即时表示承诺。"即时"并不表示要约到达受要约人和他作出承诺之间没有任何时间上的间隔,应当留给受要约人理解要约内容和承诺后果的时间。要约和承诺的合理时间间隔应当在具体情况中判断。如果要约人未表明承诺期限,且受要约人没有"即时"表示承诺,则要约失去效力。《联合国国际货物销售合同公约》第18条规定:"对口头要约必须立即做出承诺,但情况有别者不在此限。"口头要约人确定承诺期限的,属于"情况有别"。

（二）以非对话方式作出的要约的承诺期限

要约没有确定承诺期限,也不是以对话方式作出,承诺应当在合理期间到达要约人。合理期间是指在具体情况中可以预期承诺到达的期间。换言之,承诺应当在根据事务的性质或惯例在通常所需的期间内到达。确定"合理期间"时要考虑到一切与交易相关的因素,包括传达意思表示的手段。德国民法和我国台湾地区学者将期间的计算分为三部分:要约传达所需的期间、受要约人考虑的期间(为承诺所必须的期间)和承诺传达所需期间。应当从要约发出时计算,而不是从其到达时计算。承诺迟延到达可归责于要约人的,无论他是否有过错,根据诚实信用原则,承诺应当视为即时到达。

第四百八十二条 要约以信件或者电报作出的,承诺期限自信件载明的日期或者电报交发之日开始计算。信件未载明日期的,自投寄该信件的邮戳日期开始计算。要约以电话、传真、电子邮件等快速通信方式作出的,承诺期限自要约到达受要约人时开始计算。

释 义

本条规定了承诺期间的起算。

本条参考《联合国国际货物销售合同公约》和《国际商事合同通则》,将承诺期限的起算分为两种标准:通过电报或信件等作出的要约和以电话、传真、电子邮件等快速方式作出的要约。要约以信件或者电报作出的,承诺期限自信件载明的日期或者电报交发之日开始计算。信件未载明日期的,自投寄该信件的邮戳日期开始计算。要约以电话、传真、电子邮件等快速通信方式作出的,承诺期限自要约到达受要约人时开始计算。根据本法第 201 条,期间起算以"日"为基准,当日不计算在内,从下一日开始计算;按照小时计算期间的,自法律规定或者当事人约定的时间开始计算。因此本条是第 201 条的特别条款。本法第 202 条、第 203 条适用。

第四百八十三条 承诺生效时合同成立,但是法律另有规定或者当事人另有约定的除外。

释 义

本条规定了合同成立的时间。

根据本条的规定,合同成立的一般时间点是承诺生效时,因为在这一时刻要约人和受要约人达成订立合同的意思表示的一致。由本条可知,民法典采用"合意主义"的合同成立模式。承诺生效的时间由本法第484条规定。

法律可以规定其他时间为合同成立的时间,比如本法第490条规定:"当事人采用合同书形式订立合同的,自当事人均签名、盖章或者按指印时合同成立。在签名、盖章或者按指印之前,当事人一方已经履行主要义务,对方接受时,该合同成立。法律、行政法规规定或者当事人约定合同应当采用书面形式订立,当事人未采用书面形式但是一方已经履行主要义务,对方接受时,该合同成立。"第491条规定:"当事人采用信件、数据电文等形式订立合同要求签订确认书的,签订确认书时合同成立。当事人一方通过互联网等信息网络发布的商品或者服务信息符合要约条件的,对方选择该商品或者服务并提交订单成功时合同成立,但是当事人另有约定的除外。"

当事人也可以约定合同成立的时间点,比如当事人约定,合同经公证方成立的,公证是合同成立的构建性条件。换言之,尽管承诺生效时双方当事人已经达成合意,但合同并没有成立,即合同对当事人没有约束力。因为当事人在该阶段还没有受约束的意思,而合同正处于"起草"阶段。

第四百八十四条 以通知方式作出的承诺,生效的时间适用本法第一百三十七条的规定。

承诺不需要通知的,根据交易习惯或者要约的要求作出承诺的行为时生效。

释 义

本条规定了承诺生效的时间。

根据本条的规定,承诺的生效时间取决于承诺是否以通知的方式作出,即明确作出承诺,还是通过行为默示作出。以通知方式作出的承诺,其生效时间适用本法第137条的规定,具体参见本编第474条关于要约生效时间的释义。承诺也可以通过行为默示作出,参见第480条释义。原则上承诺需要到达才生效,因为承诺是需受领的意思表示。本条第2款规定了第1款的例外,即承诺无须到达,只需要作出即生效力的情况。本款目的是为了使交易简便化。

部分情况是为了要约人之利益,部分情况是为了受要约人之利益。在邮寄买卖中,根据交易习惯,卖方不需要作出承诺通知,他只要作出履行行为,比如将商品打包交给快递公司,承诺就生效。如果没有本条第 2 款的规定,则商品到达发出要约的买方时才生效,这在风险转移方面对出卖人不公正。

作出承诺行为时承诺即生效力,实际是放弃承诺的到达,或者认为承诺的到达不必要。到达不必要的情况可以由交易习惯得出。在对受要约人有利益的交易中,根据交易习惯,通常要约不必要到达,比如邮寄买卖中买受人向出卖人订货,订货要约为要约受领人(卖方)带来利益,卖方只要发货,要约就生效,不必到达。预订酒店房间的要约也属于承诺不必要到达即生效的情况。要约人可以明确表示或者推定表示放弃承诺到达。放弃的表示是单方的需受领的意思表示,不需要形式。

在本条第 2 款的情况中,受要约人需要将自己接受要约的决定客观化地对外表达。受要约人的内心决定显然不足,他必须作出客观上可以被视为承诺的行为。在邮寄买卖中,包装商品通常不足以被理解为承诺,卖方应当发货或者将货交给快递公司。如果受要约人是买方,他支付全部或部分价款的行为是承诺的行为。在事实要约中,比如某人把一本新书交给相对人并作出出卖的要约,相对人将书的塑封撕开或者在书面上写上自己的名字,即作出承诺行为,此时承诺生效。

在受要约人作出承诺行为时,承诺生效,合同成立,受要约人不能任意地单方面撤回承诺,比如召回商品。第 485 条对本条第 2 款不适用。

第四百八十五条 承诺可以撤回。承诺的撤回适用本法第一百四十一条的规定。

释 义

本条规定了承诺的撤回。

除了本法第 484 条第 2 款规定的情况,承诺是需受领的意思表示,在到达要约人时生效,合同成立。在承诺到达要约人之前,承诺人(即受要约人)可以通过撤回阻止其生效。承诺的撤回与要约的撤回相同,适用本法第 141 条,参见本法第 475 条释义。

需要注意,本法第 484 条第 2 款意义上的无须到达即生效力的承诺不能撤回,因为作出承诺行为时即生效,不具有撤回的可能性。

第四百八十六条　受要约人超过承诺期限发出承诺,或者在承诺期限内发出承诺,按照通常情形不能及时到达要约人的,为新要约;但是,要约人及时通知受要约人该承诺有效的除外。

释　义

本条规定了迟延的承诺。

迟延的承诺区分为两种情况:其一是受要约人发出承诺的时间点就已经超过承诺期限;其二是虽然承诺作出的时间没有超过承诺期限,但是按照客观通常情况承诺不能在承诺期限内到达要约人。承诺期限经过但受要约人没有作出承诺的,要约失去效力,承诺当然不能使合同成立。本条将迟延的承诺拟制为新要约,是出于法政策的考量。因为迟延的承诺虽然没有承诺的效力,但是它不应当完全没有意义。将迟延的承诺解释为新要约有利于促进交易。其他立法例也有类似规定,比如《德国民法典》第 150 条、《日本民法典》第 523 条。迟延的承诺,只有在满足有效力的要约的一切要件时,才能被视为新要约,比如要满足要约的确定性、要约人的行为能力、受法律约束的意思等要件。在承诺期内发出,但按通常情况不能在承诺期内到达的承诺,视为迟延承诺,这区别于本法第 487 条规定的承诺。

根据本条但书,要约人及时通知受要约人该承诺仍然有效的,迟延的承诺仍然为承诺,并非新要约。该规定对合同成立的时间点有重要意义。如果迟延的承诺被视为新要约的,在原要约人的承诺生效时,合同才成立。要约人通知受要约人迟延的承诺有效的,合同成立的时间点是,该承诺生效时。

第四百八十七条　受要约人在承诺期限内发出承诺,按照通常情形能够及时到达要约人,但是因其他原因致使承诺到达要约人时超过承诺期限的,除要约人及时通知受要约人因承诺超过期限不接受该承诺外,该承诺有效。

释 义

本条规定了在承诺期限内发出,但因客观原因迟延到达的承诺的效力。

超过承诺期限到达的承诺原则上不生效力,因为此时要约已经失去效力(参见第478条)。根据本法第486条的规定,迟延的承诺原则上被视为新要约。如果承诺是在承诺期限内发出,依通常情形能及时到达,此时应当允许受要约人(即承诺人)信赖,承诺能及时到达要约人,合同成立。因此为了受要约人(即承诺人)之利益,本条规定,因客观原因超过期限到达的承诺,原则上有效。

为了平衡要约人的利益,本条同时允许要约人不接受承诺,但要及时通知受要约人因承诺超过期限而不接受该承诺。要约人的通知义务是他的非真正义务,不及时通知要约人的,将导致合同成立。该规定仅对以非对话方式订立合同的情况适用。在比较法上有类似规定,比如《德国民法典》第149条规定:"依通常情形可以及时达到的通知迟延到达,且要约人应当对此知道,只要之前尚未发生迟延到达的,要约人应当在受到承诺通知后,立即将承诺迟延告知承诺人。"《联合国国际货物销售合同公约》第21条和《国际商事合同通则》第2.9条第2款规定也有相似规定。

本条规定的客观要件是,受要约人要及时发出承诺。"及时"有两方面构成:第一,承诺要在承诺期限内发出;第二,按承诺的传递方式通常它可以在承诺期限内到达要约人。这里的"通常"是指交易的一般情况,包括传递方式和传递时间。比如通过快递或邮局邮寄,但是将承诺通知委托私人转达则不是一般情况。其他原因导致通常的传递时间被耽搁的情况,比如快递因为天气原因比平时速度慢,或者完全停运等。本条没有像《德国民法典》第149条那样,对要约人主观认知作出要求。

要约人阻碍承诺生效的途径是及时通知受要约人,他不接受该迟延到达的承诺。本条的"及时"要求要约人收到承诺后没有耽搁即通知,或者虽然耽搁通知,但要约人对此不具有过失。及时通知将阻碍合同成立。发出通知后,要约人也可以参照适用本法第475条联合第141条撤回通知。如果要约人不通知,或者不及时通知,合同在承诺到达要约人之时成立。

第四百八十八条 承诺的内容应当与要约的内容一致。受要约人对要约的内容作出实质性变更的,为新要约。有关合同标的、数量、质量、价款或者报酬、履行期限、履行地点和方式、违约责任和解决争议方法等的变更,是对要约内容的实质性变更。

释 义

本条规定了承诺对要约作出实质性变更的处理规则。

根据本条第 1 句,有效力的承诺应当与要约内容一致,合同才可能成立。这在英美法中被称为"镜像原则"。如果受要约人的承诺对要约在内容上进行扩张、限制或者其他实质性变更,都不是合同法意义上的承诺。受要约人的这种变更包含两层意思,首先拒绝原要约,进而对要约人发出新要约。但是要注意的是,该变更后的意思表示必须符合要约的条件,特别是内容确定性的要求,才是新要约,否则不能视为新要约。比如受要约人的"价格过高,降低方可接受"等表达不是新要约。本条的适用不以受要约人主观上认识到承诺对要约内容作出实质变更以及相应的法律后果为条件。如果从受要约人的意思表示中可以得出,即使要约人不接受变更事项,他也将接受要约,则合同以原要约内容成立。

受要约人作出的承诺通常不会为"是""同意"等简单的表达。承诺的实质内容是否与要约内容一致,在很多情况下需要通过解释承诺来查明。承诺虽然与要约内容不完全一致,但是从要约人的视角理解,变更没有达到实质性变更程度的,则合同在承诺到达时成立,根据本法第 489 条合同内容为承诺的内容。

本条将受要约人对要约内容的变更区别为实质变更和非实质变更,只有实质变更才发生拒绝原要约、同时发出新要约的效果。第三句列举了实质变更的事项,但不限于此。具体哪些事项的变更构成实质性变更,无法抽象地界定,需要在具体情况中综合判断。然而,本条所列举的事项变更是否应当理解为拒绝原要约并发出新要约,值得商榷。比如对数量的变更,强制性地将其规定为新要约不利于促进交易。受要约人降低数量的,如果要约人订立合同的意思不是将标的数量作为一个整体,则应当认为承诺有效,合同以降低的数量成立。受要约人增加数量的,应当认为,他对要约中的数量作出承诺,超出部分则是向要约人发出的新要约。某些事项的变更,根据具体情况既可能是实质变更,也可能是非实质变更。

第四百八十九条 承诺对要约的内容作出非实质性变更的,除要约人及时表示反对或者要约表明承诺不得对要约的内容作出任何变更外,该承诺有效,合同的内容以承诺的内容为准。

释 义

本条规定了承诺对要约内容作出非实质性变更的处理规则。

承诺内容虽然与要约内容不完全一致,但是如果从要约人视角解释承诺,不能认为是对要约的实质性变更的,承诺原则上有效,合同在承诺生效时成立,且通过法律强制规定将合同内容确定为承诺的内容。该规定在一定程度上修正了"镜像原则"。然而,承诺对要约作出非实质性变更的,可能并不符合要约人的意思,为了保护要约人利益,本条赋予要约人在此情况下阻碍合同成立的可能性。即要约人或者及时表示不同意变更,或者在要约中就表示不允许承诺对要约作出任何变更。"及时"表示反对是指,要约人知悉承诺后不迟延地向受要约人作出反对的通知,或者虽然迟延发出反对通知,但是要约人对迟延无过错。要约人表示承诺不得对要约作出任何改变的,既可以明确作出该表示,也可以默示作出表示;既可以在要约中就作出此表示,也可以在要约之外另行作出表示。

第四百九十条 当事人采用合同书形式订立合同的,自当事人均签名、盖章或者按指印时合同成立。在签名、盖章或者按指印之前,当事人一方已经履行主要义务,对方接受时,该合同成立。

法律、行政法规规定或者当事人约定合同应当采用书面形式订立,当事人未采用书面形式但是一方已经履行主要义务,对方接受时,该合同成立。

释 义

本条规定了采合同书订立的合同的成立时间。

合同书是合同书面形式的一种,可以由法律规定,也可以由当事人约定。根据本条,通过合同书订立的合同,其成立时间在双方当事人都签字、盖章或者按指印之时,这符合我国书面合同成立时间的一贯做法。当事人在两地的,通常由一方当事人签名、盖章或者按指印后寄给对方,对方当事人收到后签字、盖章或者按指印后再将其中一份寄回。合同在对方当事人签字、盖章或按指印后成立。在签字、盖章或者按指印之前,一方履行合同主要义务,且对方接受的,合同订立时间不是第 1 款规定的签字、盖章或按指印之时,而是提前至一方主要义务履行完成之时。需要注意,本条规定仅对要式合同适用,非要式合同的合同书并非合同成立的条件,其功能主要是证明。原则上要式合同不符合法定或者约定的形式的,合同不成立。但是,当事人的履行可以治愈形式上的瑕疵。换言之,法律规定或者当事人约定合同要以书面形式订立,虽然当事人没有签字、盖章或者按指印,但是当事人一方或双方已经履行,且对方接受履行,此时当事人的履行治愈形式瑕疵,亦即,虽然没有书面合同,但合同已经在对方接受履行时成立。

第四百九十一条 当事人采用信件、数据电文等形式订立合同要求签订确认书的,签订确认书时合同成立。

当事人一方通过互联网等信息网络发布的商品或者服务信息符合要约条件的,对方选择该商品或者服务并提交订单成功时合同成立,但是当事人另有约定的除外。

释 义

本条规定了要求签订确认书的合同成立时间。

根据本法第 469 条,信件、数据电文等形式是法定书面形式。根据本法第 483 条,原则上合同成立的时间是承诺生效时。本条规定了第 483 条的例外情况,即法律特别规定合同成立的时间点。本条适用的前提是,采信件、数据电文形式订立合同的至少一方当事人要求,要签订合同确认书。此时合同成立的时间点不再是承诺生效时,而是推迟到确认书签订时。合同确认书是对合同内容的确定,应当类推适用第 490 条,自当事人均签字、盖章或者按指印时合同成立。在签字、盖章或者按指印之前,当事人一方已经履行主要义务,对方接受时,合同成立。

第 2 款规定了互联网交易时,合同成立的时间。该条适用的前提条件是,通过互联网发布的商品信息或服务信息符合要约条件:内容具体确定;表明经受要约人承诺,要约人即受该意思表示约束(具体见第 472 条释义)。在此情况下,合同成立的时间通常为对方选择商品或服务后提交订单的时间点。互联网交易中,选择商品或服务并提交订单是通过点击交易网页上显示的相关提示框完成,不选择商品则无法提交订单。选择商品是指在互联网交易网页上确定购买的商品或服务的具体情况。选择商品后可以不提交订单,而是放入"购物车",此时合同不成立。只有购买人点击提交订单,且成功提交时,合同才成立。因为网络本身原因或者因为操作不当,订单提交不成功的,合同不成立。

成功提交订单的时间点以互联网记载显示的时间点为准。当事人也可以作出不同的约定,比如发布商品或者服务信息方表明,合同订立时间为接收到确认信息时。

第四百九十二条 承诺生效的地点为合同成立的地点。

采用数据电文形式订立合同的,收件人的主营业地为合同成立的地点;没有主营业地的,其住所地为合同成立的地点。当事人另有约定的,按照其约定。

释 义

本条是关于非要式合同成立地点的一般规定。

合同成立地点也被称为合同订立地点或合同签订地点。合同成立的地点在实践中有重要意义,它是诉讼发生时确定地域管辖的依据之一,在涉外合同中,也是确定准据法的冲突规范之一。

非要式合同在承诺生效时成立,因此合同成立的地点是承诺生效的地点。大陆法的一般原则是,承诺在"到达"受要约人时生效。无论受要约人与要约人面对面口头作出承诺(包括要约人和受要约人间隔两地,通过电话等直接对话的方式订立合同的情况),还是以通知的方式作出承诺,都以要约人所在地为合同成立的地点。通过特定行为默示作出的承诺,不以到达要约人为生效条件的,受要约人完成承诺行为地为合同成立地点,比如邮寄买卖中,出卖人将货物交给快递公司地为合同成立的地点。在英、美法中,因为承诺生效采发送主义,因此合同成立地点一般是受要约人发出承诺的地点。

本条第2款规定了采数据电文订立的合同的成立地点。数据电文接收器具有可移动性,要约人接收到数据电文或者检索到数据电文的地点随时变化,若以数据电文接受地为合同成立地点对双方当事人均不利。因此,采数据电文订立合同的,合同成立地点首先依照当事人约定。没有约定的,以承诺的收件人主营业务地为合同成立地点;无主营业地的,以其住所为合同成立地点。

第四百九十三条　当事人采用合同书形式订立合同的,最后签名、盖章或者按指印的地点为合同成立的地点,但是当事人另有约定的除外。

释　义

本条规定了以合同书订立的合同的成立地点。

合同书是要式合同使用的形式之一,其成立地点取决于最后签字、盖章或按指印地点。最后签字、盖章或者按指印地点可以是当事人一方所在地,也可能是双方当事人所在地之外的地点。

当事人可以约定其他的地点作为合同成立地点。

第四百九十四条　国家根据抢险救灾、疫情防控或者其他需要下达国家订货任务、指令性任务的,有关民事主体之间应当依照有关法律、行政法规规定的权利和义务订立合同。

依照法律、行政法规的规定负有发出要约义务的当事人,应当及时发出合理的要约。

依照法律、行政法规的规定负有作出承诺义务的当事人,不得拒绝对方合理的订立合同要求。

释　义

本条规定了强制缔约、强制要约和强制承诺。

从合同自由原则中得出的结论之一是,任何人不得违反他人意思强制其订立合同。但各国合同法几乎都承认强制缔约,这种情况主要发生在垄断性行业或者在特殊时期。比如因为抢险救灾或疫情防控等特殊需要的,或者民事主体对市场上提供商品或者服务拥有市场绝对控制地位的,相关民事主体拒绝与他人订立合同,将引起严重不利后果。故本法规定了国家在特殊情况中下达国家订货任务和指令性任务时,相关民事主体的订约义务。这是为了公共利益对合同自由的限制。

强制缔约、强制要约和强制承诺必须由法律或行政法规规定。

一、强制缔约

强制缔约的情况除了本法列举的抢险救灾、疫情防控等紧急情况,还包括其他原因,比如垄断性行业等。强制缔约区分为指令性任务和国家订货任务。

（一）指令性任务

指令性任务是指国家相关部门为了执行国家某项计划,或为保证国家重点建设任务的完成和满足人民群众基本物质文化生活的需要,强制要求民事主体完成的生产或销售任务。国家指令性任务要求民事主体订立合同的,双方必须订立合同。根据《国家指令性计划和国家订货的暂行规定》第7条,企业无正当理由不执行国家指令性计划,或不履行合同的,计划下达部门应责令其改正;情节严重的,给予经济和行政处罚;由此给国家造成重大经济损失的,由司法机关依法追究有关人员的刑事责任。依国家指令订立合同,是计划经济中完成国家计划的必要措施。在市场经济体制下,国家只对重要物资或为公共利益急需物资下达订立合同指令。

（二）国家订货任务

国家订货是由国家委托有关部门、单位,或者组织用户直接向生产企业采购。它是取得重要物资的订货方式,是为了满足国家储备、控制市场、国防军工、重点建设以及抢险救灾等特殊需要。

二、强制要约

本条第 2 款规定了强制要约。强制要约只能由法律或行政法规规定。现行法规定强制要约的主要是《机动车交通事故责任保险条例》和《政府采购法》。《机动车交通事故责任保险条例》第 2 条第 1 款规定:"在中华人民共和国境内道路上行驶的机动车的所有人或者管理人,应当依照《中华人民共和国道路交通安全法》的规定投保机动车交通事故责任强制保险。"准此,机动车的所有人或管理人必须向保险公司发出投保的要约。《政府采购法》第 18 条规定:"纳入集中采购目录属于通用的政府采购项目的,应当委托集中采购机构代理采购。"准此,有采购意向的采购人应当向代理采购机构发出委托要约。

法律或行政法规规定有要约义务的主体,应当及时发出要约,且要约内容要合理。

三、强制承诺

本条第 3 款规定了强制承诺。强制承诺同样由法律和行政法规规定。有缔约义务的主体,在接收到要约后,无正当理由不得拒绝缔约。本条规定了直接强制承诺,主要是公共事业部门的强制承诺,比如邮政、电信、电力、燃气、自来水、铁路等于公众利益关系密切的主体。《邮政法》第 15 条第 1 款、《电信条例》第 5 条、《电力法》第 26 条第 1 款、《水法》第 21 条第 1 款等均规定直接强制承诺。医疗合同、保险合同等也对强制承诺有规定,如《执业医师法》第 24 条、《机动车交通事故责任保险条例》第 10 条。

间接承诺强制是指,法律并未强制规定强制承诺,但是主体基于市场独占地位,基于诚实信用原则有缔约义务。

第四百九十五条 当事人约定在将来一定期限内订立合同的认购书、订购书、预订书等,构成预约合同。

当事人一方不履行预约合同约定的订立合同义务的,对方可以请求其承担预约合同的违约责任。

释 义

本条规定了预约。

预约是与本约对应的概念。预约的内容是双方当事人约定将来订立特定合同,这个特定合同订立后就是本约。预约是合同,其内容是将来订立某特定合同。预约可能表现为认购书、订购书、预订书等。但并非只要被冠以认购书、订购书、预订书之名,就是预约。既然预约是合同,当事人之间的认购书等是否是预约合同,要根据合同成立的要件判断。特别是要满足内容确定、当事人有受约束的意思这两个条件。预约合同的内容仅指向将来订立某特定合同,不要求包括本约合同中的必要因素,因为一旦合意中包含本约合同的必要因素,则本约成立。当事人是否有受合意约束的意思,要通过解释意思表示或者解释合意的内容确定。当事人在签订认购书时表示,尚未决定是否购买,则受约束之意思缺失,不成立预约。预约满足本约内容时,应认定为本约。

订立预约的原因比较多,可能因为法律上的原因,可能因为事实原因。比如订立本约需要用格式合同书,但暂时没有合同书,当事人可以订立预约合同。再比如,订立本约合同所需的官方手续不齐全,当事人也可以先订立预约。预约有担保功能。

预约合同也是合同,对双方当事人有约束力。当事人应当按预约,在约定的期限或者条件下订立本约。期限届满时或者条件成立时,不按预约内容订立本约的,存在违约行为。在预约合同中,一方当事人违反约定,不订立合同的,另一方预约当事人有"预约完结权"。这样的话,一方当事人基于预约发出订立本约的要约时,若对方当事人对要约不主动承诺,只要要约人有完结预约的意思表示,本约合同即成立。该规定的基础理念是继续履行原则,只要订立本约不存在履行不能的情况,当事人应当订立本约。因当事人违反预约,给对方当事人造成损失的,损失方还可以主张损失赔偿责任。

第四百九十六条 格式条款是当事人为了重复使用而预先拟定,并在订立合同时未与对方协商的条款。

采用格式条款订立合同的,提供格式条款的一方应当遵循公平原则确定当事人之间的权利和义务,并采取合理的方式提示对方注意免除或者减轻其责任等与对方有重大利害关系的条款,按照对方的要求,对该条款予以说明。提供格式条款的一方未履行提示或者说明义务,致使对方没有注意或者理解与其有重大利害关系的条款的,对方可以主张该条款不成为合同的内容。

释　义

本条规定了格式条款和格式合同。

格式条款或格式合同又被称为标准条款、标准合同。格式条款和格式合同是19世纪工业化的产物,在现代交易中不可忽视。

一、格式条款

本条第1款是关于格式条款的定义。合同的格式条款应当满足以下积极条件:该条款涉及合同内容;预先拟定;由一方当事人提出。格式条款的消极要件是,条款的内容不得在具体情况中与对方进行协商。当事人拟定格式条款或者格式合同是为了重复使用,但不要求实际已经重复使用。个别立法不要求格式条款多次重复使用,比如欧洲消费者买卖指令。

本条规定了合同中的格式条款,如果提前拟定的、未与对方协商条款涉及的给付内容由政府公共事业部门制定特别是有关公共生存供给的合同,比如供水、供电、供暖合同,是否适用格式条款的规定存在争议。笔者认为,此类合同由政府部门制定,一般都对其有利,与一般合同中的格式条款并无本质不同,也应当适用格式条款的规定。

格式条款必须是关于合同内容的规定,包括债权合同,物权合同、程序合同、执行合同等。企业内部的工作指令不属于格式条款;涉及婚姻家庭法、继承法等的合同关系不适用本编格式条款规范。

格式条款要提前拟定,即在合同订立前就已经完成,并被订入合同中。比如,格式条款已经提前以书面方式确定,在订立合同时交与对方当事人,或者将格式条款与合同书订在一起,或者张贴在交易场所。非要式合同中的格式条款允许是非书面形式的,它的提供者可以将格式条款内容提前拟定好"保存"在大脑里,订立合同时口头告知对方当事人。在此情况下另一方当事人与在书面格式条款中一样需要保护。格式条款可以由合同当事人拟定,也可以由行业协会等机构为其会员拟定。

格式条款由一方当事人在订立合同时向另一方当事人提出,即由提出方当事人单方强加给另一方当事人,这样,格式条款内容才可以归责于提出方当事人。如果双方当事人对某项内容进行过协商,然后确定,或者当合同内容是基于当事人自由决定而确定的,则不是格式条款。拟定格式条款的是合同当事人,交易平台等第三方拟定的交易规则不是格式条款。

二、格式条款的内容

格式条款由一方当事人单方提前拟定,其内容应当清晰明确、可以理解。提出人拟定格式条款内容时应当遵守诚实信用原则,不得不合理地对另一方当事人不利。如果格式条款的内容以严重损害对方当事人利益为代价而为提出方谋取利益,则该格式条款违反诚实信用原则。

三、提出人的提示义务

(一) 一般提示义务

拟定格式条款的当事人只有向对方当事人明确提示格式条款内容,格式条款才能订入合同,即成为合同的组成部分。本条第 2 款列举了提示义务涉及的条款内容,即减免提供方义务或责任的条款,但提示义务不限于此,包括所有与对方当事人有利害关系的内容。提示既可以口头作出,也可以书面作出,但无论如何都必须是"明确的"。书面提示应当使相对人以一般注意力就能发现,如果格式条款提供人将书面提示隐藏在不显眼的位置,则未尽到提示义务。

(二) 特别提示义务

除了一般提示义务,拟定格式条款方对涉及对方当事人重要权利义务的内容,有特别提示义务和说明义务。比如格式条款增加对方责任,或者排除对方权利的,提出格式条款方要特别提示对方当事人,比如对该内容显著标明,并口头提示对方。对方当事人有疑问的,提出格式条款方有说明义务。

(三) 未尽提示义务的法律后果

格式条款提供人没有尽到提示义务的,则格式条款部分或者全部不能成为合同的组成部分。在此情况下,合同仍然有效,但该格式条款中确定的内容无效,对此适用其法定规范。

第四百九十七条 有下列情形之一的,该格式条款无效:

(一)具有本法第一编第六章第三节和本法第五百零六条规定的无效情形;

（二）提供格式条款一方不合理地免除或者减轻其责任、加重对方责任、限制对方主要权利；

（三）提供格式条款一方排除对方主要权利。

释 义

本条是对无效格式条款的规定。

本条规定了三种格式条款无效的情况。

第一，格式条款出现合同无效的情况。格式条款是合同的组成部分，出现本法总则编第六章第三节和本编第 506 条规定的情形时，格式条款当然无效（详见相关条款的释义）。

第二，在格式条款中免除或减轻己方责任，或较重对方责任、限制主要权利。第（二）项实际规定了格式条款内容对相对方严重不利的情形。格式条款拟定方应当依诚实信用原则确定双方的权利义务，无论是减轻、排除己方责任，还是不合理地加重对方责任，都将导致权利和义务之间不成比例。这些情况都与诚实信用原则不一致，因此无效。

第三，对方主要权利被排除。格式条款排除对方主要权利的，则合同的目的将无法实现，同样违反诚实信用原则，也违反合同的给付和对待给付之间应当具有相当性的要求，因此无效。

格式条款中部分内容无效，不影响其他部分效力的，其他部分原则上有效；格式条款整体无效的，不影响合同效力，无效的格式条款视为不存在。

第四百九十八条 对格式条款的理解发生争议的，应当按照通常理解予以解释。对格式条款有两种以上解释的，应当作出不利于提供格式条款一方的解释。格式条款和非格式条款不一致的，应当采用非格式条款。

释 义

本条规定了两项内容：格式条款的解释；格式条款与非格式条款内容不一致时的处理。

一、格式条款的解释

格式条款表达的含义不明确的,需要对其进行解释。原则上应当根据解释意思表示的一般规则对格式条款进行解释。然而,格式条款与一般合同重要不同之处在于,它不是当事人在具体情况中达成的协议,而是由格式条款提供人拟定,并没有经过协商,很多时候提供者在拟定格式条款时是为了重复使用。因此,格式条款的解释规则应当与一般意思表示或法律行为的解释规则有一定差异。各国民法司法裁判和理论发展了不同的特殊的解释规则,比如客观解释、限缩解释、存疑时不利于提供者解释规则等。

本法明确将存疑时不利于提供者的解释规则立法化。相对其他解释规则而言,存疑时不利于提供者解释是辅助性的。其适用的前提条件是,在对格式条款进行解释后,仍然不能明确其含义,存在两个或多个意思。鉴于格式条款由提供者拟定,很多情况下相对人处于弱势地位,有多个意思时选择不利于提供者的解释具有合理性。

二、格式条款与非格式条款不一致时的处理

非格式条款是合同当事人个别约定的条款,高度体现私人自治,它不应当被格式条款部分或者全部消灭,这已经是私法中的一项基本原则。其原因在于:格式条款为一方当事人提前,且通常为了多次重复使用而拟定,因此从一开始就有通过当事人特别约定对其进行补充或修正的准备;当事人在具体约定时,为了使具体约定与格式条款相适应需要花费大量的时间和精力,即便如此,在某些情况下也难免会出现具体约定与格式条款不一致的情况。两者发生矛盾时,更能体现私人自治的非格式条款享有优先性符合私法的基本理念。

本规则适用的条件是,对格式条款和非格式条款进行解释后,结论仍然存在矛盾。非格式条款由当事人之间特别约定,至于约定的时间,在所不问,可以在合同成立前、成立时约定,也可以在合同成立后补充约定。即使当事人约定非格式条款时知道其与格式条款内容不一致,或者当事人的目的就在于变更格式条款,对本规则也不影响。本规则的另一适用条件是,格式条款和非格式条款不能因为形式瑕疵、内容瑕疵等原因无效。

第四百九十九条　悬赏人以公开方式声明对完成特定行为的人支付报酬的,完成该行为的人可以请求其支付。

释　义

本条规定了悬赏广告。

本条首先对悬赏广告进行定义,即公开表示对实施特定行为支付报酬,在很多情况下针对引起的特定后果。悬赏广告的法律属性在理论上存在争议。"合同说"认为悬赏人的报酬承诺是向不特定人作出的要约,特定人通过实施被悬赏的行为或结果而作出承诺。"单方允诺说"认为,悬赏广告是单方的无须受领的法律行为。不管理论上的争议如何,完成被悬赏行为者对悬赏人都有支付报酬的请求权。悬赏广告仅有一个意思表示,且意思表示无须受领。悬赏广告产生效力的时间并不是悬赏人作出悬赏允诺之时,而是对外公开其允诺之时。比如悬赏人将悬赏广告交与报纸编辑部时,悬赏广告未产生效力,随着报纸的出版发行才产生效力。意思表示的一般规定对悬赏广告适用。比如,特定行为实施之前,或者特定结果发生之前,可以撤销悬赏广告。意思表示有瑕疵时,悬赏广告也可以被撤销。虽然行为和报酬是给付交换,但是对合同适用的条款原则上对悬赏广告不适用。

悬赏人的报酬允诺必须是有效的意思表示。从悬赏文本中必须能清楚地得出,悬赏人有受约束的意思,比如在悬赏人只是开玩笑的情况下,不存在悬赏广告。因为悬赏广告是无须受领的意思表示,因此在解释时以文字为出发点,从理性交易参与人角度理解其意思。比如悬赏人为了寻找到丢失的物品而发悬赏广告,它不能使该物品偷盗人受利,也不能使失物招领部门受利。违反法定禁止和公序良俗的悬赏广告无效。悬赏广告可以附条件。

报酬通常是金钱,但不限于金钱,可以是其他物质的或非物质的利益,比如资助旅游。报酬的额度既可以在悬赏广告中确定,也可以明确计算基础,还可以不明确报酬额度,此时应当参照适用本法第510条确定报酬额度。

悬赏广告生效条件是以公开的方式表示,对特定群体的公开表示已足,比如在学校里张贴悬赏告示。但并不要求所有的交易参与人都必须知道该悬赏广告。反之,对具体的多数人发出广告不满足公开表示。比如悬赏人对附近30个人表示,谁找到他丢失的狗他将支付特定报酬,不属于悬赏广告。

悬赏人支付报酬的条件是,请求报酬人实施特定行为,或者引起特定结果。行为必须是人的行为。如果悬赏的目的是排除积极行为,此时被悬赏行为也可以是不作为。不受悬赏相对人影响的偶然事件不是悬赏对象。部分完成行为的,仅在例外情况下可以要求支付报酬,且报酬要减少。比如拾得人将钱包交给悬赏的失主,但是钱包里的东西不见踪迹。

悬赏相对人是实施被悬赏行为或引起特定结果的人。悬赏广告可以将特定人排除在外,比如上文所提及的寻找失物广告报酬受领人不能是该物偷盗者。尚无定论的是,悬赏广告作出时当事人已经实施了特定行为或引起特定后果,是否可以主张报酬。

完成被悬赏行为的人有报酬请求权。多人实施行为的,由首先完成的人取得报酬请求权;多人同时实施的,应当平均分配报酬;多人协作完成特定行为的,应当兼顾贡献程度合理分配报酬。该请求权产生时间是行为实施时或结果产生时,适用一般诉讼时效。

第五百条 当事人在订立合同过程中有下列情形之一,造成对方损失的,应当承担赔偿责任:

(一)假借订立合同,恶意进行磋商;

(二)故意隐瞒与订立合同有关的重要事实或者提供虚假情况;

(三)有其他违背诚信原则的行为。

释 义

本条规定了缔约过失责任。

订立合同阶段,当事人有义务注意另一方当事人的权利、法益或者利益。这些义务也被称作前合同义务。违反前合同义务,且使对方当事人有损失的,应当承担损害赔偿责任,即缔约过失责任。

一、前合同阶段

缔约责任产生的条件之一是,双方应当处于"缔约"阶段,即为了订立合同彼此有联系。满足缔约联系的情况包括双方已经为订立合同进行磋商,或者为订立合同做准备。在该阶段产生前合同关系,这种关系随着磋商失败或者合同订立而终止。

二、违反前合同义务

违反前合同义务的行为主要包括以下情形:

（一）假借订立合同恶意磋商

恶意磋商是指,当事人在没有订立合同的意愿的情况下,假借缔约之名与另一方当事人进行磋商,多是为了达到获得对方商业信息,或者阻碍另一方与他人订立合同等不当目的。恶意磋商方可以一开始就没有订立合同之目的,也可能是进入磋商阶段后原来真实缔约目的消灭。

（二）故意隐瞒与订立合同有关的重要事实或者提供虚假情况

缔约阶段当事人有说明义务。说明义务区别为答复义务和告知义务。告知义务的目的在于实现并维持另一方的利益。告知义务是指,当事人在没有要求的情况下,对另一方当事人应当对订立合同有决定性影响的因素予以说明。答复义务是指在另一方当事人提问时,只要该问题与合同有关联,当事人有义务回答。

当事人应当如实、完整地履行答复义务和告知义务。反过来说,无论是违反答复义务,还是违反说明义务,既包括知道相关信息而隐瞒,或者部分隐瞒,也包括告知与实际不符的虚假信息。

（三）其他违反诚实信用的行为

该项规定是与前两项并列的兜底规范。其他违反诚实信用的行为,比如恶意中断磋商、故意阻碍合同产生效力、故意泄露在缔约过程中获得的对方的商业秘密或重要商业信息、恶意并行磋商、胁迫行为等。

三、其他要件

本条所规定的缔约责任的归责原则并不是一般意义上的过错归责原则,而是要求违反前合同义务的当事人有故意。前两项法条明确要求当事人有"恶意",或者有"故意",第三项作为与前两项并列地兜底条款,也应当以故意为归责原则。另一方当事人应当有损失,且损失与违反前合同义务的行为之间有因果关系。通过损害赔偿,有损害一方当事人的利益应当恢复到没有发生违反前合同义务之前的状态。损失包括徒然支付费用和所失机会。徒然支付费用比如为异地磋商而支付的机票钱、酒店钱等;所失机会是指因为信赖合同可以正常订立而拒绝与他人订立合同的机会。

第五百零一条 当事人在订立合同过程中知悉的商业秘密或者其他应当保密的信息,无论合同是否成立,不得泄露或者不正当地使用;泄露、不正当地使用该商业秘密或者信息,造成对方损失的,应当承担赔偿责任。

释 义

本条规定了当事人有保护对方当事人商业秘密或其他重要信息的义务。

当事人在合同订立过程中可能获得对方的商业秘密或者其他重要信息,当事人对这些信息有保护义务。泄露或不当使用对方商业秘密或重要信息有违诚实信用原则,将破坏交易参与人彼此的信赖。因此法律将保护并不使用对方商业秘密或信息规定为当事人的义务。

保护对方当事人信息的义务与合同是否成立无关,只要双方开始为订立合同磋商,即进入前合同阶段,彼此就有保护对方重要信息的义务。在磋商阶段,该义务属于前合同义务。合同订立后,不泄露或滥用信息义务属于当事人的保护义务;在合同履行后,该义务属于后合同义务。

本条保护的信息主要包括商业秘密和其他与对方当事人有关的重要信息。本法没有对商业秘密作出定义。根据《中华人民共和国反不正当竞争法》第9条,商业秘密是指不为公众所知悉、具有商业价值并经权利人采取相应保密措施的技术信息、经营信息等商业信息。参照反不正当竞争法,泄露或不当使用商业秘密的行为主要包括:(1)以盗窃、贿赂、欺诈、胁迫、电子侵入或者其他不正当手段获取权利人的商业秘密;(2)披露、使用或者允许他人使用以前项手段获取的权利人的商业秘密;(3)违反保密义务或者违反权利人有关保守商业秘密的要求,披露、使用或者允许他人使用其所掌握的商业秘密;(4)教唆、引诱、帮助他人违反保密义务或者违反权利人有关保守商业秘密的要求,获取、披露、使用或者允许他人使用权利人的商业秘密。

本条除了保护商业秘密,还保护其他重要信息。某项信息是否能界定为重要信息,应当在具体情况中判断。受保护的信息不仅包括与当事人经营有关的信息,还包括与当事人个人身份有关的信心。

　　泄露或不当使用对方当事人商业秘密或者重要信息,为对方带来损失的,承担损害赔偿责任。除了合同责任,还要承担侵权法上规定的侵权责任。

第三章　合同的效力

本章导言 ▶

　　本章规定了合同的效力,共 7 个条款。本章承继《合同法》第三章主要内容,但是摒弃了原合同法中与本法基本理念不一致的条款,比如无权处分合同被删除。属于本法第一编已经规定的内容被删除。

　　第五百零二条　依法成立的合同,自成立时生效,但是法律另有规定或者当事人另有约定的除外。

　　依照法律、行政法规的规定,合同应当办理批准等手续的,依照其规定。未办理批准等手续影响合同生效的,不影响合同中履行报批等义务条款以及相关条款的效力。应当办理申请批准等手续的当事人未履行义务的,对方可以请求其承担违反该义务的责任。

　　依照法律、行政法规的规定,合同的变更、转让、解除等情形应当办理批准等手续的,适用前款规定。

释　义

本条规定了合同生效的时间点。

一、生效与产生法律后果区别

本条所称的生效是指合同发生约束力,即当事人受合同约束。根据本法第 143 条,合同生效力的基本条件为:行为人具有相应的民事行为能力;意思表示真实;不违反法律、行政法规的强制性规定,不违反公序良俗。上述三项基本条件满足,且无特殊情况时,合同生效力的时间为其成立时。合同生效力区别于合同产生相应的法律效果。产生法律效果意味着,合同产生相应的权利义务。比如在附生效条件的合同中,合同成立后即生效力,对当事人有约束力,合同中约定的条件成就的,合同的权利义务产生,当事人要履行合同。

二、基本条件对合同生效力时间的影响

法律另有规定的,合同生效时间将不是其成立时。首先,法律对基本条件的特殊情况有规定。

1. 限制行为能力人订立的合同生效力时间要视情况而定,如果该合同对限制行为能力人仅带来法律上之利益,合同成立即生效。合同对限制行为能力人并非仅有法律上之利益的,其效力取决于其法定代理人是否以及何时同意。法定代理人提前同意的,合同成立即生效;法定代理人嗣后追认的,自追认时生效;法定代理人不追认的,合同不生效力。

2. 根据本法,意思表示不真实的法律后果不同,对合同效力的影响也不同。仅虚假意思表示导致合同自始无效,其他意思不真实的后果是合同可以撤销,这意味着,合同自成立时生效力,只有被撤销后才导致自始无效。

3. 违反强制性法律法规、违反公序良俗的合同自始不生效力,即合同无效。

4. 形式对合同效力的影响。形式直接影响合同成立的时间。要式合同仍然遵守成立即生效的原则。如果法律规定或者当事人约定,合同需要书面形式,根据本法第490条,自当事人均签字、盖章或者按指印时合同成立。在签字、盖章或者按指印之前,当事人一方已经履行主要义务,对方接受时,该合同成立。法律、行政法规规定或者当事人约定合同应当采用书面形式订立,当事人未采用书面形式但是一方已经履行主要义务,对方接受时,该合同成立。本法第491条规定,当事人采用信件、数据电文等形式订立合同要求签订确认书的,签订确认书时合同成立。当事人一方通过互联网等信息网络发布的商品或者服务信息符合要约条件的,对方选择该商品或者服务并提交订单成功时合同成立,但是当事人另有约定的除外。当事人还可以约定,合同应当公证,此时合同成立的时间是公证的时间。在上述情况中,合同生效的时间是合同成立时。

三、批准生效

合同依法应当经过批准的,则批准属于合同生效的特别程序。合同经职能部门批准后才能生效。在批准之前,合同没有生效,当事人之间不存在合同的约束力,但是已经进入缔约阶段,配合完成审批手续属于当事人之间的前合同义务,不履行该义务的当事人承担损害赔偿责任。

如果法律、行政法规规定,合同的变更、权利义务概括转让、合同的解除等需要经过批准等程序的,需要完成相应的特别程序,才产生相应效力。

第五百零三条 无权代理人以被代理人的名义订立合同,被代理人已经开始履行合同义务或者接受相对人履行的,视为对合同的追认。

释 义

本条规定了被代理人追认无权代理人订立的合同的法律拟制。

根据《民法典》第171条,无权代理人订立的合同,未经被代理人追认的,对被代理人不发生效力。换言之,无权代理人订立的合同经被代理人同意或追认后,合同才对被代理人发生效力。本条的"视为"说明,被代理人开始履行合同义务被拟制为追认。事实上这种规定并不必要,履行合同是被代理人通过行为默示作出追认的意思表示。本条所规定的履行包括部分履行和全部履行。追认是需受领的意思表示,被代理人在追认期限内死亡的,追认权由其继承人取得。

第五百零四条 法人的法定代表人或者非法人组织的负责人超越权限订立的合同,除相对人知道或者应当知道其超越权限外,该代表行为有效,订立的合同对法人或者非法人组织发生效力。

释 义

本条是规定了法定代表人越权时订立的合同的效力。

学说中将本条所规定的情况称为"表见代表"制度。法人的法定代表人和非法人组织的负责人通常是法人或法人组织的实际事务执行人。他们在以法人或非法人组织的名义行为时不具有独立的人格,其人格被法人或非法人组织吸收。法定代表人或者非法人组织负责人实施法律行为的,无异于法人或非法人组织实施法律行为。这样,就不存在代理问题,也不存在法定代表人或非法人组织负责人是否越权问题,因为代表人或负责人与法人或非法人组织具有身份一致性。因此,即使超过授权范围,法定代表人或非法人组织的负责人订立的合同也当然归属于法人或非法人组织。本法第61条第3款规定,法人章程或者法人权力机构对法定代表人代表权作出限制的,不得对抗第三人。表达的含义同样是,法定代表人越权实施法律行为,合同仍然归属于法人。

上述规定的目的在于保护交易相对人,因此交易相对人知道或应当知道代表人或负责人超过权限订立合同的,相对人不值得法律保护。应当知道是指,交易相对人因重大过失而不知道代表人越权。相对人知道或应当知道代表人或负责人越权实施法律行为的,该相对人具有恶意,法律不保护恶意相对人。此时,代表人或负责人越权订立的合同不对法人或非法人组织发生效力。

第五百零五条　当事人超越经营范围订立的合同的效力,应当依照本法第一编第六章第三节和本编的有关规定确定,不得仅以超越经营范围确认合同无效。

释　义

本条规定了当事人超过其经营范围订立合同的效力。

当事人的经营范围是指在登记管理部门登记的经营范围,它由主体根据经营情况自己确定,约束当事人自身。对相对人而言,在工商部门登记的经营范围不应当产生约束力,因为经营范围不能形成公信力。故超过经营范围本身不能构成合同无效之原因。合同的效力应依民事法律行为的效力和合同效力的相关规定确定。

第五百零六条　合同中的下列免责条款无效:

（一）造成对方人身损害的；

（二）因故意或者重大过失造成对方财产损失的。

释 义

本条规定了合同中免责条款的效力。

当事人在合同中可以约定免责情况，也可以根据不同的标准确定免责情况。比如，可以根据造成损害的原因确定免责是由；也可以根据损失的额度确定免责范围。当事人在合同中约定免责情况，属于私人自治的范畴，原则上有效力。但是在某些情况下，通过约定免除责任违反诚实信用原则或者公序良俗，不应当允许此类约定有效。本条规定了两类无效的免责条款：造成对方人身伤害免责和故意或重大过失造成对方财产损失免责。合同关系产生后，当事人之间除了有给付义务，还有保护义务，即保护对方的权利、法益和利益不受损害的义务。人身属于重大法益之一，在合同中约定造成对方人身伤害免责的，明显不符合诚实信用和公序良俗。故意或严重过失造成对方财产损失免责同理。

根据本条，造成对方人身损害的，无论是故意为之，还是重大过失，抑或轻过失，都不得在合同条款中约定免除责任，换言之，人身伤害免责条款无效与是否有过错无关。财产损失免责无效的约定仅限于因故意和重大过失造成的财产损失，换言之，在合同中约定一般过失造成对方财产损失免除责任的条款有效。

需要注意，本条规定的免责条款是指损害发生之前就在合同条款中约定的免责情况。如果损害发生后，一方当事人免除造成损害的对方当事人的责任，是处分自己的权利，属于意思自治，有效。

第五百零七条 合同不生效、无效、被撤销或者终止的，不影响合同中有关解决争议方法的条款的效力。

释 义

本条规定了合同有效力瑕疵时争议解决条款的独立效力。

合同不生效、无效的,自始对当事人没有约束力;合同被撤销的,合同自始无效;合同终止的,合同向未来无效。发生本条规定的四种情况时,合同对当事人根本没有约束力(合同不生效和无效),或者不再有约束力(合同被撤销后,或者合同终止)。在合同不生效、无效的情况下,当事人根本不需要履行合同债务,但是会产生其他债之关系。比如在不生效和无效的情况下,可能会发生缔约过失责任;在合同被撤销的情况下,会发生已经作出的给付的返还及损害赔偿问题。针对这些责任也会发生争议,因此法律规定,合同中有关解决争议方法的条款继续有效。

解决争议方法的条款是指,当事人在合同中约定的与争议解决相关的内容。在争议解决条款中,当事人可以对以下内容进行约定:

1. 争议解决途径。比如协商、调解、仲裁、诉讼,还可以约定各种解决争议途径的顺序。

2. 诉讼法院管辖地。根据《民事诉讼法》第34条,当事人可以在书面合同中协议选择被告住所地、合同履行地、合同签订地、原告住所地、标的物所在地等与争议有实际联系地点的人民法院管辖,但不得违反专属管辖和级别管辖。

3. 仲裁条款。当事人在合同中约定,通过仲裁解决争议的,则排除诉讼管辖。合同的变更、解除、终止或者无效不影响仲裁条款。

4. 约定检验、鉴定机构。当事人可以约定,需要检验或鉴定的情况下,在哪家机构进行检验或鉴定。

5. 在涉外合同中,可以约定适用哪国的法律,但中国有专属管辖权的合同,不得通过约定排除管辖权和法律适用。

第五百零八条 本编对合同的效力没有规定的,适用本法第一编第六章的有关规定。

释 义

本条规定了合同效力在本编无规定时的处理。

本编的规定与总则编的规定是特别条款和一般规定的关系,在适用时特别条款优先于一般规定。合同的效力问题首先按照本编的规定处理,本编没有规定的情况下,适用第一编第六章关于民事法律行为效力的规定。

第四章　合同的履行

▌本章导言 ▶

　　本章规定了合同的履行,主要承继原《合同法》第四章及其重要司法解释。本章共 26 个条款。内容方面,本章在合同履行的基本原则中增加"绿色"原则,体现了我国合同法理念的新发展。本章增加了关于多数人之债的规定,这不仅对合同之债适用,对其他的多数人之债也适用。本章还将理论和司法实践中发展已经成熟的情事变更制度立法化。

　　第五百零九条　当事人应当按照约定全面履行自己的义务。

　　当事人应当遵循诚信原则,根据合同的性质、目的和交易习惯履行通知、协助、保密等义务。

　　当事人在履行合同过程中,应当避免浪费资源、污染环境和破坏生态。

释　义

本条规定了合同履行应当遵守的基本原则。

一、依约履行和全面履行

　　当事人的履行应当符合合同约定,且应当完整履行。当事人要按合同约定履行各自义务,比如给付标的数量、质量等要符合约定,履行时间、履行地点、履行方式等也要符合约定,当事人不得单方任意变更合同内容。履行不符合约定的,当事人要承担违约责任。债务人不仅要履行主给付义务,还要履行从属给付义务,比如机动车买卖中出卖方不仅要交付机动车,完成变更登记,还要将与机动车相关的维修记录本等交付给买受人。

二、诚实信用原则

从前合同阶段到后合同阶段都适用诚实信用原则。在履行阶段,诚实信用原则要求当事人履行时间、履行方式等都要遵守诚实信用原则,比如通常情况下不能在半夜履行。履行阶段的通知、协助、保密等义务属于从给付义务或保护义务,也有的是不真正义务。从给付义务是为了给付,保护义务是为了对方当事人利益完成。具体的通知、协助、保密是从给付义务还是保护义务要在具体情况中确定。比如当事人没有约定履行时间,债务人履行前通知债权人是履行从给付义务。债务人履行需要债权人配合的,债权人有配合义务,债权人的配合义务是不真正义务,违反该义务债权人陷入迟延履行。双方当事人在履行过程中不得向外界透露对方的商业性秘密、技术秘密等。保密义务是双方当事人的保护义务,违反该义务承担损害赔偿责任。

三、绿色原则

履行过程中要遵守绿色原则,即尽量避免浪费资源,不得污染环境,不得破坏生态。该规定是本法第9条在合同法中的具体化,既传承了天地人和、人与自然和谐共生的中华优秀传统文化理念,又体现了党的十八大以来的新发展理念。我国是人口大国,需要长期处理好人与自然生态的矛盾,合同履行也要受绿色原则的约束。

> **第五百一十条** 合同生效后,当事人就质量、价款或者报酬、履行地点等内容没有约定或者约定不明确的,可以协议补充;不能达成补充协议的,按照合同相关条款或者交易习惯确定。

释 义

本条规定了合同中未具体约定事项的补救。

质量、价款、报酬、履行地点等是合同的非核心要素,或者称非必要之点。对这些要素当事人并非必须在合同中约定。没有相关约定的(也包括通过解释合同仍然无法得出的),当事人应当首先协商,这是私人自治的体现。如果当事人无法达成协议的,要以合同相关条款约定的内容和交易习惯等为依据,根据诚实信用原则确定。

  第五百一十一条 当事人就有关合同内容约定不明确,依据前条规定仍不能确定的,适用下列规定:

  (一)质量要求不明确的,按照强制性国家标准履行;没有强制性国家标准的,按照推荐性国家标准履行;没有推荐性国家标准的,按照行业标准履行;没有国家标准、行业标准的,按照通常标准或者符合合同目的的特定标准履行。

  (二)价款或者报酬不明确的,按照订立合同时履行地的市场价格履行;依法应当执行政府定价或者政府指导价的,依照规定履行。

  (三)履行地点不明确,给付货币的,在接受货币一方所在地履行;交付不动产的,在不动产所在地履行;其他标的,在履行义务一方所在地履行。

  (四)履行期限不明确的,债务人可以随时履行,债权人也可以随时请求履行,但是应当给对方必要的准备时间。

  (五)履行方式不明确的,按照有利于实现合同目的的方式履行。

  (六)履行费用的负担不明确的,由履行义务一方负担;因债权人原因增加的履行费用,由债权人负担。

释 义

  本条规定了合同重要内容约定不明时的确定规则。

  当事人通常一般会在合同中约定标的质量、价格或报酬、履行地点、履行期限、履行方式、履行费用等。如果没有约定,根据本法第 510 条,当事人之间应当补充协商;协商不成,应当根据合同性质、合同目的、交易习惯等确定。如果仍然不能确定,则按本条的规则确定。比如质量不明确的,适用国家标准、行业标准等。产品质量由《中华人民共和国产品质量法》规范。

　　除本条之外,《最高人民法院关于适用〈中华人民共和国民事诉讼法〉的解释》对履行地确立以下规则:合同对履行地没有约定或者约定不明确,争议标的为给付货币的,接收货币一方所在地为合同履行地;交付不动产的,不动产所在地为合同履行地;其他标的,履行义务一方所在地为合同履行地。即时结清的合同,交易行为地为合同履行地。合同没有实际履行,当事人双方住所地都不在合同约定的履行地的,由被告住所地人民法院管辖。财产租赁合同、融资租赁合同以租赁物使用地为合同履行地。以信息网络方式订立的买卖合同,通过信息网络交付标的的,以买受人住所地为合同履行地;通过其他方式交付标的的,收货地为合同履行地。

　　典型合同中有特别规定的,比如本法第 603 条、第 627 条等,优先适用特别规定。

　　第五百一十二条　通过互联网等信息网络订立的电子合同的标的为交付商品并采用快递物流方式交付的,收货人的签收时间为交付时间。电子合同的标的为提供服务的,生成的电子凭证或者实物凭证中载明的时间为提供服务时间;前述凭证没有载明时间或者载明时间与实际提供服务时间不一致的,以实际提供服务的时间为准。

　　电子合同的标的物为采用在线传输方式交付的,合同标的物进入对方当事人指定的特定系统且能够检索识别的时间为交付时间。

　　电子合同当事人对交付商品或者提供服务的方式、时间另有约定的,按照其约定。

释　义

　　本条是关于互联网交易中交付时间点的特别规定。

　　本条与《电子商务法》第 51 条的规定一致。本条规定的互联网订立的电子合同的交付时间点。当事人之间对交付时间有约定的,从其约定。在没有约定的情况下,根据本条的规定确定具体的交付时间。标的是交付商品且为寄送之债的,交付时间是收货人签收时间。标的是提供服务的,交付时间是生成的电子凭证或实物凭证记载的时间,没有记载时间或记载时间与实际提供服务时间不一致的,交付时间为实际提供服务时间。标的通过在线传输方式交付的,交付时间为标的进入接收方当事人指定接收系统且能检索识别的时间。

第五百一十三条 执行政府定价或者政府指导价的,在合同约定的交付期限内政府价格调整时,按照交付时的价格计价。逾期交付标的物的,遇价格上涨时,按照原价格执行;价格下降时,按照新价格执行。逾期提取标的物或者逾期付款的,遇价格上涨时,按照新价格执行;价格下降时,按照原价格执行。

释 义

本条规定了政府定价或指导价的执行。

执行政府指导价是对合同自由的违背。根据《中华人民共和国价格法》(以下简称《价格法》),政府指导价,是指依照本法规定,由政府价格主管部门或者其他有关部门,按照定价权限和范围规定基准价及其浮动幅度,指导经营者制定的价格。政府定价,是指依照本法规定,由政府价格主管部门或者其他有关部门,按照定价权限和范围制定的价格。通常情况下,商品价格应由当事人根据市场定价,这是合同自由的要求。在特殊情况下,才可以实施政府指导价。根据《价格法》第18条,政府在必要时可以对以下商品或服务实行政府指导价或者政府定价:(1)与国民经济发展和人民生活关系重大的极少数商品价格;(2)资源稀缺的少数商品价格;(3)垄断经营的商品价格;(4)重要的公用事业价格;(5)重要的公益性服务价格。

政府指导价、政府定价的定价权限和具体适用范围,以中央和地方的定价目录为依据。中央定价目录由国务院价格主管部门制定、修订,报国务院批准后公布。地方定价目录由省、自治区、直辖市人民政府价格主管部门按照中央定价目录规定的定价权限和具体适用范围制定,经本级人民政府审核同意,报国务院价格主管部门审定后公布。省、自治区、直辖市人民政府以下各级地方人民政府不得制定定价目录。

根据本条,执行政府定价或者政府指导价的,在合同约定的交付期限内政府价格发生变化的,按照交付时的价格计价。超过合同约定的交付时间交付标的物的,如果政府指导价上涨,按照原价格执行;政府指导价格下降的,按照新价格执行。超过约定期限提取标的物或者付款的,政府指导价格上涨的,按照新价格执行;政府指导价格下降的,按照原价格执行。

第五百一十四条 以支付金钱为内容的债,除法律另有规定或者当事人另有约定外,债权人可以请求债务人以实际履行地的法定货币履行。

释 义

本条规定了金钱之债的履行币种。

债之关系中最常见的给付是支付金钱。金钱既是服务和商品的价值标准,也是法定支付手段。债的内容是特定数额金钱的,债务人要以有效货币支付一定面额的金钱,不需要考虑金钱的实际购买力。狭义的金钱之债是通过特定面值的金钱来确定债的内容,除此之外,还存在其他用金钱履行的债,比如损害赔偿、支付抚养费等。目前,金钱之债在绝大多数情况下通过转账支付,很少支付现金。履行不能对金钱之债不适用。

以金钱为内容的债不存在品质问题。通常由当事人约定以哪种具体货币支付。在当事人没有约定、法律也没有规定的情况下,债权人有权利要求以实际履行地的法定货币履行。当事人可以约定金钱之债的履行地,有此约定的,实际履行地依约定。没有约定的,根据《关于适用〈中华人民共和国民事诉讼法〉的解释》第18条规定,合同对履行地点没有约定或者约定不明确,争议标的为给付货币的,接收货币一方所在地为合同履行地。《最高人民法院关于审理民间借贷案件适用法律若干问题的规定》第3条规定,借贷双方就合同履行地未约定或者约定不明确,事后未达成补充协议,按照合同有关条款或者交易习惯仍不能确定的,以接受货币一方所在地为合同履行地。因此,没有约定的情况下,金钱债务的履行地是接受货币一方所在地。

第五百一十五条 标的有多项而债务人只需履行其中一项

的,债务人享有选择权;但是,法律另有规定、当事人另有约定或者另有交易习惯的除外。

享有选择权的当事人在约定期限内或者履行期限届满未作选择,经催告后在合理期限内仍未选择的,选择权转移至对方。

释　义

本条第 1 款规定了选择之债;第 2 款规定了选择权转移。

一、选择之债

本条所称标的指给付。存在不同的给付,债务人可以选择其中的一个给付履行债务的,这种债是选择之债。在选择之债中债务人仅负担提供一项给付的义务,债权人也只能请求债务人提供一项给付。选择性债务涉及的是一个请求权,只不过是给付内容可以选择,一旦权利人向对方表示了自己的选择,该意思表示就产生特别的约束效果:被选择的给付被视为自始就应当履行的给付。比如,买卖合同约定,卖方可以在两匹马中选择一匹交付。卖方决定交付黑马的,则债之给付自始就是交付黑马。在选择之债中,债权人和债务人之间的法律关系因为选择而得以确定,原则上不得变更。

选择之债的给付既可以是不同的标的物,比如在白马和黑马之间选择;也可以在不同的履行行为之间进行选择;也可以在不同的履行方式之间选择。比如选择定做一套新家具或者在已经完成的成品家具中选择一套;再比如在不同的履行时间之间作出选择,在不同的运输方式之间进行选择。

选择之债既可以是依法产生,也可以依当事人约定产生。根据本条的规定,选择之债的选择权人原则上是债务人。但在特别情况下,选择之债也可能由债权人选择。

二、选择权转移给对方

选择之债的选择权利人在约定期限内或者履行期限届满未作选择,经催告后在合理期限内仍不进行选择,选择权转移给对方。在选择之债中,之所以在选择权利人长期不作出选择时选择权发生反转,是为了使债务可以履行,因为债务履行的条件是债务具体化。若选择权人不在可选择的给付之间作出选择,债务就无法履行。由此可见,在选择之债中选择权的反转是为了债权人的利益。

选择权行使期间有约定的依约定,没有约定的,对方当事人应当先催告选择权人进行选择,然后等待合理期间,只有选择权人在合理期间内仍不选择的,选择权才转移给对方。合理期间的长度应当在具体情况中判断。

第五百一十六条　当事人行使选择权应当及时通知对方,通知到达对方时,标的确定。标的确定后不得变更,但是经对方同意的除外。

可选择的标的发生不能履行情形的,享有选择权的当事人不得选择不能履行的标的,但是该不能履行的情形是由对方造成的除外。

释　义

本条规定了选择之债的选择问题。

选择之债中的选择权是形成权。选择权人可以自己行使选择权,也可以将选择权交给第三人,此时第三人作出的选择对原选择权人有约束力。选择是向对方当事人作出的单方的、需受领的意思表示。因为选择是形成性意思表示,要保护相对人不面对不确定性,因此原则上权利人的选择不得附条件。如果条件不会带来较大的不确定性,比如选择后果仅依赖于相对人的意思,此类条件可附于选择。选择的通知即选择的意思表示,可以明示作出,也可以默示作出。其生效时间适用需受领的意思表示的生效规则,在生效前可以撤回,生效后不得撤回。行使选择权的意思表示生效后,尚未确定的债之内容转换为确定的内容。

选择权一经权利人行使即产生形成效力,换言之,选择权利人向对方表示了自己的选择,该意思表示就产生特别的约束效果。权利人作出有效的选择后,确定的债之给付不得变更。但如果对方同意的,可以变更给付。

第2款规定了供选择的给付发生履行不能的情况。履行不能可以是自始履行不能,也可能嗣后履行不能,但要在权利人行使选择权之前发生。为了保证契约严守原则的实施,选择权人不得选择履行不能的给付,否则债权人只能主张损害赔偿。如果履行不能是选择权的对方引起的,即履行不能原因可归责于对方当事人,要区别对待:选择权归债务人的,因债权人的原因致供选择的给付中有履行不能的,债务人可以选择履行不能的给付,免于给付;选择权归债权人,因债务人原因致供选择的给付中有履行不能的,债权人可以选择履行不能的给付,债务人免于履行,债权人可以请求债务人为损害赔偿。

第五百一十七条 债权人为二人以上,标的可分,按照份额各自享有债权的,为按份债权;债务人为二人以上,标的可分,按照份额各自负担债务的,为按份债务。

按份债权人或者按份债务人的份额难以确定的,视为份额相同。

释 义

本条规定了按份之债,包括按份债权和按份债务。

无论是按份债务人还是按份债权人,其存在的条件是,给付具有可分性,至于债务或者债权产生的原因,在所不问。给付不可分的,多数债务人或者多数债权人只能是连带债务人或者连带债权人。

本条处理的情况是,多个债务人共同实施一项可分的整体给付,或者多个债权人向债务人请求一个可分的整体给付。"可分"的含义是,一个给付在不改变其本质和价值的情况下,特别是在价值不降低的情况下,可以分成多个性状相同的部分。每一部分与整体本质相同,每一部分价值由该部分占整体的比例决定。金钱之债是最重要的可分之债。如果债的标的物标了根据计量单位计量的多数可替代物,则通常是可分的,比如 100 升油、100 头猪。如果债的标的物是 1 只活的动物,则不可分。

债的给付可分的,推定认为多个债权人是按份债权人,多个债务人是按份债务人。本条第 2 款规定了,在无法确定每个债权人或者债务人所占份额的比例时,推定每个主体所占份额相同,即"人头原则"。无法确定是指即使通过解释法律、解释意思表示仍然得不出每个债权人或债务人所占比例的。

按份债权要区别于共同债权,即多个人共同享有一项权利的,此时给付是不可分的。

第五百一十八条 债权人为二人以上,部分或者全部债权人均可以请求债务人履行债务的,为连带债权;债务人为二人以上,债权人可以请求部分或者全部债务人履行全部债务的,为连带债务。

连带债权或者连带债务,由法律规定或者当事人约定。

释 义

本条规定了连带债权和连带债务。

本条第 1 款第一半句规定了连带债权的定义。连带债权的构成要件有三个:(1)连带债权的债权人是多个;(2)每一个债权人均可以要求债务人履行全部债务;(3)债务人对整体债务仅负担一次履行义务。债权人是否请求债务人履行属于意思自治范围。债权人请求债务人履行的,债务人在尚未履行的债务范围内应当履行。从债务人的视角看,他的义务是对整体债务进行一次履行,至于向一个债权人还是多个债权人履行,并不重要。只要他向一个或几个债权人按约定或按法律规定履行整体债务,则债务消灭。

本条第 1 款第二半句规定了连带债务的定义。依该规定,连带债务的构成要件同样包括三个:(1)负担履行义务的债务人是多个;(2)每个债务人都有义务履行整体债务;(3)一个债务人或者几个债务人对债务整体只需要履行一次。在连带债务中,某个债务人不履行的风险由其他履行的债务人承担。每个债务人都有义务履行全部债务,因此要求哪个债务人履行属于债权人的自由选择。被请求履行的债务人不履行或者未全部履行,债权人可以向其他债务人请求履行。如果债务只能由所有的债务人共同履行,则不是本条规定的连带债务。

对于连带债权和连带债务,除了本条规定的要件,还存在未规定的隐藏的要件。比较法上部分观点认为,多个债权人和债务人之间必须是"平级"的,如果其中一个只是辅助性的,则不存在连带债权或者连带债务。比如,一般保证关系中的主债务人和保证人之间不是本条意义上的连带债务人,因为债权人不能根据自己的意愿选择向谁主张债权。

根据本条第 2 款,多数债权人和多数债务人之间的连带债权或连带债务,应当由法律规定或当事人约定,否则多数人之债为按份债权和按份债务。债权或债务不可分的,也应当认为是连带债权或连带债务。

第五百一十九条 连带债务人之间的份额难以确定的,视为份额相同。

实际承担债务超过自己份额的连带债务人,有权就超出部分在其他连带债务人未履行的份额范围内向其追偿,并相应地享有债权人的权利,但是不得损害债权人的利益。其他连带债务人对债权人的抗辩,可以向该债务人主张。

被追偿的连带债务人不能履行其应分担份额的,其他连带债务人应当在相应范围内按比例分担。

释 义

本条规定了连带债务人内部的追偿权和代位追偿。

根据本法第 518 条,债权人可以向任何一个债务人请求履行全部或部分债务。这是连带债务人和债权人之间的外部关系。连带债务人各自应当承担的债务份额,属于连带债务人的内部关系。可以根据约定或法律规定确定各自承担份额的,要据此确定各自的份额。无法确定各自承担的份额的,则根据人头平均分担债务。这样规定连带债务人内部关系是为了在债务人之间公平分担债务。

在连带债务中,因为任何债务人都有义务履行全部债务,很可能发生的情况是,一个或其中几个债务人履行全部债务。这意味着,部分债务人履行的债务超过根据内部关系所确定的份额;另一方面,部分债务人却没有履行债务,或者履行债务少于自己应当承担的份额。本条第 2 款规定,在此情况下,履行超出应当承担的份额的债务人对未履行的债务人或者履行低于应承担份额的债务人有追偿权。在这种追偿关系中,相当于超额履行的债务人在超额范围内取得原债权人的法律地位。债权人没有得到全部清偿,但履行的债务人仍然超额履行,那么在超额范围内他对其他债务人有追偿权。在此情况中,债权人对其他债务人有履行请求权,超额履行债务人对他们有追偿权,此时债权人的履行请求权应当优先,原因是,超额履行的债务人取得债权人地位时,不能对原债权人产生不利。同时,有补偿义务的债务人如果对原债权人有抗辩,也可以对追偿的债务人主张,否则将损害有抗辩的债务人的利益。比如某债务人对原债权人有抵销权,因此他没有对债权人履行债务,当另一个超额履行的债务人向他追偿时,该债务人的抵销权对有追偿权的债务人也有效力。

实际承担债务的连带债务人清偿后,向其他连带债务人追偿时,可能发生其他连带债务人无力向实际承担债务者补偿自己应当承担的债务份额。在此情况中,该债务人的份额由其他有能力清偿的连带债务人共同承担,包括实际承担债务的连带债务人。可以确定份额的,按比例承担,不能确定份额的,视为份额相同。

超额履行的债务人的追偿权是请求权,适用一般诉讼时效期间。

第五百二十条　部分连带债务人履行、抵销债务或者提存标的物的,其他债务人对债权人的债务在相应范围内消灭;该债务人可以依据前条规定向其他债务人追偿。

部分连带债务人的债务被债权人免除的,在该连带债务人应当承担的份额范围内,其他债务人对债权人的债务消灭。

部分连带债务人的债务与债权人的债权同归于一人的,在扣除该债务人应当承担的份额后,债权人对其他债务人的债权继续存在。

债权人对部分连带债务人的给付受领迟延的,对其他连带债务人发生效力。

释　义

本条规定了连带债务中于一人或者部分债务人所发生效力事项对其他债务人亦发生效力的事项。

在连带债务人中,任何一个债务人履行债务,将产生全体效力,即对所有的其他连带债务人都产生履行的效力,债务在已经履行的范围内消灭。在满足抵销、提存的条件下,部分债务人主张抵销或者将给付提存的,抵销和提存与履行的效力相同,都使债务消灭。抵销、提存也对其他连带债务人发生整体效力。如果该债务人履行、抵销、提存的份额超过在内部关系中他应当履行的份额的,根据本法第519条,他对其他债务人有追偿权。

债权人免除债务人的债务的,其效力与履行相同,使债务消灭。债权人免除部分连带债务人债务的,如果免除份额超过该债务人内部承担份额的,在被免除债务人承担的份额内对其他连带债务人也发生效力,其他连带债务人在此部分内不必履行。免除的份额不超过被免除债务人承担份额的,该免除全部对其他债务人有效力,其他连带债务人不必履行被免除的债务。

连带债务人的债务与债权人的债权归于同一人的,发生混同。混同部分相当于履行,该部分债务消灭。其他连带债务人在混同的债务人应承担的份额内不必履行。部分连带债务人提供给付,但是连带债权人受领迟延,此时该部分债权产生受领迟延的法律后果,具体参见本法第589条释义,该后果对其他连带债务人也有效力。

第五百二十一条 连带债权人之间的份额难以确定的,视为份额相同。

实际受领债权的连带债权人,应当按比例向其他连带债权人返还。

连带债权参照适用本章连带债务的有关规定。

释 义

本条规定了连带债权人的内部关系。

根据本法第518条,每一个债权人均可以要求债务人履行部分或者全部债务。这是连带债权人对债务人的外部关系。债权人从债务人处得到部分或全部履行后,所得给付要在债权人之间分配,这涉及连带债权人内部关系。债权人内部关于债权份额的分配首先依赖他们之间的约定,属于私人自治。本条规定了债权人没有约定情况下的推定,即推定份额相同。债权人实际获得的给付份额超过自己份额的,应当将超出的部分返还给其他受领份额不足的连带债权人。

债务免除产生消灭债务的法律后果。部分连带债权人免除债务人的债务,如果被免除的债务未超过债权人份额,债务在免除范围内消灭。如果连带债权人免除的债务超过他自己的内部份额,只在连带债权人份额范围内债务消灭,超出部分不对其他连带债权人的债权产生影响。

第五百二十二条 当事人约定由债务人向第三人履行债务，债务人未向第三人履行债务或者履行债务不符合约定的，应当向债权人承担违约责任。

法律规定或者当事人约定第三人可以直接请求债务人向其履行债务，第三人未在合理期限内明确拒绝，债务人未向第三人履行债务或者履行债务不符合约定的，第三人可以请求债务人承担违约责任；债务人对债权人的抗辩，可以向第三人主张。

释 义

本条规定了利他合同。

根据合同的相对性，原则上合同当事人应当向另一方当事人履行。但是合同当事人可以约定，向第三人履行债务，此时存在"利他合同"。利他合同区分为"真正的利他合同"和"不真正的利他合同"。真正的利他合同是指，第三人直接对债务人有履行请求权的合同。不真正的利他合同是指，虽然债务人可以向第三人履行，但是第三人对债务人没有履行请求权。

本条第1款规定了不真正的利他合同，即债务人可以向第三人履行，但第三人没有直接要求债务人履行的请求权。在此类合同中，合同约束了债权人和债务人，不直接约束第三人，债务人不向第三人履行或者履行合同不符合约定的，由债务人向债权人承担违约责任。

本条第2款规定了真正的利他合同。在真正的利他合同中，存在两组法律关系，即债务人和债权人之间的法律关系，被称为基础关系；债权人和第三人之间的法律关系，被称为给予关系，通常是买卖、赠与等。债权人和债务人之间的基础法律关系遵循合同自由原则，他们之间的合同既可以是典型合同，也可以是非典型合同。通过真正利他合同，第三人取得对债务人的直接履行请求权。由于第三人是基于与债权人之间的法律关系取得对债务人的请求权，他本人与债务人没有直接联系，因此法律允许第三人在合理期间内拒绝债务人向自己履行。如果第三人没有在合理期间内拒绝，则债务人有履行义务。债务人不履行或者履行不符合约定，应当直接对第三人承担违约责任。债务人对第三人的履行义务源于他与债权人之间的基础法律关系。债务人由基础法律关系中获得的对债权人的抗辩或抗辩权也可以对第三人主张。

在真正的利他合同中,债权人是否同时也有履行请求权,由当事人约定。在存疑的情况下,应当认为债权人也有履行请求权,但是债权人只能要求债务人向第三人履行,而不是向他本人履行。

第五百二十三条 当事人约定由第三人向债权人履行债务,第三人不履行债务或者履行债务不符合约定的,债务人应当向债权人承担违约责任。

释 义

本条规定了由第三人履行的合同。

由第三人履行的合同在瑞士等地被称为第三人负担合同。《瑞士债务法》第 111 条意义上的由第三人履行的合同属于担保合同,而本条不具有担保属性,单纯由合同双方当事人约定。

根据合同法的基本原则,任何人不得为他人设立负担。因此仅由债权人和债务人之间约定,由第三人履行合同义务的,该约定不能约束第三人,第三人没有履行义务,也不存在由第三人承担的违约责任问题。第三人不履行或者履行不符合约定的,属于债务人违约,应当由债务人本人承担违约责任。

与本条所规定的情况不同的是,经第三人同意的第三人负担合同。在此情况中,可能存在三方协议,此时第三人是债权人的债务人,第三人不履行或履行不符合约定的,直接对债权人承担违约责任。也可能是债务人与第三人达成代为履行协议,在此情况中,第三人不履行的,应当对债务人承担违约责任。

第五百二十四条 债务人不履行债务,第三人对履行该债务具有合法利益的,第三人有权向债权人代为履行;但是,根据债务性质、按照当事人约定或者依照法律规定只能由债务人履行的除外。

债权人接受第三人履行后,其对债务人的债权转让给第三人,但是债务人和第三人另有约定的除外。

释　义

本条规定了第三人代为履行。

基于债的相对性,债权人只能请求债务人履行债务。反过来看,从谁那里得到给付在很多情况下对债权人而言则并不那么重要。根据本条的规定,对履行有合法利益的第三人有权向债权人履行。既然这是有履行利益当事人的权利,则第三人代为履行不需要经债权人同意。

常见的第三人对履行有利益的情况是,债务人面临强制执行,而第三人对被执行物有利益。比如,第三人以自己的不动产为债务人设立抵押,债务到期后债务人不履行的,债权人将就抵押的不动产获得清偿,此时第三人作为不动产所有权人对履行债务有利益,他可以代债务人清偿债务。同样的情况也会发生在第三人以自己的动产为债务设立质权或者抵押权等情况中。

第三人代为履行的另一个条件是,债务履行并非只能由债务人个人履行。必须由债务人亲自履行的债务可以依法产生,也可以依约定产生,也可以基于债务性质产生。由债务人亲自履行的债务的背后理念是,债权人和债务人之间高度的信赖关系。比如债权人和某著名京剧演员订立演艺合同,该合同只能由该著名京剧演员亲自履行。

第三人必须有代替债务人履行的意思,如果第三人错误地认为自己与债权人之间存在债务关系而为履行的,不发生第三人代为履行后果。如果第三人既有为他人履行的意思,也有为自己履行的意思,则属于本条规定的情况。

第三人履行并不导致债之关系消灭,而是债权在第三人代为清偿范围内由债权人转给第三人。第三人取得对债务人的相应的债权。

第五百二十五条　当事人互负债务,没有先后履行顺序的,应当同时履行。一方在对方履行之前有权拒绝其履行请求。一方在对方履行债务不符合约定时,有权拒绝其相应的履行请求。

释　义

本条规定了同时履行抗辩权。

在双务合同中,如果没有特别约定哪一方应当先履行,则双方应当同时履行。一方当事人请求履行,对方可以要求同时履行,否则拒绝履行。同时履行抗辩权体现了双务合同的牵连性,在没有约定履行先后顺序的情况下,任何一方先履行对另一方都不公平。

同时履行抗辩权的成立需要满足以下条件:

一、存在有效的双务合同,且双方互相负担履行义务

一般来说,双务合同是指完全双务合同,一方有给付义务,另一方有对待给付义务,即交换合同。还有一类合同被称为不完全双务合同,比如在委托合同中,受托方有义务完成受托事务,但是委托人不为委托事宜负担对待给付,但委托人要支付必要的费用,这种合同是不完全双务合同。在德国,同时履行抗辩权仅对完全双务合同适用,对不完全双务合同适用债权留置权。但是本法未规定债权留置权,因此本条对非完全双务合同也可适用。

同时履行抗辩权除了适用合同关系,对合同解除后的清算法律关系也适用。例外的情况下对法定债之关系也适用,比如无权代理的情况下,代理人和交易相对人之间虽然是法定债之关系,如果交易相对人选择履行,也适用同时履行抗辩权。

二、任何一方当事人都没有先履行义务

先履行义务排除同时履行抗辩权。同时履行通常是双务合同的理想,是给付和对待给付牵连性的体现。法律在很多情况下规定了先履行义务,当事人也可以约定先履行义务。在没有法律规定和约定的情况下,则应当同时履行。

其他行使同时履行抗辩权的债务人的对待给付应当到期;对待给付经过诉讼时效对同时履行抗辩权没有影响。另外还要求行使同时履行抗辩权的债务人不能有违约行为,这是诚实信用原则的要求,比如债务人已经陷入履行迟延的,不能行使同时履行抗辩权。

本条第二句规定,一方履行不符合约定,相对人可以拒绝他提出的履行请求权。一方履行不符合约定,相对人有补救履行、损害赔偿请求权,该请求权与违约方的履行请求权形成牵连关系,相对人可以行使同时履行抗辩权。

第五百二十六条　当事人互负债务,有先后履行顺序,应当先履行债务一方未履行的,后履行一方有权拒绝其履行请求。先履行一方履行债务不符合约定的,后履行一方有权拒绝其相应的履行请求。

释　义

本条规定了先履行抗辩权。

先履行抗辩权也被称为后履行抗辩权,术语不同是由于所处视角不同。

先履行抗辩权成立的要件是:(1)双务合同的当事人履行有先后顺序,这是先履行抗辩权与同时履行抗辩权的核心区别。履行的先后顺序既可以由当事人约定,也可以由法律规定,或者由合同类型决定,比如在分期付款买卖中,出卖人有先交付标的物的义务。(2)有先履行义务的当事人不履行或者有先履行义务当事人履行不符合约定。不履行是指债务人拒绝履行或迟延履行,但不存在履行不能的情况。如果债务人履行不能的(要注意,履行不能对金钱之债不适用),他的履行义务消灭,对方当事人或者就替代履行的损失赔偿主张先履行抗辩权,或者解除合同。履行不符合约定是指瑕疵履行,即债务人提供的给付有物的瑕疵或者权利瑕疵,也包括部分履行。(3)其他要件与同时履行抗辩权相同。

在法律后果上,先履行义务人不履行的,相对人可以拒绝履行;先履行不符合约定的,相对人可以拒绝相应的履行,该规定通常对部分履行有较大意义。部分履行中,给付可分,先履行义务人提供部分履行,相对人也应当提供相应部分对待给付,而不能完全拒绝履行。

如果双方都陷入履行迟延,后履行义务人仍然可以主张先履行抗辩权。此时,后履行义务人可以考虑主张不安抗辩权。

第五百二十七条　应当先履行债务的当事人,有确切证据证明对方有下列情形之一的,可以中止履行:

(一)经营状况严重恶化;

(二)转移财产、抽逃资金,以逃避债务;

(三)丧失商业信誉;

（四）有丧失或者可能丧失履行债务能力的其他情形。

当事人没有确切证据中止履行的，应当承担违约责任。

释 义

本条规定了有先履行义务的债务人的不安抗辩权。

本条仅对一方当事人有义务先履行的双务合同适用。一方当事人的先履行义务既可以由法律规定，也可以由当事人约定。

有先履行义务的当事人行使不安抗辩权的条件：

1. 先履行义务人尚未履行或者尚未完全履行，如果履行完毕则没有不安抗辩权适用的空间。

2. 后履行义务人缺乏履行能力。后履行方当事人缺乏履行能力意味着，先履行方履行之后将不能取得对待给付。对方当事人缺乏履行能力可能在订立合同前就存在，只是不为人知，也可能是合同订立后才产生。在这两种情况下都可以适用本条。判断缺乏履行能力的时间点是，先履行义务到期时，如果先履行义务到期之前后履行义务人发生了履行能力丧失的情况，但是在先履行义务到期时又恢复履行能力，则本条不能适用。本条列举了三项具体的缺乏履行能力的情况：经营状况恶化；转移资产、抽逃资金，以逃避债务；丧失商业信誉。此外，还包括其他缺乏履行能力的情况，比如负债超过资产、丧失支付能力等。

除了后履行人的财产状况，如果有其他阻碍后履行义务人履行的情况的，先履行义务人也可以参照适用本条主张不安抗辩权。比如，后履行义务人的给付是供货的，但是发生了自然灾害，很明显无法运输货物，或者后履行义务人的工厂仓库起火，明显短期内无法供货等。都可以导致后履行义务人缺乏履行能力。

3. 先履行义务人的债权受到威胁。后履行义务人缺乏履行能力，危及他对后履行义务方的债权时，后履行义务人才可以主张不安抗辩权。如果后履行义务方提供担保，则不安抗辩权不成立。如果是先履行义务人的原因导致后履行义务人缺乏履行能力，也不成立不安抗辩权。

4. 先履行义务人在主张不安抗辩权时要向后履行义务人证明不安抗辩权条件成立。不能证明不安抗辩权成立，但中止履行的，属于违约行为，应当按照本法第十八章承担违约责任。先履行义务人违约行为是迟延履行,违约责任包括继续履行和损害赔偿。

第五百二十八条 当事人依据前条规定中止履行的,应当及时通知对方。对方提供适当担保的,应当恢复履行。中止履行后,对方在合理期限内未恢复履行能力且未提供适当担保的,视为以自己的行为表明不履行主要债务,中止履行的一方可以解除合同并可以请求对方承担违约责任。

释 义

本条规定了不安抗辩权中后履行义务人的抗辩。

发生本法第527条规定的情况时,先履行义务人可以行使不安抗辩权,其直接法律后果之一是他可以中止履行,也可以中止履行准备。为了保护后履行义务人的利益,先履行义务人在行使不安抗辩权之前,应当通知对方当事人,否则仍构成履行迟延。通知义务属于先履行义务人的从属义务,违反该义务给对方当事人造成损失的,应当承担损失赔偿责任。通知的内容既可以是中止履行,也可以是行使不安抗辩权。

后履行当事人得到通知后,可以抗辩。他的抗辩手段是为自己的债务提供担保,人的担保或物的担保均可。提供物的担保的,既可以用自己的财产设立担保物权,也可以用他人的财产设立担保物权。如果后履行当事人提供有效的担保,则先履行义务人必须恢复履行。

先履行义务人通知后履行当事人将中止履行后,先履行义务人在合理期间内既没有提供担保,也没有消除本法第527条提及的情况,并恢复履行能力的,此时先履行义务人可以认为,后履行当事人最终不履行合同。先履行义务人在中止履行中可以指定提供担保的期限,比如"在15日内提供担保""在2月8日前提供担保"等。先履行义务人指定的提供担保的期间必须合理,如果太短,则延长到合理期间。先履行义务人在通知时没有指定具体的提供担保期间的,应当综合考量具体情况(比如合同性质、交易习惯等)确定合理等待期间。

先履行义务人中止履行后,在两种情况下他应当恢复履行:第一是后履行义务人恢复了履行能力;第二是后履行义务人提供担保。合理期间内后履行义务人没有提供担保,也没有恢复履行能力的,为了终止合同的不确定状态,法律作出拟制,即后履行义务人默示表示不履行合同,这时他有重大违约行为,产生法定解除权。解除权的权利人是先履行义务人,他可以解除合同,并要求后履行义务人根据本法第十八章承担违约责任。

第五百二十九条 债权人分立、合并或者变更住所没有通知债务人,致使履行债务发生困难的,债务人可以中止履行或者将标的物提存。

释 义

本条规定了债权人因分立、合并或住所变更导致履行困难时债务人的救济。

债权人的住所在特定情况下对债务履行至关重要。债权人住所是履行地的,但债权人住所不确定的,则债务履行会发生困难。根据履行行为和结果的组合,可将债区分为往取之债、赴偿之债和寄送之债。在往取之债中债权人的住所并不重要,因为债权人需要到债务人指定地点取走给付;赴偿之债要求债务人在债权人处实施给付;寄送之债需债务人将给付送到债权人住所地。故在赴偿之债和寄送之债中,债权人住所地非常重要,如果债务人不知道住所地则债务无法履行。合同当事人一般在合同中会明确债权人住所,或者订立合同后进行补充。原则上债权人住所变更的,应当及时通知债务人。

债权人分立或合并也可能导致债务人不知道向谁履行,因此这时债权人应当通知债务人住所变更。债权人没有及时通知债务人导致债务人无法履行的,依本条之规定债务人可以根据具体情况选择中止履行或者将标的物提存。

债务人提存的,还要满足另一个要件,即标的物适宜提存。适宜提存是指标的物有保管意义,且适合保管。不适于提存的标的物不能提存,比如体积过大的标的物、不易保管的标的物、易腐烂的标的物、动物等属于不适于提存的标的物。保存费用过高的标的物,比如与标的物本身价值相当,提存不符合比例原则,不应当提存。标的物是此类物品而无法履行的,应当拍卖或者标卖,将价款提存。债务人选择中止履行的,或者因不适合提存必须中止履行的,债务人不发生履行迟延,因此不承担违约责任。

第五百三十条　债权人可以拒绝债务人提前履行债务,但是提前履行不损害债权人利益的除外。

债务人提前履行债务给债权人增加的费用,由债务人负担。

释　义

本条规定了债务人提前履行。

时间对债务履行包括两层含义:第一个是指债务人必须最晚履行的时间,即债务到期的时间点;第二个是债务人允许履行的时间点,即债务可履行的时间点。债务到期时间是从债权人视角描述履行时间,即债权人可以要求债务人履行的时间。债务可以履行时间是从债务人的视角表达。

债务人允许履行的,债权人不受领债务人提供的给付,则陷入受领迟延。反之,在债务人允许履行的时间点之前,债权人没有受领的(不正真)义务。债务的可履行时间由当事人约定,或者从交易的具体情状中得出。根据本条之规定,在债务可履行时间到达之前,是否接收债务人的履行由债权人决定。然而,根据第1款但书之规定,提前履行不损害债权人利益的,债权人不得拒绝提前履行。对"不损害债权人利益"应当作宽缓理解,包括各方面的利益。比如债权人与债务人约定周日履行家政服务合同,债务人要求周六履行,这有可能损害债权人时间计划,他可以拒绝债务人的履行。借贷合同中借款人提前还款的,贷款人的利息收益将减少,如果当事人没有约定提前还款时利息如何处理,根据本法第677条,借款人应当按照实际借款的期间计算利息。

提前履行可能导致债权人的费用增加,这实际是损害债权人的利益,债权人可以拒绝履行。如果债权人同意提前履行的,提前履行引起的费用由债务人承担。比如,按合同约定,债务人应当在10日将货物送达,但债务人在8日将货物送到债权人指定地点。如果债权人需要支付这两天时间仓库租赁费、管理人员的工资、电费等额外费用的,该费用由债务人承担。此项费用以债权人实际支付为前提条件,若债权人不需要实际支付费用,债务人不需要对债权人补偿。

对提前履行有特别法规定的,应当适用特别法。比如借贷合同中借款人提前还款的,利息计算应适用本法第 677 条规定。

第五百三十一条 债权人可以拒绝债务人部分履行债务,但是部分履行不损害债权人利益的除外。

债务人部分履行债务给债权人增加的费用,由债务人负担。

释 义

本条规定了部分履行。

根据本条,原则上债务人不可以实施部分履行。本条目的是为了减轻债权人负担。法律允许债权人拒绝接受部分履行,意味着债权人不会因为拒绝部分履行而陷入受领迟延。反之,债务人提供部分履行的,不会阻碍他陷入整体债务的履行迟延。在定义上,任何不完全履行都可以是部分履行。但是在具体情况下,债权人拒绝部分履行的,可能被评价为违反诚实信用原则,比如债务人提供绝大部分给付,只缺少很微小的一部分,在此情况下债权人应当接受给付,债权人不接受的将陷入受领迟延。部分履行要和多次给付区分,比如当事人约定价款分三次支付的,存在多次给付,每次价款支付都构成一个独立的给付,这不属于本条意义上的部分履行,债权人应当接受。

第 1 款第二半句规定,部分履行不损害债权人利益的,债权人应当接受给付。然而,部分给付不损害债权人利益的情况实际很难发生,因为提前接受履行本身就是增加债权人的负担。因此,提前接受给付需要付出的时间和精力不应当属于本条意义上的债权人利益,否则第 1 款但书没有适用余地。

本条适用的条件是,给付具有可分性,主要是金钱之债和可替代物之债,在具体情况下服务也可能具有可分性。给付不可分的,不适用本条,比如给付是承揽给付,标的是一个承揽结果,不可分。有争议的是,瑕疵履行是否属于部分履行,但根据本法第 610 条,瑕疵履行致合同目的不达的,债权人可以拒绝接受标的物。

部分履行可能导致债权人的费用增加,这损害债权人的利益,债权人可以拒绝接受履行。如果债权人同意接受履行的,部分履行引起的费用由债务人承担。

当事人可以在合同中约定,债权人有义务接受部分履行。

第五百三十二条　合同生效后,当事人不得因姓名、名称的变更或者法定代表人、负责人、承办人的变动而不履行合同义务。

释　义

本条规定了不影响合同当事人身份一致性的因素。

合同的当事人身份一致性不受其姓名、名称变更的影响;法定代表人、负责人、承办人只是当事人的代表人或者代理人,也不影响合同主体的身份一致性。发生上述变化时,订立合同的当事人仍然受合同约束,有履行合同的义务。

第五百三十三条　合同成立后,合同的基础条件发生了当事人在订立合同时无法预见的、不属于商业风险的重大变化,继续履行合同对于当事人一方明显不公平的,受不利影响的当事人可以与对方重新协商;在合理期限内协商不成的,当事人可以请求人民法院或者仲裁机构变更或者解除合同。

人民法院或者仲裁机构应当结合案件的实际情况,根据公平原则变更或者解除合同。

释　义

本条规定了情事变更制度。

一、情事变更

发生情事变更时,应当允许当事人变更合同或者解除合同,其基础是诚实信用原则。《最高人民法院关于适用〈中华人民共和国合同法〉若干问题的解释(二)》第 26 条规定了情事变更原则:合同成立以后客观情况发生了当事人在订立合同时无法预见的、非不可抗力造成的不属于商业风险的重大变化,继续履行合同对于一方当事人明显不公平或者不能实现合同目的,当事人请求人民法院变更或者解除合同的,人民法院应当根据公平原则,并结合案件的实际情况确定是否变更或者解除。本条删除"非不可抗力造成的",对司法解释作出修正。

"情事"即订立合同的交易基础,从定义上看"情事"应当包括以下要素:订立合同时的客观因素;不属于合同的内容,即当事人在合同中对此并没有约定;至少从一方当事人视角看这些因素对订立合同是重要的,即交易意思以这些因素为基础,如果当事人知道它们的变化,将不会订立合同或者订立不同内容的合同。本条还规定了"情事"的消极要件,即不属于商业风险。通过解释合同能够确定某种情况变化的风险应当由合同的哪一方来承担,则无须适用情事变更原则。如何区别交易基础和商业风险,各方并未提出确定的判断标准,可以根据相关的法律判断,也可以根据交易习惯判断,还可以根据具体的合同类型等判断。

情事变更即是指订立合同时的客观因素事后发生重大变化,并且这种变化在订立合同时不能预见。适用情事变更原则的另一个条件是,如果按合同约定履行,将违反诚实信用原则,因为合同约定的"等值关系"被变化的交易基础破坏,或者导致合同目的不达。

二、不可抗力与情事变更

不可抗力和情事变更旨在解决不同的问题。不可抗力解决了违约方是否承担违约责任问题,因此是免责原因;而情事变更解决了合同是否应当遵守的问题,因此是合同变更或者解除的事由。不可抗力可能是情事变更的原因,亦即,不可抗力导致订立合同时的交易基础发生改变,按原合同履行显失公平,此时当事人要求变更合同或者解除合同的,适用情事变更。一方要求对方当事人承担责任的,对方当事人可以主张不可抗力要求减免责任。

三、重新协商

根据本条规定,发生情事变更的,受不利一方当事人应当要求与对方协商。将重新协商确定为解除合同或者变更合同的前置程序,首先符合私人自治原则。法官对合同所涉及的各方利益、各种因素的掌握当然不如当事人本人,直接裁判变更后的合同内容不一定能将当事人双方利益平衡至最佳。相对于法官直接裁判的变更,从情事变更中获利一方当事人可能更愿意通过重新协商变更合同,因为重新协商形成的变更通常也会比法官直接裁判的变更对他更有利。原因在于,情势变更导致原合同形成的给付和对待给付的等值性被严重破坏,受不利一方当事人要想通过重新协商变更合同,势必会作出让步,不会追求给付和对待给付完全等值。而法官裁判则是根据诚实信用原则将合同重新调整到给付和对待给付具有等值性的状态。从比例原则的视角看,为了建立新的给付与对待给付的平衡关系,当事人应当首先选择缓和的手段变更合同,经重新协商变更合同无疑是比直接请求法院裁判更缓和的手段。

重新协商至少包括以下内容:首先,双方当事人相互联系,针对合同的变更进行协商。在可以承受的情况下,当事人应当见面协商,因为见面可以使交涉更高效。其次,双方当事人应当交换与变更合同相关的必要信息。在交换信息的过程中,双方当事人要严肃认真对待重新协商,比如不能提供虚假信息等欺骗行为,因为全面获得信息是双方交涉并对合同变更达成意思一致的基础,是双方作出客观的、符合实际情况的合同变更的基础。当然,信息交换以可承受性为边界,涉及商业秘密的信息不需要交换。最后,各自向对方说明对变更后合同内容的预期,或者是提出合理的变更建议,并且说明原因。当事人提出的变更建议要具有合理性,建议不能是明显不具体、不充分的。在一方当事人(通常是受不利一方)首先提出变更建议时,另一方当事人要对变更建议慎重审查,对变更建议在合理期间内做出回答;在不接受对方提出的变更建议时还要提出自己的变更建议。

四、法律后果

发生情事变更不应当立即产生解除权或者变更权,重新协商无果是解除权和变更权产生的前提条件。在合理期限内协商不成的,当事人可以请求人民法院或者仲裁机构变更或者解除合同。变更合同和解除合同拥有相同顺位,允许当事人在解除合同和变更合同之间进行选择更符合合同双方的利益。

第五百三十四条　对当事人利用合同实施危害国家利益、社会公共利益行为的,市场监督管理和其他有关行政主管部门依照法律、行政法规的规定负责监督处理。

释　义

本条是关于主管部门监管的规定。

依法律或行政法规有监管职责的市场主管部门和其他行政主管部门的监管不属于民法调整对象,属于行政法调整对象。

第五章　合同的保全

本章导言　▶

本章规定了合同的保全,共 8 条。从立法体例上看,本章是新增独立章节,但是其内容主要承继《合同法》第四章中的债权人的代位权和撤销权及其重要司法解释。债权人、代位权和撤销权突破合同的相对性,在比较法上少见,是我国合同法的新发展,其目的在于解决我国经济高速发展时期的特殊问题。

　　第五百三十五条　因债务人怠于行使其债权或者与该债权有关的从权利,影响债权人的到期债权实现的,债权人可以向人民法院请求以自己的名义代位行使债务人对相对人的权利,但是该权利专属于债务人自身的除外。

　　代位权的行使范围以债权人的到期债权为限。债权人行使代位权的必要费用,由债务人负担。

　　相对人对债务人的抗辩,可以向债权人主张。

释　义

本条规定了债权人代位权。

债权人代位权是债的保全措施之一。为了防止债务人财产不当减少而导致债权人债权无法实现,法律赋予债权人替代债务人向他的债务人(次债务人)行使债权的权利。

债权人代位权是对债的相对性的突破,允许债权人越过债务人直接对次债务人行使权利,事实上债权人和次债务人之间并没有债的关系。代位权是一项法定权利。债权人代位权制度是为了解决"三角债"问题,即债务人不积极对他的债务人(次债务人)主张债权,债务人的债权人的债权就实现不了,这样会导致交易链上的参与人交易能力受阻。因此允许债权人突破债的相对性,直接对次债务人主张权利。

一、债权人代位权成立

债权人行使代位权的条件是:

1. 债权人和债务人之间债之关系有效成立,不存在无效原因,比如违反法定禁止的债的债权人不得行使代位权。债权人的债经过诉讼时效,应当允许债权人行使代位权,但是因为诉讼时效经过是抗辩权,如果债务人在诉讼中主张时效抗辩权,则导致代位权得不到法院支持。

2. 债务人对次债务人的债权有效、到期、可实施,此时债务人才可以对次债务人请求给付。债务人的该请求权是债权人代位权的标的。但是,与债务人个人关系密切的债,债权人不得行使代位权,比如工资债权、人身伤害损害赔偿债权、抚恤金债权、人身保险给付金等。本条所指的次债务人并不包括债务人的保证人。债务人的债权应当可以实施,次债务人没有抗辩和抗辩权,债务人自己无法实现债权,债权人当然不得行使代位权。

3. 债务人对债权人必须陷入履行迟延。本条法律文本要求,"影响债权人债权的实现",对此应当严格解释,否则债权人突破债的相对性不具有合理性基础。

4. 债务人怠于行使对次债务人之债权以及与该债权有关的从权利。此债权到期,但是债务人不积极主张债权的,则认为债务人怠于行使债权。我国司法实践中,判断债务人是否有怠于行使其到期债权的标准,是看债务人是否以诉讼或者仲裁方式向次债务人主张债权以及与该债权有关的从权利,如果债务人既不履行到期债务,又不以诉讼或者仲裁方式向次债务人主张债权以及与该债权有关的从权利,则认定债务人怠于行使对次债务人的债权以及与该债权有关的从权利。

5. 债务人怠于行使债权,影响债权人债权实现,比如债权人没有给付能力。如果债务人有充足的能力履行债务,即使次债务人不履行债务,他怠于行使对次债务人的债权也不会影响债权人债权的实现。

二、代位权行使

代位权由债权人行使;债务人的保证人承担保证责任后,取得债权人地位,可以行使代位权。多个债权人的,他们既可以共同主张代位权,也可以分别主张代位权。代位权应当通过诉讼的方式主张。债权人以次债务人为被告提起诉讼,债务人是第三人。诉讼的管辖地是被告所在地人民法院。

债权人行使代位权是为了保全自己的债权,因此应当在自己的债权范围内行使代位权。代位行使的债权应当与自己的债权价值相当。债务人对次债务人的债权超过本债权的,如果债务人的债权是可分之债,债权人应当代位行使自己的债权范围内的部分,债务人的债权不能分割的,才可以代位行使整体债权。

债权人行使代位权的必要费用由债务人承担,包括代理费、差旅费、法院的费用等;如果债权人胜诉,最终这些费用由次债务人承担。次债务人对债务人有抗辩或抗辩权的,可以对债权人主张。

第五百三十六条　债权人的债权到期前,债务人的债权或者与该债权有关的从权利存在诉讼时效期间即将届满或者未及时申报破产债权等情形,影响债权人的债权实现的,债权人可以代位向债务人的相对人请求其向债务人履行、向破产管理人申报或者作出其他必要的行为。

释　义

本条规定了债权到期前的代位权。

债权人行使代位权原则上要求债权人的债权到期,否则他不能对债务人主张债权,更不能向次债务人主张债务人的债权。然而,如果发生紧急情况,不及时行使代位权将导致债权人将来无法实现债权时,债权人在其对债务人的债权到期之前,也可以对次债务人行使代位权。

本条列举了两项紧急情况:

第一,债务人对次债务人的债权即将诉讼时效届满。债务人的债权诉讼时效届满,则次债务人取得对债务人的抗辩权。在债权人对次债务人行使代位权的时候,次债务人可以对债权人主张他对债务人的抗辩或抗辩权。诉讼中次债务人对债权人主张诉讼时效届满的,债务人的债权不可实现,法院将驳回债权人的诉讼请求。如果债务人的履行能力缺失,将影响债权人未来实现债权。在这种情况下,法律允许债权人在债权到期前行使代位权,要求次债务人向自己履行,否则他无法保全债权。债权人的代位权根据本法第535条要通过诉讼主张。

第二,在法院受理次债务人的破产申请后,次债务人的债权人没有在规定期间内申报债权。申报债权是破产程序中债权人通过破产程序平等清偿的前提条件。债务人是次债务人的债权人,次债务人破产申请被受理,但债务人不及时申报债权,其债权将无法得到清偿。如果债务人履行能力已经不足,不申报债权将影响债权人将来实现债权。故法律允许债权人在债权到期前主张代位权。在这种情况中,债权人保全债权的手段是,代替债务人向破产管理人申报债权。也可以代替债务人行使其他权利,比如参加债权人会议、表决等。

发生其他与本条列举的情况类似的,债权人也可以在债权到期前行使代位权。

第五百三十七条 人民法院认定代位权成立的,由债务人的相对人向债权人履行义务,债权人接受履行后,债权人与债务人、债务人与相对人之间相应的权利义务终止。债务人对相对人的债权或者与该债权有关的从权利被采取保全、执行措施,或者债务人破产的,依照相关法律的规定处理。

释 义

本条规定了代位权成立的法律后果。

债权人向人民法院提起代位权诉讼后,法院认为本法第535条或第536条规定的债权人代位权的条件成立,则应当作出判决。有疑问了,次债务人应当向谁履行。对此存在"入库规则"和"效率规则"之争。根据"入库规则",债权人行使代位权后,取得的财产应当先归入债务人财产,作为全体债权人债权的担保。债权人只能根据债务清偿的实体法和程序法进行清偿。

本条规定了效率规则,即次债务人直接向债权人清偿,债权人接受履行后,债权人与债务人、债务人与次债务人在相应的范围内债务关系消灭。

债务人对次债务人债权或者其从权利被采取保全、执行措施,或者债务人破产的,适用相应法律规范。

第五百三十八条　债务人以放弃其债权、放弃债权担保、无偿转让财产等方式无偿处分财产权益,或者恶意延长其到期债权的履行期限,影响债权人的债权实现的,债权人可以请求人民法院撤销债务人的行为。

释　义

本条规定了债务人无偿处分财产行为时债权人的撤销权。

债权人代位权是债的保全措施之一,即为了防止债务人财产不当减少而导致债权人债权无法实现,法律赋予债权人在特定条件下撤销债务人实施的使其财产减少的法律行为。债权人撤销权突破债的相对性。

一、对债权人要求

债权人撤销权首先要求债权人对债务人有有效的债权,且不存在消灭请求权的抗辩和妨碍债权可实施的抗辩权。阻碍主合同效力的,比如民事行为能力缺失、形式要件不满足、没有法定许可等;消灭请求权的抗辩包括撤销合同、解除合同、抵销等。债权人虽然有撤销权或者解除权,但是在他行使撤销权和解除权之前,不对债权产生影响;债务人不履行合同后债权人行使撤销权或者解除权的,产生溯及既往的效力。债权人和债务人之间有抵销权,在主张抵销之前同样不阻碍违约发生。债务人事后主张抵销的,抵销有溯及力。债务人的先履行抗辩权、同时履行抗辩权、不安抗辩权阻碍债权的可实施性。

二、对债务人要求

在债务人方面要求,债务人实施了可以导致他的责任财产减少的法律行为。本法列举了四项法律行为:(1)债务人放弃债权。债务人放弃债权的行为包括对次债务人免除债务,长期不行使债权引起权利失效等。(2)放弃债权担保。债务人明确表示或者默示表示不再对担保人主张担保权。(3)无偿转让财产或无偿处分财产,即没有对价转让财产或财产权益。(4)恶意延长到期债权的履行期限。债务人对次债务人的债权到期,但是债务人为了不向债权人履行而对次债务人延长履行期限。在前三项无偿处分财产行为中,不要求债务人有恶意。延长到期债权的,则要求债务人主观有故意,部分观点甚至要求,此时次债务人也有恶意。笔者认为,次债务人是否恶意不应当影响债权人撤销权,否则将使债权人撤销权的功能大打折扣。

债务人的上述行为都会使他的责任财产减少。然而,如果债务人自己仍然有足够的清偿能力,仅仅是债务人财产减少不足以成立债权人撤销权。债权人行使撤销权还要求,债务人的行为直接导致债权人的债权无法全部清偿或者清偿困难。

债务人正常清偿其他债务人到期债务的行为,不属于成立撤销权的原因。因为正常清偿虽然减少积极财产,但是属于履行法律规定或合同约定义务的行为。债务人提前清偿对他人的未到期债务的,属于放弃期限利益,可以成为债权人撤销权的理由。债务人因为向他人借贷设定担保,是有偿行为,不能成立撤销权。如果债务人对本来没有担保的债务提供担保的,则属于使他的财产减少的给予行为,可以成为撤销权的原因。

三、债权人撤销权行使

与债权人代位权相同,债权人的撤销权也是诉讼权。债权人应当以自己的名义提起诉讼,被告为债务人,第三人原则上应当以无独立请求权的第三人身份参加诉讼。有多个债权人,他们可以同时行使撤销权,也可以单独行使撤销权。两个或两个以上债权人对同一个债务人行使撤销权,且标的相同的,人民法院可以合并审理。

第五百三十九条 债务人以明显不合理的低价转让财产、以明显不合理的高价受让他人财产或者为他人的债务提供担保,影响债权人的债权实现,债务人的相对人知道或者应当知道该情形的,债权人可以请求人民法院撤销债务人的行为。

释 义

本条规定了债务人以不合理的价格处分财产时债权人的撤销权。

债务人以不合理的价格处分财产是债权人撤销权的理由。本条列举了债务人的三项法律行为:(1)不合理低价转让财产。债务人转让财产的价格明显低于市场价格的,属于本项规定的情况。是否属于明显低于市场价格,应当从客观理性的观察人的视角判断。(2)高价受让他人财产。债务人受让他人财产的对价从客观视角看明显高于市场价格的,属于本项规定的情况。(3)为他人债务提供担保。本项规定的情况是没有对价地无偿为他人债务担保。

发生上述情况时,债务人的责任财产都将减少。与本法第538条不同,在本条规定的前两项情况中,债务人处分财产时取得对价,只不过对价与被处分财产的客观价值之间没有相当性,并且从债务人视角看两者的差额为负值。对价稍微与市场价格有偏差的,不足以成就债权人撤销权。实践中认为,转让价格不足交易时市场价格的70%的,存在明显不合理低价;转让价格高于市场价格30%的,存在明显不合理高价。本条规定的第三种情况,债务人为他人债务提供担保的,有将来导致债务人责任财产减少的可能性。

债务人因处分财产,导致不能按约定履行他对债权人的债务。如果债务人有充足的财产,足以履行对债权人的债务,则不成立债权人撤销权。债权人行使撤销权的另一个要件是,债务人的交易相对人是恶意的。债务人的交易相对人的恶意表现为,知道财产对价与实际价值有明显偏差,且交易将损害债权人债权的实现,或者知道债务人提供担保将损害债权人的债权实现。这里的知道包括实际知道,也包括相对人因为自己的过失而不知道,即应当知道的情形。债务人的相对人的主观要件不要求他有损害债权人利益的故意,也不要求债务人和相对人之间恶意串通。

存在本条的情况时,债权人可以请求法院或者仲裁机构撤销债权人的处分行为。具体与本法第538条相同。

第五百四十条　撤销权的行使范围以债权人的债权为限。债权人行使撤销权的必要费用,由债务人负担。

释　义

本条规定了债权人行使撤销权的范围。

与债权人代位权相同,债权人行使撤销权是为了保全自己的债权,因此应当在自己的债权范围内行使撤销权。换言之,债权人撤销的债权应当与自己对债务人的债权价值相当。债务人处分行为导致减少的财产超过债权人债权的,如果债务人处分的财产具有可分性,债权人只能撤销自己债权范围内的部分;债务人处分的财产不能分割的,债权人必须撤销整体处分行为。

债权人行使撤销权的必要费用由债务人承担,包括律师代理费、差旅费、法院诉讼费等。

第五百四十一条 撤销权自债权人知道或者应当知道撤销事由之日起一年内行使。自债务人的行为发生之日起五年内没有行使撤销权的,该撤销权消灭。

释 义

本条规定了撤销权的除斥期间。

撤销权是形成权,不适用诉讼时效期间。但是债权人迟迟不决定是否撤销债务人的处分行为,会使法律关系的状态不确定,这对债务人和第三人都不利,因此撤销权要受除斥期间约束。

本条第一句规定了相对除斥期间。撤销权的相对除斥期间与债权人的主观认知关联,从债权人知道或者应当知道撤销事由起 1 年内不行使撤销权,撤销权消灭。本条第二句规定了绝对除斥期间,债权人不知道撤销事由的,自债务人处分行为发生之日起,5 年后撤销权消灭。

除斥期间是不可变期间,不发生中断、中止和延长的情况。

第五百四十二条 债务人影响债权人的债权实现的行为被撤销的,自始没有法律约束力。

释 义

本条规定了撤销权的溯及力。

债权人要求法院或仲裁机构撤销债务人实施的影响债权实现的法律行为的,法院或仲裁机构裁判撤销的判决一生效,撤销产生溯及既往之效力。债务人实施的法律行为自始没有效力,法律状态应当回复至没有发生处分财产行为之时。债务人实施了低价转让财产或者无偿转让财产的法律行为的,财产的所有权或其他财产性权利直接回归至债务人处。动产的受让人需要向债务人返还原物,其依据是物权的返还原物请求权和不当得利返还请求权。不动产如果已经进行变更登记的,需要进行更正登记。返还不可能的,要赔偿客观价值;受让人在占有标的物期间收取收益的,收益一并返还。如果债务人放弃到期债权的,该放弃没有效力,次债务人仍然要向债务人履行。债务人放弃担保的,放弃无效,保证合同恢复,其他担保物权也恢复效力。债务人延长到期债权的,金钱债权自到期时开始计算迟延利息。债务人为他人提供担保的,该担保无效。

债务人处分财产行为被撤销的,被处分的财产并非用于直接清偿债权人债务,回复财产应当先归入债务人财产,作为全体债权人债权的担保。债权人只能根据债务清偿的实体法和程序法进行清偿。如果债务人不受领返还的财产,或者意欲继续处分的,则由行使撤销权之债权人代为受领。

第六章 合同的变更和转让

▌本章导言▐▶

本章规定了合同内容的变更、债权人变更和债务人变更，主要承继《合同法》第五章。在内容上，本章规定了合同内容的变更和债之主体变更。债之主体变更区分为债权让与、债务承担和合同权利义务概括转移。

第五百四十三条 当事人协商一致，可以变更合同。

释 义

本条规定了协商变更合同。

本条所称合同的变更是指合同内容之变更，非主体变更。合同内容变更发生在合同成立之后，履行完成之前。双方当事人协商一致变更合同内容属于私人自治。

首先，协商一致变更合同要求存在有效的合同，否则不存在变更问题，比如无效的合同没有变更的可能性。可撤销的合同在权利人没有行使撤销权之前仍然有效力，因此可以变更；变更后合同被撤销的，则合同无效时间溯及至原合同成立时。效力待定合同在效力未决期间仍然可以变更，得不到追认的，合同不产生效力，追认的对象是变更后的合同。

其次，新达成的合同内容与原合同内容相比有变化。合同内容变更主要包括以下方面：标的物变更，包括数量、质量等的变更；合同的履行变更，包括履行期限、履行地点、履行方式等；生效条件或解除条件变更；违约责任变更；争议解决方式变更；等等。担保是通过独立的担保合同设立，故担保变化不应当属于债权合同变更，而是担保合同变更。

最后,要求变更协议本身有效。变更合同的协议是一个新的合同,因此要满足合同有效成立的条件,比如当事人行为能力符合本法要求,意思表示没有瑕疵,符合合同形式要求等。当事人协商一致变更合同,如果对第三人产生不利影响的,应当取得第三人同意,否则变更对第三人不产生效力。比如本法第695条规定,债权人和债务人未经保证人书面同意,协商变更主债权债务合同内容,减轻债务的,保证人仍对变更后的债务承担保证责任;加重债务的,保证人对加重的部分不承担保证责任。债权人与债务人对主债权债务合同履行期限作了变更,未经保证人书面同意的,保证期间不受影响。

变更后的合同向未来发生效力。

第五百四十四条　当事人对合同变更的内容约定不明确的,推定为未变更。

释　义

本条规定了合同变更的明确性。

因为合同变更涉及当事人权利义务,故变更内容要具有明确性,即变更后合同内容不能有歧义。变更后合同的内容经过解释后,仍然不明确的,推定为未变更。双方当事人受原合同约束。

第五百四十五条　债权人可以将债权的全部或者部分转让给第三人,但是有下列情形之一的除外:

(一)根据债权性质不得转让;

(二)按照当事人约定不得转让;

(三)依照法律规定不得转让。

当事人约定非金钱债权不得转让的,不得对抗善意第三人。

当事人约定金钱债权不得转让的,不得对抗第三人。

释　义

本条规定了债权让与。

一、债权原则上可转让

债权让与是债权人变更,即债权由原债权人转让给新债权人。债权的特点之一是高度的人与人之间的关联。正因为债之关系中包含人的因素,再加上债权让与时债权人利益和债务人利益的矛盾,债权是否可以转让曾经颇受争议。不管曾经的争议如何,现代大多数法律体系认为债权主要体现了其财产属性,具有可让与性。

二、债权让与的发生

债权让与通过原债权人和新债权人之间的合同完成。要区别债权让与合意本身和债权让与的原因性合同。常见的债权让与的原因性合同是买卖合同、赠与合同等,这是负担行为,而债权让与是处分行为。债权让与不需要特别的形式,比如不需要登记,在外在形式上无法区别原因合同和债权让与本身,通常是一个行为包括两个合同。

债权让与要满足以下条件:原债权人和新债权人之间达成有效的债权让与合意;被让与的债权本身有效存在;债权具有可让与性,即可以转让;被让与的债权确定或者可以确定。

三、不可转让的债权

不可转让的债权可以由当事人约定,也可以由法律规定。既没有规定也没有约定的,部分债权因为其本身的属性,也不得转让,这类债权主要是与债权人个人关联密切的债权,比如抚养费债权、抚恤金债权、工资债权等,也包括必须有债权人本人享有的请求权,比如休假请求权。

约定不得转让属于债权人和债务人的内部约定,对于这种约定,本条规定了两项限制:(1)原债务人和债权人约定债权不得转让的,如果是非金钱债权的,该约定对善意的第三人没有效力。如果第三人不知道当事人的禁止转让约定,与原债权人达成债权转让协议,则债权让与有效;如果第三人知道当事人的禁止转让约定,则债权让与无效。(2)如果约定不得转让的债权是金钱债权,不影响原债权人和新债权人(即第三人)之间的债权让与,与新债权人是否善意无关。

四、法律后果

债权让与的后果是,债权由原债权人转让给新债权人,从属权利也随之转让。

第五百四十六条　债权人转让债权,未通知债务人的,该转让对债务人不发生效力。

债权转让的通知不得撤销,但是经受让人同意的除外。

释　义

本条规定了债权让与的通知。

转让债权的,原债权人应当将债权让与通知债务人。其目的一方面在于保护债务人,一方面是保证新债权人可以实现债权。债权通过原债权人和新债权人之间的让与合同转让,不需要债务人参与。然而,对债务人而言,他必须知道自己的债权人是谁,否则将面临无法履行的风险。因此,本条规定债权让与对债务人产生效力的条件是,通知债务人。如果不将债权让与通知债务人,债权让与对债务人不产生效力,则新债权人无法实现债权。

根据条文,通知应当由原债权人(转让人)发出。不同观点提出,新债权人(受让人)将债权让与通知债务人也应当产生相同效力,但受让人通知时必须提供债权转让证明。让与通知的目的在于保护债务人,使他的履行目的不会落空。债权是在债务人和转让人之间产生,通常情况下债务人只可以信赖转让人,他可能与受让人并不熟悉,没有理由相信受让人的通知。因此,让与通知的主体应当限于转让人。

让与通知不是债权让与生效的要件。债权让与经转让人和受让人之间的让与合意即产生效力。原因是,转让债权实际是债权人处分自己的权利,不需要第三人参与。本条所称"未经通知对债务人不发生效力",是赋予债务人对受让人的抗辩权。在受让人向债务人主张履行时,他可以拒绝履行,不会因此产生违约责任。债权让与通知是需受领的单方意思表示,债务人收到通知时产生效力,从此刻开始债务人只有向受让人给付,才发生履行的法律后果。让与通知的相对人是债务人或其代理人;连带债务的,须向全体债务人发出通知;债务不可分的,也要向全体债务人发出通知。

债权让与通知到达债务人时产生效力,不存在撤销的可能性。此时债约束债务人和受让人,债务人有向受让人履行的义务。根据本条第二句,受让人同意撤销的,可以撤销。这意味着,受让人可以放弃自己的权利。撤销后,债权让与不再对债务人有效力,他不再负担向受让人履行的义务。

第五百四十七条 债权人转让债权的,受让人取得与债权有关的从权利,但是该从权利专属于债权人自身的除外。

受让人取得从权利不因该从权利未办理转移登记手续或者未转移占有而受到影响。

释 义

本条规定了债权让与中从权利的转让。

从权利具有附属性,因此主权利转让的,原则上从权利也应当随着主权利转让给受让人。本条所指的从权利包括抵押权、质押权、保证等担保权利。担保权的特点之一是从属性,即依赖于被担保的债权。被担保债权转让的,担保权也随之转让给受让人。其他从属权利比如违约金请求权、定金请求权等,是债权的内容,必然随债权转让给受让人。债权转让的,转让人还应当将与债权相关的文件交付给受让人,比如单据、账簿等,这是转让人的从属给付义务范围。

专属于转让人自身的从属权利,不具有可转让性。理论中的观点认为,与债权人身份密切的形成权不能随债权转让,比如解除权和撤销权等。有些形成权可以随主债权一起转让,比如选择之债中的选择权、催告权等。

从属权利的转让是随着主债权转让完成自动发生,不需要其他附加条件。即使是经登记的抵押权,登记簿没有变更登记的,被担保的主债权转让,作为从属权利的担保权也随着转让。质权同样如此,被担保的债权转让的,质权自动随之转让给债权的受让人,即使质押物尚未交付给受让人。

第五百四十八条 债务人接到债权转让通知后,债务人对让与人的抗辩,可以向受让人主张。

释　义

本条规定了债权让与中债务人的抗辩。

债权人将债权让与通知债务人后,对债务人产生效力,债务人应当向新债权人履行债务。然而,债务人不需要参与债权让与过程,他无法在债权转让过程中维护自己的利益。因此债务人需要法律对他进行保护,使债务人的法律地位不比在债权让与之前更差。其中的一项法定保护措施就是,允许债务人向受让人主张债务人对让与人的抗辩,换言之,债务人对原债权人的抗辩和抗辩权对新债权人有效力。抗辩并不需要债务人自己主张,而是法官需要依职权考虑。抗辩权则需要债务人主张,法官才予以考虑,比如债权诉讼时效已过。

抗辩或抗辩权不必在债权让与时就已经存在,只要抗辩或抗辩权的原因存在于原债权人和债务人的法律关系中已足。债权被多次转让的,债务人可以对最终的债权人主张他对所有前任债权人享有的抗辩。

第五百四十九条　有下列情形之一的,债务人可以向受让人主张抵销:

(一)债务人接到债权转让通知时,债务人对让与人享有债权,且债务人的债权先于转让的债权到期或者同时到期;

(二)债务人的债权与转让的债权是基于同一合同产生。

释　义

本条规定了债务人向受让人主张的抵销权。

抵销是债消灭的原因,债务人对受让人主张抵销权的,债务在抵销范围内消灭。法定抵销权在本法第 568 条规定。债务人对转让人有相对债权,即彼此互相负担债权债务,在满足债权抵销的要件时,根据本法第 568 条债务人对转让人有抵销权。但是转让人将债权转让给受让人后,债务人和受让人之间不满足互相负担债权债务,为了保护债务人利益,本条规定债务人在债权让与后可以向受让人主张抵销的两种情况。

在第一种情况中,债务人向受让人抵销要满足以下要件:(1)债务人对让与人取得债权的时间不能是在债权让与后,否则债务人不需要保护。这里的"债权让与后"的时间点是让与人将债权让与的情况通知债务人之时,不是债权让与合意达成之时。债务人得到债权让与通知之后取得的对转让人的债权,不适用本条的抵销。(2)债务人的债权先于转让的债权到期或者同时到期。债务人的债权比转让债权晚到期的,不属于本条规定的抵销情况。

债务人可以向受让人主张抵销的第二种情况是,债务人的债权与转让的债权基于同一个合同产生。

第五百五十条 因债权转让增加的履行费用,由让与人负担。

释 义

本条规定了债权让与导致增加的履行费用的负担。

债权让与是债权人变更,债务人应当向新债权人履行。这很可能导致履行费用增加,比如新债权人要求履行的地点比原债权人远,在新债权人处安装费用更高等。这部分费用不能由债务人承担,因为债务人法律地位不能比债权让与之前更差。依本条,履行增加的费用由新债权人承担。但是当事人之间可以作出不同约定。

第五百五十一条 债务人将债务的全部或者部分转移给第三人的,应当经债权人同意。

债务人或者第三人可以催告债权人在合理期限内予以同意,债权人未作表示的,视为不同意。

释 义

本条规定了免责的债务承担。

债务人转让债务导致债务人更换,在术语上称为"债务承担"。债务承担区分为免责的债务承担和并存的债务承担。前者是指,债务人将债务转让后,退出债权债务关系,后者是指原债务人与新债务人共同负担债务,也称为债务加入。本条规定了免责的债务承担。

一、债务可以转让

债务承担首先要求债务具有可转让性,本条对该要件没有明确规定。有的债务依性质不得转让,比如债务必须由债务人本人完成;有的债务法律规定不得转让;有的债务当事人约定不得转让。债务不具有转让性的,不能发生债务承担。债务可分的,债务人可以将全部债务转让给新债务人,也可以将部分债务转让给新债务人。

二、转让合同有效

债务转让是处分行为,通过合意完成,故债务转让合同应当有效。债务转让可以通过债务人和第三人(新债务人)之间的合同完成,也可以通过债权人和第三人之间的合同完成。本条规定了通过债务人和第三人之间的合意转让债务的情况。债务人和第三人转让债务的合意要满足合同有效成立要件。债务转让合同是非要式合同。

三、债权人同意

通过债务人和第三人之间的合意转让债务的,应当对债权人予以保护,因为债务人的变更直接关系债权人的债权是否能实现。因此,债务人和第三人通过合意转让的债务的,要取得债权人同意,且债权人同意是债务转让的生效条件,换言之,不经债权人同意,不产生债务转让的效力。债权人可以在债务转让合意达成前同意,也可以在债务人和第三人达成合意后同意。事后同意的,一般需要债务人或第三人将债务转让通知债权人,债权人未同意之前,债务转让效力待定。债权人或第三人在告知时可以要求债权人在合理期限内同意。为了债权人利益,债权人在合同期间内没有作出任何意思表示的,视为不同意转让债务。债务人或第三人在通知债权人时,可以同时设置同意的期限,合理期限长度需要在具体情况中判断。如果设置的期限过短,则自动延长至合理长度。债务人或第三人没有设置同意期限的,要等到合理期限经过。债权人的同意有溯及效力,即债务转让自通知债权人时产生效力。

债务转让是处分行为,与它的原因行为不同。债务转让的原因行为多数是买卖等有偿的负担行为。债务转让效力不依赖于原因行为的效力。

第五百五十二条 第三人与债务人约定加入债务并通知债权人，或者第三人向债权人表示愿意加入债务，债权人未在合理期限内明确拒绝的，债权人可以请求第三人在其愿意承担的债务范围内和债务人承担连带债务。

释 义

本条规定了并存的债务承担。

并存的债务承担也被称为债务加入，即原债务人与新债务人共同负担债务。债务加入要求债务可以由债务人之外的第三人履行。必须由债务人自己履行的债务，第三人不得共同承担债务。根据本条，债务加入有两个途径完成：一是通过第三人和债务人之间订立有效的债务加入合同并通知债权人，且债权人未拒绝；二是通过第三人向债权人作出愿意加入债务的意思表示，且债权人未拒绝。

债务加入可以通过债务人与第三人之间的合意发生。本条没有规定第三人与债权人之间通过合意达成的债务加入，而是规定了第三人通过单方意思表示即可完成债务加入。债务加入对债权人的债权有担保功能，对债务人并无不利。债权人如果不想让第三人与债务人共同承担债务，应当在合理期间内明确拒绝，这是私人自治的体现，债权人拒绝第三人加入债务的，表明谁是债务人对债权人而言并非无关紧要。合理期间经过后，债务人未明确表示拒绝第三人共同承担债务人的，债务加入产生效力。

与免责的债务承担不同，债务加入不是处分行为，只为加入债务的第三人设立负担，并没有改变债权人对原债务人的债权。

债务加入的法律后果是，债务人和第三人成为共同债务人，并不免除原债务人的责任。且根据本条第 2 款，债务人和第三人是连带的共同债务人。债权人可以请求债务人或者第三人履行全部债务。如果第三人和债务人约定，按份承担债务的，该约定不对债权人产生效力。如果第三人与债权人约定，在一定债务范围内与债务人承担按份责任的，相当于在该范围内存在免责的债务承担。

第五百五十三条　债务人转移债务的,新债务人可以主张原债务人对债权人的抗辩;原债务人对债权人享有债权的,新债务人不得向债权人主张抵销。

释　义

本条规定了债务承担中新债务人的抗辩及例外。

在免责的债务承担中,债务人取得的债务内容应当与原债务内容一致,债权人不应当从免除的债务承担中获得利益。在债务承担中存在三组法律关系:原债务人与债权人,新债务人与债权人,原债务人与新债务人。这三组法律关系都可以产生抗辩。新债务人可以主张所有的原债务人对债权人的抗辩,包括阻碍权利的抗辩、消灭权利的抗辩等实体抗辩权和程序抗辩权。确定这些抗辩的时间点是债务承担合同有效成立时,即使在需要债权人同意的情况下也不例外,因为债权人同意有溯及效力。新债务人可以放弃此类抗辩权。新债务人和债权人之间关系中的抗辩属于新债务人自己的抗辩,当然可以主张。

新债务人和原债务人之间的法律关系是债务转让的原因法律关系,它与债务转让之间效力互不依赖,即存在"无因性"。比如原债务人将一辆车卖与新债务人,作为对价,新债务人替原债务人偿还对债权人的债务。买卖合同是债务转让的原因法律行为。基于无因性,新债务人对原债务人基于原因法律关系的抗辩,不得对债权人主张。

如果债务转让合同本身有瑕疵,债务转让或者无效,或者可以撤销,新债务人当然可以主张基于债务转让本身瑕疵的抗辩。其法律后果是,债权人对新债务人根本没有请求权。

第二半句规定了原债务人对债权人有债权的,新债务人不得向债权人主张抵销该债权。原因是,新债务人不能处分他人(原债务人)的债权。原债务人已经要求抵销的,新债务人可以以此抗辩。

第五百五十四条　债务人转移债务的,新债务人应当承担与主债务有关的从债务,但是该从债务专属于原债务人自身的除外。

释　义

本条规定了债务承担中从属债务的转让。

从属债务具有附属性,因此主债务转让的,原则上从属债务也应当随着主债务转让给新债务人。比如违约债务、定金债务等,都属于债务的内容,必然随债务转让给新债务人。债务转让的,转让人还应当将与债务相关的文件交付给受让人,比如单据、账簿等,这属于转让人的从给付义务范围。债务有保证担保,或由第三人提供物权担保的,债务转让没有取得保证人或者物权担保人同意的,保证责任或者担保物权消灭。

专属于转让人自身的从属债务,不具有可转让性。

第五百五十五条　当事人一方经对方同意,可以将自己在合同中的权利和义务一并转让给第三人。

释　义

本条规定了合同权利义务的概括转让。

合同权利义务概括转让是指一方当事人将自己基于合同取得的权利和负担的义务一并转让给第三人。转让后,第三人取得转让方的法律地位,成为合同当事人。合同权利义务的概括转让区分为法定的权利义务概括转让和通过法律行为的概括转让。后者又区分为通过单方法律行为的转让,比如通过遗嘱和通过双方法律行为的转让。本条规定了通过双方法律行为的权利义务概括转让。

有效的权利义务概括转让应当满足以下条件:

1.权利义务可以整体转让。在经济社会,只要合同不与当事人个人关系密切,就应当允许整体转让权利义务。合同权利义务不可转让的情况包括法律禁止转让、当事人约定禁止转让、依合同性质不能转让。

2.取得对方当事人同意。因为权利义务的概括转让涉及债务转让,债务人履行债务能力至关重要,要取得对方当事人同意。

3.转让人和第三人达成有效的转让合同。转让合同要满足合同有效成立的要件,比如当事人不能有行为能力瑕疵,合同符合形式要求,意思表示没有效力瑕疵等。

合同的权利义务概括转让后,转让方退出合同关系,受让方取得他的法律地位,成为合同当事人。特别注意,受让人取得合同撤销权、解除权等形成权。

本条没有规定合同权利义务的法定转让。这种情况主要发生在法人或其他组织合并和分立中。《中华人民共和国房地产管理法》第 41 条规定,房地产转让时,土地使用权出让合同载明的权利、义务随之转移。这也属于权利义务的概括转移。

第五百五十六条　合同的权利和义务一并转让的,适用债权转让、债务转移的有关规定。

释　义

本条规定了合同权利义务概括转让时的具体法律后果。

合同权利义务的概括转让实际可以分解为债权让与和债务承担。因此,转让后的法律后果要区别对待。属于债权让与的适用债权让与的规定,属于债务承担的适用债务承担的规定。主要涉及了从属权利的转让、抗辩及抗辩权等。

第七章　合同的权利义务终止

本章导言 ▶

本章规定了合同权利义务的终止,共 19 个条款,主要承继《合同法》第六章的内容。本章标题为"合同的权利义务终止",在具体条款中多次使用"债权债务终止",再次明确本分编的"债法总则"功能。在具体内容上,本章规定了合同的解除作为原合同第一性权利义务终止的原因,还规定债之抵销、提存、免除、混同作为债权终止的原因。本章的具体制度有新变化,比如规定了不定期继续性合同的通知解除。

第五百五十七条　有下列情形之一的,债权债务终止:

(一)债务已经履行;

(二)债务相互抵销;

(三)债务人依法将标的物提存;

(四)债权人免除债务;

(五)债权债务同归于一人;

(六)法律规定或者当事人约定终止的其他情形。

合同解除的,该合同的权利义务关系终止。

释　义

本条第 1 款是对债权债务终止的概括规定,第 2 款规定了合同解除后原合同权利义务的法律后果。

本章的标题是"合同的权利义务终止"。本条列举了主要的债的终止原因,在术语表达上,第 1 款用了"债权债务终止",第 2 款用了"权利义务关系终止"。由此可见,合同解除产生的法律效果与第 1 款规定的履行、抵销、提存、免除等的法律效果不同。

在第 1 款规定的情形中,不仅在合同关系中引起债权债务消灭,在其他债的关系中也会引起债权债务消灭。因此,本条第 1 款用"债权债务关系终止"替代"合同权利义务终止",是为了使合同编通则能发挥债法总则的功能。债权债务关系消灭区别为全部债权债务关系的消灭和个别债权债务的消灭,第 1 款所指是个别债权债务关系的消灭。履行是典型的债务消灭的原因,消灭的只是被履行的债务。提存、抵销、免除都是个别债务消灭的原因。引起整体债权债务关系终止的是继续性合同的解除。

合同解除的法律后果与上述情况不同,虽然原合同中第一性的权利义务消灭,但并不是当事人之间所有的法律关系都消灭,合同履行或者部分履行的,解除的后果是产生清算关系。

第五百五十八条 债权债务终止后,当事人应当遵循诚信等原则,根据交易习惯履行通知、协助、保密、旧物回收等义务。

释 义

本条规定了后合同义务。

后合同义务也称为有后续效力的忠诚义务,是指在双方履行合同后的一段时间内,当事人之间相互负担的忠实义务。后合同义务可以通过约定产生,但本条规定了法定后合同义务,该义务由诚实信用原则得出。常见的后合同义务包括通知义务、协助义务、保密义务、旧物回收义务、说明义务等。后合同义务不限于本条列举的几项义务,也包括在履行后的过渡时间内,不得实施危害对方实现合同目的之行为,特别是不能实施剥夺或减少对方当事人获取利益的行为。

后合同义务具体表现由合同类型决定。比如在买卖合同中,买方付款,卖方转让所有权后,暂时将标的物存于卖方仓库的,卖方有保护标的物不受损害之义务。租赁合同终止后,出租人有容忍迁出的承租人在门上张贴新住址的义务,特别是当承租人是私人医生、经营者的,对方当事人的这种后合同义务至关重要。在合作关系比较密切的劳动合同当事人或服务合同当事人之间,后合同义务更为重要。他们彼此负担保密义务、禁止不正当竞争义务等。

后合同义务属于保护义务,当事人违反后合同义务,成立"契约终止后过失",义务人应当根据债务不履行的规定,给对方造成损失的,承担损害赔偿责任;义务人没有履行回收等义务的,应当承担继续履行义务,即回收义务。

后合同义务的存续时间,应当考虑义务人的承受限度,不能让合同当事人长期受后合同义务的影响。

第五百五十九条 债权债务终止时,债权的从权利同时消灭,但是法律另有规定或者当事人另有约定的除外。

释 义

本条规定了债权债务关系终止后,从权利消灭的法律后果。

从权利的特点是依赖于主债权的存在而存在,债权债务消灭的,从权利失去存在的依附,故应当随主债权债务的消灭而消灭。典型的从属性权利是担保权,保证、质权、抵押权等是被担保的主债权的从属性权利,主债权消灭的,担保权也消灭。违约金和定金在其生成之前也有从属性,因此在违约金和定金未生成之前,即被担保的违约行为没有发生前,主债权债务消灭的,违约金和定金也消灭。当事人可以约定从属权利不随主债权而消灭,法律也可以作出与本条不同的规定。

第五百六十条 债务人对同一债权人负担的数项债务种类相同,债务人的给付不足以清偿全部债务的,除当事人另有约定外,由债务人在清偿时指定其履行的债务。

债务人未作指定的,应当优先履行已经到期的债务;数项债务均到期的,优先履行对债权人缺乏担保或者担保最少的债务;均无担保或者担保相等的,优先履行债务人负担较重的债务;负担相同的,按照债务到期的先后顺序履行;到期时间相同的,按照债务比例履行。

释　义

本条规定了履行的抵充。

一、抵充的意义

债务人对债权人负担多个种类相同债务,且都到期,而债务人的给付不足以清偿全部债务,此时要确定给付是为了履行哪个或者哪些具体债务。这很关键,因为不同的债务的迟延履行责任可能不同。比如,债务人对债权人的金钱之债包括 20 万元到期借款、20 万元上月到期货款(已经被催告)、20 万元当月到期货款。债务人向债权人支付 30 万元,这 30 万元具体清偿哪项债务将影响债务人承担的违约责任。20 万元借款的利息通常高于其他两项债务的利息,当月应当支付的价款因为未经催告不产生合同解除权。因此,确定哪个具体债务得到清偿对债务人而言至关重要。

二、意定抵充

根据本条第 1 款,履行抵充的顺序有约定的依约定,没有约定的由债务人指定抵充顺序。这两项抵充方式被称为意定抵充,前者是约定抵充,后者是指定抵充。约定抵充是指债务人与债权人约定,债务人提供的给付抵充哪些债务,以及按照何种顺序抵充。约定抵充完全按照当事人的约定发生抵充的效果,不受限制。在没有约定抵充时,债务人有指定抵充的权利,债务人可以向债权人或清偿受领人作出意思表示,指示其给付所要抵充的债务。指定抵充受本法第 561 条的限制。债务人不指定抵充顺序的,是放弃指定抵充权利。应当按第 2 款规定的顺序抵充。

三、法定抵充

第 2 款规定了法定抵充。本条的规定以保护双方当事人利益为原则。债务到期的,如果不履行将产生迟延履行责任,为了债务人之利益,到期债务优先抵充。多项债务到期,为了债权人之利益,应当抵充没有担保的债务,所有债务都有担保的,应当抵充担保最少的债务。各项债务担保相同的,优先抵充债务负担重的债务,负担轻重是指对债务人的负担,因此本规定是为了债务人之利益。比如有利息的债务比无利息的债务负担重,高利息的债务比低利息的负担重,一般债务比连带债务负担重。负担相同的,按债务到期顺序抵充,这是为了债务人之利益。到期时间相同,没有特别需要保护的利益,因此按比例抵充。

第五百六十一条 债务人在履行主债务外还应当支付利息和实现债权的有关费用,其给付不足以清偿全部债务的,除当事人另有约定外,应当按照下列顺序履行:

(一)实现债权的有关费用;

(二)利息;

(三)主债务。

释 义

本条规定了抵充的特殊情况。

本法第 560 条规定的主债务的抵充,本条规定了金钱之债的主债务和从属债务的抵充顺序。债务人提供的给付不足以清偿一项金钱之债的主债务和其他从属债务的,抵充顺序依本条的规定,即首先抵充债务的清偿费用,然后抵充债务的利息,最后抵充主债务。但是,前述顺序只能限制指定抵充与法定抵充,约定抵充不受该顺序的限制。

第五百六十二条 当事人协商一致,可以解除合同。

当事人可以约定一方解除合同的事由。解除合同的事由发生时,解除权人可以解除合同。

释 义

本条规定了合同的协议解除。

基于合同自由,当事人可以合意解除合同,属于私人自治。协商一致解除要求当事人之间解除合同的合意有效,比如当事人的行为能力、意思表示等要满足合同有效成立的要求。解除合同的合意原则上是非要式的。

第 2 款规定了约定解除事由。本法第 563 条规定了法定解除事由,除了法定解除事由之外,当事人可以约定解除事由。在此情况下,即使不存在法定解除事由,只要约定的解除事由成就,解除权人就可以解除合同。法定解除权的解除权人是非违约方,当事人约定解除权的,可以约定解除权人。约定解除权仍然是形成权,需要解除权人行使解除权才产生解除效力。

第五百六十三条 有下列情形之一的,当事人可以解除合同:

(一)因不可抗力致使不能实现合同目的;

(二)在履行期限届满前,当事人一方明确表示或者以自己的行为表明不履行主要债务;

(三)当事人一方迟延履行主要债务,经催告后在合理期限内仍未履行;

(四)当事人一方迟延履行债务或者有其他违约行为致使不能实现合同目的;

(五)法律规定的其他情形。

以持续履行的债务为内容的不定期合同,当事人可以随时解除合同,但是应当在合理期限之前通知对方。

释 义

本条第 1 款规定了法定解除原因,第 2 款规定了不定期的继续性合同的解除。

契约严守原则下,并非任何违约行为均引起解除权,通常认为,只有债务人的给付不符合合同约定,并且导致债权人利益受损达到一定程度,才允许债权人解除合同。本条规定了以下法定解除权产生的原因:

一、因不可抗力至合同目的不达

本法第 180 条第 2 款将不可抗力定义为"不能预见、不能避免并不能克服的客观情况"。然而,本条的核心并非不可抗力,而是合同目的不能实现。因为法定解除权产生的原因是给付障碍,不可抗力不是给付障碍类型,而是给付障碍的原因。逻辑关系应当是:不可抗力导致合同履行不能,合同目的当然不能实现,或者合同即使能履行也无法实现目的,比如定期交易。此时债权人实际是因为债务人重大违约取得法定解除权。

二、期前违约(预期违约)

在履行期限届满之前,当事人一方明确表示或者以自己的行为表明不履行主要债务,这是期前违约,也称预期违约。

债务人拒绝履行时,合同没有存在的必要,因此产生解除权。一般认为,债务人必须明确无误地表达出他不准备给付,债权人基于他的这种表达不再对给付有所期待。换言之,债务人拒绝给付的表达从第三人视角看是债务人最终表达,债权人没有理由再期盼债务人改变拒绝履行的决定。如果是通过语言拒绝履行,要求债务人"严肃地""确定地"拒绝履行,这实际也是要求拒绝给付的意思表示没有歧义,清楚明确。除了语言上明确地、严肃地拒绝履行,还包括债务人以自己的行为表明不履行债务的情况,对于这类情况,要求通过解释能够确定债务人的行为所表达的拒绝给付的意思明确无疑。

三、当事人一方迟延履行主要债务,经催告后在合理期限内仍未履行

"迟延履行主要债务"旨在表明迟延履行必须是严重的、根本的。迟延履行主要债务尚不能产生解除权,债权人必须催告债务人履行,债务人在合理期间内仍然没有履行的,才产生法定解除权。催告是债权人"要求债务人履行义务",其功能一方面是警告债务人,另一方面为了避免违约方遭受突然的合同解除。催告是单方的、需受领的准法律行为,非意思表示或法律行为。催告的内容是"要求债务人按合同履行",债权人的要求必须明确且具有强调性。对债务人而言,催告是其施压的手段。如果债权人的表达是"他很期待债务人可以履行"等礼貌性地请求支付,或者提示履行,都不成立催告。这种表达方式不能体现出警告的作用,债务人也不能感受到来自债权人方面的压力。

判断期限是否具有"合理"性,首先要尊重当事人的意思,双方可以履行的合理期限,债权人也可以自己建议补救履行的期限或具体时间,但其长度同样要具有合理性。债权人设置的期间太短,自动延长至合理长度。当事人既无约定,也无具体法律或司法解释规定时,应当在具体情况中判断。

四、当事人一方迟延履行债务或者有其他违约行为致使不能实现合同目的

债务人迟延履行债务,包括主给付义务和从属给付义务,如果导致合同的目的不能实现,则不需要催告就产生解除权。这里的合同目的无法实现要在具体情况中判断。比如在绝对定期交易中,迟延履行导致给付失去了履行适宜性,遵守给付时间对债权人非常重要,迟延给付完全不能达到债权人原来的目的。比如某人为了赶火车或飞机而预订计程车,履行时间非常重要,逾期履行对债务人毫无意义,此类情况下要求债权人严守契约对他而言不可承受,债权人不必进行催告就可以解除合同。

其他违约行为造成合同目的不能实现的,债权人同样不必催告,就有解除权。

五、法律规定的其他情形

本法或其他法律规定法定解除权的,适用相应规定。

六、继续性合同的通知解除

本条第 2 款规定了不定期继续性合同的通知解除。继续性合同是指给付并非一次完成,而是陆续给付。不定期则是指当事人在合同中没有约定合同终止时间。继续性合同的解除区分为正常解除和非正常解除。正常解除不需要解除原因,只要在法定时间前通知对方当事人即可。非正常解除需要解除原因,通常是债务人重大违约。本条第 2 款规定的是正常解除,但没有规定具体的通知时间,只是要求在合理期限之前通知对方。具体的合理期限为多久,要在具体情况中确定。

第五百六十四条 法律规定或者当事人约定解除权行使期限,期限届满当事人不行使的,该权利消灭。

法律没有规定或者当事人没有约定解除权行使期限,自解除权人知道或者应当知道解除事由之日起一年内不行使,或者经对方催告后在合理期限内不行使的,该权利消灭。

释 义

本条是关于解除权的除斥期间的规定。

解除权是形成权,不是请求权,因此不适用诉讼时效期间。但是解除权人迟迟不决定是否解除合同,会使合同状态不确定,这对债务人不利,也会徒增违约方之经济负担。权利人行使法律赋予的权利时受诚实信用原则约束。诚实信用原则强调了法律道德,它不仅要求义务人在履行义务时要顾及交易习惯,同样要求权利人在行使权利时也要考虑到交易习惯。解除权人在合理期间内以合理方式行使自己的权利也是他的一项"义务"。除斥期间的目的在于保护违约方的利益。

根据本条第 1 款,除斥期间区分为约定除斥期间和法定除斥期间。约定除斥期间的长度由当事人决定,但是其长度应当合理,否则除斥期间的目的将落空。法定除斥期间由法律特别规定。我国个别部门法对解除权的除斥期间作出规范,比如《保险法》第 16 条第 3 款规定,保险人自知道解除事由起 30 日内不解除合同的,解除权消灭;自保险合同成立之日起,超过两年的,保险人不得解除合同。

本条第 2 款第 1 选项规定的也是法定除斥期间。根据该规定,一般合同解除权的除斥期间与解除权人的主观认知关联起来,从解除权人知道或者应当知道解除事由起 1 年不行使解除权,解除权消灭。将解除权的除斥期间与解除权人的主观方面联系起来,符合诚实信用原则。本条第 2 款第 2 选项赋予债务人催告的权利,经债务人催告,解除权人在合理期间内仍不解除合同的,解除权消灭。该规定同样是为了保护债务人。催告的内容是要求债权人在合理期限内决定是否解除合同。在合理期间内债权人没有作出回应的,解除权消灭,该规定可以缩短合同状态不确定的时间。

除斥期间是不可变期间,不发生中断、中止的情况。期间的起算点是权利人知道或应当知道解除事由之时。

第五百六十五条 当事人一方依法主张解除合同的,应当通知对方。合同自通知到达对方时解除;通知载明债务人在一定期限内不履行债务则合同自动解除,债务人在该期限内未履行债务的,合同自通知载明的期限届满时解除。对方对解除合同有异议的,任何一方当事人均可以请求人民法院或者仲裁机构确认解除行为的效力。

当事人一方未通知对方,直接以提起诉讼或者申请仲裁的方式依法主张解除合同,人民法院或者仲裁机构确认该主张的,合同自起诉状副本或者仲裁申请书副本送达对方时解除。

释 义

本条规定了解除权的行使。

解除权是形成权,成立后不会自动产生解除效果,必须由解除权利人通知对方当事人解除合同,才能产生合同被解除的法律效果。对于是否行使解除权,解除权人原则上可以自由决定。解除合同的通知是单方的需受领的意思表示,解除权人可以明确表示解除合同,也可以通过行为默示表示,比如退货。意思表示的一般规定对解除通知也适用。解除通知是非要式意思表示,权利人既可以口头做出,也可以书面做出。鉴于解除权是形成权,因此解除合同的意思表示不得附条件。但是可以附"非纯粹随意条件",该条件是否成就完全取决于对方当事人,比如"您若在一周内仍不履行,则解除合同"。解除通知到达对方当事人后,不可能撤销。解除权人没有论证义务,即不需要充分说明为什么解除合同,甚至学界认为,解除权人根本不需要说明解除事由。

如果通知是单纯地解除合同,该通知在到达对方当事人时发生效力,合同解除。有的解除权人并不想立即解除合同,而是首先赋予对方当事人补救履行的宽限期,同时表示宽限期内不履行,合同将解除。这种通知是形成性意思表示,要求解除权人在通知中明确表示宽限期内不履行将解除合同。通知载明的履行期限经过无果的,合同自动解除。

第1款第二句规定了对解除合同有争议时对方当事人的救济途径,即请求法院或仲裁机构确认合同是否解除,该诉讼是确认之诉。

法律不要求解除权人必须先通知对方当事人解除合同,解除权人可以直接向法院或仲裁机构主张确认合同解除。法院或仲裁机构确认合同被解除的,解除合同时间点为起诉状副本或者仲裁申请书副本送达对方时。

第五百六十六条　合同解除后,尚未履行的,终止履行;已经履行的,根据履行情况和合同性质,当事人可以请求恢复原状或者采取其他补救措施,并有权请求赔偿损失。

合同因违约解除的,解除权人可以请求违约方承担违约责任,但是当事人另有约定的除外。

主合同解除后,担保人对债务人应当承担的民事责任仍应当承担担保责任,但是担保合同另有约定的除外。

释　义

本条规定了合同解除的法律后果。

一、解除产生清算关系

第1款规定了合同解除对原合同权利义务产生的后果。解除权人行使解除权后,原合同中第一性的权利义务关系终止,双方当事人对原合同中的原始义务没有履行义务。已经履行或者部分履行的,则产生恢复原状、采取补救措施的法律后果。在这里,恢复原状和采取补救措施只是比较笼统的表达,合同解除的具体法律后果取决于合同解除的效力。理论和实践中存在三种相对立的观点:即直接效果说、间接效果说和折中说。直接效果说认为,解除导致合同自始无效,已经发生的给付失去法律原因,因此可以要回;间接效果说认为,合同解除后原债之关系仍然存在,产生新的回复给付请求权;折中主义认为,合同解除产生向未来的法律效力,产生返还请求权。笔者认为,解除合同的效力不能用"溯及既往"和"不溯及既往"这一对概念来表达,而是产生新的清算法律关系。根据合同性质,当事人提供的给付可以恢复至未履行前状态的,对方当事人就要恢复原状;不能恢复原状的,通常补偿其价值。

在很多情况下,给付的标的已经被使用,会因为使用而价值减少,受领方要补偿减少的使用价值,可以将它称为"使用费"。"使用费"是对使用利益的补偿。使用利益是指受领方当事人利用标的物而获得的利益。标的物具体的使用利益一般由物的本质决定,比如使用住宅提供了居住利益,使用机动车提供了出行方便利益等。使用费可以根据当地同类标的物的租金标准确定。标的物发生正常使用之外的损毁,接受方也要赔偿损失。

二、合同解除与积极利益损害赔偿并存

第2款规定了合同因违约被解除后违约人的损害赔偿责任。合同解除和损害赔偿可以并存,该损害赔偿是对未履行合同引起的损失的赔偿,因为合同解除并没有使合同关系溯及既往地根本消灭,而是产生清算法律关系。因此合同解除后违约方的损害赔偿应当是对履行利益的赔偿。

三、合同解除与担保责任

第3款规定了合同解除对原合同债务担保的影响。担保合同中没有约定,原合同因一方当事人违约被解除的,且无免责事由,担保及于债务人因解除而对债权人负担的债务。该规定不是强制性规范,双方当事人可以有不同的约定。

第五百六十七条　合同的权利义务关系终止,不影响合同中结算和清理条款的效力。

释　义

本条规定了合同结算和清理条款的独立性。

当事人在合同中约定了合同权利义务关系终止后清算或清理条款的,这类条款的效力不随着合同权利义务的终止而废止。合同权利义务关系终止后,需要结算或清理的,应当遵守结算和清理条款。

第五百六十八条　当事人互负债务,该债务的标的物种类、品质相同的,任何一方可以将自己的债务与对方的到期债务抵销;但是,根据债务性质、按照当事人约定或者依照法律规定不得抵销的除外。

当事人主张抵销的,应当通知对方。通知自到达对方时生效。抵销不得附条件或者附期限。

释　义

本条规定了债的法定抵销。

抵销是将两个相对债权通过需受领的意思表示互为清偿,债权因此消灭。抵销是履行替代形式,符合实践的需求。通过抵销可以避免相互给付,抵销者不必担心他的债务人不履行。

一、抵销条件

债的抵销需要满足以下条件:

1.债务人和债权人必须互为彼此的债权人和债务人,比如甲是乙的债权人,同时乙也是甲的债权人。债务人不能将他对第三人的债权与债权人对他的债权抵销。主张抵销人的债权被称为相对债权(主动债权),被抵销的债权称为主债权(被动债权)。

2.主债权和相对债权的给付标的必须种类相同。只有同种类之债才可以抵销,比如金钱之债之间可以抵销;相同种类的土豆之间可以抵销。并不要求债权额度相同。

3.两个债权必须都有效存在。主债权(被动债权)不需要具有可强制执行性,但相对债权(主动债权)要具有可强制执行性,且不附抗辩。要注意的是,相对债权在它可以与主债权抵销的起始时间点没有经过诉讼时效,事后诉讼时效经过不排除抵销。

4.相对债权必须到期。如果相对债权在到期前就可以被抵销,相当于债权人在提前做出履行。主债权不需要到期,但要可以履行。

二、不得抵销的情况

存在以下情况时不得抵销:(1)当事人约定不得抵销。(2)法定不得抵销。比如,主债权是侵权请求权,债务人不得抵销;不可扣押的主债权不得被抵销;主债权被扣押,不得抵销;公法主债权不得被抵销。

三、抵销权行使

抵销要件成立,且不存在不得抵销的情况时抵销适状,抵销人通过向相对人做出抵销的意思表示来抵销债务。抵销是需受领的意思表示,到达相对人时生效,发生抵销效力。抵销产生消灭债权的法律后果,双方债权在抵销范围内消灭。需要注意的是,虽然抵销在抵销的意思表示到达对方时发生效力,但债权消灭时间点不是抵销的意思表示生效力时,而是溯及至抵销适状的时间点。

抵销不得附条件或者附期限,否则将使当事人的法律状态不确定。抵销实际是抵销权人的处分行为。

第五百六十九条　当事人互负债务,标的物种类、品质不相同的,经协商一致,也可以抵销。

释　义

本条规定了合意抵销。

本条规定了第568条的例外。法定抵销的一个条件是,主债权和相对债权必须种类相同。但是根据本条,主债权和相对债权种类不一致的,虽然不满足法定抵销要件,但根据私人自治,当事人可以协商一致抵销。

只要求债权人和债务人互有债权,不要求其他法定抵销条件。合意抵销通过抵销合意完成,因此抵销合意不能有效力瑕疵。抵销合意生效力且产生法律效果时,双方当事人的债权在抵销范围内消灭。

第五百七十条　有下列情形之一,难以履行债务的,债务人可以将标的物提存:

(一)债权人无正当理由拒绝受领;

(二)债权人下落不明;

(三)债权人死亡未确定继承人、遗产管理人,或者丧失民事行为能力未确定监护人;

(四)法律规定的其他情形。

标的物不适于提存或者提存费用过高的,债务人依法可以拍卖或者变卖标的物,提存所得的价款。

释 义

本条规定了提存。

一、提存目的和效力

提存是债务人将标的物交给法定部门,从而使其债务消灭。债务到期后,履行因为债权人方面的原因受到阻碍时,法律允许有履行意愿的债务人通过提存免除债务。特别是,债务人负担交付标的物之义务的,债务人更有提存利益,因为直至履行义务消灭债务人都有保管标的物的义务,因重大过失发生损害要承担损失赔偿责任。标的物提存后,债务自提存之日起视为清偿,债务人从债务关系中解放出来。

二、提存要件

提存需要满足两个要件:有提存原因;标的物适宜提存。

（一）提存原因

本条列举了三个提存理由,第四项兜底规定说明提存原因不限于此。(1)债权人无正当理由拒绝受领,在此要满足债权人受领迟延的要件;(2)债权人下落不明;(3)债权人死亡未确定继承人、遗产管理人,或者债权人丧失民事行为能力未确定监护人。发生这两种情况时,债权人找不到给付受领人,因此无法履行。

（二）适宜提存

可以提存的物包括钱、有价证券、票据、提单、权利证书、物品等。适宜提存是指标的物有保管意义,且适合保管。不适宜提存的标的物不能提存,比如体积过大的标的物、不易保管的标的物、易腐烂的标的物、动物等不适于提存的标的物。保存费用过高的标的物,提存不符合比例原则,不应当提存,比如,保管费用与标的物本身价值相当。债务人的义务是给付此类标的物的,他有履行困难时,应当拍卖或者标卖,将价款提存。

三、提存程序

提存程序在我国是行政程序,由《提存公证规则》详细规定。提存部门是债务履行地的公证部门。债务人即提存人,应当向提存部门申请提存。公证部门收到提存申请后应当在 3 日内作出接受提存还是不接受提存的决定。作出决定前要审查,申请人是否有提存原因,标的物是否适宜提存。公证处不受理的,申请提存人可以提起行政复议。

第五百七十一条 债务人将标的物或者将标的物依法拍卖、变卖所得价款交付提存部门时,提存成立。

提存成立的,视为债务人在其提存范围内已经交付标的物。

释 义

本条规定了不适宜提存物拍卖和变卖的法律后果。

如本法第 570 条规定,提存需要具备两个条件,提存原因及标的物适宜提存。在债务人有提存原因,但是标的物不适宜提存的情况下,也应当允许债务人有消灭债务的途径,否则他将承受严重的不利。

根据本条,标的物不适宜提存的,债务人应当拍卖或者变卖标的物,然后将所得价款提存。从本法第 573 条第二句可以推出,自提存完成始,标的物的所有权和其他权利转移给债权人。债权人对提存机关有返还标的物请求权。

价款提存完成后,根据第 2 款,通过法律拟制,债务人在提存范围内交付标的物。

第五百七十二条 标的物提存后,债务人应当及时通知债权人或者债权人的继承人、遗产管理人、监护人、财产代管人。

释 义

本条规定了债务人提存后的通知义务。

标的物提存后,发生清偿债务的效力。但债务人有义务将提存通知债权人,该义务属于后合同义务。债务人通知债权人的目的是,让债权人及时取回标的物。违反通知义务,给债权人带来损失的,债务人承担损失赔偿义务。

债权人死亡的,应当通知他的继承人和遗产管理人;债权人失去行为能力的,应当通知监护人或财产代管人。债权人进入破产程序的,应当通知破产管理人。债权人下落不明,或者因为合并、分立等原因无法找到债权人的,债务人通知义务不成。债务人的通知没有形式要求,他可以口头通知,也可以书面通知。通知的内容主要是告知债权人具体提存机关,以便于债权人可以领取标的物。

债务人的通知义务应当及时做出,无正当理由不得迟延通知债权人。迟延通知也属于违反后合同义务,由此给债权人造成损失的,应当承担赔偿责任。

债务人通知有困难的,根据《提存公证规则》第 18 条第 2 款,提存机关(即公证处)应当自提存之日起 7 日内,以书面形式通知债权人。通知的内容包括领取提存物的时间、期限、地点、方法。《提存公证规则》第 18 条第 3 款规定,提存受领人不清或下落不明、地址不详无法送达通知的,公证处应自提存之日起 60 日内,以公告方式通知。公告应刊登在国家或债权人在国内住所地的法制报刊上,公告应在 1 个月内在同一报刊刊登三次。

债务人还应当将记载受领提存的提存书证交付债权人,债务人交付有困难的,由提存机关告知或者公告通知,债权人自己领取。

第五百七十三条 标的物提存后,毁损、灭失的风险由债权人承担。提存期间,标的物的孳息归债权人所有。提存费用由债权人负担。

释 义

本条规定了提存的部分效力。

一、风险负担

标的物提存后,债务得到清偿,债务人从债务关系中解放出来。提存后标的物的占有转让给提存机关。根据本条,提存标的物损毁灭失的风险由债权人承担,这里的风险是指对价风险。对提存人(债务人)而言,提存产生履行债务的法律后果,意味着提存人方面已经履行了债务。因此,标的物损毁、灭失的,相对人仍然有履行本方债务的义务,比如在买卖合同中,对方当事人应当支付买卖价款,承揽合同中对方当事人要支付报酬。

二、孳息归属

标的物在提存期间产生孳息的,归债权人所有。这里的孳息包括法定孳息和天然孳息。比如有价证券的收益,提款单中金钱利息等。《提存公证规则》第 22 条作出以下规定:提存物在提存期间所产生的孳息归提存受领人所有。由此可以推得,提存物的所有权也属于债权人。提存人取回提存物的,孳息归提存人所有;提存的存款单、有价证券、奖券需要领息、承兑、领奖的,公证处应当代为承兑或领取,所获得的本金和孳息在不改变用途的前提下,按不损害提存受领人利益的原则处理。无法按原用途使用的,应以货币形式存入提存账户;定期存款到期的,原则上按原来期限将本金和利息一并转存。股息红利除用于支付有关的费用外,剩余部分应当存入提存专用账户。提存的不动产或其他物品的收益,除用于维护费用外剩余部分应当存入提存账户。

三、费用负担

提存产生的费用由债权人承担。债务人之所以将标的物提存,是因为无法履行,比如债权人拒绝受领,或者无法找到债权人等。故提存费用应当由债权人负担。根据《提存公证规则》第 25 条,提存费包括提存公证费、公告费、邮电费、保管费、评估鉴定费、代管费、拍卖变卖费、保险费,以及为保管、处理、运输提存标的物所支出的其他费用。债权人未支付提存费用前,公证处有权留置价值相当的提存标的物。

第五百七十四条 债权人可以随时领取提存物。但是,债权人对债务人负有到期债务的,在债权人未履行债务或者提供担保之前,提存部门根据债务人的要求应当拒绝其领取提存物。

债权人领取提存物的权利,自提存之日起五年内不行使而消灭,提存物扣除提存费用后归国家所有。但是,债权人未履行对债务人的到期债务,或者债权人向提存部门书面表示放弃领取提存物权利的,债务人负担提存费用后有权取回提存物。

释 义

本条规定了债权人领取提存物的请求权。

提存产生清偿的法律后果,故提存物或权利不再属于债务人。根据本法第573条可以推得,标的物的所有权属于债权人,提存物占有转让给提存机关。债权人向提存机关领取标的物。债务人对债权人有对待给付请求权。

债务人提存的,其法律地位不能比实际履行债务更差。在债务人实际履行债务的情况下,债务人履行时有同时履行抗辩权、先履行抗辩权或者有不安抗辩权。因此,债务人将标的物提存的,也应当取得与上述抗辩权对应的权利。根据本条,债务人可以要求,债权人要取得提存物的,应当履行债权人对债务人的债务,或者提供担保,否则提存机关应当拒绝将标的物交付债权人。债务人的该要求,必须在债权人从提存机关领取标的物之前表示。这样,债权人向提存机关领取标的物的权利就是附条件的。该条件不妨碍债务人通过诉讼主张自己对债权人的请求权。

债权人领取标的物的权利受时间限制。领取标的物的权利的绝对期限为5年,自有效提存日开始起算。5年期限不受债权人对提存是否知情影响。如果债权人对提存知情,笔者认为,应当适用相对期限。鉴于本法没有规定领取标的物权利的相对期限,应当参照适用诉讼时效的期间规定。债权人在领取期限内不领取标的物的,标的物所有权归属区分不同情况。债权人对债务人也负担未履行债务的,债务人本人可以要求返还标的物,但要支付提存费用;债权人书面向提存机关表示放弃领取标的物的,债务人也可以要求返还标的物,同样要支付提存费用。除上述两种情况,标的物所有权归国家,提存机关可以扣除提存费用。

第五百七十五条 债权人免除债务人部分或者全部债务的,债权债务部分或者全部终止,但是债务人在合理期限内拒绝的除外。

释 义

本条规定了债务免除。

债务免除是债权债务关系终止的原因之一。

债权人想免除债务人债务的,需要与债务人达成债务免除的合意。因此免除应当是债权人和债务人之间废止债务的合同。然而,在债务免除中,债务人的沉默被拟制为默示的承诺,因为债务免除对债务人只有利益,并无不利。债务人如果不想债务被免除的,应当在合理期间内拒绝债权人免除的要约。债权人免除债务的意思表示原则上既可以明确做出,也可以通过行为默示做出。但是在确定债权人是否默示做出免除的意思表示时,应当严格解释,比如债务人向债权人提供部分给付,债权人受领,且没有其他表示,此时不能认为债权人免除了剩余债务。

免除是处分性法律行为。免除合意与它的原因法律行为不同,债权人免除债权的原因法律行为通常是赠与。免除是否有效与债权人和债务人之间的赠与合同无关,其效力仅取决于免除合同的效力。但是原因法律行为无效的,债权人有不当得利返还请求权。有效的免除合同要求满足合同有效的全部要件,比如债权人要有民事行为能力,限制行为能力人免除要经其法定代理人同意或者追认。而限制行为能力的债务人接受免除不需要法定代理人同意或追认,因为免除对债务人而言只有法律上之利益。

债权人可以将一个债务全部免除,也可以免除部分,但是对于不可分之债,只能免除全部债务。免除合意达成后,在免除的范围内,债权债务关系消灭。主债务被免除的,其从属债务也随之消灭,比如担保等。免除只能消灭个别债务,整个合同关系的终止要通过终止或废止合同完成。免除不得损害第三人的合法权益。

第五百七十六条　债权和债务同归于一人的,债权债务终止,但是损害第三人利益的除外。

释　义

本条规定了混同。

债权和债务是一组对立概念,债权人拥有债权,相对应地,债务人拥有债务。债权和债务归于同一人的,不存在自己对自己履行的情况,债权债务消灭。比如债权人死亡,债务人恰好是债权人的继承人,债权债务归于同一个人,没有存在的必要。再比如,债权人是甲公司,债务人是乙公司,之后两公司合并,债权债务归于同一家公司,没有存在的必要。

　　混同的结果原则上是债权债务消灭,但是消灭损害第三人利益的,不能消灭。比如债权人将对债务人的债权质押给第三人,之后发生债权债务混同,如果债权人对债务人的债权消灭,将损害质权人利益,故该债权不消灭。

第八章 违约责任

■ 本章导言 ▶

　　本章规定了违约责任,主要承继了《合同法》第七章内容。本章包含 18 个条款,除了最后一条的特别诉讼时效,本章通过 17 个条款将违约责任体系化。与《合同法》相比,本章将合同的违约责任体系优化,"与有过错"规则被立法化,同时新增加了债权人受领迟延。通过本章规定,发生违约时,债权人的请求权与债务人的抗辩和抗辩权体系更加清晰。

　　第五百七十七条　当事人一方不履行合同义务或者履行合同义务不符合约定的,应当承担继续履行、采取补救措施或者赔偿损失等违约责任。

释　义

本条概括规定了不履行和瑕疵履行时的违约责任。

一、违约行为

（一）不履行
本条所指不履行包括拒绝履行和迟延履行。

　　拒绝履行是债务人不想履行的违约行为,通常情况是,债务到期后,债务人明确表示不提供给付。拒绝履行三个核心要素是:债务人能履行;债务人有不想履行的意图;债务人严肃且明确地表示不想履行。

　　迟延履行是指不按时履行,即债务人在履行期限届满之时没有提供给付,实际是迟延履行。迟延应当满足以下要件:(1)债务有效存在。即合同有效成立,且没有妨碍债权成立的抗辩和消灭债权的抗辩。前者比如民事行为能力缺失、形式要件不满足、没有法定许可等;后者包括已经履行、合同撤销、合同解除、抵销等。(2)债务到期。债务到期时间是指债权人可以要求债务人提供履行的时间点。履行时间可以由法律确定,也可以由当事人明确约定或者推定约定。法定或者约定的履行时间通常是日历日或者可以根据日历日具体确定的日期。没有约定履行时间的一般认为立即到期,但是需要经过债权人的"催告",债务人在催告合理期间内仍不履行的,才陷入履行迟延。

(二) 履行不符合约定

"履行不符合约定"的意思是,债务人虽提供给付,但是给付与债务人所负之义务不相一致。本条所指的违约既可以是主合同义务的履行不符合约定,也可以是合同的从属义务的履行不符合约定。债务人提供的给付是否符合约定首先应当根据合同内容确定。当事人对给付标准有约定的,按约定确定给付标准。约定的标准既可以高于通常标准,也可以低于通常标准。虽然本条文字表达是"履行不符合约定",其表达的意思并非仅指当事人对履行标准有约定的情况,因为履行质量通常并非合同核心要素。没有约定的,但有法律规定的,给付要符合法律规定,比如要符合本编典型合同中对给付标准的具体规定,也要符合特别法中的规定。既无约定,也无法律规定时,根据具体合同类型的一般交易习惯确定履行质量。

1. 质量瑕疵。

典型的给付义务瑕疵是质量瑕疵,无论给付标的是物还是服务,都可以用质量来衡量。质量所涉及的具体内容,根据合同类型确定。比如在物的买卖中,出卖人交付并转让所有权的物应当没有物之瑕疵和权利瑕疵。有约定的,标的物质量应当符合当事人保证的品质,没有约定的,标的物之品质应当可供使用人正常使用。标的物有权利瑕疵的,比如负担他人之权利,也属于质量瑕疵。

2. 部分履行。

鉴于本法没有细致区别瑕疵履行和部分履行,给付数量不符合约定,即存在部分给付的,也受本条规范。部分给付的前提条件是给付具有可分性,主要是金钱之债和可替代物之债,在具体情况下服务也可能具有可分性。给付不可分的,不存在部分给付的情况,比如给付是承揽给付,标了一个承揽结果,是不可分的。不过需要注意的是,部分给付的具体情况将影响债权人救济手段,即是否允许债权人不接受给付,而选择替代全部履行的损害赔偿。只有在债权人对部分给付没有利益的情况下,他才可以要求替代全部履行的请求权,拒绝接受部分给付。比如买方购买一桌四椅的一套餐桌椅,卖方送了2把椅子,相同的椅子不再生产。在此情况中可以认为债权人对部分给付没有利益,他可以请求替代全部履行的损失赔偿。在买卖合同中会涉及损失赔偿和价款的抵销问题。

3. 其他瑕疵。

履行不符合约定,除了存在质量瑕疵和数量瑕疵之外,还包括其他情况。比如履行地点不符合约定,包装不符合约定等。鉴于瑕疵的多样性,实践中应综合情事并依诚实信用原则确定履行是否符合约定。

二、具体违约责任形式

当事人一方不履行合同义务或者履行合同义务不符合约定的,应当承担继续履行、采取补救措施或者赔偿损失等违约责任。

(一) 继续履行

债务人不履行合同义务或履行合同不符合约定的,债权人可以选择要求债务人继续履行或进行补救履行,也可以主张损害赔偿。继续履行或补救履行以履行具有可能性为前提,发生履行不能的,根据本法第580条,债权人不能要求继续履行。继续履行费用过高的,债务人有拒绝履行的抗辩权。

(二) 采取补救措施

本法第582条第二句列举了几项补救措施:修理、重做、更换等。修理和更换是买卖合同标的物有瑕疵时的补救措施。通常情况下债权人可以选择修理还是更换,但是选择权受比例原则限制。修理的耗费和更换的耗费对比严重不符合比例原则,换言之,一个补救措施耗费远远超过另一个补救措施耗费,基于诚实信用原则,债权人应当选择耗费低的补救措施。承揽合同中的修理和重做之间的关系相同。

(三) 损害赔偿

债权人主张损害赔偿责任的,应当满足以下要件:(1)债务人违约。即存在不履行或者履行不符合约定的情况。(2)债权人有损失。损害赔偿法应当遵守损害填补原则,亦即,有损失才有赔偿。因此,首先要求债权人要有损失。损失是指利益损害,利益既可以是财产价值,也可以是纯粹精神利益。财产性损失是未发生损害事件时财产状态和它的实际状态之间的差额。违约时也会存在精神损害赔偿,理论和司法裁判也逐渐承认违约时的精神损害赔偿,特别是涉及精神服务行业,比如婚纱摄影服务、婚庆服务、旅游服务、观看演出、骨灰保管服务等。(3)因果关系,即违约行为与损失之间有因果关系。

(四) 继续履行(补救履行)与损失赔偿的关系

损害赔偿和继续履行与补救履行之间,既可能是选择关系,也可能是并列关系。比如,迟延履行时,债务人除了承担继续履行责任,有损害的还要承担损害赔偿责任。在瑕疵履行时,债务人可能只承担损害赔偿责任,不承担补救履行责任;也可能只承担损害赔偿责任;还可能既承担补救履行责任,又承担损害赔偿责任。

第五百七十八条 当事人一方明确表示或者以自己的行为表明不履行合同义务的,对方可以在履行期限届满前请求其承担违约责任。

释 义

本条规定了预期违约。

通常情况下,债务人违约的前提条件之一是债务到期,否则债务人不需要履行,也就谈不上违约。然而,债务人在债务没有到期前宣布不履行的,债权人可以在债务到期前要求债务人承担违约责任。

债务人在债务到期前明确表示不履行合同的,债权人没有必要等待债务到期,等待无异于浪费时间。需要明确的问题是,债务人如何对外表达拒绝给付,才能够满足不需要设置宽限期的情况。如果债务人对外表示的拒绝履行仅仅是暂时性的,那债权人仍然要设置宽限期。一般认为,债务人必须明确无误地表达出他不准备给付,债权人基于他的这种表达不再对给付有所期待,换言之,债务人拒绝给付的表达从第三人视角看是债务人最终表达,债权人没有理由再期盼债务人改变拒绝履行的决定。拒绝给付必须"确定地"表达,原因在于,经解释仍然不清楚是否确定地拒绝履行的,不是法律上重大的拒绝表示。除了语言上明确地、严肃地拒绝履行,还包括债务人以自己的行为表明不履行债务的情况,对于这类情况,要求通过解释能够确定债务人的行为所表达的拒绝给付的意思明确无疑。

发生预期违约的法律后果是,债权人不必等到债务到期,就可以要求不履行的债务人承担违约责任。根据本法第 577 条,违约责任包括继续履行、采取补救措施和损失赔偿。债务人已经明确表示不履行的,不存在继续履行和采取补救措施的可能性,债权人应当主张损失赔偿。除此之外,债权人还有合同解除权。

第五百七十九条 当事人一方未支付价款、报酬、租金、利息,或者不履行其他金钱债务的,对方可以请求其支付。

释 义

本条规定了金钱债务的继续履行原则。

金钱之债不发生履行不能,因此金钱之债的债务人在履行期限届满时不履行的,债权人可以要求债务人继续履行。

第五百八十条 当事人一方不履行非金钱债务或者履行非金钱债务不符合约定的,对方可以请求履行,但是有下列情形之一的除外:

(一)法律上或者事实上不能履行;

(二)债务的标的不适于强制履行或者履行费用过高;

(三)债权人在合理期限内未请求履行。

有前款规定的除外情形之一,致使不能实现合同目的的,人民法院或者仲裁机构可以根据当事人的请求终止合同权利义务关系,但是不影响违约责任的承担。

释 义

本条规定了非金钱之债的继续履行原则和履行不能的法律后果。

一、继续履行原则

现代合同法通常以"契约严守原则"作为根本的出发点,根据该原则,即使双务合同中给付交换出现障碍,当事人之间的衡平利益因为债务人的不履行或瑕疵履行被打破,合同当事人在符合比例原则及合理性原则的范围内依然要履行合同。基于该理念,债务人不给付或者给付出现瑕疵,除非出现特殊情况,否则债权人要求继续履行的,应当继续履行。

二、履行不能

首先要确定的是,履行不能适用于非金钱之债,对金钱之债不适用。履行不能包括法律上不能、事实上不能和经济上不能。事实上不能是指根据自然规律债务人不可能提供给付,比如古董花瓶打碎了,不可能再制造出完全相同的替代物。事实上不能是对债务人而言不可能。比如在特定物买卖中,出卖人在交付标的物之前,该标的物被小偷偷走。在理论上,小偷可以履行,但是在未找到标的物之前出卖人履行不能。客观不能是指对任何人而言,都存在履行不能。比如头卖标的物是古董花瓶,但是该花瓶被砸碎,此时存在客观履行不能。法律上不能是指,债务人履行行为是法律禁止的,比如履行本身是犯罪行为,或者其他法律上的原因阻碍了履行。经济上不能是指,理论上可能排除障碍履行,但是鉴于债权债务关系的内容以及诚实信用原则,债务人为此付出的代价或费用与债权人获得的利益之间形成一种不对等的关系,此时债务人有拒绝履行的抗辩权。

三、其他不适用继续履行的情况

除了履行不能,本条还规定了三项排除继续履行请求权的情况。第一是不适合强制履行的,这种情况多是与人格利益相关的义务,比如夫妻之间签订忠实义务协议。夫妻之间忠实义务与人格自由相关,不能强制履行。本条规定的另一个不适用继续履行的情况是,债权人没有在合理期间请求债务人继续履行的,则继续履行请求权消灭。

四、履行不能的法律后果

债务人履行不能,原始履行义务消灭,即债务人没有义务提供合同约定的给付义务。债权人取得解除合同权。发生履行费用过高的,债务人有抗辩权,诉讼中法院将驳回债权人继续履行的诉讼请求。债权人可以选择解除合同,也可以不解除合同,要求债务人承担替代全部履行的损害赔偿。

五、合同僵局的终止

本条第 2 款的功能是为了解决合同僵局。发生第 1 款规定履行不能,合同目的不能实现的,合同没有必要存在,当事人可以请求人民法院或者仲裁机构确认,不必履行,这样双方可以从僵局中解脱。是否存在合同僵局,由法院根据具体情况确定。法院确定合同权利义务终止的,不影响违约责任。

第五百八十一条　当事人一方不履行债务或者履行债务不符合约定,根据债务的性质不得强制履行的,对方可以请求其负担由第三人替代履行的费用。

释　义

本条规定了第三人代为履行。

不发生履行不能的,债务人有义务继续履行债务。债权人要求债务人继续履行,但债务人仍不履行,根据债务性质不能强制债务人履行的,债权人可以请第三人代为履行,由此产生的费用由债务人负担。适用本条的另一个条件是,债务根据性质可以由第三人履行。

第五百八十二条　履行不符合约定的,应当按照当事人的约定承担违约责任。对违约责任没有约定或者约定不明确,依据本法第五百一十条的规定仍不能确定的,受损害方根据标的的性质以及损失的大小,可以合理选择请求对方承担修理、重作、更换、退货、减少价款或者报酬等违约责任。

释　义

本条规定了瑕疵履行时的违约责任。

一、瑕疵履行

债务人提供的履行完全或者部分不符合约定的,存在违约行为。"履行不符合约定"的意思是,债务人虽提供给付,但是给付与债务人其所负之义务不相一致。本条所指的违约既可以是主合同义务的履行不符合约定,也可以是合同的从属义务的履行不符合约定。具体的瑕疵履行见本法第577条释义。

二、法律后果

出现瑕疵履行的,债务人应当承担的法律责任首先依当事人之间的约定,比如约定违约金或者定金。在没有明确约定时,对合同进行补充解释。通过解释仍然不能得出约定违约责任的,则债权人有补救履行请求权。本条列举了修理、重作、更换、退货、减少价款或者报酬等作为补救措施。本法没有直接或者间接规定更换与修理、重做、退货、减少价款等违约责任之间的顺位关系。这与国际立法例中区别买受人第一性的瑕疵救济方式和第二性的瑕疵救济方式不一致,也导致理论中和实践中对救济手段顺位存在观点分歧。我国合同法承认"继续履行"和"契约严守"原则,在这两项基本原则下,买受人的利益在于实现自然给付。当出卖方的给付出现瑕疵时,除了给付不能和不成比例的情况,买受人第一性的救济权利应当是请求出卖人提供无瑕疵之给付,包括修理、重做、更换,而降低价款、退货只是后顺位的,或者说是辅助性的。

第五百八十三条 当事人一方不履行合同义务或者履行合同义务不符合约定的,在履行义务或者采取补救措施后,对方还有其他损失的,应当赔偿损失。

释 义

本条规定是与继续履行或补救履行并存的损失赔偿。

本条紧跟在"继续履行和补救履行"的违约责任之后,确立了与继续履行和补救履行并存的损失赔偿责任,这是一种履行之外另作的损失赔偿,目的在于强调,违约方当事人承担实际履行责任之后,还应当对自己的违约给债权人造成的损失承担赔偿责任。与继续履行和补救履行并存的损失赔偿责任成

立,应当满足以下要件:

一、迟延履行或者履行不符合约定

(一) 迟延履行

本条在文字上使用了"不履行",实际所指为"迟延履行"。迟延履行是最常见的履行障碍问题之一,以给付具有可能性为条件。金钱债务不存在履行不能的情况,非金钱债务发生给付不能的,根据本法第 580 条债权人不能请求继续履行。故,在不存在履行不能的情况下,迟延履行应当满足以下要件:

1. 履行义务有效存在。

违约责任以存在有效的给付义务为条件。在此首先要求合同有效成立,且没有妨碍债权成立的抗辩和消灭债权的抗辩。前者比如民事行为能力缺失、形式要件不满足、没有法定许可等;后者包括已经履行、合同撤销、合同解除、抵销等。

2. 债务到期未履行。

债权人的履行请求权必须到期,在债务到期之前不具有可以实现性。债务到期时间是指债权人可以要求债务人提供履行的时间点。履行时间可以由法律确定,也可以由当事人明确约定或者推定约定。法定或者约定的履行时间通常是日历日或者可以根据日历日具体确定的日期。没有约定履行时间的一般认为立即到期,但是需要经过债权人的"催告",债务人在催告合理期间内仍不履行的,才陷入履行迟延。

(二) 瑕疵履行

债务人提供的给付完全或者部分不符合约定的,存在违约行为。"履行不符合约定"的意思是,债务人虽提供给付,但是给付与债务人其所负之义务相一致。本条所指的违约既可以是主合同义务的履行不符合约定,也可以是合同的从属义务的履行不符合约定。

债务人提供的给付是否符合约定首先应当根据合同内容确定。虽然本条文字表达是"履行不符合约定",其表达的意思并非仅指当事人对履行标准有约定的情况,因为履行质量通常并非合同核心要素。没有约定的,但有法律规定的,给付要符合法律规定,比如要符合本编典型合同中对给付标准的具体规定,也要符合特别法中的规定。既无约定,也无法律规定时,根据具体合同类型的一般交易习惯确定履行质量。

二、损害赔偿成立

损害赔偿责任成立应当满足以下要件：

（一）有损失

在合同中没有约定损害赔偿额，特别法也没有规定损害赔偿额的情况下，损害赔偿法应当遵守损害填补原则，即有损失才有赔偿。因此，首先要求债权人要有损失。损失是指利益损害，利益既可以是财产价值，也可以是纯粹精神利益，损失也可以是义务的负担。对于财产损失，差额理论将损失定义为未发生损害事件时财产状态和它的实际状态之间的差额。

（二）因果关系

违约损害赔偿责任的另一个要件是，违约行为与损失之间有因果关系。本条规定了继续履行或补救履行后的损害赔偿，要求成立责任赔偿因果关系，即违约行为与债权人的积极给付利益损害之间有因果关系，积极给付利益损害与损失之间有因果关系。根据等值理论，在没有违约行为的情况下损害不会发生，则因果关系成立。

三、损害赔偿责任减免

本法在第 590 条规定不可抗力作为免责事由，即损失由不可抗力引起的，损失赔偿责任部分或全部免除。对方当事人有过错的，根据本法第 592 条第 2 款，损失赔偿责任相应减少。债权人没有采取适当措施避免损坏扩大的，根据本法第 591 条，债务人对扩大的损失不承担损失赔偿责任。

第五百八十四条 当事人一方不履行合同义务或者履行合同义务不符合约定，造成对方损失的，损失赔偿额应当相当于因违约所造成的损失，包括合同履行后可以获得的利益；但是，不得超过违约一方订立合同时预见到或者应当预见到的因违约可能造成的损失。

释 义

本条规定了损失赔偿范围。

一、损失的分类

本条将损失区别为实际损失(所受损失)和可得利益(所失利益)。违约人赔偿了债权人的履行利益,或者称积极利益,即通过损害赔偿债权人的利益状态应当达到合同完全履行时的利益状态,特别是违约人也要赔偿债权人从交易中应当获得的赢利。

(一) 实际损失

实际损失是债务人违约引起的债权人现有财产减少的数额。本法未对损失进行定义,对于财产性损失确定,存在不同的方法。根据狭义差额说(或者称"假定差额说"),违约的实际损失是不违约情况下债权人财产状态(假定财产状态)和债权人实际财产状态之间的差额。差额说的优势在于,不仅查明是否存在损失,同时确定损失额度。在差额法中,关键是查明受损失方假定财产状态,在实践中可能有障碍,另外对非财产损失很难适用,故对其批评从未间断。尽管如此,假定差额说至今仍然被认为是查明损失的正确方法。

(二) 可得利益损失

违约导致的损失可以表现在两个方向:第一是违约行为使现有财产减少,第二是违约行为阻碍将来财产增加。后者为可得利益损失,也被称为所失利益。常见的可得利益损失是利润损失。2009 年《最高人民法院关于当前形势下审理民商事合同纠纷案件若干问题的指导意见》第 9 条指出,可得利益的具体范围:"根据交易的性质、合同的目的等因素,可得利益损失主要分为生产利润损失、经营利润损失和转售利润损失等类型。生产设备和原材料等买卖合同违约中,因出卖人违约而造成买受人的可得利益损失通常属于生产利润损失。承包经营、租赁经营合同以及提供服务或劳务的合同中,因一方违约造成的可得利益损失通常属于经营利润损失。先后系列买卖合同中,因原合同出卖方违约而造成其后的转售合同出售方的可得利益损失通常属于转售利润损失。"

(三) 精神损失赔偿

违约损失赔偿范围中另一个具有争议的问题是,是否应当赔偿精神损失。在比较法上,德国损失赔偿法对精神损害赔偿持谨慎态度,认为只有在侵权责任中存在精神损害赔偿。在特别情况下承认违约会引起精神损失赔偿,但也是建立在通过违约进而侵害身体健康的情况下,比如药品买卖合同的卖方履行迟延,病人因此经受更多痛苦,由此可能产生精神损害赔偿,即痛苦金。法国民法最初对违约时的精神损害赔偿也比较消极,晚近通过司法裁判次第承认违约行为中存在精神损害赔偿。晚近越来越多的观点认为,违约时也会存在精神损害赔偿。司法裁判也逐渐承认违约时的精神损害赔偿,特别是涉及精神服务行业,比如婚纱摄影服务、婚庆服务、旅游服务、观看演出、骨灰保管服务等。

二、各违约行为的具体损失赔偿范围

本条的违约行为包括不履行义务和履行义务不符合约定。

(一) 迟延履行的损失赔偿

迟延履行的损害赔偿包括迟延履行利息、迟延履行时间内的可得利益。

迟延利息针对金钱之债的迟延履行。因为金钱本身是一种可以带来利息收益的财产,故迟延利息是损害赔偿。当事人之间有约定的,依约定计算迟延利息;无约定的,按照国家有关规定支付逾期付款的迟延利息。目前应按照"中国人民银行规定的金融机构计收逾期贷款利息的标准"支付法定逾期利息。属于民间借贷的,应适用 2015 年《最高人民法院关于审理民间借贷案件适用法律若干问题的规定》(法释〔2015〕18 号)第 26、28、29、30 条等的规定,约定的利息不得超过年利率 24%。实践中,双方当事人在某些情况下会既约定在迟延支付价款时按日支付"违约金",同时也约定支付逾期利息。两者实际所指相同,出卖人可以并行主张,但总额不能超过法定限额。如果当事人在合同中约定了"迟延违约金",出卖人不能在迟延违约金之外主张法定迟延利息,除非当事人之间另有约定。

(二) 瑕疵履行的损失赔偿

瑕疵履行时,损失赔偿范围依债权人选择的救济途径有所差异。瑕疵履行不足以解除合同的,债权人可以要求修理,瑕疵消除后仍然有损失的,这部分损失在损失赔偿范围内,包括可得利益损失,也包括标的物价值减少损失。瑕疵无法消除的,债权人可以主张替代全部履行的损失赔偿,如果在此之外还有其他损失的,违约人也要赔偿。还有一种可能是,债权人保留有瑕疵的标的物,主张减价。瑕疵履行导致合同被解除的,损失赔偿范围同样是履行利益赔偿。

履行瑕疵引起瑕疵结果损失(加害给付)的,比如购买的微波炉有质量瑕

疵,爆炸后导致其他财产有损失,损失赔偿范围包括该部分损失。

三、可预见性规则

违约损害赔偿法引入"可预见性规则"是对完全赔偿责任的限制。本条要求可预见的对象是"损失额度";预见或者应当预见的视角是"违反合同一方"。

第五百八十五条 当事人可以约定一方违约时应当根据违约情况向对方支付一定数额的违约金,也可以约定因违约产生的损失赔偿额的计算方法。

约定的违约金低于造成的损失的,人民法院或者仲裁机构可以根据当事人的请求予以增加;约定的违约金过分高于造成的损失的,人民法院或者仲裁机构可以根据当事人的请求予以适当减少。

当事人就迟延履行约定违约金的,违约方支付违约金后,还应当履行债务。

释 义

本条规定了违约金。

一、概念界定

(一) 违约金

约定违约金是双方当事人通过协议达成的合同惩罚,其内容是,一方当事人不履行合同或者不依约定履行合同的,向另一方当事人支付一定数额的金钱或其他给付。本条第 1 款第一半句明确规定了约定支付一定数额金钱的情况,这是违约金的一般情况。当事人还可以约定其他给付作为违约惩罚,比如不按时供货将多供货半吨,这也属于本条意义上的违约金。

从本条第 2 款第二半句的违约金酌减出发,第 585 条规定了违约金功能之一是赔偿损失,惩罚性违约金不受本条规范。

（二）损失赔偿计算方法

损失赔偿计算方法既可能是违约金,也可能是一揽子损失赔偿约定。区别两者的关键之处是,当事人约定的目的是否仅仅为了使损害赔偿请求权简单化,抑或除了证明简单化之外还有保证履行的功能。比如当事人之间约定,"不履行将支付价款的20%作为损失赔偿",该约定虽然用了"损失赔偿"这一术语,但是明显有保证债务人履行的功能,因此是违约金约定。一揽子损失赔偿适用的条件是有损失,债权人要证明有损失,但是不必证明损失额度。债务人可以通过证明债权人没有损失而抗辩。一揽子损失赔偿额度与通常情况下的实际损失额度相当,是依据通常损失额做到预估。如果根据约定的损失赔偿计算方法得出的损失额明显高于或低于预估的损失时,倾向于认为是违约金约定。

二、违约金合同

违约金具有从属性品质,它并不是独立的约定惩罚机制,在生成之前依赖于合同义务的存在,没有主合同义务则违约行为无的放矢。合同虽然有效成立,但在债务到期前因为不可抗力或者情事变更等不可归责于债务人的原因无法履行时,违约金约定也就失去可依存的基础。合同效力待定的,违约金约定没有效力。合同被撤销或者在债务到期前解除,债务人没有履行义务,违约金约定同样失去存在的基础。违约金所担保的债权转让时,包括合同权利义务的概括转让,违约金约款也转让。

违约金原则上担保合同的主履行义务,在有明确约定的情况下也可以担保从属义务,比如保密义务、竞争禁止义务等。违约金约定本身也要有效,比如不得违反强制法规定,也不得违反公序良俗。尽管合同实践中多有标题为"违约金"的条款,但是判断当事人之间关于"惩罚"的约定是否是违约金,不取决于是否在文字上使用"违约金",而是要通过解释具体约定内容确定。

三、违约金生成

违约金请求权是附条件请求权,其生成的条件是债务人违反违约金担保义务。自条件成就开始,违约金请求权与主合同义务分离,具有独立性。违约金条款抽象地表述为"违约"的,包括所有的违约类型。

违约金的功能不仅在于赔偿,还在于督促保证债务人履行债务,因此它只与"违约"有关,与是否存在损失无关。当然,基于私人自治,当事人可以在违约金条款中约定违约金生成的其他附加条件,比如有损失等。有无损失或者损失大小,可以是影响违约金增减的因素。

四、违约金司法增减

(一) 增加违约金

当事人在约定违约金的时候很难预见到损失大小,不少情况下约定的违约金低于实际损失,债权人的利益仅靠约定违约金不能得到保障。法律在第2款第一半句中规定了违约金司法增加程序,即可以请求法院或仲裁机构增加违约金。即使没有第2款第一半句的规定,债权人也可以直接对债务人主张法定损失赔偿,填补损失。请求法院或者仲裁机构增加违约金反而使救济程序复杂化。

(二) 降低违约金

违约金不强调惩罚功能,因此违约金的额度应当符合比例原则,不得过分高。实践中,约定违约金超过实际损失30%的,则可以认为违约金过分高。至于降多少,由法官自由裁量。违约金司法酌减并不要求减低至实际损失,毕竟违约金只是"最低损失",司法酌减的目的仅是出于保护债务人,将过高的违约金调整至符合比例原则的范围。降低违约金的规定旨在保护债务人,不能在违约金生成之前通过约定排除。但是违约金生成后债务人可以放弃该项权利。降低违约金时,法官以实际损失为基础,兼顾合同的履行情况、当事人的过错程度以及预期利益等综合因素,根据公平原则和诚实信用原则予以衡量,并作出裁决。

(三) 在司法程序中经过申请

违约金增减不能由债权人直接对债务人主张,它是司法增减。在司法程序中法官也不能依职权增减,必须经过当事人申请。债权人通常会在违约金之诉中同时请求增加违约金;债务人的降低违约金的请求也通常在违约金之诉中以抗辩权的方式主张。当然,也可以单独提起违约金增减诉讼或者反诉。当事人在违约金请求权的给付之诉中主张增减违约金的,是隐藏的形成之诉。

第五百八十六条　当事人可以约定一方向对方给付定金作为债权的担保。定金合同自实际交付定金时成立。

定金的数额由当事人约定;但是,不得超过主合同标的额的百分之二十,超过部分不产生定金的效力。实际交付的定金数额多于或者少于约定数额的,视为变更约定的定金数额。

释 义

本条规定了违约定金。

根据本法第 587 条的规定,给付定金一方违约的,无权要求返还定金;收受定金一方违约的,双倍返还定金。定金制度明显的功能是担保或督促债的履行。因为定金先行给付,它甚至比违约金产生的督促性、强迫性更直接。在性质上多将第 586 条意义上的定金归为"违约定金"或"履约定金",强调了对当事人依约履行债务的保证。

一、定金合同有效

违约定金具有从属性,即定金是否有效依赖于主合同债务的有效存在。有效的定金还需要当事人之间存在有效的定金合同。定金合同的从属性要求,主合同债务有效存在,且不存在妨碍债权可实施性的抗辩以及消灭请求权的抗辩。

违约定金需要当事人之间的约定。它既可以在主合同中以定金条款的方式出现,即定金条款,也可以单独约定定金,即定金合同。定金条款或者定金合同无效的,违约定金不发生效力。民法典放弃了定金合同的形式要求,对定金合同没有特别形式要求。

定金合同是实践合同,以定金实际交付为有效成立要件,这也被称为定金合同的"要物性"。在违约定金中要物性有其积极功能:通过事实交付的"仪式",当事人能对定金的法律后果有更直观的感受,从而防止当事人冲动缔约,确保当事人做出慎重的意思表示。定金可能在定金合同达成前交付,也可能在定金合同达成时交付,或者在定金合同达成后交付。定金在定金合意达成前交付的,定金合同有效成立的时间是合意达成时。定金在定金合意达成后交付的,没有形式瑕疵的,定金合同在定金交付时成立并生效。基于定金合同要物性的特点,当事人仅仅达成定金约定的,定金合同并没有有效成立,不能产生约束力,当事人没有交付定金的义务。

定金由主合同债务一方当事人交付给另一方当事人,通常在双方合同中,合同给付为金钱的一方交付定金。比如在买卖合同中,通常是买受人向出卖人交付定金,承揽合同中由定作人向承揽人交付定金。在时间上,定金应当在主合同义务履行完毕之前交付给接收方。

二、定金数额限制

定金数额由当事人在定金合同中具体约定。然而第 586 条第 2 款对定金额度作出限制,这是由司法裁判发展而来的规则。本条将定金额度限制在合同标的额 20% 以内。定金是金钱以外的其他替代物的,以其市场价值衡量是否超过合同标的额 20%。20% 界限本身就是为了限制当事人之间的约定,故不能通过约定予以排除。

当事人之间约定的定金超过合同标的额 20% 的,不会导致定金约定无效,其后果是超出部分不产生定金效力。在发生违约时,超出合同标的额 20% 的部分不适用定金罚则。接受违约一方只能保留标的额 20% 作为定金惩罚;交付定金方主张返还合同标的额 40%。

第 2 款的规定是:"实际交付的定金数额多于或者少于约定数额的,视为变更约定的定金数额。"当事人一次性交付多于约定数额的金钱或替代物的,只有在有依据显示,交付的金钱全部为定金的情况下,才能认为当事人变更定金。

第五百八十七条 债务人履行债务的,定金应当抵作价款或者收回。给付定金的一方不履行债务或者履行债务不符合约定,致使不能实现合同目的的,无权请求返还定金;收受定金的一方不履行债务或者履行债务不符合约定,致使不能实现合同目的的,应当双倍返还定金。

释 义

本条规定了违约定金的适用规则。

债务人按合同约定履行债务的,定金的目的达到。在此情况下,有两个途径处理定金,抵作价款或者返还给交付定金当事人。

合同当事人有重大违约引起的法律后果是,定金罚则效力生成:交付定金方违约的不得主张返还定金;接收定金方违约的,双倍返还定金。定金罚则体现了定金的损失赔偿功能和私人惩罚功能,但与主张定金罚则当事人是否有损失无关。双倍返还定金的,接受定金人对收取的定金实际收取利息或者应当收取利息的,利息应当作为收益返还给交付定金人。违约定金另一个特点是,它作为当事人按合同履行的担保,只有对不履行或者履行不符合约定没有过错的一方当事人才能主张定金罚则。

第五百八十八条 当事人既约定违约金,又约定定金的,一方违约时,对方可以选择适用违约金或者定金条款。

定金不足以弥补一方违约造成的损失的,对方可以请求赔偿超过定金数额的损失。

释 义

本条规定了同时约定违约金和定金时的罚金适用。

一、违约金和定金同时生成

本条第 1 款规定了违约金罚则与定金罚则选择适用当事人有权在违约金罚则与定金罚则之间作出选择的前提条件之一是,两者并存。本条意义上的违约金罚则和定金罚则并存的条件之一是,根据约定两者保证的对象具有重合性。如果一个保证了主债务,一个保证了从属债务,即使违约金和定金同时生成,也不属于本条规定的情形。第二个条件是,一个违约行为,既生成违约请求权,又生成定金请求权。只有违约金生成和定金生成的违约行为具有重合性的,才可能存在本条意义上的竞合。比如,当事人在违约金条款中约定了迟延履行违约金,在定金条款中约定了瑕疵履行定金,即使两者都生成,也不存在本条规定的选择适用问题。

二、法律后果

本条并没有表达出主张定金罚金或者违约金的当事人必须作出选择的立法意思。实践中当事人通常会同时主张,对此上海市高级人民法院的观点是,法院应当释明选择权。当事人仍然不作出选择,或者即使作出选择但表示不放弃另一项主张的,法官经过审理,按照有利于守约方权利实现的诉请进行处理。

三、实际损失高于定金罚金时的损害赔偿

对实际损失低于定金的情况,本条第 2 款规定了超额损失的损害赔偿请求权。立法者将司法实践中的规则予以立法化:定金作为最低损害赔偿数额的预定,具有填补损害的功能,在约定的定金不足以赔偿守约方损失时,守约方可以要求适用定金并要求赔偿超出定金的实际损失,但要求的总额不能超过实际损失额。如果当事人选择适用定金罚则,有超额损失时,其请求权基础是本条第 2 款。但这与直接主张法定损失赔偿没有本质区别,因为债权人都要证明损失及其额度。

四、定金酌定降低

定金是否应当参照适用本法第 585 条第 2 款酌减,应当从违约责任体系分析。违约定金与违约的功能差异不大,都是为了保证合同履行,在一方违约时则是为了填补非违约方的损失。在本法第 585 条中,立法者规定了违约金司法增加和减少的情况,但是在本条只规定定金增加,却没有规定定金减低。立法者对违约金和定金额度做了不同处理。对违约金的额度,立法者将额度限制留给司法机关;对定金额度,立法者直接在第 586 条第 2 款作出限制,不会出现过分高的情况。很显然,立法者对同属于违约责任体系,且功能相近的两种约定惩罚作出不同规定,并不存在法律漏洞。故,定金超过实际损失的情况下,不得参照本法第 585 条第 2 款酌定降低。

第五百八十九条 债务人按照约定履行债务,债权人无正当理由拒绝受领的,债务人可以请求债权人赔偿增加的费用。

在债权人受领迟延期间,债务人无须支付利息。

释 义

本条规定了受领迟延时债务人的责任降低。

一、债权人的不真正义务

本条适用的前提条件是债权人陷入受领迟延。第一款对债权人受领迟延的表达是:"债务人按照约定履行债务,债权人无正当理由拒绝受理。"准此,首先要求债务人按约定履行。详细而言,债务人提供给付应当满足以下要件。

(一) 债权人配合的必要性

债权人迟延的适用于债务人履行需要债权人配合的债务,履行无须债权人配合的,不可能发生债权人迟延。比如债务人负担不作为义务,只要债务人不为特定行为即可,再如债务人负担做出特定意思表示的义务,此情况中也不需要债务人配合。

(二) 债务人的给付具有可能性

债权人受领迟延的前提是,在履行的时间点债务人可能提供给付。债务人发生履行不能的,不存在债权人受领迟延问题。

二、债务人依约提供给付

债务人按合同约定向债权人提供给付,即在约定时间或恰当时间将给付提供到正确的履行地点。债务人的给付既可以由他本人提供,也可以由代理人提供,第三人对履行有利益的,提供履行人也可以是第三人(本法第524条)。债务人提供给付的相对人是债权人,或者有受领权的代理人;在利他合同中,债务人应当向约定的第三人提供给付;债权人方面是连带债权人的,债务人可以自己选择向具体债权人提供给付。

通常情况下要求债务人实际提供给付。实际给付要求债务人提供给付的情况达到的标准是,只要债权人受领即完成履行,不需要他为其他行为。根据债务本质,对债务人实际提供给付的要求也不同。在赴偿之债中,债务人要把给付送至履行地点;在寄送之债中,债务人把标的物交给快递不满足提供给付,债务人寄出标的物到达债权人处才满足提供给付的要求;往取之债中,债务人言语提供给付已足。

债务人提供的给付必须符合约定,提供给付替代物或者替代物清偿不足以达到依约提供给付的要求。债务人提供给付也不得有瑕疵,包括提供他物的情况,债权人拒绝接受瑕疵标的,并不使他陷入受领迟延,即使债权人对此并不知情。债务人提供部分给付的,根据本法第531条,债权人可以拒绝受领,但是如果债权人接受部分给付不损害其利益的,不得拒绝。

债权人明确拒绝受领给付的,债务人的言语提供就可以满足本条规定的债务人提供给付的要求。对言语给付而言,要求债务人有给付能力和给付意愿,前者排除履行不能的情况,后者要求债务人的言语给付严肃认真。有疑问的是,在此情况中是否由债权人证明债务人的给付能力和给付意愿。言语给付对债权人方面的要求是,他必须严肃地、明确地对债务人表示拒绝受领的意思。

某些债务基于其本质,债务人只能提供言语给付,比如债务的给付标的是服务,债务人提供给付的方式是言语。

三、债权人拒绝受领

债权人受领迟延的另一个条件是,债权人不受领给付,且无正当理由。所谓的不受领,是指债权人应当配合债务人给付,但他对此不作为。不受领给付不仅是指不接受债务人提供的标的物,还包括不接受债务人提供的服务给付等。不受领行为除了不接受,也包括债权人为给付设置不合法、不合理的条件等。拒绝受领可以明确表示,也可以通过行为默示表示。如前文,受领迟延首先要求债务人提供的给付符合约定。如果给付有瑕疵,即使债权人不知道瑕疵,也不存在受领迟延。

债权人受领迟延与过错无关。比如债权人因为患病或受伤无法受领给付,仍然构成受领迟延,不可抗力同样不排除受领迟延。例外的情况下,应当根据诚实信用原则限制债权人受领迟延。

在给付和对待给付应当同时履行的情况下,虽然债权人有受领给付的意愿,但拒绝同时提供对待给付,债权人同样陷入受领迟延。在同时履行的债务中,债务人提供符合约定的给付,债权人同时也提供符合约定的对待给付是他的必要配合义务,债权人拒绝提供对待给付的,与拒绝受领效果相同。

四、法律后果

本条只规定了受领迟延的部分法律后果:债务人对债权人有赔偿增加费用的请求权,免除债务人在履行迟延期间的利息。其他法律后果应当通过理论或裁判予以补充。

（一）增加费用的赔偿请求权

因为受领迟延并非违反合同义务,不产生损失赔偿义务。为了使债务人不负担额外费用的负担,本条第1款规定债务人可以要求债权人赔偿迟延受领期间额外费用。赔偿范围限于实际增加的费用,包括运输费用、催告费用、提存费用等。

（二）不产生迟延利息

债务人负担金钱之债,主要针对借款合同中的借款人,在受领迟延期间不支付利息,包括法定利息和约定的有效利息。因为债权人不能通过不受领阻止债务人履行而直接获得利益。需要注意的是,在受领迟延中不涉及金钱之债的迟延利息,因为不存在债务人履行迟延问题。债务人在迟延受领期间利用金钱赚取利息的,这部分利息属于收益,应当返还给债权人。

第五百九十条 当事人一方因不可抗力不能履行合同的,根据不可抗力的影响,部分或者全部免除责任,但是法律另有规定的除外。因不可抗力不能履行合同的,应当及时通知对方,以减轻可能给对方造成的损失,并应当在合理期限内提供证明。

当事人迟延履行后发生不可抗力的,不免除其违约责任。

释 义

本条规定了不可抗力作为免责事由。

一、不可抗力作为减免责任事由

（一）不可抗力特征

本法第180条第2款将不可抗力定义为"不能预见、不能避免并不能克服的客观情况"。不可抗力包括以下因素:外来性、非正常性、不可预见性、无法避免性。首先,不可抗力是客观情况,该客观情况存在于当事人行为之外,当事人仅对自己行为内的风险承担责任。第二个客观因素是事件的非正常性。即事件本身包含例外的性质。对该要件要做谨慎解释,不能从极少发生的角度认为存在非正常性。不可预见是主观因素,判断的标准是当事人是否可以预见并阻碍事件的发生;不可预见的时间点是合同订立时。不可避免性被认为是不可抗力的核心要素。从定义上看,不可避免性是指事件的发生不依赖于人的意思,且不能通过人的行为阻碍其发生。不可避免的时间点是事件发生后,如果当事人可以通过可承受的经济投入阻碍事件发生的,则事件可以避免。

(二)重要的具体不可抗力事件

1. 自然灾害。

自然灾害是最重要的不可抗力,比如洪水、台风、地震、火山喷发、泥石流、旱灾、蝗灾等。随着科技的发展,不少自然灾害可以提前预测。不可抗力的特点之一是不可预见,合同订立前预测部门发出自然灾害通报的,可以认为当事人有可预见性;预测部门在合同订立后做出通报,不能推定当事人可以预见,通常判断可预见性的时间点是合同订立时。并非任何自然灾害都是不可抗力,只有满足不可抗力的全部要件时,债务人才可以援用不可抗力减免责任。

2. 社会突发事件。

社会异常事件也可能是不可抗力,包括战争、武装冲突、恐怖袭击、军事行动、封锁禁运、罢工、骚乱、传染性疾病等。有争议的是,如果罢工发生在当事人内部,是否可以涵摄为不可抗力。学界观点认为,罢工由当事人内部原因引起的,不存在不可抗力;罢工由当事人之外的原因引起,比如政府的政策引起罢工,则是不可抗力。

3. 国家行为。

国家行为比如立法、司法、政策、行政行为等,只要符合外来性、非正常性、不可预见性、无法避免性这些特征的,就是不可抗力。

二、不可抗力与履行障碍之间的必然性

本法第 180 条第 2 款将不可抗力定义为不能预见、不能避免且不能克服的客观情况。其中的不能避免和不能克服除了指不可抗力本身的特征,还指向不可抗力与履行障碍的关系。只有不能履行或者迟延履行无法通过其他途径避免时,才成立免责事由。比如虽然洪水将公路冲毁,但是债务人如果可以通过其他运输方式履行债务的,不可以援用不可抗力免责。因此不可抗力作为免责事由应当要求,债务人尽最大努力仍不能阻碍履行障碍发生。

三、法律后果

根据本条第 1 款第一句,不可抗力成立的,违约当事人可以请求减免责任。违约责任区分为继续履行、补救履行和损失赔偿。不可抗力减免的只是损失赔偿责任,包括违约金和定金请求权,比如本法第 832 条明确规定,不可抗力是免除损失赔偿责任的原因。继续履行或补救履行只是在时间上受不可抗力影响不存在减免责问题。违约方主张最终不能继续履行的,应当通过履行不能规则完成。损失完全由不可抗力引起的,违约方责任免除;损失由不可抗力和可归责于违约方的原因共同引起,比如货物包装不当,途中遭遇暴雨,不可抗力只是损失的原因之一,应遵循"原因与责任成比例"原则,部分免除责任。

四、通知义务和提供证明义务

(一) 通知义务

因不可抗力不能履行或者不能按时履行合同的当事人,有告知对方当事人的义务。在通知是需受领的单方意思表示,无形式要求;通知相对人是对方当事人或其代理人;连带债权的,须向全体债权人发出通知,通知应当不耽搁地发出,当事人也可以在合同中约定发出通知的期限。

(二) 合理期间提供证明

本条第 1 款第二句要求,不能履行或者不能按期履行的当事人要在合理期限内向对方当事人提供证据。要证明的是,发生不可抗力以及因不可抗力不能按约定履行合同。

五、迟延履行排除不可抗力作为免责事由

本条第 2 款规定了迟延履行时债务人的责任加重。债务人迟延履行在先,之后发生不可抗力,不可抗力原则上不再是免责事由。该规定建立的基础是,只有按约定期限提供的给付才能将债务人排除风险范围。

迟延履行排除不可抗力免责并非在任何情况下都适用。例外情况是,即使债务人按约定时间履行,损失也不能避免,此时风险没有因为迟延履行而提高,故不可抗力仍然是免责事由。比如在运输合同中,承运人出发迟延,货物在运输途中遭遇泥石流,但即使承运人按约定时间出发,达到债权人后也将在

泥石流中灭失。在此情况下,尽管不可抗力发生在迟延履行后,承运人仍然可以因不可抗力免责。

第五百九十一条 当事人一方违约后,对方应当采取适当措施防止损失的扩大;没有采取适当措施致使损失扩大的,不得就扩大的损失请求赔偿。

当事人因防止损失扩大而支出的合理费用,由违约方负担。

释 义

本条规定了减损规则。

一、减损义务作为对方当事人的不真正义务

依本条之规定,对方当事人没有采取适当措施致使损失扩大的,法律后果是,对扩大的损失的赔偿请求权消灭。违约方当事人并没有要求对方当事人采取措施避免损失的请求权,只是非违约方的损失赔偿请求权降低或者消灭。故,本条规定的减损义务是对方当事人的不真正义务。还需注意的是,减损义务要以存在降低损失或者避免损失的可能性为前提条件,如果不存在降低或避免损失可能性的,相对人没有减损义务,本条没有适用空间。

二、避免损失扩大的措施

在损失还没有发生的情况下,当事人应当采取措施避免损失发生。比如对方当事人知道或者应当知道存在违约损害风险,但违约方对此不知情,对方当事人应当提醒或者警告违约方,没有提醒或警告的,即违反不真正义务。在损失已经发生的情况下,对方当事人应当采取措施尽量降低损失。避免损失的含义是,对方当事人应当尽力将损失控制在最小范围内,或者在排除违约后果时避免不必要的费用支出。避免损失扩大的"措施"是一个开放的不确定概念,要在具体情况中通过价值衡量确定。有学者尝试从具体的裁判出发,将减损措施类型化,提出减损措施可以分类为:停止工作、替代安排、变更合同、继续履行、中止履行、维修标的物等。在债权人采取措施时,债务人也可能存在支持义务,比如释明义务、说明义务等。

三、措施的适当性

对方当事人要采取"适当"措施。适当性是指措施对对方当事人而言具有可承受性或合理性,即根据一般生活经验,一个正常的理性的当事人应当采取的措施。减损义务的基础是诚实信用原则,故在判断过程中要衡量对方当事人的利益和违约方利益,特别是对方当事人的基本权利。利益衡量首先是客观视角,即从理性平均人视角判断措施是否能减低或者避免损失,不考虑对方当事人的具体特殊因素。只有从客观视角确定措施具有适当性之后,才可以进一步从对方当事人具体法律关系中审查,措施是否具有主观可承受性,不应要求受害人采取会给其带来不适当负担、危险或不利的措施。

措施的适当性还以措施极有可能避免损失或者降低损失为前提条件。换言之,只有措施很有可能降低或者避免损失的情况下,才可以认为措施是适当的。对措施的适当性要求,是诚实信用原则的表达。因此,措施是不是适当的,应采主客观判断标准。结合减损义务的含义,债权人应当采取实际能降低或避免损失的措施,该措施对债权人是可以承受的,且引起耗费与避免损失的比例应当符合比例原则。

四、法律后果

债权人没有采取措施,或者采取措施不恰当,导致损失扩大,债权人不得就扩大的损失请求赔偿。

对方当事人为了减少或者降低损失支出合理费用的,该费用由违约方承担。依此,违约方负担的费用范围应当通过两个要素确定:费用目的和是否具有合理性。债权人支付费用的目的是为了避免或减少损失。支出费用的合理性要从客观视角辅以主观因素判断,即在支付费用的时间点从一个理智的第三人视角看,该费用必须是必要,并且费用与避免的损失之间符合比例性。

第五百九十二条 当事人都违反合同的,应当各自承担相应的责任。

当事人一方违约造成对方损失,对方对损失的发生有过错的,可以减少相应的损失赔偿额。

释 义

本条第 1 款规定了双方违约,第 2 款规定了与有过错。

一、双方违约

本条第 1 款不适用的情况包括:一方当事人有先履行义务,但没有先履行,此时对方当事人虽然未履行到期债务,但有先履行抗辩权;双方均未履行到期债务,存在双方当事人应当同时履行的情况,而其中一方当事人没有履行能力或者没有履行意思,此时对方当事人有同时履行抗辩权。

在履行抗辩权之外,双方当事人都违反自己的义务的,要各自承担违约责任。比如债务人陷入履行迟延,但在债权人催告的合理期间内履行,此时债权人仍然有受领义务。债权人不受领的,陷入受领迟延,根据本法第 589 条债权人要承担增加的费用。而债务人要承担履行迟延引起的损失。在不真正的双务合同中也会存在双方违约的情况。比如无偿委托合同虽然是单务合同,即只有受委托方有主合同义务,委托人不负担等价的对应义务,但不意味着委托人不承担任何义务。委托人对受委托人有保护义务,违反保护义务导致受委托人产生损失的,委托人要承担损害赔偿责任。在此情况下,双方当事人各自承担自己的违约责任。

二、与有过错

本条第 2 款的文字表达是对方对"损失的发生"有过错,该表述并不准确,因为过错是指债务人的主观方面,引起损失的不是过错,而是受损失人有责任的行为。受损失人与有过错成立要满足以下要件:(1)债务人的违约行为导致债权人有损失;债权人实施了某行为,或者是债权人不作为,对该损失的共同原因,即债权人的行为与损失之间有因果关系和可归责性。(2)除了债权人的有责行为,还要求他违反不真正义务。债权人应尽到谨慎义务或照顾义务,保护自己的法益或者利益,此即债权人的不真正义务。因为受损害人没有维护或者疏忽维护自己的权益,引起损失或使损失扩大的,受损害人不得将自己行为的结果转嫁于他人。在此,要审查的是,一个谨慎的理性的交易参与人是否应当预见损失的产生并可以避免损失发生。(3)受损失当事人主观有过错,即受损失方故意或过失不尽谨慎义务。故意只能是主观,而过失则区别为主观过失和客观过失。故意是指受损失人知道损害客观要件的实现,或者对损失发生有意愿。知道并不要求受损失人确定知悉相关重要事实,只要他认为损失可能发生即可。民法领域的过失的判断标准是客观过失标准。受损失人与有过错的另一个条件是责任能力,该要件对限制行为能力人有意义。在侵权责任中,未成年人承担限制责任;违约责任中,限制行为能力人实施法律行为需要法定代理人同意或者追认,因此他有责任能力。受损失人的代理人或者辅助人的与有过错,同样适用本条第2款。

根据本款规定,受损失人对损失产生与有过错的,违约方损害赔偿额度减少,至于减少多少,要在具体情况中确定。通常情况是,双方当事人分担损失,在极其例外的情况下,受损失人的过错可能排除损害赔偿责任。

在违约责任中,债权人向违约债务人主张损害赔偿的,基于任何一方当事人事实陈述成立与有过错时,法院应当依职权主动援用与有过错原则降低债权人的损害赔偿额度。

第五百九十三条　当事人一方因第三人的原因造成违约的,应当依法向对方承担违约责任。当事人一方和第三人之间的纠纷,依照法律规定或者按照约定处理。

释　义

本条规定了第三人原因引起违约的后果。

一、第三人的范围

本条的主要立法目的是强调合同的相对性,避免在违约责任中将第三人牵涉进来。理论上虽无必要,但是鉴于当前平均司法水准需进一步提升的情况下,这样规定并无不利。本条目的在于限制违约责任主体,并不在于限制其他,不可抗力条款仍然可以适用。第三人原因属于不可抗力的,比如他人企业罢工、政府行为、恐怖袭击等第三人原因导致违约的,不可抗力仍然可以作为免责事由。本条并没有表达出排除不可抗力免责规范适用的意思。本条规范的责任是违约责任,对侵权责任不影响,第三人对债权人实施侵权的,第三人要承担侵权责任。如果第三人行为不可评价为情事变更的,债权人也可以要求解除合同或者变更合同。

本条意义上的第三人不包括履行辅助人。从立法目的出发,即强调合同的相对性,本条的第三人不包括其行为本来就可归属于合同当事人的履行辅助人,比如代理人,这些人的行为是合同当事人自己的行为。对于此类代理人,应当适用代理的相关规定,比如无权代理时,根据本法第171条第3款,代理人应当承担自己履行或者损失赔偿责任,并非适用本条。其他履行辅助人也不是本法意义上的第三人。履行辅助人包括法定履行辅助人(比如法定代理人)和意定履行辅助人,他们是根据债务人意思介入债务履行的人,其履行行为直接归属于债务人。

二、原 因

本条的表达是第三人"原因"造成违约,在该条形成的立法史过程中,曾经表达为第三人"过错",为了避免与合同法的严格责任相冲突,后改为"原因"。无论采过错归责原则还是无过错归责原则,用"过错"都不恰当。引起违约的,实际是第三人有责任的行为,但是债权人不需要证明第三人实施了阻碍债务人履行合同的"行为"。根据合同相对性原理,在没有免责事由的情况下,债务人就应为自己未依约履行行为负责,不论是自己的原因,还是第三人的原因,甚至说不清来源的原因。

三、债权人和债务人之间责任成立依据

本条的核心条件是合同当事人违约,即债务人拒绝履行、履行迟延或者瑕疵履行。与《合同法》第121条略有不同的是,本条增加了"依法"一词,在于明确指出本条不是债权人主张违约请求权的请求权基础。债权人向违约人主张违约责任的,其依据本章请求权基础规范。因此债务人违约责任成立应当满足相关请求权基础规定的请求权成立要件。

四、第三人和债务人的关系

根据本条第2句,债务人和第三人之间的纠纷,依法律规定或者约定处理。该规定在一定程度上也是债权关系的相对性的体现。第三人和债务人之间最常见的合同关系,比如债务人将从第三人处购买的货物卖给债权人,因为

第三人供货迟延导致债务人也履行迟延,这时债务人和第三人之间的纠纷根据合同法相关规定或者双方约定处理。债务人和第三人之间也可能是侵权关系,比如第三人将债务人准备交付的特定标的物损毁,债务人和第三人之间纠纷根据侵权法解决。第三人行为也可能构成犯罪,此时第三人行为受刑法调整。

第五百九十四条 因国际货物买卖合同和技术进出口合同争议提起诉讼或者申请仲裁的时效期间为四年。

释 义

本条规定了国际货物买卖合同和进出口合同争议的特别诉讼时效期间。

依本法第 188 条,一般诉讼时效期间为 3 年。本条规定的特别诉讼时效期间为 4 年,比一般诉讼时效期间长。原因是,国际货物买卖合同和技术进口合同发生的争议一般比较复杂,标的额比较大,为了保障当事人的利益,本法将诉讼时效期间规定为 4 年。

关于诉讼时效的其他问题,适用本法第一编第 188 条至第 199 条规定。

第二分编
典型合同

本分编导言

　　本分编是有关各典型合同的规定，所谓典型合同也称有名合同，是将实践中典型的交易形式类型化，并赋予其合同名称的合同。本分编共规定了19种典型合同，与1999年《合同法》相比较，增加了 4 个类型的有名合同，分别是保证合同、保理合同、物业服务合同和合伙合同。

　　虽然有有关典型合同的规定，但民事主体在具体的交易实践中创设的许多合同类型并不能简单归入某一具体的典型合同，构成所谓的非典型合同，或称无名合同。实践中存在着大量的非典型合同，有关这些合同的法律适用，一方面可以类推适用有关典型合同的规定，另一方面在无可供类推适用的典型合同类型时，就需要适用本编通则以及本法总则部分的规定。

第九章　买卖合同

本章导言 ▶

　　买卖合同是历史最为悠久、最为普遍的交易形式。无论是法典化国家，还是非法典化国家，尽管有关成立买卖标的物的范围不同，但是买卖都是作为典型合同予以规定的。大陆法系国家和地区将买卖规则规定在民法典中，如德国民法典第433条至第480条有关买卖、互易的规定，法国民法典第1582条至1701条等。英美法系常有独立的货物买卖法，如英国1979年《货物买卖法》，美国统一商法典中有关货物买卖的规定等。在买卖的国际统一法方面，有关的国际组织也进行了国际货物买卖方面的统一法工作，制定了有关的公约、贸易惯例等。如联合国国际贸易法委员会主持制定的《联合国国际货物销售合同公约》，国际商会制定的《国际贸易术语解释通则》等。我国1999年《合同法》中，买卖为第一典型合同，在审判实践中，最高法院公布了《关于审理买卖合同纠纷案件适用法律问题的解释》（法释〔2012〕8号），以及《关于审理商品房买卖合同纠纷案件适用法律若干问题的解释》（法释〔2003〕7号）等司法解释。本次民法典制定，除沿袭了1999年《合同法》关于买卖合同的主要规定外，也注意吸收了司法实践中的有关经验和做法。

　　本章共计53条，就买卖合同的概念，买卖合同出卖人的主要义务、买受人的主要义务，标的物所有权转移、风险转移，标的物瑕疵担保义务，试验买卖，分期付款买卖等作了规定。

　　第五百九十五条　买卖合同是出卖人转移标的物的所有权于买受人，买受人支付价款的合同。

释 义

本条是关于买卖合同的定义规定。

关于买卖合同的概念,有广义和狭义之分。

广义的买卖合同中,出卖人移转的不限于所有权,还包括所有权以外的其他财产权利,合同的标的也不限于有体物,还包括无体物,如债权、股权、知识产权等。狭义的买卖合同,合同中出卖人移转的是标的物的所有权,买卖合同的标的物为有体物,包括动产和不动产。

我国民法典依然沿袭了 1999 年《合同法》第 130 条的规定,将买卖合同的标的物限定在有体物范围内,至于如债权、股权、知识产权等无体财产等,则以权利转让或让与称之,如债权让与、股权转让、著作权转让等,而适用特别法的规定。

买卖合同具有以下法律特征:

1. 双务性。

买卖中,一方面,出卖人负有移转标的物的所有权与买受人的义务,另一方面,买受人负有支付价金的义务,两者构成给付与对待给付的关系。因而,买卖合同为双务合同,具有双务性。双务合同中有关风险负担的规则、履行抗辩权的发生和行使等均以买卖合同最为典型。

2. 有偿性、诺成性、不要式性。

3. 买卖合同具有一般性。

作为最普遍、最经常的交易形式,相较于其他的有名合同,尤其是有偿合同,买卖合同具有一般性、基础性。因而,买卖合同的规定对于其他有偿合同具有参照适用的作用。

第五百九十六条 买卖合同的内容一般包括标的物的名称、数量、质量、价款、履行期限、履行地点和方式、包装方式、检验标准和方法、结算方式、合同使用的文字及其效力等条款。

释 义

本条是有关买卖合同主要条款,即买卖合同内容的提示性规定。

买卖合同通常应具备以下条款：

1. 标的物名称。

标的物是买卖合同的客体，也是买卖合同需要首先明确的内容。买卖合同的标的物为有体物，分为动产和不动产。作为买卖合同的标的物虽然在订立合同时不需要特定，但是需要有明确的指向，为种类物时，可得被特定。标的物不明确的，合同不成立。

2. 数量。

标的物数量是买卖合同不可缺少的条款。在我国司法实践中，当事人对于合同是否成立存在争议，法院能够确定当事人名称或者姓名、标的物和数量的，一般应认定合同成立。

3. 质量。

通常情况下，质量条款也是买卖合同的主要条款。在约定有关质量条款时，一般不得违反国家的强制性标准。

4. 价款。

价款是买受人取得买卖合同标的物所有权所应支付的对价，一般说来，标的物的价款也是买卖合同的主要条款。支付价款构成买受人的主要义务。

5. 履行期限、履行地点和方式。

从出卖人角度看，履行期限主要是交付标的物、移转标的物所有权以及有关的凭证、单证等义务的期限。从买受人角度看，就是买受人支付价款的期限。

合同履行地，即合同义务履行的地点。

从出卖人角度看，履行方式最主要的是标的物的交付方式；从买受人角度看，最主要的是价款的支付方式。

6. 包装方式、检验标准和方法。

对于需要包装的标的物，应当对标的物的包装方式作出约定。在买卖合同中，一般要对标的物检验的标准和方式作出约定。

7. 结算方式。

对于一些连续性的供应合同，由于其在一定的期限内，买卖的数量及供货的时间具有不确定性、随机性，因此，为提高交易的效率，省却每次零散支付的烦琐，当事人一般不会每次买卖都支付价款，通常会约定一定的结算期，在结算期届临时，双方就供货的数量及款项予以确定。

8.合同使用的文字及其效力等条款。

在国际买卖合同中,通常要对合同所使用的文字作出约定,如果有几种文字文本,应对每种文字版本的意思做一致解释,合同应当在多种文字版本的文本中内容冲突时,约定以何种版本的文本的内容为准。

第五百九十七条　因出卖人未取得处分权致使标的物所有权不能转移的,买受人可以解除合同并请求出卖人承担违约责任。

法律、行政法规禁止或者限制转让的标的物,依照其规定。

释　义

本条是关于出卖人没有标的物的处分权致使标的物所有权不能移转时,买受人如何救济的规定。

买卖合同中出卖人的主要义务是移转标的物的所有权与买受人,那么作为买卖合同的出卖人在订立合同时是否须享有出卖物的所有权或处分权,以及出卖人没有处分权所订立的买卖合同效力如何等问题,立法例或理论上有完全有效说、无效说和效力待定说等不同的观点。1999 年《合同法》颁布后,围绕该法第 51 条无权处分的规定,学界和实务界做了许多的研究和探索,后渐采完全有效说。这种观点被民法典所采纳,本条对《合同法》第 132 条的修改以及在合同通则中删除原《合同法》第 51 条的规定,即是明证。

本条适用,需要注意以下方面的问题:

1.出卖人与买受人之间买卖合同成立并生效。

2.出卖人未取得标的物的处分权。

出卖人未取得标的物的处分权,包括其处分权受限制。主要有:出卖他人之物;出卖人对标的物的处分权受到限制,如处分被查封或冻结之物;共有中,某一共有人未取得其他共同共有人的同意,或者按份共有的,未取得半数以上份额共有人的同意,对共有物的处分;标的物上存在其他法律负担,法律限制出卖人处分权的。

3.因出卖人未取得标的物的处分权致使标的物的所有权不能移转。

虽然买卖合同成立并有效,但标的物所有权的移转需要出卖人的处分行为,方才可以发生,而出卖人取得标的物的处分权是标的物所有权移转的要件。出卖人为处分行为时,未取得标的物的处分权的,处分行为效力待定,此为采取负担行为与处分行为区分原则的国家和地区民法上的立法例。本条应指出卖人在买卖合同成立后不能取得处分权,处分行为确定不发生效力,从而所有权不能移转的情形。所谓所有权不能移转,在动产虽有交付行为,但因出卖人无处分权,交付行为不发生效力;在不动产,所有权不能移转,是指不能为所有权移转登记。

4.买受人可以解除合同并请求出卖人承担违约责任。

由于出卖人没有标的物的处分权,致使标的物所有权不能移转,出卖人违反了合同的主要义务;买受人因此不能取得标的物的所有权,买卖合同的目的不能实现。出卖人的行为根本违反合同,买受人取得合同的解除权并可以请求出卖人承担违约责任。

5.法律、行政法规禁止或者限制转让的标的物,依照其规定。

为法律、行政法规所禁止转让的标的物属于禁止流通物,限制转让的,属于限制流通物。对于这两种情形的标的物,应当依照其规定确定买卖合同的效力。

第五百九十八条 出卖人应当履行向买受人交付标的物或者交付提取标的物的单证,并转移标的物所有权的义务。

释 义

本条是关于出卖人主要义务的规定。

本条所规定的出卖人交付标的物并移转标的物所有权的义务,即所谓"交物"和"移权"。动产买卖场合,交付标的物行为完成,往往就发生标的物所有权的转移,除非当事人另有约定或者法律另有规定。不动产买卖场合,交付标的物与不动产所有权的移转可能不同步,通常情况下,不动产的交付只是不动产占有的移转(交物),而不动产所有权的移转(移权),需经依法登记,才发生效力。因此,不动产买卖合同中,出卖人除交付不动产与买受人之外,还必须履行登记义务将不动产的所有权移转于买受人。

一、交付标的物或者交付提取标的物的单证

出卖人的此一义务的履行应当以现实交付为原则,所谓现实交付,是指将物的直接占有移转给买受人。出卖人应当按照法律规定或者合同约定,将物的现实占有移转给买受人,或者依据交易观念将控制标的物的设备、方式等移交给买受人。一般地,出卖人将物置于买受人可受领(直接占有)的状态时,即认为出卖人交付标的物的义务完成。在现实中,出卖人除了实物交付外,根据买卖的性质,有时出卖人也可将提取标的物的单证交付给买受人,也构成交付,如提单、仓单等。

出卖人除现实交付外,在标的物为动产时,尚有所谓的观念交付,包括简易交付、指示交付和占有改定等。

二、移转标的物所有权

买卖的本质就在于移转标的物的所有权,买受人通过买卖(债权)的方式,在法律上永久性取得出卖物(所有权)。因此,出卖人不仅应当按照约定交付标的物或者交付提取标的物的单证,更重要的是要将标的物的所有权移转给买受人。标的物为动产时,除非法律另有规定或当事人另有约定,一般情况下,在出卖人现实交付标的物与买受人时,或者按照法律规定构成拟制交付的,则在交付完成时,动产交易物的所有权即移转给买受人。对于一些特殊的动产,如船舶、航空器和机动车辆等,虽然登记并非这些交易物所有权发生变动的生效要件,但是,通常情形下,当事人都会要求登记,因此,在这些特殊的动产买卖中,除了交付外,一般也要履行登记义务。

关于不动产的买卖,出卖人在为不动产的现实交付外,出卖人还应按照约定或者法律规定提供一切手续以便办理不动产所有权移转登记。由于出卖人的原因,导致买受人无法办理房屋等不动产所有权登记的,买受人有权解除合同并请求赔偿损失。

第五百九十九条 出卖人应当按照约定或者交易习惯向买受人交付提取标的物单证以外的有关单证和资料。

释 义

本条是关于出卖人交付提取标的物单证以外的其他单证等从给付义务的规定。

本条交付的对象为与标的物有关的单证和资料,这些单证与资料是提取标的物单证以外的其他单证和资料。这些单证和资料不是标的物的物权凭证,其交付属于出卖人的从给付义务。至于出卖人应交付哪些单证和资料,一方面依照买卖合同的约定;另一方面,如果未约定或者约定不明的,应当按照合同的性质或者合同的目的而定。我国司法实践中,一般认为,本条所指的单证和资料主要包括保险单、保修单、普通发票、增值税专用发票、产品合格证、质量保证书、质量鉴定书、品质检验证书、产品进出口检疫书、原产地证明、使用说明书、装箱单等。出卖人不交付这些单证和资料的,买受人可以请求其交付,并可行使履行抗辩权。

第六百条 出卖具有知识产权的标的物的,除法律另有规定或者当事人另有约定外,该标的物的知识产权不属于买受人。

释 义

本条是有关涉及知识产权标的物买卖的规定。

本条规定区分了物的所有权的买卖和无体的知识产权的转让。买卖的实质在于有体物所有权的移转,而知识产权的转让则是无形智力成果的移转。所有权与知识产权虽然同为民事权利,但所有权为物权,其与知识产权在权利客体、内容、存续、取得、限制、保护等方面都有着较大的区别。所谓具有知识产权的标的物,是指标的物具有著作权、商标权和专利权等知识产权之谓。除非法律规定或者当事人另有约定,买受人可依买卖取得具有知识产权的标的物的所有权,但标的物的知识产权并不当然随标的物所有权移转于买受人。

第六百零一条 出卖人应当按照约定的时间交付标的物。约定交付期限的,出卖人可以在该交付期限内的任何时间交付。

释 义

本条是关于交付期限约定的规定。

在买卖合同之中,买卖双方往往会对交付标的物的期限作出约定,标的物的交付期限也属于合同的主要条款之一。买卖合同对期限的约定,可以是一个具体的日期,该日期是一个时间点,如 2020 年 7 月 31 日,也可以是一个确定事件发生的时间,如 2022 年世界杯足球赛开幕之日。期限可以是开始交付标的物的日期,也可以是标的物交付的截止日期。

买卖合同中,对于标的物的交付期限如果约定了一个区间,如自 2020 年 5 月 1 日起至 2020 年 8 月 31 日止,则出卖人可以在该交付期限内的任何时间交付,在交付开始日期届至后,出卖人即可交付标的物,买受人不能拒绝出卖人的交付;在届满日期截止前,买受人请求出卖人交付的,出卖人可以履行期限尚未届满拒绝买受人的履行请求。

如果出卖人没有在合同约定的期限内交付标的物,则构成违约。买受人可以行使如履行抗辩权外,还可以视出卖人的迟延行为是否构成根本违反合同,采取解除合同、请求损害赔偿等救济措施。

第六百零二条 当事人没有约定标的物的交付期限或者约定不明确的,适用本法第五百一十条、第五百一十一条第四项的规定。

释 义

本条是关于标的物的交付期限补充的方法或规则的规定。

合同对标的物的交付期限没有约定或者约定不明确的,按照第 510 条规定,首先,由当事人补充协议,明确标的物的交付期限。其次,通过合同解释确定交付期限。如果根据第 510 条仍不能确定的,则按照第 511 条的第 4 项的规定予以补充,即债务人可以随时履行,债权人也可以随时请求履行,但是应当给对方必要的准备时间,至于准备的时间是多久,可以根据交易的具体情况确定。

第六百零三条　出卖人应当按照约定的地点交付标的物。

当事人没有约定交付地点或者约定不明确,依据本法第五百一十条的规定仍不能确定的,适用下列规定:

(一)标的物需要运输的,出卖人应当将标的物交付给第一承运人以运交给买受人;

(二)标的物不需要运输,出卖人和买受人订立合同时知道标的物在某一地点的,出卖人应当在该地点交付标的物;不知道标的物在某一地点的,应当在出卖人订立合同时的营业地交付标的物。

释　义

本条是关于交付地点的规定。

在交付地点交付标的物是出卖人履行交付标的物义务的重要内容之一,交付地点涉及风险的分担和转移的确定、诉讼管辖等,因此,在买卖合同中一般需要对交付地点做出约定。在国际货物买卖中,通常会采用贸易术语明确交付地点。

如果对交付地点没有约定或者约定不明确的,根据本法第 510 条确定;根据本法第 510 条不能确定的,可按照本条第 2 款确定。

所谓"标的物需要运输",我国司法实践中是指标的物由出卖人负责办理托运,承运人系独立于买卖合同当事人之外的运输业者的情形。

第六百零四条　标的物毁损、灭失的风险,在标的物交付之前由出卖人承担,交付之后由买受人承担,但是法律另有规定或者当事人另有约定的除外。

释　义

本条是有关标的物危险负担的规定。

本条起直到第 611 条的规定构成我国买卖合同中关于标的物危险负担的

原则和制度。

所谓标的物危险负担,也称风险负担,是指因不可归责于双方当事人的事由,标的物毁损、灭失的风险由谁承担的制度。如,甲、乙双方于3月15日订立买卖合同,约定甲将一套家具在4月20日前交付给乙,4月18日发生无名大火,家具被焚毁。这种情况下,家具被焚毁的损失由谁承担的问题,即是所谓的危险负担问题。

一般地,风险的范围既包括标的物毁损、灭失的风险,也包括价金风险。

危险负担应于何时由出卖人移转与买受人,形成不同的立法例,有规定买卖合同订立时,危险转由买受人负担,即所谓的"合同成立主义";有规定所有权移转时,危险负担发生转移,可以称之为"移权主义";有规定在标的物交付时发生转移的,即所谓的"交付主义"原则。

本条采"交付主义"原则。按照本条的规定,标的物风险负担的移转时点与标的物所有权的移转时点并不总是一致的。标的物为动产时,一般地,标的物交付后,所有权即发生转移,此时风险负担也发生转移。在不动产买卖中,所有权的转移可能发生在交付之前,也可能发生在交付之后,当然也可能与交付同时发生。如出卖人甲于5月1日将房屋的所有权移转登记给买受人乙,但约定7月1日将房屋交付给乙,6月29日,房屋被雷电击中失火焚毁,此时风险不发生转移,甲承担该风险,可免于交付房屋的义务,乙免于支付价金的义务,如果乙已经支付部分价金的,可以请求甲返还。

标的物危险负担移转的要件:

1.标的物为特定物或者已经特定化,这是危险负担移转的前提条件。

2.标的物毁损、灭失危险的发生不可归责于双方当事人。所谓不可归责于双方当事人,一般而言,是指不可抗力和意外事件导致标的物毁损、灭失。如果是因出卖人的原因标的物发生毁损、灭失致使履行不能的,则产生出卖人违约责任的承担问题,而不属于危险负担的转移问题。

3.需完成了交付行为,这里的交付包括现实交付和简易交付,而不包括指示交付和占有改定。不管如何,出卖人须在约定的交付地点交付出卖物,标的物毁损、灭失的风险也在该交付地点发生移转,如果约定需要出卖人将标的物运至买受人指定的地点交付的,则在指定地点交付给承运人后,风险负担发生转移。

4.法律没有特别规定或者当事人没有特别约定。法律有特别规定,如

《电子商务法》第51条规定,"合同标的为交付商品并采用快递物流方式交付的,收货人签收时间为交付时间"。再如本法第606条关于路货买卖中标的物毁损、灭失的风险则规定自买卖合同成立时由买受人承担。

本条并非强制性规定,当事人可以特约风险负担转移的时点,如当事人可约定在合同成立时,标的物的风险即转由买受人承担。

第六百零五条 因买受人的原因致使标的物未按照约定的期限交付的,买受人应当自违反约定时起承担标的物毁损、灭失的风险。

释 义

本条是关于买受人原因致使标的物交付迟延的情况下,风险负担转移的问题。

风险负担的移转,如上条所述,在不可归责于双方当事人的情况下,采交付主义。在买受人的原因致使标的物交付迟延的情况下,如果仍然按照出卖物的实际交付时间作为风险转移的时点,实际上就变相延长了出卖人风险负担的时间,对出卖人显然不公平。因此,在这种情况下,从交付陷于迟延时起,标的物毁损、灭失的风险转由买受人承担。如,甲将一台电脑出售给乙,约定2月1日交货,但由于乙方迟至2月5日才按照合同约定指定交货地点,甲方准备2月6日交货,但2月4日,电脑被大火焚毁,责任人一直没有找到。在这个案例中,应当认为,电脑毁损、灭失的风险自2月2日起转由买受人乙承担。

本条的适用包括以下几个方面:

1. 标的物未按照合同约定的期限交付,如果合同没有约定交付期限或者约定不明的,按照本法第510条仍不能确定的,则按照第511条第4项的规定确定,即出卖人可以随时向买受人交付标的物,买受人也可随时要求出卖人交付,但应当给对方以必要的准备时间。

2. 标的物未按约定的期限交付,是因买受人的原因所致。所谓买受人的原因,一般说来,包括以下几种情形:

(1)合同约定由买受人自提货物,买受人没有在约定的期限内提取货物,致使出卖人迟延交货的。

（2）出卖人交付货物需要买受人履行协助义务的，但买受人没有履行协助义务，致使出卖人未能按期交货。比如，需要买受人指定运输工具以运送货物的，但买受人未能及时指定。

（3）出卖人送货的情况下，出卖人通知买受人收货后，但买受人没有做好收货的准备，致使出卖人交货迟延的。此种情形不包括买受人拒绝受领标的物的情形。

（4）在货物的运输由买受人负责的情况下，因为承运人的原因，导致货物没有按期交付的。

3. 标的物毁损、灭失的风险自违反约定时起由买受人承担。所谓违反约定时起，应当是指合同约定的交付期限届满后的第一天起。

第六百零六条 出卖人出卖交由承运人运输的在途标的物，除当事人另有约定外，毁损、灭失的风险自合同成立时起由买受人承担。

释 义

本条是有关出售运输途中货物的情况下，风险负担转移规则的规定。

所谓出售运输途中的货物，也称路货买卖，是指作为买卖标的物的货物已经在运输途中，出卖人寻找到买受人，将该运输途中的货物出卖给买受人。路货买卖通常发生在国际海上货物运输中，买卖合同订立时，货物处于运输途中，货物是否毁损、灭失，买卖双方都无法得知，而且也无法确定货物的毁损、灭失发生在运输过程中的哪一个阶段，并且相对于一般买卖，路货买卖中货物的交付时间和地点处于不确定状态，双方不可能在合同中对交货的时间和地点作出约定。因此，对于此类买卖，合同法将货物毁损、灭失的风险负担的转移时间提前到买卖合同成立时，也就是说，从买卖合同成立时起，标的物的毁损、灭失的风险即转由买受人承担。

但如在合同成立时出卖人知道或者应当知道标的物已经毁损、灭失却未告知买受人的，则标的物毁损、灭失的风险仍应由出卖人承担（《联合国国际货物销售合同公约》第68条）。

本条规定并非强制性规定,如果当事人在合同中对于货物毁损、灭失的危险负担作了特别约定的,则应当依据当事人的约定来确定危险负担的移转时间。

本条的规定应当仅适用于国内的路货买卖,而关于国际货物买卖中的路货买卖,仍应适用《销售合同公约》,除非当事人另有相反的约定。

第六百零七条 出卖人按照约定将标的物运送至买受人指定地点并交付给承运人后,标的物毁损、灭失的风险由买受人承担。

当事人没有约定交付地点或者约定不明确,依据本法第六百零三条第二款第一项的规定标的物需要运输的,出卖人将标的物交付给第一承运人后,标的物毁损、灭失的风险由买受人承担。

释 义

本条是关于标的物需要运输时,标的物毁损、灭失的风险负担转移的规定。

标的物需要运输,是指合同标的物需要出卖人运输以交付买受人,所谓出卖人运输,不包括出卖人自己运输或受买受人委托所进行的运输,而是指由出卖人以外的第三人承揽运输的情形,通常该第三人可能是专事运输的经营者或运输的承揽人,出卖人与承运人之间订有运输合同。

根据本条第1款,出卖人应当按约定将标的物运送至指定地点交给承运人,标的物毁损、灭失的风险即由买受人承担。

根据本条第2款,出卖人只需要将标的物交付给第一承运人即认为完成了交付行为。标的物毁损、灭失的风险也于出卖人将标的物交付给第一承运人时起由买受人承担。

第六百零八条 出卖人按照约定或者依据本法第六百零三条第二款第二项的规定将标的物置于交付地点,买受人违反约定没有收取的,标的物毁损、灭失的风险自违反约定时起由买受人承担。

释　义

本条是关于买受人受领迟延的情形下,标的物毁损、灭失风险负担的规定。

首先,出卖人按照约定将标的物置于交付地点。买卖合同约定了交付地点的,出卖人已经按照约定将标的物置于该交付地点;合同没有约定交付地点或者交付地点约定不明确的,如果标的物不需要运输的,则出卖人将标的物置于买卖双方在订立合同时已知的标的物所在地点,或者不知道标的物所在地点的,则在合同订立时出卖人的营业地。出卖人将标的物置于交付地点,应当是出卖人放弃了对标的物的直接占有,并且使得标的物处于一种买受人可以随时受领的状态。

其次,出卖人将标的物置于交付地点后,应当通知买受人受领,除非情况表明出卖人无须通知。在不动产买卖中,我国法院认为买受人接到出卖人的书面交房通知,无正当理由拒绝接受的,房屋毁损、灭失的风险自书面交房通知确定的交付使用之日起由买受人承担,除非法律另有规定或当事人另有约定。

最后,买受人违反约定没有收取标的物。买受人违反约定没有收取标的物,包括买受人拒绝收取和迟延收取两种情形。买受人受领标的物的义务通常认为属于不真正义务,在买受人拒绝受领或者受领迟延的情况下,一般出卖人并无强制买受人受领的手段,但在法律上,买受人却因不为受领,而承担不为受领所产生的不利后果,标的物毁损、灭失的风险在买受人不为受领时即由其承担即是其例。

第六百零九条　出卖人按照约定未交付有关标的物的单证和资料的,不影响标的物毁损、灭失风险的转移。

释　义

本条是关于出卖人不履行交付标的物单证和资料等从给付义务对标的物风险转移影响的规定。

如前所述,交付有关标的物的单证和资料,构成出卖人的从给付义务,按照本条的规定,出卖人按照约定未交付标的物的单证和资料的,不影响标的物毁损、灭失风险的转移,也就是说,只要出卖人按照约定交付了标的物或者提取标的物的单证,即使有关标的物的单证和资料没有交付的,标的物毁损、灭失的风险照样转移由买受人承担。

这里所谓有关标的物的单证和资料,是指本章第 599 条规定的单证和资料。

第六百一十条 因标的物不符合质量要求,致使不能实现合同目的的,买受人可以拒绝接受标的物或者解除合同。买受人拒绝接受标的物或者解除合同的,标的物毁损、灭失的风险由出卖人承担。

释 义

本条是关于出卖人交付的标的物不符合质量要求,构成根本违约情况下,标的物毁损、灭失风险承担规则的规定。

交付符合质量要求的标的物是合同义务正确履行原则的要求,所谓符合质量要求,是指标的物符合法定或者约定的质量要求。出卖人交付的标的物不符合质量要求,有可能不会影响到买受人合同目的的实现,这时,买受人的救济方式通常包括减价、损害赔偿、修理、更换、重作等,但一般不享有合同解除权。只是在出卖人交付的标的物不符合质量要求,致使不能实现合同目的,构成所谓根本违反合同的情形时,买受人方可拒绝接受标的物或解除合同。如果买受人拒绝接受标的物或者解除合同的,虽然出卖人交付了标的物,买受人也收到了标的物,但是不代表买受人接受了标的物,因为买受人在收到标的物后享有检验标的物的权利,如果经检验后,交付的标的物严重不符合质量要求,而买受人通知出卖人拒绝接受标的物或解除合同的,即使标的物仍在买受人的占有之下,则标的物毁损、灭失的风险也由出卖人承担。

例如,甲方向乙方供应一批木材用于工程施工,5 月 10 日甲方将木材按照约定送货到乙方所在地,乙方收取了木材,按照合同约定,5 月 12 日,乙方将木材抽样送检,发现木材严重不符合约定的质量要求,不能在工程中使用,当天乙方把质量不符合要求的情况告知甲方并通知甲方解除合同,并要求甲方在 5 月 15 日前将木材拉回,甲方回函同意。5 月 14 日,存放木材的地方发生大火,木材全部被焚毁,该损失由甲方承担,乙方无须支付价款,已经支付的价款可以请求甲方返还。上例中,虽然木材质量不符合要求不能在工程中使用,但是乙方并未通知解除合同,而只是提出减价要求,则木材毁损、灭失的风险依然自出卖人在买受人所在地将木材交付给乙方后由买受人承担。

第六百一十一条　标的物毁损、灭失的风险由买受人承担的,不影响因出卖人履行义务不符合约定,买受人请求其承担违约责任的权利。

释　义

本条是有关风险承担与出卖人违约责任之间关系的规定。

标的物毁损、灭失的风险负担规则与违约责任是两种不同的制度。如前所述,风险负担是关于因不可归责于双方当事人的事由,标的物毁损、灭失的风险由谁承担的问题,其属于一种损失分配制度。而违约责任是债务人不履行合同义务,有可归责的事由时,所承担的责任,违约责任是对合同义务履行的担保,也是债权人在不获履行时所采取的救济措施。因此,其在制度功能上与标的物毁损、灭失的风险负担制度是不同的。

风险负担规则中,标的物毁损、灭失风险是因不可归责于当事人的事由而发生的,所谓不可归责于当事人的事由,一般包括两种情形,一种是不可抗力;另一种是意外事件。而这两种情形通常可以作为当事人不履行合同义务的法定免责事由,尤其是不可抗力。虽然我国违约责任的承担采严格责任原则,意外事件作为免责事由受到严格限制。但在发生不可抗力事件后,债务人可以免于承担违约责任,但因此所产生的标的物毁损、灭失的损失如何分配的问题,违约责任制度显然无能为力,这时就需仰仗风险分担规则来解决损失的负担问题。

违约责任承担的方式上主要包括损失赔偿(违约金支付是一种特殊的损失赔偿)、继续履行、解除合同等方式。赔偿损失这种方式,目的在于弥补另一方所遭受的损失,该损失包括履行利益的损失,可见,违约责任中的损失赔偿具有损失的积极弥补功能。而风险负担中损失的分配,则只具有消极的损失分配功能。

风险负担转移,通常按照"利之所在,损之所归"的原则来确定转移的时点。违约责任,则按照"谁负责,谁承担"的原则来确定责任的归属。

在性质上,风险负担规则属于中性制度;而违约责任则寓有明显的价值判断和取向。

违约责任中损失赔偿需要违约行为与损害的发生之间具有因果关系,而风险负担转移发生的条件就看是否完成交付行为,交付行为完成了,则风险负担由出卖人转移至买受人,否则,不发生转移,除非法律另有规定或当事人另有约定。

标的物毁损、灭失后,通常会导致合同的解除,但不履行合同义务的违约行为发生后,除非违约行为构成根本违反合同,否则,相对人通常不享有合同解除权。

正因为标的物毁损、灭失的风险负担制度与违约责任是合同法上的两种不同的制度,相互不能替代,因此,在风险转移由买受人承担时,如果出卖人履行债务不符合约定的,则买受人仍然享有请求出卖人承担违约责任的权利。例如,2019 年 7 月 3 日,甲与乙订立房屋买卖合同,约定甲将其 A 房屋一套出售给乙,价款 100 万元,7 月 10 日,甲将 A 房屋交付给乙,但没有做所有权移转登记。7 月 15 日,甲又与丙订立房屋买卖合同,价款为 108 万元,将 A 房屋出售给丙,7 月 16 日,甲与丙完成 A 房屋所有权移转登记,7 月 19 日,房屋被洪水冲毁。房屋毁损、灭失的风险于 7 月 10 日转移归乙承担,但因为甲"一房二卖",致使其对乙不能履行移转所有权的义务,此时,乙可依据买卖合同约定有权请求甲承担履行不能的违约责任。当然,因房屋毁损、灭失,甲对丙不能履行交付房屋的义务,丙可以解除合同,并请求甲承担违约责任。

第六百一十二条 出卖人就交付的标的物,负有保证第三人对该标的物不享有任何权利的义务,但是法律另有规定的除外。

释 义

本条是关于出卖人权利瑕疵担保义务的规定。

所谓权利瑕疵担保义务,是指出卖人负有保证出卖的标的物上没有任何第三人的任何权利的义务。出卖人违反权利瑕疵担保义务,即承担权利瑕疵担保责任,该责任的承担采严格责任原则,这在违约责任归责原则采过错责任或过错推定原则的国家和地区,出卖人承担权利瑕疵担保责任构成独立于违约责任之外的一项在买卖合同中单独确立的制度。由于我国民法上,债务人违约责任的归责原则采严格责任原则,出卖人违反权利瑕疵担保义务的行为,只作为违约行为的一种,其承担的是违约责任,并无于违约责任之外有权利瑕疵担保责任独立存在的余地。因此,我国民法在买卖合同制度中只规定出卖人的权利瑕疵担保义务,出卖人违反该义务的责任承担,则统一于违约责任来解决。

关于权利瑕疵担保义务之类型,在采广义买卖合同立法例的国家和地区,有权利存在担保义务与权利无缺担保义务之分,前者主要适用于无体物的买卖,后者不问有体物、无体物的买卖,均有适用。我国民法采狭义买卖合同,因此,权利瑕疵担保义务应当仅指权利无缺的担保义务,意指出卖人应担保权利完整无缺,若有权利欠缺不全的情形,出卖人仍应负法定责任。

本条规定的出卖人的权利瑕疵担保义务,主要包括以下几种情形:

1. 出卖人应当保证其享有出卖物的合法的处分权,即出卖人是所出卖物的所有权人或者经合法授权享有出卖物的处分权。如果出卖人没有买卖合同标的物的处分权,其对标的物的处分构成无权处分,应当确认出卖人违反了权利瑕疵担保义务。

2. 出卖人应当保证在标的物上不存在任何权利负担,不存在第三人的抵押权、质权、用益物权等。

3. 出卖人应当保证标的物上关于其所有权不存在争议,如果发生争议,重新确权导致标的物被第三人追夺,会影响买受人对标的物的安稳占有。即使经过确权后,第三人的请求不成立,但也会导致买受人被卷入不应有的纠纷之中,同样,出卖人违反了权利瑕疵担保义务,应该向买受人承担违约责任。

4. 出卖人应当保证出卖物没有侵害他人的知识产权。

出卖人违反了上列权利瑕疵担保义务,则构成违约,应当承担违约责任。但法律另有规定的除外,所谓法律另有规定的除外,如本法第613条规定,买受人在合同订立时,知道或者应当知道标的物上存在第三人的权利的,则出卖人可以免于承担权利瑕疵担保义务。

第六百一十三条 买受人订立合同时知道或者应当知道第三人对买卖的标的物是享有权利的,出卖人不承担前条规定的义务。

释 义

本条是关于权利瑕疵担保义务免除的规定。

从本条的规定可以看出,出卖人的权利瑕疵担保义务并非一项不可推翻的绝对义务,如果出卖人能够证明买受人在订立合同时即已经知道或应当知道第三人对标的物是享有权利的,则出卖人可以免于承担权利瑕疵担保义务。在确定出卖人权利瑕疵义务的免除条件时需要注意以下两点:

1. 买受人知道或应当知道第三人对买卖物享有权利。所谓知道,是指买受人对第三人在标的物上的权利明知。所谓应当知道,是指根据具体的交易情形,买受人不可能不知道第三人的权利,如果买受人应知而未知,则说明买受人对于其不知有过失,自然不能主张其不知的利益。所谓第三人对买卖物享有权利,包括第三人享有所有权、担保物权、用益物权、知识产权、查封优先权或具有支配权性质的债权(如经预告登记的债权、租赁权等)等,买卖物上存在第三人的上列权利的,会导致买受人取得的权利受到限制。

2. 买受人知道或者应当知道第三人对标的物享有权利的时点是订立合同时。如果买受人在订立合同前就已经知道或者应知的,则第三人对标的物享有权利的状态必须持续到合同订立时,也就是说买受人已经知道标的物上存有第三人的权利,但他仍然订立合同,这属于自甘风险。

第六百一十四条 买受人有确切证据证明第三人对标的物享有权利的,可以中止支付相应的价款,但是出卖人提供适当担保的除外。

释 义

本条是关于不安抗辩权在买卖合同中的适用。

本条适用需要具备以下几个条件:

1. 买受人有证据证明第三人对标的物享有权利。首先，在时点上须发生在买卖合同成立后，如果在买卖合同成立时，按照第613条的规定，则出卖人可以免于承担权利瑕疵担保义务。其次，买受人有第三人对标的物享有权利的确切证据。

2. 买受人应当在采取中止支付价金前向出卖人发送停止支付的通知。

3. 出卖人没有提供担保。如果收到买受人中止支付的通知后，出卖人对买受人提供适当担保的，则出卖人不能中止价金的支付。

第六百一十五条 出卖人应当按照约定的质量要求交付标的物。出卖人提供有关标的物质量说明的，交付的标的物应当符合该说明的质量要求。

释 义

本条是关于出卖人标的物的瑕疵担保义务的规定。

所谓物的瑕疵担保义务，是指出卖人负有保证其出卖的标的物符合法律规定和合同约定的质量要求的义务。

首先，出卖人应当按照合同约定的质量要求交付标的物，如果法律、行政法规对于标的物规定了强制性质量标准的，则合同中所约定的质量要求不得低于该强制性质量标准。

其次，如果是凭说明的买卖，出卖人交付的标的物应当符合出卖人在合同成立时所作的质量说明。所谓质量说明，是指在买卖合同成立时，出卖人对于特定的标的物的质量标准作出了明示的单方允诺，比如，出卖人提供了说明书，说明书中对于标的物的质量标准作了特别的说明，那么，出卖人交付的标的物的质量应当符合该说明的质量要求，否则，视为出卖人违反物的瑕疵担保义务，应当承担违约责任。

最后，无论是合同约定的质量要求还是出卖人作出的质量说明，出卖人均应保证在交付时符合质量要求，或者说保证在交付时，标的物没有物的瑕疵。在买卖合同成立时，标的物可能存有瑕疵，但到交付时，出卖人消除了该瑕疵的，也不得认定出卖人违反物的瑕疵担保义务。

第六百一十六条 当事人对标的物的质量要求没有约定或者约定不明确,依据本法第五百一十条的规定仍不能确定的,适用本法第五百一十一条第一项的规定。

释 义

本条是对质量要求未约定或约定不明确时,如何确定标的物质量要求的规定。

当事人如果在合同中对于标的物的质量要求没有约定或者约定不明确,则需要对标的物的质量要求依据第 510 条和第 511 条规定的方式予以补充,除非当事人做出了相反的意思表示,或者依据上述方式对标的物的质量要求予以补充违反法律、行政法规的强制性规定或者违反公序良俗原则。

根据第 510 条和第 511 条的规定,如果当事人对标的物的质量要求没有约定或者约定不明的,首先,由当事人协议补充,即当事人可以通过补充协议的方式明确标的物的质量要求。其次,如果当事人达不成补充协议的,则需要通过合同解释的方法予以确定,也就是根据合同所使用的文字、结合合同条款的上下文、交易过程中的谈判资料以及合同的目的、交易习惯等对标的物的质量要求进行明确。最后,通过合同解释如果仍然不能确定的,则按照国家强制性标准履行,没有国家强制性标准的,按照国家推荐性标准履行;没有国家推荐性标准的,按照行业标准履行;没有国家标准、行业标准的,按照通常标准或者符合合同目的的特定标准履行。所谓的通常标准,应当按照该标的物平均、良好、中等的标准来确定。所谓符合合同目的的特定标准,是指视合同所买卖标的物的特定用途来确定其具有的特定标准,比如,买卖的是用于攀登珠峰的登山鞋,该鞋就应当具备攀登珠峰所要求的防滑、保暖、耐寒等方面的特定质量要求。

第六百一十七条 出卖人交付的标的物不符合质量要求的,买受人可以依据本法第五百八十二条至第五百八十四条的规定请求承担违约责任。

释 义

本条是关于出卖人违反物的瑕疵担保义务,承担违约责任的规定。

本条规定源于1999年《合同法》第155条的规定,但与1999年《合同法》第155条规定不同的是,1999年《合同法》规定出卖人违反物的瑕疵担保义务后,只依据第111条(本法的第582条)规定承担违约责任,而本条则规定买受人可以依据本法第582条至第584条(1999年《合同法》第111条至113条)请求出卖人承担违约责任。

出卖人违反物的瑕疵担保义务,交付的标的物不符合法律规定和合同约定的质量要求,应当承担违约责任。如前所述,我国民法并未在买卖合同部分单独规定出卖人的瑕疵担保责任,原因在于我国违约责任的成立及承担的归责原则采严格责任原则,没有在违约责任之外另设瑕疵担保责任的必要。出卖人违反物的瑕疵担保义务,只是违约行为的一种,买受人有权请求出卖人按照合同总则编中有关违约责任的规定承担违约责任。

首先,出卖人必须有违反物的瑕疵担保义务的行为。也就是说,出卖人交付的标的物不符合法律规定或合同约定的质量要求,具体情形已如上两条规定所述。

其次,出卖人承担违约责任的方式,如果有约定的,则按照约定承担违约责任;如果对违约责任没有约定或者约定不明确的,由当事人协议补充,达不成补充协议的,通过合同解释的方法确定,如果仍然不能确定的,买受人则可以根据具体标的物的要求以及损失的大小,合理选择请求出卖人承担修理、重做、更换、退货、减少价款等违约责任。出卖人根据上述方式承担违约责任后,如果买受人还有损失的,还可以请求出卖人赔偿损失,包括合同履行后的可得利益损失,只要损失发生不超过合同订立时出卖人预见到或应当预见到的因违反合同义务所可能造成的损失,买受人都可以请求出卖人予以赔偿。比如,因交付的标的物质量严重不符合要求,买受人退货的,买受人作为该种货物的中间经营者,其退货产生的转售利润损失,可以请求赔偿。

第六百一十八条 当事人约定减轻或者免除出卖人对标的物瑕疵承担的责任,因出卖人故意或者重大过失不告知买受人标的物瑕疵的,出卖人无权主张减轻或者免除责任。

释 义

本条是第506条关于免责条款无效在买卖合同中的具体适用。

出卖人违反物的瑕疵担保义务,是否承担违约责任,当事人可以在合同中约定免除或者减轻出卖人责任的条款,我们把在合同中约定免除或减轻出卖人责任的条款统称为免责条款。关于出卖人违反标的物的瑕疵担保义务的免责条款,除了从法律行为效力规定,免责条款的内容等方面来认定其效力外,民法上还从出卖人是否因故意或重大过失不告知买受人标的物的瑕疵这个方面来认定其效力,按照本条的规定,如果出卖人因故意或者重大过失不告知买受人标的物的瑕疵的,则出卖人无权主张减轻或者免除责任,根据该规定,本条适用的条件包括:

1. 标的物存在瑕疵,是指标的物在交付时不符合法律规定或者合同约定的质量要求。

2. 标的物交付时,买受人不知或不应知标的物的瑕疵。如果标的物的瑕疵已经为买受人所知,如在标的物的产品说明中已经做了说明,或者标的物瑕疵为物的表面瑕疵或者是买受人依通常的检验方法及时检验即可发现的瑕疵,前者为明知,后者为应知,应知而未知,买受人有过失。买受人明知的情况下,即使出卖人故意不告知瑕疵,也不承担物的瑕疵担保责任,但买受人有重大过失而不知物的瑕疵,则出卖人仍应负物的瑕疵担保责任。

3. 出卖人知悉物的瑕疵并且有告知买受人标的物瑕疵的义务。首先,出卖人在交付标的物时,知悉标的物的瑕疵;其次,出卖人有告知买受人标的物瑕疵的义务。

4. 出卖人因故意或重大过失而未告知。故意不告知,是出卖人明知存有瑕疵,而不告知,是一种消极行为,如果不但不告知,还积极地去隐瞒,则构成欺诈。但依照消费者权益保护法的规定,出卖人应告知而故意不告知的,也构成欺诈。重大过失不告知,是指出卖人应为告知,但欠缺一般人的注意而没有告知。

第六百一十九条 出卖人应当按照约定的包装方式交付标的物。对包装方式没有约定或者约定不明确,依据本法第五百一十条的规定仍不能确定的,应当按照通用的方式包装;没有通用方式的,应当采取足以保护标的物且有利于节约资源、保护生态环境的包装方式。

释　义

本条是关于出卖人按包装方式交付标的物的义务的规定。

按照约定或法定的包装方式交付标的物，是出卖人履行标的物交付义务的重要内容之一。包装方式涉及标的物的质量问题，如正确的包装方式可以防潮、防霉等，从而保证标的物的质量。多数情况下，标的物的交付还涉及运输问题，因此，适当的包装方式可以防止标的物碰撞、损坏、损耗等。特殊的包装还会对标的物起到美化、装饰的作用，以满足买受人日常生活中的某些特殊需要。

所谓通用方式，是指考虑到是否运输、防霉防潮等，标的物惯常所采取的包装方式，或者标的物有相关的通用包装标准的，则按照该标准包装。

所谓足以保护标的物的且有利于节约资源、保护生态环境的包装方式，需要根据标的物的具体情况、考虑到标的物的运输、保存等各种情况，采取足以保护标的物的包装方式，包括包装材料的选择、包装设备的采用等，并且注意采用的包装方式符合绿色原则，如采用可降解材料，采用可回收利用的包装材料等。

第六百二十条　买受人收到标的物时应当在约定的检验期限内检验。没有约定检验期限的，应当及时检验。

释　义

本条是关于买受人检验期限的规定。

出卖人交付符合合同约定的标的物是其基本义务，但出卖人交付的标的物是否符合合同约定的质量要求，需要买受人在收到出卖人交付的标的物后及时检验，因此，及时检验标的物是买受人的一项义务。学理上，关于买受人的及时检验义务的性质，存有争议。但通说认为，买受人的此项义务属于不真正义务，即这种义务的违反，往往不需要买受人承担违约责任，而是使其丧失提出数量、质量异议的权利。

首先，买受人应当按照约定的检验期限检验标的物。所谓在约定的检验期限内检验,是指买卖合同约定了检验的期限,该检验期限一般应自买受人收到标的物之日起计算,如在收到货物之日起 7 个工作日内检验;也可以规定一个截止日期,如在 2020 年 3 月 31 日前检验完毕;或者约定一个有起止日期的期间,如 2020 年 4 月 1 日起至 2020 年 4 月 30 日止。其次,如果合同没有约定检验期间的,则买受人应当及时检验。所谓及时,是指应当按照交易的性质或交易习惯毫不迟延地检验标的物,具体时间多长,则根据具体交易情形确定。

第六百二十一条　当事人约定检验期限的,买受人应当在检验期限内将标的物的数量或者质量不符合约定的情形通知出卖人。买受人怠于通知的,视为标的物的数量或者质量符合约定。

当事人没有约定检验期限的,买受人应当在发现或者应当发现标的物的数量或者质量不符合约定的合理期限内通知出卖人。买受人在合理期限内未通知或者自收到标的物之日起二年内未通知出卖人的,视为标的物的数量或者质量符合约定;但是,对标的物有质量保证期的,适用质量保证期,不适用该二年的规定。

出卖人知道或者应当知道提供的标的物不符合约定的,买受人不受前两款规定的通知时间的限制。

释 义

本条是关于买受人检验后就标的物数量或者质量异议的通知义务的规定。

买受人在约定的检验期间内完成了标的物的检验后,如果对交付的标的物数量或者质量有异议的,应当及时通知出卖人。这一方面,有利于争议的及时解决。另一方面,也可以避免损失的进一步扩大。因为,只有买受人及时通知了出卖人买卖物不符的情形,出卖人才有可能根据具体情况采取修复等方法消除瑕疵,或者另行交付无瑕疵之物,避免过分迟延交付给买受人造成更大的损失。由上可以看出,此处关于买受人的异议通知义务是其一项重要义务。

买受人关于标的物数量或者质量不符的通知,是一种事实通知,在法律性质上属于准法律行为。

本条所规定的检验期限,无论是合同约定的,还是法律所确定的合理期限,抑或是最长的两年的期限,性质上都应属于除斥期间,该期间内买受人不为异议通知的,则买受人关于标的物数量或者质量的异议权利即告消灭。

不管以什么方式为通知,买受人都应及时履行异议的通知义务:

首先,当事人约定了检验期间的,买受人应当在该期间内将标的物的数量或者质量不符的情形通知出卖人。

其次,如果没有约定检验期限的,买受人应当在发现或者应当发现标的物数量或者质量不符合约定的合理期限内通知出卖人。所谓合理期限,这是一个事实问题,需要根据具体的交易实践个别予以确定。关于合理期限的起算,是自买受人发现或应当发现标的物数量或者质量不符合约定时起计算,为防止该期限过长对出卖人不利,因此本条规定了自收到标的物之日起两年的最长期限。但如果标的物有质量保证期的,则买受人的异议期不受二年期限的限制,质量保证期是生产者或者销售者对于销售物质量承诺的期限,该期限有可能短于两年,如新鲜食品的保质期往往较短,也可能长于两年,如不动产的保修期,屋面防水为 5 年。如果有质量保证期的,买受人应在该质量保证期内为通知义务,否则即丧失异议的权利。

最后,如果出卖人知道或者应当知道提供的标的物不符合约定的,买受人的质量异议期则不受前述检验期限的限制。出卖人在交付标的物时明知标的物不符合约定的或者因为其过失而不知标的物交付时不符合约定的,说明出卖人有恶意或者疏忽,则买受人通知义务履行的期限不受约定的检验期限或前述的合理期限或者最长两年期限的限制。

第六百二十二条 当事人约定的检验期限过短,根据标的物的性质和交易习惯,买受人在检验期限内难以完成全面检验的,该期限仅视为买受人对标的物的外观瑕疵提出异议的期限。

约定的检验期限或者质量保证期短于法律、行政法规规定期限的,应当以法律、行政法规规定的期限为准。

释 义

本条是关于检验期限约定过短如何处理的规定。

检验期限是买受人就买卖标的物数量或者质量不符合约定提出异议的期

限。通常,该期限在合同中多有约定。所谓约定的检验期限过短,是指根据标的物的性质和交易习惯,买受人难以在该期限内完成标的物的全面检验,或者约定的期限短于法律规定的检验期限或者质量保证期限。如某专业机械设备的买卖中,需要经过试车 6 个月后才会发现是否存在质量问题,如果买卖合同只约定了买受人在收到标的物后 15 天内检验并通知,显然,该约定的检验期限过短,该期限只能被看作是就标的物表面瑕疵提出异议的期限。再如,房屋买卖中,约定的检验期限为 15 天,但是房屋内在的质量是否符合要求,如使用钢筋是否符合要求等,是要经过专业机构的检验才能确定的,因此,此处约定的 15 天的期限只能是对房屋表面瑕疵的异议期限。如果约定的检验期限或者质量保证期限短于法律、行政法规规定的期限的,也应认为,约定的期限过短,而应当按照法律、行政法规规定的期限为准。如《建设工程质量管理条例》规定,房屋在正常使用条件下,其最低保修期限:房屋的地基基础工程和主体结构,为设计文件规定的合理使用年限;屋面防水工程、有防水要求的卫生间、房间和外墙面的防渗漏为 5 年等。买卖房屋约定的检验期间或者质量保证期间不能短于上述期限。

第六百二十三条 当事人对检验期限未作约定,买受人签收的送货单、确认单等载明标的物数量、型号、规格的,推定买受人已经对数量和外观瑕疵进行检验,但是有相关证据足以推翻的除外。

释 义

本条是关于买受人检验的推定。

实践中,买卖双方通过送货单、确认单等形式来买卖标的物还是比较常见的,这种买卖中,双方一般不会约定标的物的检验期限。针对这种情形,本条吸收了我国法院在处理买卖合同纠纷中的实践经验,作出了规定。

首先,买卖双方之间有送货单或确认单等证明买卖关系成立的有关书面凭证。

其次,该凭证上载有标的物的数量、型号、规格等。

最后,买受人在该送货单或者确认单上签收了。

符合这三个条件的,就可以推定买受人已经对标的物的数量和外观瑕疵进行了检验。由于这是法律上的一个事实推定,因此,买受人可以提出相关的证据对该推定予以推翻,比如,买受人提供了出卖人出具的关于质量保证的书面说明,明确了出卖人对质量保证的期限,此时,应当根据出卖人允诺的质保期确定买受人的质量异议期。

第六百二十四条 出卖人依照买受人的指示向第三人交付标的物,出卖人和买受人约定的检验标准与买受人和第三人约定的检验标准不一致的,以出卖人和买受人约定的检验标准为准。

释 义

本条是关于出卖人、买受人约定的检验标准与买受人与第三人约定的检验标准不一致时如何处理的规定。

出卖人依照买受人的指示向第三人交付标的物的情形,双方之间成立的是所谓的向第三人履行的合同,由于第三人并非出卖人与买受人之间所订合同的当事人,其只是受领给付的第三人,至于买受人为何指示出卖人向第三人交付标的物,系由买受人与第三人之间的合同关系或其他的,如代偿关系等所确立。比如,买受人向出卖人购置某物,转售给第三人,此时,买受人与第三人之间也成立买卖合同关系。根据合同相对性原则,出卖人与买受人之间的买卖合同只约束出卖人和买受人,买受人与第三人之间的合同约束买受人与第三人。因此,关于标的物的检验标准如果两个合同有不同约定的,则买受人与出卖人之间关于标的物的检验标准应当以他们自己双方之间订立的买卖合同约定的检验标准为准。

第六百二十五条 依照法律、行政法规的规定或者按照当事人的约定,标的物在有效使用年限届满后应予回收的,出卖人负有自行或者委托第三人对标的物予以回收的义务。

释 义

本条是关于出卖人标的物回收义务的规定。

现代社会,许多物品使用一定年限丧失效用以后,为环境保护或者安全的需要,该等物品不允许随意处置,随意丢弃,而需要出卖人予以回收或出卖人委托的人予以回收。如我国《固体废物污染环境防治法》第18条规定:"生产、销售、进口依法被列入强制回收目录的产品和包装物的企业,必须按照国家有关规定对该产品和包装物进行回收。"当事人也可以在买卖合同中约定出卖人的回收义务。出卖人应当按照法律规定或者当事人之间的约定自行回收标的物或者委托他人回收标的物。

第六百二十六条 买受人应当按照约定的数额和支付方式支付价款。对价款的数额和支付方式没有约定或者约定不明确的,适用本法第五百一十条、第五百一十一条第二项和第五项的规定。

释 义

本条是关于买受人价金支付义务——支付数额和支付方式的规定。

本条是关于支付数额与支付方式的规定。所谓支付数额,就是支付的价款金额。所谓支付方式,是指现金、票据、信用证、电子划拨等具体的价款给付方式或方法,一定的支付方式的采用对于出卖人获得价款具有重要的意义。

对于价款的支付数额和支付方式,合同有约定的,则按照约定履行。如果合同没有约定或者约定不明确的,则首先依照本法第510条确定,如果仍然确定不了,则按照第511条第2项和第5项的规定履行,即对于价款数额不明确的,按照订立合同时履行地的市场价格履行;依法应当执行政府定价或者政府指导价的,依照规定履行。对于支付方式没有约定或者约定不明确的,则按照有利于实现合同目的的方式履行,在具体履行时,应当综合交易性质、交易效率、交易费用、交易习惯等确定何谓最有利于实现合同目的的支付方式。

第六百二十七条 买受人应当按照约定的地点支付价款。对支付地点没有约定或者约定不明确,依据本法第五百一十条的规定仍不能确定的,买受人应当在出卖人的营业地支付;但是,约定支付价款以交付标的物或者交付提取标的物单证为条件的,在交付标的物或者交付提取标的物单证的所在地支付。

释 义

本条是关于买受人价金支付义务——支付地点的规定。

买受人履行支付价金义务时,支付地点是其支付义务的重要内容之一。对于当事人约定了支付地点的,则买受人应当在约定的支付地点支付价款。对于支付地点没有约定或者约定不明确的,首先还是由当事人协议补充确定,如果达不成补充协议的,则按照合同条款、合同性质、合同目的或者交易习惯等通过合同解释予以确定或者补充,如果仍然不能确定的,则买受人应当在出卖人的营业地支付。但是如果当事人约定了在支付价款前,出卖人先交付标的物或者交付提取标的物的单证的,则在交付标的物所在地或者交付提取标的物单证所在地支付。出卖人交付标的物或者交付提取标的物单证的地点可以按照本法第603条的规定确定。

第六百二十八条 买受人应当按照约定的时间支付价款。对支付时间没有约定或者约定不明确,依据本法第五百一十条的规定仍不能确定的,买受人应当在收到标的物或者提取标的物单证的同时支付。

释 义

本条是关于买受人价金支付义务——支付时间的规定。

所谓支付时间,就是指支付的时间界限,是否按照约定的支付时间支付价款是买受人是否正确履行支付义务的重要标志。实践中,争议多发生在价款的支付是否及时的问题上,也就是说,买受人支付义务的违反多表现为支付迟延。因此,当事人对于价款的支付时间有约定的,应当按照约定的时间支付。如果买受人未按照约定的支付时间支付价款,则构成支付迟延,买受人应当按照合同约定承担迟延支付的违约责任,比如延期付款的利息等。当事人没有约定价款的支付时间或者约定不明的,由当事人协议确定,协议不成的,依据合同条款、合同性质、合同目的或者交易习惯等通过合同解释予以补充或确定,如果仍然不能确定的,买受人应当在收到标的物或者提取标的物单证的同时支付。

所谓"在收到标的物或提取标的物单证的同时支付",是指出卖人已经完成了标的物的交付行为,买受人已经取得了标的物或者提取标的物单证的占有的同时支付价款。实际上是认可了买受人的同时履行抗辩权,即在出卖人未交付标的物或提取标的物单证前,买受人有权拒绝出卖人的支付请求。在出卖人未交付前,买受人的支付义务不发生,此时买受人也就不发生支付迟延的问题。

第六百二十九条　出卖人多交标的物的,买受人可以接收或者拒绝接收多交的部分。买受人接收多交部分的,按照约定的价格支付价款;买受人拒绝接收多交部分的,应当及时通知出卖人。

释　义

本条是关于出卖人多交货物的责任的规定。

出卖人未按照合同约定的数量交付标的物,构成不适当履行,不适当履行的情形一是交货数量不足,二是多交。出卖人超出合同约定的数量交付标的物,构成多交货物。在多交货物的情况下,有时对买受人有利,特别是在货源紧张,物价上涨的情况下;有时对买受人不利,如在货物过剩,价格下跌的情况下。因此,在出卖人多交货物以后,法律将选择权交给买受人,由其决定是接受还是不接受多交的货物,这显然是比较合理的。对于出卖人多交的货物,买受人如果接受的话,则应按照合同约定的价格向出卖人支付价款。所谓接收,买受人应以意思表示为之,既包括明示的方式,如书面通知等,也包括默示方式,如买受人已经将交付的标的物转售、出租、设定质押等,或者直接将多交货物的价款支付给出卖人。

对于多交的标的物,买受人是否一概有权拒收,也应斟酌具体的交易情形而定,比如一些大宗货物如煤炭的买卖,在交货时是允许上下有误差百分比的,多交的数量只要不超过误差的百分比,则买受人无权拒收,而应按照实际交货数量支付货款。除此情形之外,买受人如果拒绝接收的话,应当将拒绝接收的情况及时通知出卖人,所谓及时,应指在发现或者应当发现货物多交后不迟延地通知,具体时间多长,应当根据具体的交易情形而定。对于多交的货物,在出卖人领回或者为其他处分前,买受人应当负责保管,并可要求出卖人承担保管所实际支出的必要费用。在保管期间,货物非因买受人的故意或者重大过失发生的损失,由出卖人承担。

第六百三十条 标的物在交付之前产生的孳息,归出卖人所有;交付之后产生的孳息,归买受人所有。但是,当事人另有约定的除外。

释 义

本条是关于标的物孳息归属的规定。

关于买卖标的物的孳息归属,首先,尊重当事人的约定,除非当事人的约定违反法律的强制性规定或者违背公序良俗原则;其次,当事人没有约定的,关于孳息的归属我国民法采取了与标的物毁损、灭失风险负担移转相同的原则,即交付主义原则,按照这一原则,标的物危险负担转移的时点与利益转移的时点是一致的,即标的物交付之前产生的孳息,归出卖人所有;交付之后产生的孳息,归买受人所有。孳息归属依据交付的时点确定符合“利益之所在,危险之所归”原则。

动产买卖中,标的物的交付后,动产所有权即可发生转移,因此,孳息归属的转移与动产所有权的转移同步。但在不动产买卖,交付可能发生在不动产所有权移转之前,也可能发生在不动产所有权移转之后,除非交付行为的完成与不动产所有权转移同步完成,否则,在不动产买卖中,孳息归属的转移与不动产所有权的转移就不会同步,其中原因自不待言。

第六百三十一条 因标的物的主物不符合约定而解除合同的,解除合同的效力及于从物。因标的物的从物不符合约定被解除的,解除的效力不及于主物。

释 义

本条是关于主物与从物关系对于合同解除效力影响的规定。

标的物中包括主物和从物的现象,在买卖实践中,也是比较常见的。如台灯与灯罩。所谓主物,是指起主导作用并可独立发挥功能的物;从物,则指不构成主物的成分,但经常性地辅助主物发挥效用的物。一般情况下,当事人没有特别约定的,关于主物法律关系的效力及于从物,此为区分两者的法律意义所在。

具体到买卖合同关系中,如果出卖人交付标的物的主物不符合约定,构成根本违约,买受人解除合同的,则解除合同的效力及于从物,所谓及于从物,应当认定买卖合同就从物自始消灭,买受人应主物从物一并返还,出卖人应就收受的主物从物的价款一并返还。如果因为标的物从物不符合约定合同被解除的,解除的效力仅及于从物,而不及于主物,也就是说,双方关于标的物主物部分的买卖依然有效。

第六百三十二条　标的物为数物,其中一物不符合约定的,买受人可以就该物解除。但是,该物与他物分离使标的物的价值显受损害的,买受人可以就数物解除合同。

释　义

本条是关于标的物为数物时,出卖人交付义务履行的规定。

对比第 631 条的规定,本条之标的物为数物之买卖不包括数物之间有主物与从物关系的买卖,此其一。

其二,标的物为数物时,关于价金可以是一个总的价金的规定,如标的物包括三幅画,价金共计为 200 万元,也可以就数物中的各个物分别论价,如三幅画,甲画 60 万元,乙画 80 万元,丙画 60 万元。

其三,标的物为数物的买卖中,不管是规定总价金,还是就每个物分别规定价金,其中某一个物有瑕疵的,一般仅就该物解除合同,即部分解除,如上例中甲画为赝品时,可以仅就甲画为解除,而对乙画、丙画仍然成立买卖。即使是规定总价金的情形,仍只就有瑕疵之物为解除,将有瑕疵之物的价金于其中剔除。

其四,数物中一物有瑕疵,如果就该物解除,会使标的物价值显受影响时,可以就数物解除合同。如上例中,三幅画为画家一个时期内同时创作,三幅一起收藏,其价值明显超过单幅收藏的价值之和时,其中的甲画为赝品时,买受人可以就三幅画一起解除合同。

其五,不管是部分解除也好,还是全部解除也好,在当事人没有特别约定时,出卖人交付的标的物有瑕疵须构成根本违反合同,买受人方可部分或全部解除合同。

其六,当事人如果有特别约定的,应当依照当事人的约定处理。如上例中,当事人约定,如果三幅画中有一幅有瑕疵,则买受人可以就全部的标的物解除合同,那么,甲画为赝品时,买受人即可就三幅画解除合同。

第六百三十三条 出卖人分批交付标的物的,出卖人对其中一批标的物不交付或者交付不符合约定,致使该批标的物不能实现合同目的的,买受人可以就该批标的物解除。

出卖人不交付其中一批标的物或者交付不符合约定,致使之后其他各批标的物的交付不能实现合同目的的,买受人可以就该批以及之后其他各批的物解除。

买受人如果就其中一批标的物解除,该批标的物与其他各批标的物相互依存的,可以就已经交付和未交付的各批标的物解除。

释 义

本条是关于出卖人分批交付标的物的有关规定。

出卖人分批交付标的物的买卖,在实践中有这几种情形:

1. 合同预定一个总的数量的标的物,该标的物分批次交付。如,合同约定甲向乙供应钢材1000吨,自合同生效之日起分10个月交付,每个月交付100吨。在该合同中,各批次的标的物实际上是相互独立的。

2. 合同没有约定一个标的物总的数量,而是在一个确定或者不确定的期限内,由出卖人向买受人连续供应货物,货物的数量随着时间的累积而不断地增加。如,甲服装公司与乙布料供应商订立一份买卖合同,约定甲向乙购买布料,乙每次根据甲的订单供应布料,每三个月结算一次。

3. 合同约定的是一种标的物,但是该种标的物的各个组成部分,出卖人分批交付。如,合同约定甲向乙购买两台发电机组,发电机组的各个部件,乙在半年内分三次交付完毕。

在分批交付标的物的买卖中,出卖人交付的某批次的标的物有瑕疵的,则:

第一,如果该批次标的物不交付或交付不符合约定并不会影响到其他批次标的物的,当该批次标的物的瑕疵履行构成根本违约时,则买受人仅就该批次标的物可以解除合同。如上述第一种情形中,如果甲第二月交付的100吨钢材经过检验后,严重不符合约定的质量要求,则乙可以就该100吨钢材解除合同,并可以请求甲赔偿损失或承担其他违约责任。

第二,如果该批次标的物不交付或者交付不符合约定致使此后其他各批次标的物的交付不能实现合同目的的,则买受人可以就该批次以及此后各批次的标的物解除合同。如上述第二种情形中,因为乙没有交付第三个批次的布料,致使甲厂的服装销售商丙解除了与甲服装供应合同,可见该第三批次的布料没有供应致使其后布料的供应对于甲已经没有意义了,因此,甲可以就第三批次及此后其他各批次布料解除合同,这种情况下,已经交付的两个批次的布料有效,甲方应当向乙方支付已交付的两个批次布料的价款。

第三,如果该批次标的物与其他批次标的物之间相互依存,则买受人可以就已经交付和未交付的各批次标的物解除合同。如上述第3种情形中,如果乙不交付第二批次的发电机组部件或者该次发电机组部件的交付不符合约定构成根本违反合同的,则甲可以就已经交付的第一批次的发电机组部件、第二批次的发电机组部件和未交付的发电机组部件解除合同。

还需要注意的是,本条并非强制性规定,因此,当事人在合同中如果有与本条规定不同的约定的,则应当按照当事人的约定处理。

第六百三十四条 分期付款的买受人未支付到期价款的数额达到全部价款的五分之一,经催告后在合理期限内仍未支付到期价款的,出卖人可以请求买受人支付全部价款或者解除合同。

出卖人解除合同的,可以向买受人请求支付该标的物的使用费。

释 义

本条是有关分期付款买卖的规定。

本条源于 1999 年《合同法》第 167 条的规定,但是本条增加了出卖人催告义务的规定,作为出卖人解除合同的前置条件。

所谓分期付款的买卖,是相对于一般买卖的特种买卖,是指双方当事人在合同中约定,由出卖人先交付标的物、买受人分次支付合同总价款的特种买卖。与普通买卖相比,分期付款买卖有下列几个方面的特征:

1. 它采取分期支付价金的方式,而普通买卖的价款一般是一次性支付的。分几次支付才属于分期支付的买卖呢?各个国家和地区掌握的标准有不同,一般说来,多数国家和地区规定,在出卖人交付标的物后,剩余价款分两次或两次以上支付可构成分期支付。我国司法实践中,掌握的标准是买受人将应付的总价款在一定期间内至少分 3 次向出卖人支付所成立的买卖,就属于分期付款买卖。

2. 它常与所有权保留结合在一起使用。普通买卖中,虽然可以因当事人约定出卖人附条件地保留所有权,而成立所有权保留买卖这样一种特种买卖,这里所附条件不必然是价款的支付。但是,多数情况下,分期付款买卖总是会约定在买受人付清总价款之前,出卖人保留出卖物的所有权。

3. 在合同解除条件方面,分期付款买卖除具有一般买卖所共同的法定解除事由外,买受人迟延支付任何一期价款都构成迟延支付,并且迟延支付金额达到总价款的五分之一,经催告后仍未在合理期限内支付的,则出卖人有权解除合同。

分期付款买卖有如下效力:

1. 买受人享有请求出卖人交付标的物的权利,或者说,出卖人有交付标的物的义务。如果合同没有约定出卖人保留标的物的所有权,则出卖人还应如一般买卖中一样负有移转标的物所有权的义务。

2. 买受人享有分期支付总价款的权利。分期付款买卖中买受人享有在一定期限内分多次支付价款的权利,至于每次支付的数额是否相等,在所不问。如上所述,我国法院认定,在一个确定期限内,买受人至少分三次向出卖人支付。该三次应是指出卖人交付标的物后,价款的支付至少分三次。如果在标的物交付之前,买受人已经支付一部分价款,剩余的价款在标的物交付后一次性支付,这也不属于分期付款买卖。

3.买受人未支付到期价款的数额达到全部价款的五分之一的,经催告后在合理期限内仍未支付到期价款的,出卖人可以选择请求买受人支付全部价款或者解除合同。首先,买受人未支付到期价款。其次,一次逾期未支付金额或者多次逾期未支付金额达到或者累计达到全部价款的五分之一的,并且经过出卖人催告后在合理期限内仍未支付的,则出卖人享有请求支付全部剩余价款的权利或者解除合同的权利。这里的关于所谓"全部价款的五分之一"的规定应当是一个最低比例,具有强制性,如果双方在合同中约定的比例低于五分之一,则应当无效,而自动恢复到五分之一,当然,如果最后剩余的到期未支付的款项已经不足全部价款的五分之一的,则出卖人不能解除合同,而只能请求买受人支付全部的剩余款项;如果约定的比例大于五分之一,也就是约定了较本条规定更严格的条件,如总价款的三分之一的,则应当认定有效。

4.如果出卖人解除合同的,则买受人向出卖人返还标的物,出卖人应当向买受人返还已经支付的价款,但可以请求买受人支付在标的物交付以后的标的物的使用费,使用费的标准有约定的,则依照约定,没有约定或者约定不明确的,我国司法实践中,一般参照当地同类标的物的租金标准确定。

第六百三十五条　凭样品买卖的当事人应当封存样品,并可以对样品质量予以说明。出卖人交付的标的物应当与样品及其说明的质量相同。

释　义

本条是关于凭样品买卖的规定。

一、概念和特征

所谓凭样品买卖,也称货样买卖,是指双方当事人约定出卖人交付的标的物应当符合样品所表示之品质和属性而成立之买卖合同。所谓样品,也称货样,是指由当事人选定的用来决定标的物的品质、型号、特征、构成乃至功能的物品。所谓凭样品,是指出卖人应当向买受人交付与样品品质和属性相同的标的物。

　　凭样品的买卖属特种买卖,与普通买卖相比较,首先,它是凭样品确定标的物的品质和属性的买卖;其次,它是买受人基于对样品的信赖而订立的契约;最后,样品是确定出卖人履行交货义务是否符合要求的标准。

　　二、凭样品买卖合同的效力

　　一般买卖所具有的效力,于凭样品买卖均有适用,然此种买卖尚有下列方面的效力:

　　(一) 样品的封存和说明义务

　　1.样品的封存义务。由于凭样品所显示的品质和属性交付标的物是出卖人的义务,因此,在合同成立前或者在标的物交付之前,当事人应当将样品取样或制作出来,然后予以封存,用以确定日后出卖人交付的标的物是否符合要求的依据。但无论如何,样品所表示的质量要求如果有国家、行业强制性标准的,则样品的质量不得低于国家、行业的强制性标准。

　　2.说明义务。当事人封存样品后还应对样品予以说明,因为许多情况下,由于样品的品质、特征等多不为当事人所了解,因此,仅仅封存样品还不够,还需要提供样品的当事人就样品的质量、物理构造、功能等进行详尽说明的义务。此项义务在解释上通常也认为是一项强制性的义务,不得预先以特约予以免除。由于样品是凭样品买卖合同的主要条款,如果样品被毁损,则对样品毁损具有归责事由的一方应当承担相应的责任。如果样品的质量与文字说明不一致,当事人发生纠纷,而且无法达成一致的,我国法院在实践中认为,如果样品封存后外观和内在品质没有发生变化的,以样品为准;如果外观和内在品质发生变化,或者当事人对是否发生变化存有争议而又无法查明的,则以文字说明为准。

　　(二) 符合样品的担保义务

　　出卖人负有交付与样品品质和属性一致的标的物的明示或者默示的担保义务。应当从以下两个方面认定出卖人交付的标的物与样品是否相一致:其一,当事人间有绝对一致性之约定或交易习惯时,出卖人应保证两者具有一致性;其二,如果可以凭借某些技术方法认定两者是否一致的话,那么经由该种技术方法检验后所显示出来的技术参数等方面都一致的话,即可认定两者相符。如果凭借技术方法检验,所得出的技术参数在技术上允许的误差范围之内,也应认定两者相符。对于那些不能凭借技术手段予以检验,而是凭借专业人员的经验确认两者是否相符的买卖中,应从宽认定,两者基于专业中一般之判断相一致即可。在分批交付的买卖中,出卖人应当负有使得交付的每一批标的物均与样品相符的担保义务。

(三) 隐蔽瑕疵担保义务

在凭样品买卖中,出卖人不仅负有依据样品的质量交付标的物的担保义务,其还应承担隐蔽质量瑕疵担保义务,尤其是在样品存在隐蔽质量瑕疵时,仅交付符合样品质量的标的物不能排除出卖人所负担的隐蔽质量瑕疵担保义务。也就是说,如果交付的标的物存有隐蔽质量瑕疵的话,出卖人仍应承担不履行债务的违约责任。

根据第 636 条的规定,出卖人承担隐蔽质量瑕疵担保义务的,应当具备下列条件:

1. 样品本身存在隐蔽瑕疵。所谓隐蔽瑕疵,是指样品不符合同类货物所应具备的质量要求,但按照通常的检验方法不易发现。

2. 在订立合同时,买受人对于样品存在隐蔽瑕疵不知情,也就是说,买受人对于隐蔽瑕疵的存在不知而且也不应知。

在样品由买受人提供的情况下,出卖人是否仍承担样品的瑕疵担保义务,对此,在理论上存有不同的认识,一种认为,出卖人只需要交付与样品相一致的标的物即可,不承担样品存有隐蔽瑕疵的担保义务。另一种认为,即使出卖人按照买受人提供的样品交货,此时仍然需要承担隐蔽瑕疵担保义务。其实,综合第 636 条规定看,不在于样品由谁提供,而在于买受人对于隐蔽瑕疵是否知悉,如果知悉,或者按照其专业要求,其应当知悉而不知,此时,出卖人是基于对买受人的专业能力的信赖而交付的,则出卖人不应承担样品的隐蔽瑕疵担保义务。反之,如果买受人对于隐蔽瑕疵不知也不应知,而是基于其对出卖人专业能力的信赖提供样品的,则出卖人应对样品的隐蔽瑕疵负担保义务。交付标的物虽然符合样品,但不免除其交付的标的物具有同种物的通常标准的义务。所谓通常标准,是指该标的物所具有的通常效用或者质量标准。

第六百三十六条　凭样品买卖的买受人不知道样品有隐蔽瑕疵的,即使交付的标的物与样品相同,出卖人交付的标的物的质量仍然应当符合同种物的通常标准。

释　义

本条是关于凭样品买卖中,出卖人隐蔽瑕疵担保义务的规定。

有关本条的释义参见上一条关于"隐蔽瑕疵担保义务"部分的内容。

第六百三十七条　试用买卖的当事人可以约定标的物的试用期限。对试用期限没有约定或者约定不明确,依据本法第五百一十条的规定仍不能确定的,由出卖人确定。

释　义

本条是关于试用期限的规定。

所谓试用买卖,也称试验买卖,是指合同成立时出卖人将标的物交付给买受人试用,买受人在试用期内试用后同意购买并支付价款的合同。与一般买卖不同者在于,试用买卖订有标的物试用条款,并以买受人承认标的物为停止条件。也就说,试验买卖虽因双方意思表示一致而成立,但其生效取决于买受人试用标的物后是否同意购买,如同意购买,则买卖合同生效,如不同意购买,则买卖合同不生效。因此,与一般买卖相比较,试验买卖有下列必要之点:

一、试　用

试用或称试验,是买受人决定是否购买之手段,也是促成买受人作出意思决定的前提。因此,双方必得就试用达成合意。买受人试用标的物,需要出卖人交付标的物为前提,因此,出卖人交付标的物为其义务,这里的交付即便在动产买卖中也不是以移转所有权为目的之交付,而只是移转标的物的直接占有,以满足买受人的试用目的。出卖人不交付标的物的,买受人可以请求其交付,并可诉请强制执行。

试用期限为试用所必要,可由当事人约定,如果没有约定或者约定不明确的,当事人可以按照第510条的规定确定,如果仍然不能确定的,则由出卖人确定试用期限。因为试用买卖性质上属于附停止条件的买卖,而且所附的条件成就与否取决于买受人对标的物的承认与否,属仅决定于一方意思的"任意条件"，为平衡双方之间的利益，因此，在试用期限没有约定时，规定由出卖人确定是公平的。

至于试用的方法、程度和范围，如有约定，依约定。如果没有约定或者约定不明确的，应当根据各具体合同的情形，根据交易习惯、社会一般观念确定，如出售汽车的，试用须有一定里程的试驾。

关于试用期间使用费的负担，当事人没有约定或者约定不明确时，通说认为由买受人承担。

二、买受人享有同意购买或者拒绝购买的选择权

买受人享有同意购买或者拒绝购买的选择权，此项内容必在合同中规定，买卖合同方可认定为试用买卖。如果合同中做出如下约定的，则买受人主张为试用买卖，往往可能不为法院所支持：(1)约定标的物经过试用或者检验符合一定要求时，买受人应当购买标的物。(2)约定第三人经试验对标的物认可时，买受人应当购买标的物。(3)约定买受人在一定期间内可以调换标的物。(4)约定买受人在一定期间内可以退还标的物。

试用期间，买受人按照约定试用标的物后，可以自由决定是购买标的物，还是拒绝购买，并需要将其意思通知出卖人。同意购买的为承认，试用买卖因买受人的承认而生效。承认之方式可以明示，如买受人书面通知出卖人购买标的物，或以对话等方式表示；亦可默示，也就是在试用期间，买受人已经支付部分价款或者对标的物实施出卖、出租、设立担保物权等行为，视为买受人同意购买，这里的"视为"属于法律推定，可以反证推翻。沉默也可以为表示，在试用期届满，买受人对是否购买标的物未作表示的，视为购买，这里的"视为"属于法律拟制，法律拟制与推定不同在于，拟制不可被推翻。当然，买受人未作表示的，视为同意购买，必须有一个前提条件，即标的物已因试用而交付与买受人，如果没有交付，即使买受人有试用行为而未作表示，也不能视作买受人同意购买，而应推定买受人拒绝购买。比如，买受人到汽车4S店，看一款车，试驾5公里后交还4S店，既未表示购买也未表示不购买，此时不应因其沉默而视作买受人同意购买。

买受人同意购买或者视作同意购买的，则试用买卖合同即生效。买受人的承认具有溯及力，即买受人承认的意思表示生效后，买卖合同自成立时生效。

如果买受人不同意购买的,则买卖合同不生效。买受人试用期间所受领之标的物应当向出卖人返还。买受人于试用期间得依自由意思决定不同意购买,即使不经试用而径为拒绝亦无不可;但如果未经试用而径行拒绝违反诚信原则的,有可能构成权利滥用,出卖人可以就此所受损害请求买受人赔偿。

三、标的物毁损、灭失风险负担

试用期间,标的物虽已交付,但此交付非为买卖之交付,而为试用之交付,不发生所有权移转的效果,标的物在此期间因不可归责于双方之事由毁损、灭失的风险也不发生转移,而依然由出卖人承担。至买受人于试用期间同意购买或者视作同意购买之意思表示生效时起,风险负担始移转于买受人。

第六百三十八条 试用买卖的买受人在试用期内可以购买标的物,也可以拒绝购买。试用期限届满,买受人对是否购买标的物未作表示的,视为购买。

试用买卖的买受人在试用期内已经支付部分价款或者对标的物实施出卖、出租、设立担保物权等行为的,视为同意购买。

释 义

本条是关于试用买卖——买受人承认或拒绝的规定。

具体释义见上一条之二"买受人享有同意购买或者拒绝购买的选择权"部分的内容。

第六百三十九条 试用买卖的当事人对标的物使用费没有约定或者约定不明确的,出卖人无权请求买受人支付。

释 义

本条是关于试用买卖——标的物试用费承担的规定。

具体内容见第637条释义之一"试用"之关于试用费承担部分的内容。

第六百四十条 标的物在试用期内毁损、灭失的风险由出卖人承担。

释 义

本条是关于试用买卖——标的物试用期间毁损、灭失风险负担的规定。

具体释义见第 637 条释义之三"标的物毁损、灭失风险负担"部分的内容。

第六百四十一条 当事人可以在买卖合同中约定买受人未履行支付价款或者其他义务的,标的物的所有权属于出卖人。

出卖人对标的物保留的所有权,未经登记,不得对抗善意第三人。

释 义

从本条起以下 3 条都是关于所有权保留买卖的规定。

与 1999 年《合同法》第 134 条的规定相比,本条增加了第 2 款的规定。

所谓所有权保留的买卖,是指双方在买卖合同中约定,买受人未履行支付价款或者其他义务,标的物的所有权不发生移转,仍属于出卖人而成立的买卖。所有权保留的买卖为一项古老的制度,亦为当今世界各国民法或买卖法所承认,而作为特种买卖之一种形式。

与一般买卖相比,所有权保留买卖有下列几个方面的特点:

1. 它仅适用于动产,并且只能是已经现实存在的动产。本条虽然没有限制所有权保留仅限于动产买卖,但综观各主要国家和地区民法关于所有权保留的规定,多数规定适用于动产买卖。我国民法也作此解释,并且动产限于现实存在的动产之上才可成立所有权保留买卖。

2. 它是一种附条件的民事法律行为,在所附条件成立前,标的物虽经交付,但不发生所有权移转。所有权保留条款是所有权保留买卖中的必备条款。通过这样的条款约定,在当事人之间创造了一种以交付移转动产所有权的例外。

3.它是一种非典型担保。所谓非典型担保,是指法律上所确认的担保形式以外的担保。虽然在我国民法上,所有权保留并没有作为担保制度加以规定,但实际上,该制度起着担保价款债权或其他债权实现的功能,它属于一种非典型担保形式。

所有权保留买卖的成立。于一般买卖成立要件之外,所有权保留的买卖的成立主要涉及两个问题:

一是所有权保留买卖应当采取一定的形式。关于所有权保留的形式问题,立法例上有要式主义与不要式主义的区分,其中要式主义又有书面形式和登记形式之分。我国民法上所有权保留在形式上,应有书面形式的要求。

二是所有权保留是否需要登记。从本条第 2 款的规定看,关于所有权保留的成立并没有要求以登记为要件,但考虑到动产经交付后,所有权仍保留在出卖人手中,为保护善意第三人,规定所有权保留未经登记,不得对抗善意第三人,可见,此处登记不是所有权保留的成立要件,而是对抗要件。

第六百四十二条 当事人约定出卖人保留合同标的物的所有权,在标的物所有权转移前,买受人有下列情形之一,造成出卖人损害的,除当事人另有约定外,出卖人有权取回标的物:

(一)未按照约定支付价款,经催告后在合理期限内仍未支付;

(二)未按照约定完成特定条件;

(三)将标的物出卖、出质或者作出其他不当处分。

出卖人可以与买受人协商取回标的物;协商不成的,可以参照适用担保物权的实现程序。

释 义

本条是关于所有权保留买卖中出卖人取回权行使的条件和方式的规定。

所有权保留买卖中,所有权移转以买受人支付价款或者履行其他义务为条件。因此,在买受人不支付价款或者不履行其他义务或者实施其他行为损害出卖人利益时,出卖人则享有取回标的物的权利,此即所谓出卖人的取回权。出卖人的取回权于出卖人,在标的物价值较大且为非消耗物品时,有非常重要的意义。尤其在买受人受破产宣告时,因为出卖人保留了出卖物的所有权,因此其可以行使取回权,取回标的物,避免因买受人破产而债权不获清偿所导致的损失。

取回权行使的条件:

1. 买受人未按照约定支付价款,经催告后在合理期限内仍未支付的。首先,买受人未按照约定支付价款,当然这里的未支付价款应当达到一个严重的程度,衡量严重程度的指标就是,未付款与总价款的比例,为防止出卖人约定过低的支付比例对于买受人不利,我国司法实践中认为,如果买受人已经支付标的物总价款的75%以上的,出卖人不得主张取回标的物,从这个比例的反面来看,如果买受人未支付价款达到总价款的25%以上的,出卖人才可行使取回权。其次,买受人未支付价款的,出卖人应当催告其在合理期限内支付,如果仍未支付的,出卖人可以行使取回权。

2. 买受人未按照约定完成特定条件的。如合同约定,买受人为出卖人指定的第三人扩建房屋,在扩建房屋竣工前,标的物的所有权属于出卖人。如果买受人没有为第三人扩建房屋,则出卖人可以取回标的物。

3. 买受人将标的物出卖、出质或者作出其他的不当处分。买受人的这些行为严重侵害了出卖人的所有权,因此,出卖人有权行使取回权。

4. 标的物没有被第三人善意取得。如果买受人处分标的物,而第三人善意取得标的物的所有权,则出卖人的取回权消灭。此时出卖人只能请求买受人为损害赔偿。出卖人取回标的物价值明显减少的,有权请求买受人赔偿损失。

出卖人取回权的行使方式。一是出卖人与买受人协商取回标的物;二是,协商不成的,可以参照民事诉讼上实现担保物权的程序行使取回权。

第六百四十三条　出卖人依据前条第一款的规定取回标的物后,买受人在双方约定或者出卖人指定的合理回赎期限内,消除出卖人取回标的物的事由的,可以请求回赎标的物。

买受人在回赎期限内没有回赎标的物,出卖人可以以合理价格将标的物出卖给第三人,出卖所得价款扣除买受人未支付的价款以及必要费用后仍有剩余的,应当返还买受人;不足部分由买受人清偿。

释 义

本条是关于买受人标的物回赎权的规定。

如上所述,出卖人取回标的物后,目的在于剥夺买受人对于标的物的占有、使用和收益,并非当然地解除合同,买受人对于标的物的期待权仍应受到保护。因此,即便出卖人取回标的物后,其已经取得标的物完整的支配权,包括对标的物的处分权。但此时出卖人不能即刻处分标的物,而应给予买受人一定的回赎期限,在回赎期内,允许买受人履行价款支付义务、完成约定的特定条件或者消除对标的物的不当处分等,回赎标的物。回赎期限可以由当事人约定或者出卖人指定,但是回赎期限应当合理,是否合理,属于事实问题,应当根据具体个案而判断。买受人回赎标的物属于其权利,该权利因其一方的意思表示而产生效力,性质上可理解为形成权。

在合理的回赎期限内,买受人没有回赎标的物的,则出卖人享有再卖标的物的权利,也就是以合理的价格出卖标的物,出卖后所得价款扣除原买受人未支付的价款及必要费用后仍有剩余的,应当返还给原买受人;如果所卖价款不足的,应由原买受人清偿。如果出卖人因买受人没有行使回赎权利,而再出卖标的物的,此时,应认为买卖合同因再出卖标的物而解除。

第六百四十四条 招标投标买卖的当事人的权利和义务以及招标投标程序等,依照有关法律、行政法规的规定。

释 义

本条是关于招投标买卖法律适用的规定。

招投标买卖是不同于一般买卖的一种竞争性买卖,合同采取招投标这种竞争方式订立,包括招标和投标两个过程。所谓招标,是指招标人以招标公告或者招标邀请的方式,向不特定人或者向特定的多个人发出的,以吸引或者要求相对方向自己发出以要约为目的的意思表示。所谓投标,是指投标人按照招标人提出的要求,在规定的期限内各自秘密地制作投标文件向招标人发出的以订立合同为目的、包含合同全部条款的意思表示。

招投标主要经过下列三个阶段:1.招标。招标人以招标公告方式邀请不特定的人投标,或者以投标邀请书的方式邀请特定的人投标。前者为公开招标,后者为邀请招标。招标在法律性质上属于要约邀请。2.投标。是投标人按照招标人的招标文件的要求向招标人发出的以订立合同为目的的意思表示。在法律性质上,投标属于要约。3.中标。确定最终中标人。投标人投标后,招标人组织评标,招标人定标,确定中标人后向中标人发送中标通知书,此时买卖合同成立。

第六百四十五条 拍卖的当事人的权利和义务以及拍卖程序等,依照有关法律、行政法规的规定。

释 义

本条是关于拍卖法律适用的规定。

所谓拍卖,是指以公开竞价的方式,将特定物品或者财产权利转让给最高应价者的买卖。拍卖是一种公卖形式,所谓公卖,是指非由当事人私下就交易条件进行协商,而是将买卖的物品、时间、地点以及相关事项予以公告,其所面向的是不特定的第三人。

拍卖合同成立。经由拍卖而成立合同,须经过以下阶段:

1.拍卖表示。关于拍卖意思表示的性质,学理上通说认为,系要约邀请。一般情况下,拍卖人对于最高价之应买人可以不为卖定的表示,即拍卖人可以撤回拍卖物。但是,如果拍卖人于拍卖开始后,明确表示出卖与出价最高之人时,且预先声明保留价的,如果最高出价高于保留价的,或者预先没有声明保留价的,则拍卖人不得撤回,必须对出价最高之人为成交之表示。如果最高出价未达预先声明之保留价,则拍卖人仍可撤回拍卖,从而不受其出价的拘束。

2.应买表示。竞买人出价为买入之表示者,是为应买表示。竞买人的应买表示性质上属于要约,唯拍卖系与出价最高之应买人成立买卖,因此,应买人的出价只是在没有更高出价时才有效力,如有更高的出价,则其出价即失其效力。关于竞买人,为保拍卖之公平,法律禁止拍卖人作为应买人出价参与其自己组织的拍卖而为竞买,拍卖人也不得使他人为其应买。如有违反,应认定拍卖无效。

3.拍定。拍定也称卖定,是指拍卖成交,因拍卖人以拍板、击槌或其他惯用方式确定拍卖合同成立或者宣告竞买终结的行为。通常认为,拍定在性质上属于承诺。一旦拍定,拍卖成交。拍卖为与出价最高之应买人成立之买卖,买卖合同系成立于出卖人与出价最高之应买人之间。因此,在拍定之前,即使有最高价,委托人亦可反对,而撤回拍卖,但如果预先声明了保留价,最高出价除非未达保留价,否则,双方之间买卖成立。

第六百四十六条 法律对其他有偿合同有规定的,依照其规定;没有规定的,参照适用买卖合同的有关规定。

释 义

本条是关于买卖合同的规定准用于其他有偿合同的规定。

买卖合同作为有偿合同,最具典型性,也具有基础性。在这个意义上说,本章关于买卖合同的规定与法律关于其他有偿合同的规定,有一般规范与特别规范之关系。因此,在法律就其他有偿合同没有规定时,买卖合同的有关规定可以参照适用。

第六百四十七条 当事人约定易货交易,转移标的物的所有权的,参照适用买卖合同的有关规定。

释 义

本条是关于互易合同准用买卖合同制度的规定。

互易,即通称的以物易物,是人类社会最原始的经济行为或交易形态。它比买卖出现得更早,更为古老。只是在货币出现以后,人类渐次以货币充当一般等价物,买卖渐次取代互易而成为交易的基本形态,以致至今,在社会交易形态中,互易相差于买卖已经不可以里计,而成为偶然的交易制度。虽是如此,互易于实践中仍有其意义,因此,各民法均做规定,其适用参照买卖合同。我国民法亦不例外。

所谓互易合同,也称以货易货的合同,如买卖合同一样,因交易标的不同,在立法例上有广义和狭义之分。广义上,是指当事人相互约定移转金钱以外之财产权的契约。狭义上,是指当事人相互约定移转金钱以外之所有权的契约。广义上的互易,当事人之间相互移转的不仅是金钱以外的财产所有权,还包括限制物权、无体财产权、债权等,因此,互易之标的物不限于有体物,也包括无体物。而狭义上的互易,则仅指相互移转金钱以外之财产所有权,其标的物限于有体物,包括动产与不动产。本条关于互易之规定,应是采狭义之概念。

第十章 供用电、水、气、热力合同

本章导言 ▶

由于本章合同标的物的特殊性,以及供应方式等方面的特殊性,因此,有关本章的内容并未在买卖合同部分规定,而是单列一章加以规定。又由于本章标的物电、水、气、热力等诸种之中,电能使用最为普遍,与我们的日常生活最为密切,因此,本章主要以供电合同为规范对象,而电能以外的其他几种标的物供应合同则参照供电合同的有关规定适用。

所谓供用电、水、气、热力合同,是指当事人一方与另一方约定在一定期限或者不定期限内,由当事人一方向另一方提供电、水、气、热力等生产、生活必需物,另一方按照一定的标准支付费用的合同。其中,提供电、水、气、热力的一方,称为供应人,另一方称为使用人。这类合同:主体、客体上具有特殊性,内容上具有公益性,形式上具有格式性,订立上具有强制性,性质上具有继续性等特点。

本章共9条,规定了供电合同的概念、供电人主要权利义务、用电人主要权利义务等。

第六百四十八条 供用电合同是供电人向用电人供电,用电人支付电费的合同。

向社会公众供电的供电人,不得拒绝用电人合理的订立合同要求。

释 义

本条是关于供用电合同概念的规定。

与1999年《合同法》的规定相比,本条增加了第2款,即供电人强制缔约义务的规定。

所谓供用电合同,是指供电人向用电人供电,用电人支付电费的合同。该合同具有下列几个方面的特征:

1. 主体方面的要求。供电人是依法成立的提供电能的企业或者非法人组织。在我国,电力由国家规定的特定的部门统一供应,其他任何单位和个人未经批准都不得向社会供电。供电企业在批准的供电营业区内向用户供电。

2. 标的物为电力,且其价格实行统一定价原则。电力的价格,实行统一政策,统一定价原则,分级管理。供电企业向用电人供应的电价,由电网经营企业提出方案,报国家有关物价行政主管部门核准。任何单位不得超越电价管理权限制定电价。供电企业应当按照国家核准的电价和用电计量装置的记录,向用电人收取电费。

3. 合同成立上,一是需要按照法律规定的程序缔约。有关缔约的程序、内容、供用电规则等需要在营业场所公告。二是供电人负有强制缔约义务。从该款的规定看,并不是所有的供电人都负有强制缔约义务,只是向社会公众供电的供电人才有此义务。所谓社会公众,是指为满足生活、生产需要而使用电力的自然人、法人和非法人组织等。用电人按照要求提出用电申请,其要求合理,也即用电人向供电人提出了订立合同的意思表示,即要约。供电人对于用电人合理订约要求不得拒绝,也就是负有必须承诺的义务。如果供电人拒绝用电人合理的订约要求,拒绝供电的,除承担行政责任外,应当强制供电人向用电人供电,因供电人拒绝供电给用电人造成损失的,供电人应当赔偿用电人的损失。

4. 供用电合同如前述的供用电、水、气、热力合同一样,是继续性供用合同,是格式合同,具有双务性、有偿性、诺成性等特征。

第六百四十九条　供用电合同的内容一般包括供电的方式、质量、时间,用电容量、地址、性质,计量方式,电价、电费的结算方式,供用电设施的维护责任等条款。

释　义

本条是关于供用电合同条款的提示性规定。

一般地,供用电合同主要包括以下主要条款:

1. 供电方式、质量、时间。所谓供电方式,是指供电人采用何种方式为用户供电,如直接供电还是委托供电,特殊情况下的趸售供电,是低压供电还是高压供电等。供电质量,是指供电的频率、电压和供电的可靠性应当符合法定的和约定的标准。供电时间,是指合同生效后,何时开始供电和何时终止供电,以及在出现断电、停电事故时如何恢复用电等。

2. 用电容量、地址、性质。用电容量是指供电人认定的用电人受电设备的总容量,以千瓦(千伏安)表示。用电地址是指用电人使用电力的地址。用电性质包括用电人行业分类和用电分类,行业用电分为农业、工业、建筑业等生产用电和城乡居民生活用电等。

3. 计量方式、电价、电费的结算方式。计量方式,是指供电人计算用电人用电量的方式,计量方式是计算用电人所需支付电费的基础。

电价,按照《电力法》第35条的规定,是指电力生产企业的上网电价、电网间的互供电价、电网销售电价。

电费的结算方式,供电人应当按照国家核准的电价和用电计量装置的记录,向用电人计收电费;用户应当按照国家核准的电价和用电计量装置的记录,按时交纳电费。

4. 供用电设施的维护责任。供用电设施,包括输电、变电、配电等供电设施和受电设施,包括已建的和在建的,检修状态和备用状态的电力设施。在供用电合同中,双方应当协商确认供电设施运行管理责任的分界点,确认供用电设施的产权归属,一般地,分界点电源侧供电设施属于供电人,由供电人负责运行维护管理,分界点负荷侧供电设施属于用电人,由用电人负责运行维护管理。供电人、用电人分管的供电设施,除另有约定外,未经对方同意,不得操作或更动。

上列条款属于法律所规定的提示性条款,在上列条款之外,当事人还可以就违约责任、争议的解决等条款根据具体情况作出约定。

第六百五十条 供用电合同的履行地点,按照当事人约定;当事人没有约定或者约定不明确的,供电设施的产权分界处为履行地点。

释　义

本条是关于供用电合同履行地点的规定。

供用电合同的履行地点是双方关于合同义务履行和责任划分的物理界限。在供用电合同中，通常应对履行地点作约定。没有约定或者约定不明确的，则以供电设施产权分界处为履行地点。供电设施的产权分界处，是供电设施所有权归属的分界点，一般地，分界点电源侧的供电设施属于供电人，分界点负荷侧的供电设施属于用电人。

第六百五十一条 供电人应当按照国家规定的供电质量标准和约定安全供电。供电人未按照国家规定的供电质量标准和约定安全供电，造成用电人损失的，应当承担赔偿责任。

释　义

本条是关于供电人安全供电义务的规定。

按照国家规定的供电质量标准和约定安全供电，是供电人的一项基本的合同义务，从法律规定要求来看，也是其法定义务。

首先，供电人应当按照国家规定的供电质量和合同约定供电。根据《电力法》第28条规定，保证供电质量符合国家规定的质量标准是供电人的法定义务。对于用户有特殊需求的，供电人供电质量的要求可以由供电人根据必要和可能，与用电人协商确定。衡量供电质量的指标主要是供电频率、电压都应在允许的偏差范围内，保证供电的可靠性、稳定性、连续性。

其次，供电人也要保证供电的安全，一般说来，供电质量符合国家的供电质量要求，也是安全供电的一项要求，但除此之外，供电人还应保证供电设施的正常运转和安全、可靠；保证供电方式、供电设施、设备等不存在危及他人人身和财产安全的隐患。供电人安全供电义务的，应视为供电人违约，其应承担违约责任。造成用电人损失的，应当承担赔偿责任。

第六百五十二条 供电人因供电设施计划检修、临时检修、依法限电或者用电人违法用电等原因,需要中断供电时,应当按照国家有关规定事先通知用电人;未事先通知用电人中断供电,造成用电人损失的,应当承担赔偿责任。

释 义

本条是关于供电人因故中断供电的通知义务。

按照《电力法》第29条的规定,供电企业在发电、供电系统正常的情况下,应当连续向用户供电,不得中断。也就是说,保证供电的连续性,不随意限电、断电是供电人的一项基本义务。但客观上总会发生一些事由,供电人需要中断供电,这些事由包括供电设施计划检修、临时检修、依法限电、用电人违法用电等。

所谓中断供电,应当是暂时停止供电。供电人决定中断供电的,应当事先通知用电人,以便用电人有所准备并做好安排。通知的方式包括:一是向用电人(特别是一些重要的用户)发送专门的通知或上门通知,二是发布停电公告。

如果供电人未履行通知义务,造成用电人损失的,应当承担赔偿责任。

第六百五十三条 因自然灾害等原因断电,供电人应当按照国家有关规定及时抢修;未及时抢修,造成用电人损失的,应当承担赔偿责任。

释 义

本条是关于不可抗力等原因断电后,供电人及时抢修义务的规定。

实践中,因自然灾害等意外原因导致供电中断的情形并不少见,所谓自然灾害等原因,主要是指因自然灾害等不可抗力而断电,如地震、海啸、台风、暴雨、洪灾等造成供电设施损坏而断电。这些原因导致断电的,供电人都没有过错,但是法律规定了此时供电人负有及时抢修的义务,如果没有及时抢修,则供电人有过错,因此给用电人造成损失的,供电人应当承担赔偿责任。

第六百五十四条　用电人应当按照国家有关规定和当事人的约定及时支付电费。用电人逾期不支付电费的,应当按照约定支付违约金。经催告用电人在合理期限内仍不支付电费和违约金的,供电人可以按照国家规定的程序中止供电。

供电人依据前款规定中止供电的,应当事先通知用电人。

释　义

本条是关于用电人支付电费义务的规定。

按照国家的有关规定或者当事人的约定支付电费是供用电合同中,用电人的一项主给付义务,它与供电人按质安全供电义务一起,决定了供用电合同的典型特征。电费,是指用电人因用电而向供电人支付的对价。用电人支付电费义务的履行包括以下几个方面的内容:第一,电费的标准。双方应当严格按照国家所确定的计价标准执行,如果国家没有相关的计价标准或者国家允许当事人协商确定计价标准的,可以由当事人约定计价标准。关于计量,电力法也规定,应当按照用电计量装置的记录计算并支付电费。第二,电费支付的时间。关于电费支付的时间,因为供用电合同具有格式性,因此,有关电费交纳的时间,都在合同中预先作了约定。对于一些特殊的用电人,《供电营业规则》第86条第1款也规定了特殊的电费支付时间,实践中,用电人需要按照该规则的规定支付电费。第三,支付方式。有约定的,按照约定的支付方式进行电费的结算和支付。

如果用电人逾期不支付电费的,则供电人有权要求用电人支付违约金,或者中止供电。通常违约金的支付以有合同约定为前提,但约定的违约金比例应当符合《电力供应和使用条例》第39条规定的幅度。如果合同没有约定违约金的话,供电人不得收取违约金。

所谓中止供电,是指暂时停止供电。中止供电对用电人影响较大,因此,供电人中止供电需要严格的条件。一是,用电人逾期支付电费必须超过30日;二是,供电人须经催告,也就是向用电人发送催缴电费和违约金的通知,并给予用电人合理的期限;三是,在合理期限内仍未支付电费和违约金的,方可中止供电;四是,必须依据国家规定的程序中止供电,如中止供电之前,须向用电人发送中止供电的通知。中止供电期间,用电人仍应支付欠缴的电费和违约金。用电人交纳电费和违约金后,应当及时恢复供电。

第六百五十五条　用电人应当按照国家有关规定和当事人的约定安全、节约和计划用电。用电人未按照国家有关规定和当事人的约定用电,造成供电人损失的,应当承担赔偿责任。

释　义

本条是关于用电人安全、节约和计划用电义务的规定。

由于电力所具有的特性,供电人提供的电力必须借助各种供电、输电、变电设施设备通过电网才能把电力送到千千万万的用户手中,为保证用电人能够连续用电,供电人还需要维持各供电设施以及输电线路等的正常运转,因此,每个用户都是这个用电网络中的一个点,安全用电不仅事关用电人的人身和财产的安全,还关乎其他用电人的人身和财产的安全,也关系供电人供电设施设备以及输电网络的安全,因此,用电人也负有安全用电的义务。另外,绿色环保、节约能源已经成为当今人们的一种消费理念,在我国民法总则中,将绿色环保原则规定为民法的一项基本原则,这一原则在供电合同中的具体体现,就是用电人除安全用电外,还要节约用电、计划用电。

如果用电人未按照国家规定和当事人的有关约定安全用电,比如私搭私建、随意拆换等,造成供电人损失的,如引起火灾,烧毁了供电人的供电设备,导致大面积停电等,用电人应当承担赔偿责任。

第六百五十六条　供用水、供用气、供用热力合同,参照适用供用电合同的有关规定。

释　义

本条是关于供用水、供用气、供用热力合同准用供用电合同的规定。

由于供用水、供用气、供用热力合同与供用电合同具有相似性,因此,这几类合同一并规定在本章,从立法的简明和适用的确定性上看,本章只设供用电合同规范,其他合同准用供用电合同的规定。

第十一章　赠与合同

本章导言

本章是有关赠与合同的规定,赠与合同也是移转财产权利类的合同,与买卖之最大之不同就在于其无偿性,因此,如果我们说买卖合同是有偿合同的典型形式,那么赠与合同则是无偿合同的代表。本章共计 10 条,规定了赠与合同的概念、成立、赠与人的义务,赠与的撤销等方面的内容。

第六百五十七条　赠与合同是赠与人将自己的财产无偿给予受赠人,受赠人表示接受赠与的合同。

释　义

本条是关于赠与合同定义的规定。

赠与合同是赠与人将自己的财产无偿给予受赠人,受赠人表示接受的合同。给予财产的一方为赠与人,接受财产的一方为受赠人。赠与合同具有如下的法律特征:

一、赠与合同的标的物必须为财产

作为赠与标的物之财产,是指一切有经济价值的可以转让的财产和财产性权利,包括有体物(包括自然力,如电力、热力、气等)和无体物。有体物通常分为动产与不动产,金钱为特殊的物;无体物,或称无体财产,包括用益物权、担保物权、债权、股权、有价证券、知识产权中的财产权以及其他的财产利益。财产可以是现存之财产,也可以是未来可以取得的财产。

二、赠与合同具有无偿性

无偿给予财产是赠与的要件。所谓无偿,是指受赠人对所受的赠与并不付出对价。赠与人负有给付义务,受赠人并不负对价给付的义务,是为无偿;在附义务的赠与中,虽然于赠与人给付前或给付后,受赠人需负担一定的义务,但此义务并非接受赠与的对价,因此,仍属无偿。

赠与合同的无偿性决定了赠与合同中赠与人的注意义务、给付义务、瑕疵担保义务的承担等都较有偿合同减轻甚至免除,还有些制度的设计也缘于赠与合同的无偿性,如赠与人的任意撤销权、法定撤销权、穷困抗辩权等。

三、赠与合同具有单务性

赠与合同为单务合同,是指赠与合同中仅赠与人负给付义务,受赠人不负对待给付义务之谓。在附义务的赠与中,虽然受赠人附义务,但该义务与赠与人的给付义务不构成对待给付关系,因此,即使附义务的赠与,亦是单务合同。因赠与合同的单务性,双务合同中有关标的物毁损、灭失的风险负担问题,在赠与合同中也不适用。

四、赠与合同具有诺成性和不要式性

赠与合同是诺成性合同,还是实践性合同,学理上有不同认识,通说认为,赠与合同是诺成性合同。

赠与合同也是不要式合同,除法律特别规定的赠与类型外,如捐赠,赠与合同的成立和生效并无特定形式的要求。当事人就赠与事项达成一致,赠与合同就成立。

第六百五十八条 赠与人在赠与财产的权利转移之前可以撤销赠与。

经过公证的赠与合同或者依法不得撤销的具有救灾、扶贫、助残等公益、道德义务性质的赠与合同,不适用前款规定。

释　义

本条是关于赠与人的任意撤销权的规定。

所谓赠与人的任意撤销权,是指在赠与财产的权利移转之前,赠与人可以无条件撤销赠与合同的权利。赠与并非如买卖那样遵循的是市场中互利的伦理,而是一种无偿奉献的利他主义,因此,赠与合同的立法应在于缓和赠与人的责任与义务,保护赠与人的利益。赋予赠与人任意撤销权即是此意。

任意撤销权行使的条件:

1. 赠与合同已经成立。任意撤销权发生在赠与合同成立之后,撤销的对象就是赠与合同。

2. 必须在赠与财产的权利移转之前。赠与合同成立之后,赠与财产的权利移转之前,赠与人才可行使任意撤销权。赠与财产的权利移转之前,不动产赠与的,在不动产所有权或者不动产物权移转登记之前;动产赠与的,在动产交付之前;其他财产权利的,法律规定权利变动需要登记的,为登记之前,其他的在交付之前。赠与财产部分权利移转的,则只能就未移转的财产权利撤销。

3. 必须是非经过公证的赠与、非公益性赠与和非为履行道德义务的赠与。所谓公证赠与,是指由公证机关就赠与的真实性、合法性出具公证证明的赠与,这是一种特殊方式的赠与,经过公证的赠与,一般来说,足以表明赠与人赠与意思的坚定性和严肃性,也会使受赠人产生更大的信赖。因此,此类赠与的赠与人不能行使任意撤销权。

公益性赠与,依照《公益事业捐赠法》第2条的规定,是指捐赠人自愿无偿向依法成立的社会公益性团体和公益性非营利的事业单位捐赠财产,用于公益事业的行为。公益事业就是本条所说的具有救灾、扶贫、助残等公益目的的事业,公益的首要特征在于非营利性,其次是受益人的不特定性,如果是向特定的有疾病的人等为捐赠,仍然属于合同法上的一般赠与。由于公益性捐赠的公益性,以及捐赠人可能因捐赠而享受了国家的税收优惠,因此,赠与人不享有任意撤销权。

履行道德义务的赠与,是指当事人约定的赠与旨在履行某种道德义务,或者承担某种道德上的责任。如成年子女为赡养父母而为的金钱赠与等。这种赠与中,赠与人本就对受赠人负有道德上的义务和责任,其为的赠与自然不许任意撤销。

对这三种特殊的赠与,虽然在赠与财产的权利移转之前,赠与人不享有任意撤销权,但本章所规定的法定撤销权、穷困抗辩权依然可以适用。

任意撤销权行使的方式。本条所规定的任意撤销权的行使,一是赠与人不需要任何理由；二是赠与人撤销的意思表示生效时，撤销即可产生效力。

　　撤销的效力。一般认为，该撤销没有溯及力，也就是说，对于已经履行的部分不产生效力，因而，不会因为撤销而发生返还的问题。但因为撤销给受赠人造成的信赖利益损失，受赠人可以依据缔约过失请求赠与人赔偿。

　　第六百五十九条　赠与的财产依法需要办理登记或者其他手续的，应当办理有关手续。

释　义

　　本条是关于赠与财产的权利移转办理有关手续的规定。

　　赠与人赠与财产给受赠人，在法律上，应是财产权利移转给受赠人。由于赠与财产的类型不同，法律就不同财产的权利移转的要求也不一样。因此，为真正实现赠与的目的，就需要按照法律的规定办理有关财产权利移转的手续或者其他手续。一般说来，为不动产赠与的，需要办理所有权变更登记手续；动产赠与的，动产中的一些特殊动产，如飞机、船舶、车辆等，赠与时也可办理权属移转登记，其他一般动产交付即可；其他权利赠与的，有些需要登记的，需办理登记手续，如知识产权赠与的，需要办理变更登记等。对于一些特殊的财产权利赠与，需要经过国家法定许可的，还需要办理有关的许可手续等。

　　第六百六十条　经过公证的赠与合同或者依法不得撤销的具有救灾、扶贫、助残等公益、道德义务性质的赠与合同，赠与人不交付赠与财产的，受赠人可以请求交付。

　　依据前款规定应当交付的赠与财产因赠与人故意或者重大过失致使毁损、灭失的，赠与人应当承担赔偿责任。

释　义

　　本条是关于特殊赠与中赠与人交付赠与财产义务的规定以及因其故意、重大过失赠与财产毁损、灭失的赔偿责任。

　　本条是由1999年《合同法》中第188条和第189条合并而成，原189条变为本条的第 2 款。但在第 2 款作规定时,从文义看,赠与财产因赠与人故意、重大过失毁损、灭失的赔偿责任仅限于第 1 款规定的几种特殊的赠与,而不适用于一般赠与。

一般赠与中,因赠与的无偿性、单务性,赠与人不交付赠与财产的,法律上不宜强制其履行,而且在赠与财产的权利移转之前,赠与人还享有任意撤销权。但本条第 1 款规定的三种特殊赠与,赠与人不交付赠与财产的,受赠人可以包括诉讼的方式请求交付。但如果赠与财产在交付之前因赠与人的故意、重大过失毁损、灭失的,按照本条第 2 款的规定,赠与人应当承担赔偿责任。

赠与人赔偿责任的成立需具备以下几个条件:第一,须是经过公证的赠与、公益性赠与或者履行道德义务性质的赠与,且赠与合同合法有效。第二,在赠与财产交付之前,赠与财产毁损、灭失。交付之后因赠与人的过错毁损、灭失的话,按照一般侵权责任处理即可。本条规定的,是特殊赠与中赠与人的赔偿责任,此责任属于对赠与人责任的加重,因此,在适用条件上较一般侵权责任更严格,如需要赠与人主观上有故意或者重大过失等。第三,赠与人对于赠与财产的毁损、灭失有故意或者重大过失。因赠与的无偿性,因此,赠与财产交付之前毁损、灭失的,赠与人只对其故意或者重大过失负责,如果只是一般过失,赠与人无须承担赔偿责任。

关于赠与人承担赔偿责任的范围。赠与人赔偿的范围应当包括毁损、灭失的赠与财产的价值以及受赠人接受赠与财产所做准备而支出的必要费用。如果赠与财产为种类物,也可以请求赠与人承担继续交付赠与财产的义务。

第六百六十一条 赠与可以附义务。
赠与附义务的,受赠人应当按照约定履行义务。

释 义

本条是关于附义务赠与的规定。

附义务的赠与,也称附负担赠与,已非纯粹意义上的施惠行为,因为,受赠人获取赠与财产也需要履行一定的义务。所附的受赠人的义务既可以是作为的义务,也可以是不作为义务;既可以是财产性的义务,也可以是其他非财产性的义务,只要不违反法律的强制性规定,不违反公序良俗,均无不可。但所附义务不得成为赠与人给付义务的对价,否则,就不成为赠与。

附义务与附条件也不同,附条件的赠与是因条件的成就,赠与合同成立、生效或者解除,而附义务无关合同的成立、生效或者解除,所附义务也是合同内容的一部分,受赠人应当按照合同的约定履行。由于所附义务并非赠与人给付义务的对价,因此,如果没有履行或者履行不符合约定的,受赠人不需要向赠与人承担违约责任,但赠与人可以行使撤销权。

第六百六十二条 赠与的财产有瑕疵的,赠与人不承担责任。附义务的赠与,赠与的财产有瑕疵的,赠与人在附义务的限度内承担与出卖人相同的责任。

赠与人故意不告知瑕疵或者保证无瑕疵,造成受赠人损失的,应当承担赔偿责任。

释 义

本条是关于赠与人瑕疵担保义务的规定。

由于赠与的无偿性、单务性,其本质上是一种施惠行为。因此,法律上不会要求赠与人如买卖合同中出卖人那样承担赠与财产的瑕疵担保义务。自然地,赠与人也不会因赠与财产存有瑕疵而向受赠人负瑕疵担保责任。但这是就一般而言的,特殊情形下,赠与人仍需要负瑕疵担保义务:

1. 附义务的赠与,赠与财产有瑕疵的,赠与人在附义务的限度内承担与出卖人相同的责任。

赠与的财产有瑕疵,是指赠与的财产存在权利瑕疵和物的瑕疵。赠与人承担的瑕疵担保责任须在其所附义务的限度内。所谓附义务的限度内,是指赠与人在不超过受赠人所附义务具有的价值的限度内承担瑕疵担保义务。

2. 赠与人故意不告知瑕疵或者保证无瑕疵的责任。

赠与人故意不告知瑕疵,是指赠与人明知赠与的财产有瑕疵,但是故意隐瞒,不告知受赠人,如明知是假酒,可能对人体有害,但仍为赠与的。保证赠与的财产无瑕疵,是指赠与人向受赠人明示赠与财产没有瑕疵或者没有某种特定的瑕疵,如赠与人向受赠人表示车辆的制动装置没有瑕疵,但后来汽车刹车失灵,致受赠人损害。赠与人故意不告知赠与物的瑕疵的以及赠与人向受赠人保证赠与物无瑕疵的,前者显然具有恶意,甚至构成侵权,而后者是赠与人对其允诺的违反。因此,在这两种情形下,因赠与物的瑕疵受有损失的,赠与人应当承担赔偿责任。

对受赠人的损失范围应限定为固有利益损失。赠与人故意不告知赠与物的瑕疵的或者赠与人向受赠人保证赠与物无瑕疵,而赠与物的瑕疵造成受赠人固有利益损失的,构成加害给付,发生债务不履行责任与侵权责任的竞合。如甲赠与一头奶牛给乙,甲交付该奶牛时明知该奶牛有疯牛病而不告知乙,仍为赠与,致乙的其他 3 头牛感染死亡,乙因 3 头牛感染死亡所受之损害,可以请求赔偿,而染病之奶牛不值一文或不能产牛奶而受之价值效用的减损,则不在赔偿范围。乙此时所受损害自得依甲之瑕疵履行请求甲承担损害赔偿责任,此种情形,乙之行为往往成立侵权行为,发生请求权竞合。

第六百六十三条　受赠人有下列情形之一的,赠与人可以撤销赠与:

(一)严重侵害赠与人或者赠与人近亲属的合法权益;

(二)对赠与人有扶养义务而不履行;

(三)不履行赠与合同约定的义务。

赠与人的撤销权,自知道或者应当知道撤销事由之日起一年内行使。

释　义

本条是关于赠与人法定撤销权的规定。

赠与人的法定撤销权,是指在具备法律规定的事由时,赠与人或者其他依法享有撤销权的人享有的依法撤销赠与的权利。撤销权在性质上与赠与人的任意撤销权一样,都属于形成权。但法定撤销权与任意撤销权有着明显的区别:

1.适用范围不同。任意撤销权适用于一般赠与,而对特殊赠与不适用;但法定撤销的对象或者范围则无此限制,无论是一般赠与还是特殊赠与只要具有本条规定的情形的,赠与人均可行使撤销权。

2.适用的条件不同。任意撤销权须在赠与的财产权利移转之前方可行使,赠与人行使任意撤销权,并不需要特别的理由,也不必向受赠人说明撤销的理由;但法定撤销权的行使虽然不管是赠与财产的权利移转之前还是之后,只要具备法定事由,均可行使,但由于在移转之前,赠与人可以行使任意撤销权,因此,法定撤销权通常是在赠与财产的权利移转之后行使,因为此时赠与人已不可能行使任意撤销权。法定撤销权行使,须具备本条或者法律规定的事由,不具备这些事由的,不得行使。

3. 受赠人是否承担责任不同。任意撤销权行使后,受赠人通常并不需要承担什么责任。但法定撤销权的行使是因受赠人忘恩负义或者不履行法定义务的行为导致的,受赠人通常具有过错,因此,赠与人往往可以请求受赠人承担相关的法律责任。

4. 是否具有溯及力不同。任意撤销权的行使不具有溯及力,已经给付的,不再返还,未给付的,不再履行;但法定撤销权的行使具有溯及力,溯及到赠与合同成立时起,赠与人已为的给付,可以请求返还,未给付的,不再履行。

5. 撤销权是否受除斥期间的限制不同。任意撤销权实际无除斥期间的限制,因为该撤销权的行使不需要理由,只要是在赠与财产的权利移转之前,一般赠与人均可行使;但法定撤销权的行使受除斥期间的限制,自赠与人知道或者应当知道撤销事由之日起一年内行使。

法定撤销的事由:

1. 严重侵害赠与人或者赠与人近亲属的合法权益。构成本事由,需要注意以下几点:第一,受赠人实施了侵权行为,该侵权行为既可能是直接针对赠与人或赠与人的近亲属,也可能是在侵害其他法益过程中间接或同时侵害了赠与人或者赠与人近亲属的合法权益。第二,侵害的对象须是赠与人或者赠与人的近亲属的合法权益。赠与人的近亲属,是指赠与人的父母、子女、兄弟姐妹、祖父母、外祖父母、孙子女、外孙子女,因为本条的立法目的在于保护与赠与人事实上有密切感情联系亲属的利益,因此,那些虽非赠与人的近亲属,但与赠与人有密切的感情联系的人,如长期同居者,也可纳入本条规定的范围。第三,侵害须达到严重的程度。此处的严重程度是从客观后果上来考察的,因此并不限定于受赠人的故意行为或者犯罪行为。

2. 对赠与人有扶养义务而不履行。构成本事由,需要注意以下几个方面:第一,我国婚姻法、继承法、收养法上,使用了"扶养""赡养"和"抚养"等 3 个词规定亲属间的义务,此处只使用了"扶养义务",其含义应予扩张,应包括赡

养和抚养。第二,该扶养义务不仅限于法定的扶养义务,也应包括约定的扶养
义务。第三,受赠人有扶养能力而不履行。

3.不履行赠与合同约定的义务。这是指附义务的赠与中,受赠人没有履
行赠与合同所附的义务,第一,"不履行"既包括受赠人完全不履行,也包括部
分不履行;第二,不履行可归责于受赠人,如果不履行是因不可抗力或者其他
不可归责于受赠人本身的事由导致的,则不适用本条的规定。

法定撤销权的行使:

上述撤销的事由发生后,在比较法上,一些国家或地区的民法规定,如果
赠与人"原谅"(宥恕)受赠人行为,且明确表示的,则赠与人已经在法律上放
弃撤销权。我国民法未作此规定,但解释上也应认为,赠与人有此权利。

行使的主体为赠与人,如果赠与人有本章第664条规定的情形的,撤销权
人则为赠与人的继承人或者法定代理人。行使的方式,赠与人以意思表示为
之,自撤销的通知到达受赠人时生效。撤销的后果,一旦撤销赠与后,将发生
溯及既往的效力,在当事人之间,应当恢复原状,受赠人应当返还赠与财产;赠
与财产已经灭失的,受赠人应赔偿赠与财产价值的损失。撤销权人应当自知
道或者应当知道撤销事由之日起一年内行使撤销权,该期限为除斥期间。

第六百六十四条 因受赠人的违法行为致使赠与人死亡或
者丧失民事行为能力的,赠与人的继承人或者法定代理人可以撤
销赠与。

赠与人的继承人或者法定代理人的撤销权,自知道或者应当
知道撤销事由之日起六个月内行使。

释 义

本条是关于赠与人法定撤销权由其继承人或法定代理人行使的情形的
规定。

通常法定撤销权由赠与人行使,但如果因受赠人的违法行为致赠与人死
亡或丧失行为能力的,法律上则需要明确此时撤销权人的范围。赠与人以外
的享有撤销权的人包括:一是赠与人的继承人,这是在赠与人已经死亡的情况
下,如因受赠人的故意伤害而死亡,由其继承人按照继承法的继承顺序行使法

定撤销权。多个继承人的,只要有一个继承人行使即可。二是赠与人的法定代理人。具体适用的条件如下:

1.受赠人实施了违法行为。此处的违法行为须是造成了赠与人死亡或者丧失民事行为能力的违法行为。

2.受赠人的违法行为导致了赠与人死亡或者丧失民事行为能力。也就是说赠与人的死亡或民事行为能力的丧失直接由受赠人的违法行为所致。

3.赠与人的继承人或者法定代理人应当自知道或者应当知道撤销事由之日起六个月内行使。该六个月的期限属于除斥期间。

第六百六十五条 撤销权人撤销赠与的,可以向受赠人请求返还赠与的财产。

释 义

本条是关于法定撤销权行使的效力的约定。

关于本条的适用范围问题,从本章关于任意撤销权和法定撤销权的规定看,本条应当仅适用于法定撤销权,此其一。其二,撤销权为形成权,法定撤销权由撤销权人以意思表示为之,意思表示生效时即发生撤销的效力。其三,法定撤销权行使具有溯及力,撤销的效力溯及到赠与成立之时,如果赠与物已经交付并发生权利转移的,则撤销权人可依不当得利请求受赠人返还赠与的财产。其四,返还赠与财产不以返还时现存的赠与财产为限。

第六百六十六条 赠与人的经济状况显著恶化,严重影响其生产经营或者家庭生活的,可以不再履行赠与义务。

释 义

本条是关于赠与人穷困抗辩权的规定。

所谓穷困抗辩权,是指在赠与合同成立后,因赠与人的经济状况严重恶化,如果继续履行赠与合同将造成赠与人生产经营或家庭生活受到严重的影响,赠与人因此享有的不履行赠与义务的权利。关于赠与人经济状况显著恶化,如何保护赠与人,减轻或者免除其义务,立法例上有所谓抗辩权主义和撤销权主义之分。从本条规定看,我国民法系采抗辩权主义。抗辩权是对抗或者阻止请求权的,因此,只有在受赠人有请求权,并且请求赠与人为给付时,方可行使抗辩权。但如第660条规定的那样,于一般赠与,受赠人在赠与财产未为交付前,虽可请求赠与人交付,但不受强制执行,况且,赠与人可在赠与财产的权利移转之前任意撤销赠与。由此观之,本条之抗辩权应多发生于特殊的赠与之中,在这些赠与中,受赠人可以请求赠与人交付赠与物。

穷困抗辩权,实际上是赠与人的拒绝履行权,其成立要件如下:

1. 赠与合同成立并生效,但赠与财产的权利尚未转移。赠与合同成立并生效是赠与人给付义务发生的基础,但赠与财产的权利尚未移转,尤其是继续性赠与合同中,会有此情形发生,如果赠与财产的权利已经移转,赠与行为已经完成,自无拒绝履行权发生的问题。

2. 赠与人经济状况显著恶化,已经严重影响赠与人生产经营或者家庭生活。本条件其实是情势变更原则在赠与合同中的表现。经济状况显著恶化,是指在赠与合同成立之后,赠与人的经济状况出现了明显恶化的现象,如赠与人产品销售严重积压,负债显著增加。经济状况恶化是否显著,应当就具体情事而论。仅恶化还不够,还必须严重影响到生产经营或者家庭生活,如因经济状况恶化,生产经营停止或经常停止致生产能力严重下降等;严重影响到家庭生活,一般是致赠与人难以扶养家庭成员,生活状况急剧下降。

3. 赠与之履行,对赠与人生产经营或者家庭生活有重大影响或妨碍。继续履行赠与,对赠与人的生产经营活动有重大影响或妨碍,如致生产经营下降,虽不致停产,但赠与之履行,会使生产经营活动不能正常开展即可。

继续履行赠与,对赠与人家庭生活有重大影响或妨碍,影响是否重大,主要看是否致其生计变得艰难或前后对比有重大之落差,或者使赠与人所负之家庭扶养义务的圆满履行有妨碍即为已足。

穷困抗辩权的行使,须得在受赠人请求时,赠与人行使抗辩权,于诉讼外或诉讼中行使均无不可,诉讼中须得在法庭辩论终结前行使。穷困抗辩权行使的效力只是暂时阻止受赠人请求权效力的发生,赠与合同的效力并不受影响,因此,抗辩权依据的事由一旦消除,赠与人仍得继续履行。

第十二章　借款合同

本章是有关借款合同的规定，共计 14 条。规定了借款合同的定义、双方的权利义务、借款合同的履行、违约责任等内容。

传统民法上，借贷有使用借贷与消费借贷之分，性质上，二者均为实践性合同。使用借贷标的物为不可消耗物，贷与人将物无偿交于借用人供其占有、使用，并不发生所有权的移转，期满后返还原物与贷与人。消费借贷有一般消费借贷与金钱消费借贷之分，标的物为消费物，非经消费，无法实现使用之目的，因而，贷与人得移转标的物之所有权与使用人，使用人返还同种类、同品质、同数量之代替物。金钱为消费物，因而就金钱成立之借贷属于消费借贷。

我国民法未为使用借贷之规定，消费借贷只就金钱消费借贷为规定，即本章借款合同。金钱为最一般之消费物，因而，借款合同之规定对其他消费借贷可以准用。

第六百六十七条　借款合同是借款人向贷款人借款，到期返还借款并支付利息的合同。

释　义

本条是关于借款合同定义的规定。

借款合同是借款人向贷款人借款，到期返还借款并支付利息的合同。出借款项的人为贷款人，收取款项的人为借款人。借款合同属于金钱消费借贷，主要有以下特征：

1. 借款合同之主体。在我国，贷款人为银行或非银行类金融机构与借款人所订立的合同属于借款合同,而贷款人为银行和非银行金融机构以外的人所为的借贷行为,为民间借贷。

2.借款合同的标的物是货币,是流通中充当支付手段的货币,或称金钱。货币可以是本国货币,也可以是外国货币。

3.贷款人移转货币的所有权与借款人。

4.借款合同是借款人到期后返还同种类同金额金钱并支付利息的合同。

5.借款合同具有偿性、双务性、诺成性、不要式性。

关于借款合同之诺成性,除自然人之间成立之民间借贷,以出借人出借款项为合同成立之要件,通说认为属实践性合同外,其他借款合同都为诺成合同。

第六百六十八条　借款合同应当采用书面形式,但是自然人之间借款另有约定的除外。

借款合同的内容一般包括借款种类、币种、用途、数额、利率、期限和还款方式等条款。

释　义

本条是关于借款合同形式及内容的规定。

借款合同的形式。1.借款合同应当采用书面形式。但书面形式并非借款合同成立要件,通常是证据上的要求。2.自然人之间的借款采取何种合同形式,由当事人约定。多数情况下,自然人之间的借款由借款人出具借据、收据、欠条等债权凭证。

借款合同的内容。借款合同一般包括以下的内容:

1.借款种类,币种。对于银行借款合同,根据中国人民银行《贷款通则》,贷款共有以下几个种类:从期限上看,有短期贷款、中期贷款和长期贷款;从是否有担保看,有信用贷款、担保贷款和票据贴现;还有自营贷款、委托贷款和特定贷款等。币种,是指人民币贷款还是外币贷款。

2.用途。是指借款的使用目的。

3.借款的数额。在合同中应当约定借款数额或者借款数额计算或确定的方法。

4.利率。利率是借款期内利息数额与借款本金的比例。金融机构借款合同中,金融机构贷款利率由贷款人参照中国人民银行授权全国银行间同业拆借中心每月公布的贷款市场报价利率(LPR)合理确定,目前主要有1年期和5年期两种。

民间借贷的利率由当事人约定,但约定的年利率不得超过24%,对于超过24%,但没有超过36%部分的利息,如果当事人已经给付了,则不得请求返还;对于超过36%以上部分的利息,即使已经给付了,借款人也可以请求返还。没有约定给付利息的,视为无息。

5.借款期限。所谓借款期限,是贷款人从贷款发放到还清本息的期间。

6.还款方式,是指借款人在借期届满后以什么方式偿还借款本息。

除了上列这些条款之外,通常在合同中还约定担保条款、违约条款、争议的解决条款等。

第六百六十九条 订立借款合同,借款人应当按照贷款人的要求提供与借款有关的业务活动和财务状况的真实情况。

释 义

本条是关于借款人如实告知与贷款有关的真实情况的义务的规定。

本条关于借款人在订立借款合同前,有向贷款人如实告知与借款有关的业务活动和财务状况的真实情况的义务,本义务多发生在银行贷款业务中。借款人如实告知的义务,在性质上属于法定义务。在民间借贷中,当事人借款是个别的非经常性的行为,因此,出借人完全可以在出借前对借款人的资信状况等进行调查。但在银行贷款中,银行借款是其经营行为,其对借款人的资信情况虽可调查,但成本会很高,因此,法律规定借款人有如实告知的义务,对于降低交易费用,提高交易效率等都具有很重要的意义。

借款人如实告知:第一,与借款有关的业务活动,目的是评估借款人所从事的业务是否有经营前景、是否国家鼓励发展,目前的规模等。第二,与借款有关的财务状况,财务的收支情况等。第三,须贷款人提出要求。

第六百七十条 借款的利息不得预先在本金中扣除。利息预先在本金中扣除的,应当按照实际借款数额返还借款并计算利息。

释　义

本条是关于借款利息不得在本金中预先扣除的规定。

借款的利息应当以实际借款的本金为基数计算,但在实践中,有贷款人,特别是在民间借贷中,在出借款项时,将本应到期才应归还的利息,在出借时从借款本金中预先扣除。这种行为实际上变相提高了借款利率。如甲出借10万元给乙,借期1年,年利率12%。在出借时,甲实际给付款项8.8万元,1.2万元的利息预先做了扣除。对于这种行为,借款本金应按8.8万元计算,并且以8.8万元为基数计算应付的利息。

第六百七十一条　贷款人未按照约定的日期、数额提供借款,造成借款人损失的,应当赔偿损失。

借款人未按照约定的日期、数额收取借款的,应当按照约定的日期、数额支付利息。

释　义

本条是关于贷款人提供借款的义务以及借款人收取借款义务的规定。

除自然人之间的借款外,借款合同成立并生效后,按照合同约定提供贷款是贷款人的一项主给付义务,如果贷款人未履行此义务,即不按照约定的日期提供借款或者不按照约定的金额足额提供借款,则构成违约行为,如因此给借款人造成损失的,应当赔偿损失。

除自然人之间的借款外,在其他借款合同中,贷款人按约提供了借款后,借款人应当按约收取借款。关于借款人按约收取借款究竟是借款人的权利还是义务,有争议。笔者认为,应当认定为借款人的一项义务,这项义务包含两个方面的内容:一方面是借款人应当按照约定的时间收取借款,另一方面是按照约定的数额收取借款。如果逾期未收取或者未足额收取,则应当按照约定的日期、数额支付利息。如约定3月1日收取100万元的借款,但借款人迟至

3月20日才收取50万元,此时借款人应当从3月1日期按照100万元向贷款人支付利息,该支付的利息应当可以看作是对贷款人承担的违约责任。

第六百七十二条 贷款人按照约定可以检查、监督借款的使用情况。借款人应当按照约定向贷款人定期提供有关财务会计报表或者其他资料。

释 义

本条是关于贷款人检查监督权和借款人定期提供资料等义务的规定。

贷款期间,借款人是否按照借款合同的约定使用贷款,其还款能力如何等情况,直接影响借款到期后贷款人能否收回本息。因此,贷款人应当对借款人的经营情况、财务状况进行动态的管理和跟踪,这需要贷款人按照约定对借款的使用情况定期进行检查、监督,以便随时发现情况,及时采取措施,保护自己的权益。

贷款人对借款人除定期或不定期的检查、监督外,还可按照约定要求借款人定期提供有关财务会计报表或者其他资料,如经营情况、负债情况等,以便掌握借款人的合同履行能力。

第六百七十三条 借款人未按照约定的借款用途使用借款的,贷款人可以停止发放借款、提前收回借款或者解除合同。

释 义

本条是关于借款人违反借款合同约定的借款用途使用借款,贷款人的救济措施。

借款合同生效后,借款人按照约定的用途使用借款是借款人的重要义务之一,之所以如此规定,主要因为:第一,借款用途涉及贷款人贷款资金的安全,与借款人能否按期偿还借款也有着直接的关系,擅自改变借款用途,会增加贷款回收的风险。第二,如果借款人按照合同约定的借款用途使用借款,不仅可以实现借款合同的目的,而且可以最大限度地保障资金的使用效益,也有助于增加借款偿还的确定性。因此,在借款合同中,借款用途往往都是贷款人在借款合同明确要求约定的内容。

借款人未按照约定的用途使用借款的,主要是没有做到专款专用,将借款挪作他用,对于借款人的这一违反合同义务的行为,贷款人可以停止发放贷款、提前收回借款或者解除合同。并可按照约定对借款人计收罚息。

第六百七十四条 借款人应当按照约定的期限支付利息。对支付利息的期限没有约定或者约定不明确,依据本法第五百一十条的规定仍不能确定,借款期间不满一年的,应当在返还借款时一并支付;借款期间一年以上的,应当在每届满一年时支付,剩余期间不满一年的,应当在返还借款时一并支付。

释 义

本条是关于借款人按约定支付利息的规定。

支付利息是借款合同中借款人的一项给付义务,虽然民间借贷中有不约定利息的情形存在,但是绝大多数情况下,借款合同都对利息的支付作出约定。关于利息的约定,主要有这几个方面,一是计算标准,通常约定年利率,如前所述,银行借款合同中利率参照中国人民银行每月公布的贷款市场报价利率(LPR)确定,民间借款利率由当事人约定,但年利率不得超过24%。二是支付的方式是先付息后还本,或者每次等额还本付息,还是最后一次性利随本清等。三是利息支付的时间,也就是结息的时间,是月结、季结、年结还是最后一次结,应当在合同中约定清楚。

如果合同对利息支付的期限没有约定或者约定不明确,首先由当事人协议补充,协议不成的,根据合同目的、交易习惯等通过合同解释确定,仍然确定不了的,则按照本条的规定支付。

第六百七十五条 借款人应当按照约定的期限返还借款。对借款期限没有约定或者约定不明确,依据本法第五百一十条的规定仍不能确定的,借款人可以随时返还;贷款人可以催告借款人在合理期限内返还。

释　义

本条是关于借款人返还借款义务的规定。

借款合同中，按约定返还借款是借款人的主要义务。首先，按照合同约定的期限返还。其次，合同对于还款期限没有约定或者约定不明确的，按照本法第510条确定，仍然不能确定的，则借款人可以随时返还，即借款人可随时通知贷款人返还；贷款人可以催告借款人在合理期限内返还，也就是贷款人可以向借款人发出催款通知，要求借款人在合理期限内偿还。

第六百七十六条　借款人未按照约定的期限返还借款的，应当按照约定或者国家有关规定支付逾期利息。

释　义

本条是关于借款人未按期返还借款违约责任的规定。

本条适用的条件：

1. 借款人未按照约定的期限返还借款，一是指在约定的期限内未返还；二是指在约定的期限内未按照约定的数额返还。

2. 按照约定或者国家有关规定支付逾期利息。

在银行借款合同中，根据中国人民银行银发〔2003〕252号第3条的规定，借款人未按照约定返还的借款，可以加收罚息，罚息的利率为在借款合同载明的贷款利率水平上加收30%—50%，这里的30%—50%应看作是当事人在合同中约定逾期罚息的上限标准。

在民间借贷中，按照最高人民法院《关于审理民间借贷案件适用法律若干问题的规定》（法释〔2015〕18号）的规定：（1）借贷双方对逾期利率有约定的，从其约定，但以不超过年利率24%为限。（2）未约定逾期利率或者约定不明的，如果既未约定借期内的利率，也未约定逾期利率，出借人可以主张自逾期还款之日起按照年利率6%支付资金占用期间利息；约定了借期内的利率但未约定逾期利率，出借人可以主张自逾期还款之日起按照借期内的利率支付资金占用期间利息。（3）出借人与借款人既约定了逾期利率，又约定了违约金或者其他费用,出借人可以选择主张逾期利息、违约金或者其他费用,也可以一并主张,但总计不得超过年利率24%。

第六百七十七条　借款人提前返还借款的,除当事人另有约定外,应当按照实际借款的期间计算利息。

释　义

本条是关于借款人提前还款的规定。

合同约定的返还期限是借款人履行义务的期限,借款人作为债务人享有履行的期限利益,因此,提前还款可以看作是借款人放弃债务履行的期限利益,不应因此承担违约责任。但是,如果当事人就提前还款的费用补偿等有约定,按照约定履行即可。但是,如果当事人实际用款的时间很短,却约定需要借款人支付全部借款期间的利息,因为此时计算的利息属于违约金,因此,可以认为违约金约定过高,可请求予以调整。如果当事人没有就提前还款作出约定的,则应当按照实际借款的期间计算利息,如借款期限为6个月,借款后3个月借款人就还款的,则按照实际借款的时间即3个月计算利息。

第六百七十八条　借款人可以在还款期限届满前向贷款人申请展期;贷款人同意的,可以展期。

释　义

本条是关于延长借款期限的规定。

金钱债务不存在客观履行不能的问题,因此,债务人不能以此为由而当然地延长还款期限,而必须是借款人提出延长的要求,经贷款人同意后方可延长,这实际上是双方合意延长还款期限。第一,借款人在还款期限届满前提出展期申请,即在还款期限届满前向贷款人提出延长还款期限的要约。第二,贷款人收到借款人的申请后,同意的,即为承诺的,则形成展期的合意,返还期限延长。不同意的,则还款期限不得延长。

第六百七十九条 自然人之间的借款合同,自贷款人提供借款时成立。

释 义

本条是关于自然人之间的借款合同成立的特别规定。

所谓自然人之间的借款合同,是指贷款人、借款人双方都是自然人而订立的借款合同,属于民间借贷的一种。自然人之间的借贷,多数情况下都发生在熟人之间,如亲属之间、朋友之间等,金额通常比较小,具有无偿性、不要式性等特征。因此,这一类合同在传统上作为实践性合同。从本条规定看,民法亦认为,自然人之间的借款合同属于实践性合同。

自贷款人提供借款时,是指自贷款人交付借款时,由于现代支付的非现金化趋势越来越明显,电子划拨与支付方式成为日常主流。因此何谓提供,最高院《关于审理民间借贷案件适用法律若干问题的规定》第9条的规定,具有下列情形之一,可以视为具备本条关于自然人之间借款合同的成立要件:(1)以现金支付的,自借款人收到借款时;(2)以银行转账、网上电子汇款或者通过网络贷款平台等形式支付的,自资金到达借款人账户时;(3)以票据交付的,自借款人依法取得票据权利时;(4)出借人将特定资金账户支配权授权给借款人的,自借款人取得对该账户实际支配权时;(5)出借人以与借款人约定的其他方式提供借款并实际履行完成时。

第六百八十条 禁止高利放贷,借款的利率不得违反国家有关规定。

借款合同对支付利息没有约定的,视为没有利息。

借款合同对支付利息约定不明确,当事人不能达成补充协议的,按照当地或者当事人的交易方式、交易习惯、市场利率等因素确定利息;自然人之间借款的,视为没有利息。

释 义

本条是关于利息约定的规定。

借款合同约定的利率不得违反国家有关规定,银行贷款的利率按照贷款市场报价利率(LPR)合理确定,借款人违反借款用途使用借款的,利率在原来利率基础上上浮 50%—100%,逾期还款的,利率在原来利率基础上上浮 30%—50%。除此之外,不得以任何方法如手续费等变相提高贷款利率。民间借款年利率不超过 24% 的,法律予以保护;超过 36% 的部分无效,法律不予保护,已经给付的,可以请求返还;24%—36% 之间的利息,如果当事人已经给付的,则不得请求返还。

关于复利问题。所谓复利,是指将一个计息周期内的利息计入本金,并以此为基数再次计算所生的利息,俗称"利滚利""驴打滚"。金融机构的借款,合同法并未禁止,中国人民银行也允许计收复利,因此,应当允许借款合同约定复利,即在一个计息周期(如一年)届满后,可以将上一期的利息计入本期的本金中计算本期的利息。对于民间借贷,我国过去原则上禁止计算复利,现在有条件承认,即借款人在借款期间届满后应当支付的本息之和,不能超过最初借款本金与以最初借款本金为基数,以年利率 24% 计算的整个借款期间的利息之和。

根据第 2 款的规定,借款合同对支付利息没有约定的,无论是金融机构的借款还是民间借贷,均视为没有利息,也就是借款人无须支付利息。

如果借款合同对支付利息有约定,但是约定不明确的,由当事人通过补充协议加以明确,如果达不成补充协议的,可以按照当地或者当事人的交易方式、交易习惯、市场利率等因素确定利息。但如果是自然人之间借款的,合同对利息支付约定不明确的,应当视为没有利息。

第十三章　保证合同

本章导言 ▶

　　本章是关于保证合同的规定,共计 22 条。规定了保证的概念、保证人、保证方式、保证责任等内容。

　　债的担保是确保债权实现的重要手段,我国 1995 年《担保法》规定了五种担保方式,即保证、抵押、质押、留置和定金,它们属于法律规定的典型担保。保证为人的担保,抵押、质押、留置为物的担保,定金为金钱的担保。体例上,物的担保归入物权编,为担保物权,与用益物权并列。定金为金钱的担保,法国、日本等民法规定于买卖中,而准用于其他有偿契约,德国、瑞士等民法规定于债之通则。我国民法因未设债法总则,而以合同通则代行债法总则的功能,有关定金亦规定于合同通则之违约责任部分。关于保证,与德国、瑞士等民法相仿,作为典型合同之一种规定于合同分则之中。与 1999 年合同法分则规定的合同类型相比,保证合同为新类型合同。我国民法典颁布后,原于《担保法》规定之五种典型担保方式各有归属,《担保法》之使命亦已完成。

第一节　一般规定

　　第六百八十一条　保证合同是为保障债权的实现,保证人和债权人约定,当债务人不履行到期债务或者发生当事人约定的情形时,保证人履行债务或者承担责任的合同。

释　义

　　本条是关于保证合同的定义性规定。

所谓保证合同,是指为保障债权的实现,保证人和债权人约定,当债务人不履行到期债务或者发生当事人约定的情形时,保证人履行债务或者承担责任的合同。由定义可以看出,第一,保证之目的是保障债权的实现,保证人的财产与债务人的财产一起作为债权清偿的责任财产,无疑会增大债权实现的可能性。第二,保证合同的主体是债权人和保证人,因此有关保证合同的成立和生效上关于主体及主体的行为能力、意思表示等均以债权人、保证人订立保证合同时为考察。债权人与债务人之间成立的债权债务关系系保证合同的主法律关系。第三,至于保证人与债务人之间,可能成立委托关系或其他的法律关系,如无因管理等。

保证合同具有如下的法律特征:

1. 保证属于人的担保。保证是凭借保证人的信用而成立之担保合同,为人的担保。

2. 保证合同的标的,保证担保的客体为主债务人之主债务。在此基础上,保证合同之成立需主债务合法有效存在为前提。如并无债务,或者债务为非法债务、无效债务,自不得成立保证合同。

3. 保证合同是保证人在债务人不履行到期债务或者发生当事人约定的情形时,承担保证责任而成立的合同。

4. 无偿性。保证人保证债权人债权之实现而承担的保证义务,债权人不负担对价之给付义务。至于保证人受债务人委托而为保证,可能向债务人收取费用,因为债务人不是保证合同的当事人,因此,其支付给保证人的费用并不是保证合同中债权人所要支付的代价。

5. 单务性。保证人负保证义务,但债权人不承担对待给付义务。

6. 从属性。所谓从属性,是指保证合同在成立上、效力上、范围上、转移上、消灭上等方面从属于主债权债务合同,是主债权债务合同的从合同。

7. 要式性。民法典虽然删除了原《担保法》第 13 条关于保证合同采书面形式的规定,但是,从本章第 685 条关于保证成立的三种形式看,法律皆有书面形式要求。因此,保证合同具有要式性。

第六百八十二条 保证合同是主债权债务合同的从合同。

主债权债务合同无效的,保证合同无效,但是法律另有规定的除外。

保证合同被确认无效后,债务人、保证人、债权人有过错的,应当根据其过错各自承担相应的民事责任。

释 义

本条是关于保证合同从属性的规定。

保证合同具有从属性,从属于主债权债务合同。从表述上看,虽然本条讲的保证担保的主债权债务是依合同发生的,但保证所担保的主债务不限于合同之债,因此,本条在解释上应当扩大,即保证合同不仅是主债权债务合同的从合同,还是其他法定之债的从合同。但因合同之债的普遍性、典型性,也为行文的方便,因此,多以合同表述之。

从属性原则是保证合同的典型特征,保证合同的从属性表现在以下方面:

1. 成立上的从属性。保证合同以主债权债务合同的成立为前提,主合同不成立,保证合同也不成立。虽然对于将来发生的债务或者附条件的债务,在保证合同成立时还未具体发生,但其发生已经具备客观的基础,将来是有可能发生的,所以并不妨碍保证的成立。更何况,法律上还专门设有最高额保证,以为将来发生之债务提供担保。

2. 效力上的从属性。是指保证合同在效力上从属于主合同,主合同无效、被撤销,则保证合同也无效。关于保证,在实践中有从属保证与独立保证之分,后者为保证从属性之例外。我国司法实践中,只认可银行或者非银行金融机构可以开立独立保函。但从本条但书部分的规定看来,独立保证只能法律规定,当事人不得自由约定,即不允许当事人以约定排除保证的从属性。

3. 范围上的从属性。保证人保证责任的范围取决于主合同债务,并从属于主债务的范围。保证人保证责任的范围不应超过或者重于主债务人承担的主债务范围。

4. 转移上的从属性。保证期间,主债权转移的,保证随之转移,保证人在原保证担保的范围内继续承担保证责任。考虑到保证具有人身信任性,因此,如果保证人在保证成立时明确只对特定的债权人提供担保,或者约定债权不得转让的,未经保证人的同意,则保证人不再承担保证责任。债务转移的,须得保证人书面同意,否则,保证人不再承担保证责任。

5. 消灭上的从属性。主债务消灭的,保证债务亦消灭。关于保证合同无效的处理。保证合同无效可能是因为主合同无效而无效,也可因为自身存在无效的原因而无效。

首先,因为主合同无效而无效的,应当根据债务人、保证人、债权人的过错各自承担相应的责任。第一,如果对主合同的无效,保证人没有过错的,则保证人不承担责任;第二,如果保证人对主合同的无效有过错的,如保证人明知主合同无效仍为担保,或者与债权人或与债务人恶意串通致主合同无效的,此时应当根据其过错确定各自应当承担的责任。

其次,主合同有效,但保证合同无效的,如果债权人没有过错的,则保证人与主债务人对债权人的损失,承担连带赔偿责任;保证人、债权人都有过错的,按照过错大小各自承担相应的责任。

第六百八十三条　机关法人不得为保证人,但是经国务院批准为使用外国政府或者国际经济组织贷款进行转贷的除外。

以公益为目的的非营利法人、非法人组织不得为保证人。

释　义

本条是关于保证人资格的规定。

法人或非法人组织担任保证人时,要受到其目的事业范围的限制。因此,第一,机关法人不得为保证人。因为机关法人是代表国家行使公共权力的组织,充当保证人显然不符合其存在的目的。但经国务院批准为使用外国政府或者国际经济组织贷款进行转贷的除外,对外国政府贷款、国际经济组织贷款,可以由政府或政府指定的部门担任保证人。第二,以公益为目的的非营利法人、非法人组织不得为保证人。我国民法上法人分为营利法人、非营利法人和特别法人。其中非营利法人包括事业单位、社会团体、基金会、社会服务机构等,通常是以公益为目的,不能充任保证人。非法人组织中有营利目的的,如个人独资企业、合伙企业等,也有非营利的,如业主委员会等,这其中,以公益为目的的非法人组织自然不能为保证人。

从本条的规定看,本条在性质上属于强制性条款,并且是效力性强制性条款,因此,保证人如果有本条规定的情形,则订立的保证合同无效。

第六百八十四条　保证合同的内容一般包括被保证的主债权的种类、数额,债务人履行债务的期限,保证的方式、范围和期间等条款。

释　义

本条是关于保证合同内容的提示性规定。

保证合同一般采用书面形式,通常保证合同应当包括下列主要条款:

1. 被保证的主债权的种类、数额。

被担保的主债权的种类和数额关系保证责任的范围,因此,在保证合同中应当明确约定,如果没有约定或者约定不明,一般认为,应对全部债权及其利息、违约金、损害赔偿金和实现债权的费用等均予担保。

2. 债务人履行债务的期限。约定债务人履行债务的期限,一方面,一般说来,主债务履行期限届满后,债务人仍然不履行债务的,保证人开始承担保证责任;另一方面,也是确定保证期间起算的时间点。

3. 保证的方式,是指一般保证还是连带保证。

4. 保证的范围,是指保证所担保主债权的范围,这是保证合同的主要条款,保证合同应当明确加以约定。如果没有约定的,通常视为对债务人的全部债务提供担保。

5. 保证的期间,是指保证人承担保证责任的期限,债权人在该期间内未向保证人主张承担保证责任的,保证责任消灭。

保证合同除上列的一些条款之外,还可以约定其他的一些条款,如争议解决条款等。上列的条款只是法律所作的提示性规定,即使当事人未就其中的一些条款作约定,甚至仅仅在主合同上以保证人身份签字或加盖印章,保证合同也可以成立,有关的主要内容均可以依照本章的规定加以补充。

第六百八十五条　保证合同可以是单独订立的书面合同,也可以是主债权债务合同中的保证条款。

第三人单方以书面形式向债权人作出保证,债权人接收且未提出异议的,保证合同成立。

释 义

本条是关于保证合同成立方式的规定。

保证合同的订立方式包括 3 种方式：一是在主合同外订立单独的保证合同；二是在主合同中订立保证条款；三是第三人单方以书面形式向债权人作出保证。

第一种方式比较正式，在一些比较重要的交易中，一般都采用这种方式。债权人和保证人在合同书上签字盖章后，保证合同成立。

第二种方式比较简明，直接由第三人以保证人的身份在主合同上签字盖章，保证合同成立。有关主债权的种类、数额、履行期限等都由主合同约定好了，只需要约定一些保证条款，如保证范围、保证方式、保证期限等。有时，在主合同中没有保证条款的约定，但是第三人明确以保证人的身份在主合同上签字盖章的，保证合同也成立，因为，有关保证的主要条款都可以依照本章的规定对当事人的意思加以补充。

第三种方式，是第三人单方以书面形式向债权人作出保证，如单方出具的担保承诺、保函、有约束力的安慰函等，性质上，这些函件属于要约，债权人接受未提出异议，即债权人通过默示的方式为承诺，则保证合同成立。

第六百八十六条 保证的方式包括一般保证和连带责任保证。

当事人在保证合同中对保证方式没有约定或者约定不明确的，按照一般保证承担保证责任。

释 义

本条是关于保证的方式的规定。

保证的方式是指保证人承担保证责任的方式。保证的方式主要有两种，即一般保证与连带责任保证。所谓一般保证，是指当事人在保证合同中约定，债务人不能履行债务时，由保证人承担保证责任的保证；连带责任保证，则是指当事人在保证合同中约定保证人和债务人对债务承担连带责任的保证。这两种保证方式,最主要的区别在于,一般保证中,保证人享有先诉抗辩权,连带责任保证中,保证人无先诉抗辩权。由此,两者在保证期间的适用、诉讼时效期间的起算等方面均有不同。

本条第 2 款修改了 1995 年《担保法》第 19 条的规定,依据该款,当事人采取连带责任保证的,须特别约定。如果没有约定或者约定不明确的,则按照一般保证承担保证责任。

第六百八十七条　当事人在保证合同中约定,债务人不能履行债务时,由保证人承担保证责任的,为一般保证。

一般保证的保证人在主合同纠纷未经审判或者仲裁,并就债务人财产依法强制执行仍不能履行债务前,有权拒绝向债权人承担保证责任,但是有下列情形之一的除外:

（一）债务人下落不明,且无财产可供执行;

（二）人民法院已经受理债务人破产案件;

（三）债权人有证据证明债务人的财产不足以履行全部债务或者丧失履行债务能力;

（四）保证人书面表示放弃本款规定的权利。

释 义

本条是关于一般保证中保证人先诉抗辩权的规定。

本条第 1 款是对一般保证的定义性规定,两种保证方式中,如前所述,一般保证与连带责任保证最主要的区别在于保证人是否享有先诉抗辩权,因此,本条第 2 款对先诉抗辩权及其行使的条件做了规定。

所谓先诉抗辩权,也称检索抗辩权,或者顺序利益抗辩,是指保证人在主合同纠纷未经审判或者仲裁,并就债务人财产依法强制执行仍不能履行债务前,享有拒绝向债权人承担保证责任权利。

先诉抗辩权行使的条件:第一,须债权人向保证人为承担保证责任的请求。第二,须在债权人已就主合同纠纷经过审判或者仲裁,并就债务人的财产为强制执行仍不能履行债务前。债权人对债务人的财产强制执行后,可能债务人无财产可供清偿;或者债务人仅有部分财产可部分清偿。只有债权人证明已经为适当的强制执行而仍不能清偿或者仅部分清偿的,否则,保证人可以拒绝债权人的清偿请求。

先诉抗辩权的行使方式。对先诉抗辩权保证人既可于诉讼中行使,也可在诉讼外行使。诉讼中行使的,仅得当事人主张时,方可援用,在当事人未为主张时,法官不得直接依职权援用先诉抗辩权而作出债权人败诉的判决。在诉讼外行使的,保证人以意思表示为之即可。

先诉抗辩权行使的效果仅在于暂时阻止债权人请求权效力的发生,它并不是对债权人请求权的否认。因此,在债权人向保证人为请求时,法院不得径行以保证人享有先诉抗辩权为由驳回债权人的请求,而可类用同时履行抗辩权,对原告(债权人)为限制性胜诉判决。

先诉抗辩权可因保证人放弃而消灭,也可因客观上无法行使而消灭,还可因法律上与强制执行程序同效果之程序的开始而消灭。先诉抗辩权因下列原因而消灭:

1. 债务人下落不明,且无财产可供执行。是指在法律上无法确定债务人的所在,或者即使能够确定,但是无法取得联系,除此之外还须无财产可供执行。

2. 人民法院已经受理债务人破产案件。人民法院一旦受理债务人破产案件,说明债务人已无清偿能力。因此,破产程序开始后,债权人有权请求保证人承担保证责任,保证人不得拒绝,即保证人的先诉抗辩权消灭。

3. 债权人有证据证明债务人的财产不足以履行全部债务或者丧失履行债务能力。虽然未强制执行或者强制执行才开始,但债权人有证据证明债务人的财产不足以履行全部债务或者丧失履行债务能力的,债权人也可以请求保证人承担保证责任,保证人不得拒绝。

4. 保证人书面表示放弃本款规定的权利。先诉抗辩权也属于民事权利,因此,保证人可以放弃。但是,保证人须以书面形式放弃方才产生放弃的效力。保证人放弃先诉抗辩权后,一般保证就转变为连带责任保证。

第六百八十八条 当事人在保证合同中约定保证人和债务人对债务承担连带责任的,为连带责任保证。

连带责任保证的债务人不履行到期债务或者发生当事人约定的情形时,债权人可以请求债务人履行债务,也可以请求保证人在其保证范围内承担保证责任。

释　义

本条是关于连带责任保证的规定。

连带责任保证是指保证合同中约定保证人和债务人对债务承担连带责任所成立的保证。连带责任保证具有以下几个方面特征：

1. 成立上。连带责任保证是因当事人的约定而成立的，特殊情况下，连带责任保证也可因法律规定而成立，如保证人在票据上为保证行为而成立之票据保证。

2. 连带责任保证中，保证债务仍具有从属性，主债务人享有之抗辩，保证人仍可主张。

3. 保证人与主债务人对债务承担连带责任，保证人无先诉抗辩权。

4. 连带责任保证中，保证人承担了保证责任后，在其清偿限度内，对主债务人享有求偿权。

第六百八十九条　保证人可以要求债务人提供反担保。

释　义

本条是关于反担保的规定。

反担保，又称逆担保，是指对保证人所为保证所提供的担保。原来的保证为本担保，主体为债权人和保证人。反担保中，被担保人是本担保中的保证人，反担保为人保时，担保人可以是除债务人以外的第三人，在反担保为物保时，债务人或其他的第三人均可为物上保证人。反担保实质上是对保证人对债务人享有的求偿权提供的担保。

第六百九十条　保证人与债权人可以协商订立最高额保证的合同，约定在最高债权额限度内就一定期间连续发生的债权提供保证。

最高额保证除适用本章规定外，参照适用本法第二编最高额抵押权的有关规定。

释 义

本条是关于最高额保证的规定。

所谓最高额保证,是指保证人与债权人约定以保证人在最高债权额限度内就一定期间连续发生的债权提供保证而订立的合同。如甲建筑公司向乙混凝土公司购买混凝土,约定供应日期为 2019 年 3 月 1 日到 2019 年 10 月 31 日,供应方式为按照甲公司的通知送货到指定的工程所在地;结算方式为:供货期结束后 30 日内,双方进行结算,并在结算完毕后的 10 日内付清货款。丙公司为乙公司所供混凝土的货款提供最高不超过 3000 万元的担保。

最高额保证债权的确定。最高额保证中,由于债权在保证成立时未确定,因此,债权的确定是最高额保证中关键性的要求。最高额保证所担保的债权的确定,本章没有规定,可以参照最高额抵押权的有关规定确定。

第二节 保 证 责 任

第六百九十一条 保证的范围包括主债权及其利息、违约金、损害赔偿金和实现债权的费用。当事人另有约定的,按照其约定。

释 义

本条是关于保证范围的规定。

保证人的保证责任包括代为履行债务和代为承担债务不履行的责任。不管是代为履行债务还是代为承担债务不履行的责任,都需要对具体的保证范围加以明确。

一般说来,保证担保的范围通常由当事人在保证合同中约定,但当事人约定的保证范围原则上不应当超过本条所规定的范围。如果当事人有约定的,则按照当事人的约定确定保证的范围,保证人在约定的保证范围内承担保证责任。

如果保证合同对保证范围没有约定,则保证的范围包括主债权及其利息、违约金、损害赔偿金和实现债权的费用。

第六百九十二条 保证期间是确定保证人承担保证责任的期间,不发生中止、中断和延长。

债权人与保证人可以约定保证期间,但是约定的保证期间早于主债务履行期限或者与主债务履行期限同时届满的,视为没有约定;没有约定或者约定不明确的,保证期间为主债务履行期限届满之日起六个月。

债权人与债务人对主债务履行期限没有约定或者约定不明确的,保证期间自债权人请求债务人履行债务的宽限期届满之日起计算。

释 义

本条是关于保证期间的规定。

所谓保证期间,就是指保证人承担保证责任的期间,它是保证人保证责任存续的期间。保证期间具有以下的特点:

1. 保证期间是保证责任的存续期间,该期间也是债权人主张保证人承担保证责任的期间。保证期间届满前,债权人未向保证人主张保证责任的,则保证责任解除。

2. 保证期间性质上为除斥期间,不发生中止、中断、延长。这与保证债务的诉讼时效不同,两者无论从期限的性质、期限经过后的效力、期间是否可变、期间的起算等方面都不同。

3. 保证期间由当事人约定,无约定或者约定不明的,依法定,法定属于补充性规定。而诉讼时效只能法定,具有强行法的性质。

保证期间首先由当事人在保证合同中约定。保证期间虽可由当事人约定,但是约定的期限是否有最长期限的限制,本条没有规定。但似应比照 3 年普通诉讼时效期间,约定最长保证期间,即以主债务履行期限届满之日起不超过 3 年为宜。

当事人对于保证期间没有约定或者约定不明确的,则保证期间为主债务履行期限届满之日起 6 个月。当事人如果约定的保证期间早于主债务履行期限或者与主债务履行期限同时届满,视为没有约定。关于主债务的履行期限如果主合同没有约定或者约定不明确的,则债权人应当催告债务人履行,在催告的通知中应当给对方合理的履行债务的宽限期,宽限期届满之日起开始计算保证期间。

第六百九十三条　一般保证的债权人未在保证期间对债务人提起诉讼或者申请仲裁的,保证人不再承担保证责任。

连带责任保证的债权人未在保证期间请求保证人承担保证责任的,保证人不再承担保证责任。

释　义

本条是关于保证期限届满法律效果的规定。

保证期间届满的法律效果,是指在保证期间届满前债权人未向主债务人或者保证人主张权利的,则发生保证人的保证责任消灭的法律后果。发生该法律效果的条件是:

第一,债权人未在保证期间为主张,也就是债权人未在约定或者法定的保证期间届满前主张。

第二,主张的对象。一般保证中,债权人未向主债务人为主张;连带责任保证中,债权人未向保证人为主张。

第三,主张的内容。一般保证中,为债权人请求债务人履行债务或者承担不履行债务的责任;连带责任保证中,为债权人请求保证人承担保证责任。

第四,债权人主张的方式。一般保证中,债权人须在保证期间对债务人提起诉讼或者申请仲裁。所谓提起诉讼或者申请仲裁,应作广义上的理解,即凡是具有类似于诉讼或者仲裁的司法程序或者准司法程序都可以,如申请支付令、破产申请、债权申报、强制执行申请等。所谓提起诉讼或者申请仲裁,是指只要可以在程序上启动该程序即为已足,如将诉状、申请书等法律文件提交给法院或者约定的仲裁机构,至于法院或者仲裁机构是否受理,在所不问,除非债权人对于法院或者仲裁机构的不受理具有故意或者重大过失。

连带责任保证中,债权人须在保证期间届满前对保证人主张承担保证责任,否则,保证人的保证责任消灭。债权人对保证人主张的方式,不必如一般保证中提起诉讼或申请仲裁,只需要向保证人发出请求其承担保证责任的通知即可。

不符合上列条件的,则保证人的保证责任因保证期间届满而绝对消灭。

第六百九十四条　一般保证的债权人在保证期间届满前对债务人提起诉讼或者申请仲裁的,从保证人拒绝承担保证责任的权利消灭之日起,开始计算保证债务的诉讼时效。

连带责任保证的债权人在保证期间届满前请求保证人承担保证责任的,从债权人请求保证人承担保证责任之日起,开始计算保证债务的诉讼时效。

释　义

本条是关于保证债务诉讼时效起算的规定。

保证债务作为保证人所负担的债务,也受诉讼时效期间的限制,即有所谓保证债务的诉讼时效问题。保证债务依据保证合同而产生,其对应的是债权人对保证人享有的要求保证人承担保证债务的请求权。保证债务的诉讼时效期间也就是该请求权的诉讼时效期间。

关于保证债务的诉讼时效的计算。一般保证中,保证债务的诉讼时效的起算注意两点,首先,债权人须在保证期间内对主债务人提起诉讼或者申请仲裁,如果未在保证期间内对主债务人为请求,则保证人不再承担保证责任。此点如前所述。其次,保证人的先诉抗辩权消灭,如果保证人仍享有先诉抗辩权,则债权人对保证人的请求权受到保证人抗辩权的阻止而处于停止状态,只有待先诉抗辩权消灭,债权人能够行使其请求权时,才应开始诉讼时效的计算。因此,本条第1款规定中从保证人拒绝承担保证责任权利消灭之日起计算就是这个意思。

连带保证中,保证人不享有先诉抗辩权,在债务履行期限届满后,债权人在保证期间届满前可以直接请求保证人承担保证责任,从请求之日起,保证人即应承担保证责任,履行保证债务,如果保证人不履行保证债务,则从这一天起,债权人的权利即受到侵害,诉讼时效也应从这一天起开始计算。

第六百九十五条　债权人和债务人未经保证人书面同意，协商变更主债权债务合同内容，减轻债务的，保证人仍对变更后的债务承担保证责任；加重债务的，保证人对加重的部分不承担保证责任。

债权人和债务人变更主债权债务合同的履行期限，未经保证人书面同意的，保证期间不受影响。

释　义

本条是关于主合同变更对保证人保证责任影响的规定。

债权人与债务人协议变更主合同的内容，因为事关保证人保证责任的承担，因此，需要取得保证人的同意，否则，对保证人不产生效力，此为一般原则。

但如果主债权债务变更后，减轻债务的，如将利息由年息 12% 降为 8%，则保证人对变更后的债务承担保证责任；变更后加重债务的，如债权人与债务人约定提高逾期付款的利息由年息 12% 提高到 15%，这显然加重了债务，如果未经保证人同意的，对于加重部分，保证人不承担保证责任。

需要注意的是：

第一，本条规定仅针对债权人与债务人协议变更主合同内容的情形，而不包括其他的法定变更，如因国家法律、政策的变化导致合同约定的材料价格上涨或者不可抗力事件导致合同履行期限的延长等。

第二，协议变更未取得保证人的书面同意。保证人同意既可以是变更前的同意，也可以是变更后的同意——承认或追认等。同意的方式明示或默示均可，明示的须是书面形式，如同意的书面通知，或者在变更后的主合同上签字盖章等。

第三，关于主债务履行期限的变更，未经保证人书面同意的，保证期间不受影响。所谓履行期限变更，既包括延长履行期限，也包括缩短履行期限；既可以是原履行期限届满前变更，也可以是履行期限届满后延长保证人的履行期限。其实，期限利益本在于债务人，因此，缩短履行期限对债务人、保证人均不利，而延长保证期限，通常于债务人有利，但于保证人不利，因为这会延长保证责任的承担期限。因此，债务履行期限的变更需要保证人书面同意。所谓保证期间不受影响，一是指原保证合同约定的保证期间不变；二是保证期间的起算不变,即仍然从主债务原履行期限届满之日起计算。

第六百九十六条　债权人转让全部或者部分债权,未通知保证人的,该转让对保证人不发生效力。

保证人与债权人约定禁止债权转让,债权人未经保证人书面同意转让债权的,保证人对受让人不再承担保证责任。

释　义

本条是关于保证担保的债权转让时,保证人保证责任承担的规定。

保证成立后,保证人承担保证债务,该债务虽从属于主债务,但性质上都是对债权人负担的债务。债权人转让全部或部分债权给第三人的,是债权人对自己权利的处分,一般情况下,当事人如没有特别约定,则无须债务人的同意,即可产生转让的效力。但债权人有向保证人通知的义务,通知后,保证人对受让人承担相应的保证责任;未经通知的,该转让对保证人不产生效力。所谓对保证人不产生效力,是指债权人未将债权转让的事实通知保证人,则保证人没有义务向受让人承担保证责任,如果保证人向原债权人履行了保证债务的,则履行有效,保证债务消灭。

关于本条第2款:

首先,保证人与债权人有约定,该约定明确禁止债权转让。这是保证人与债权人在保证合同中,独立地对债权转让所作的限制,是保证人依据保证合同对债权人单独享有的抗辩权。如果在主债权债务合同中,债权人与债务人关于债权转让的限制所作的约定,根据本章第701条的规定,保证人同样可以援用该转让限制的约定以为抗辩。

其次,债权人转让全部或者部分债权给第三人的,须保证人的书面同意。保证人同意的方式为书面方式,未采用书面方式的,不产生同意的效力。保证人可以于事前同意,也可以于事后同意,事后同意的,如在诉讼中,须在第一审法庭辩论终结前为之。事后同意的,受让人可以催告保证人在合理期限内表示,保证人在催告所定合理期限内未表示的,视为不同意。

最后,未取得保证人书面同意转让债权的,保证人对受让人不再承担保证责任。所谓不再承担保证责任,是指保证人的保证责任不随债权转让而转让。

如果债权人与第三人之间的债权转让行为被确认为无效或者被解除、被撤销等,债权又归债权人享有时,只要保证期间未届满,债权人依然有权请求保证人承担保证责任。

第六百九十七条 债权人未经保证人书面同意,允许债务人转移全部或者部分债务,保证人对未经其同意转移的债务不再承担保证责任,但是债权人和保证人另有约定的除外。

第三人加入债务的,保证人的保证责任不受影响。

释 义

本条是关于主债务转移,保证人保证责任承担问题的规定。

本条适用的条件如下:

第一,债权人允许债务人转移全部或者部分债务。此处债务转移应指免责的债务承担,而不包括加入的债务承担,加入的债务承担于保证人有利,因为新的人加入债务后,使得债务的履行更有保障,会减少保证人承担保证责任的机会,即使承担保证责任,行使求偿权时,因新的债务人的加入,求偿权的实现也更有保障,因此,本条第 2 款规定,第三人加入债务的,保证人的保证责任不受影响。债权人允许,指这两种情形:一是在债务人与第三人订立债务承担契约时,债权人同意,或者事后追认;二是债权人与第三人约定,由第三人承担全部或部分的债务。

第二,未经保证人书面同意,是指债务承担的行为未经保证人书面同意。同意的方式须是书面方式,如果未采用书面方式,则不产生同意的效力。

第三,保证人对未经其同意转移的债务不再承担保证责任。

第四,须债权人与保证人没有特别约定。债权人与保证人如于保证合同中约定或者另行特别约定,保证人放弃同意权的,或者约定债务人转移债务不须保证人同意的,或者债务转移后,保证人仍然对债务承担人承担保证责任的等,则债务转移后,保证人仍然对债务承担人承担的债务承担保证责任。

第六百九十八条 一般保证的保证人在主债务履行期限届满后,向债权人提供债务人可供执行财产的真实情况,债权人放

弃或者怠于行使权利致使该财产不能被执行的,保证人在其提供
可供执行财产的价值范围内不再承担保证责任。

释 义

本条是关于债权人放弃或怠于执行债务人财产的责任的规定。

一般保证中,保证人有先诉抗辩权,债权人得先就债务人的财产为强制执行。但保证人的先诉抗辩只是暂时阻止债权人请求权效力的产生,属于一时性抗辩。因此,保证人积极向债权人提供债务人财产的情况供债权人强制执行,也是免于其将来承担保证责任的措施。

本条适用:

第一,本条适用于一般保证。

第二,保证人在主债务履行期限届满后,向债权人提供债务人可供执行财产的真实情况。一是主债务履行期限届满后,在保证期间内,债权人须对债务人提起诉讼或申请仲裁,此时,提供债务人财产的真实情况,可便于债权人采取相应的保全措施,为强制执行债务人的财产做准备。二是提供的须是债务人可供执行财产的真实情况。债务人可供执行财产,是指司法上可予以强制执行的财产,那些在司法上不可强制执行的财产,如债务人维持生计之财产,即使提供了情况,也不可执行。财产真实情况,是指财产的权属、财产的所在、由谁控制等情况,这些情况经查证可予执行,如果只是一般泛泛地提供财产的线索或者仅仅是怀疑,都不能认定属于保证人提供的债务人财产的真实情况,实际上,在这里,法律上是希望保证人通过必要的调查等行为,了解到债务人可供执行财产的真实情况。

第三,债权人放弃或怠于行使权利致使该财产不能被强制执行。债权人放弃或怠于行使权利,放弃就是明示或默示地表示针对所提供的财产不行使权利;怠于行使,是指能够行使,但债权人懈怠而没有行使权利或者没有及时行使;所谓行使权利,包括行使代位权、撤销权,做诉前财产保全、诉讼财产保全等。

第四,债权人放弃或者怠于行使权利致使该财产不能被执行,即债权人的放弃或者懈怠与财产不能被执行之间具有因果关系。财产不能被执行,一是事实上不能被执行,如因为债权人怠于行使权利,在怠于期间财产因不可抗力

或意外事件而毁损、灭失或者被第三人侵害而毁损、灭失等;二是法律上不可
执行,如由于债权人的放弃或者懈怠,财产已被第三人查封、冻结,或者被第三
人合法取得,也包括已经抵押或者质押给第三人,虽然仍可执行,但由于担保
物权的存在,有可能使得债权不能实现或者不能全部实现。

第五,保证人在其提供可供执行财产的价值范围内不再承担保证责任。
如保证人提供的债务人可供执行的房地产,该房地产的市场价为500万元,债
权人没有及时保全,房地产被第三人买得,则保证人在500万元范围内免于承
担保证责任。

　　第六百九十九条　同一债务有两个以上保证人的,保证人应
当按照保证合同约定的保证份额,承担保证责任;没有约定保证
份额的,债权人可以请求任何一个保证人在其保证范围内承担保
证责任。

释　义

本条是关于共同保证的规定。

所谓共同保证,是指两个或两个以上的保证人为同一债务提供保证。共
同保证的保证人为复数,但担保的是同一项债务,如果数个保证人虽同为一债
务人提供保证,但各自担保的是债务人的不同债务,则不能成立共同保证。共
同保证,较单一保证复杂,属于特殊保证。

共同保证之成立。共同保证系数个保证人就同一债务而为保证,其成立
不限于同一保证合同,也可依数个保证合同而成立,数个保证合同同时或先后
成立均无不可,并且不以数人之间有意思联络为必要。

共同保证有按份共同保证与连带共同保证之分:

1.按份共同保证,是指数个保证人在保证合同中约定了各个保证人所承
担的保证责任的份额,各个保证人按照保证责任份额向债权人承担保证责任。
按份共同保证可成立一般保证或连带保证。

2.连带共同保证,是指保证合同并未约定各个保证人的保证责任份额,各
个保证人均在保证范围内对同一债务承担连带清偿责任而成立的共同保证。
连带共同保证与连带责任保证不一样,连带共同保证是数个保证人之间的连

带,而连带责任保证则是保证人与主债务人之间的连带,有称前者为"保证连带"以示与连带责任保证相区别。连带共同保证中,债权人可以对所有保证人或者某几个或者某个保证人同时或者先后为请求,可以请求承担全部或者部分保证责任,保证人不得主张分摊清偿。连带共同保证亦可成立一般保证或者连带责任保证。

共同保证的效力:

1. 保证人与债权人之间。

按份共同保证中,债权人只能在各保证人分担的份额范围内请求保证人承担保证责任。为一般保证时,各保证人在其分担的份额范围内享有先诉抗辩权。如果为连带责任保证,则各该保证人在自己分担的份额范围内与主债务人就主债务清偿负连带责任。

连带共同保证中,债权人对全部保证人或者某几个保证人或者某个保证人,可以同时或先后请求承担全部或者部分保证责任,即各个保证人对于保证债务承担连带责任。如果成立一般保证,则各保证人均享有先诉抗辩权。成立连带责任保证的,则每个保证人与主债务人在债务履行期限届满后,在保证范围内对主债务的清偿负连带责任。任一个保证人向债权人为清偿或者其他消灭债务行为的(如代物清偿、抵销、提存等)对其他保证人均发生效力。债权人对于某个保证人免除保证责任的,如甲、乙、丙三人共同为丁的120万元债务向债权人戊提供保证担保这一例中,假定甲、乙、丙三人内部约定各自承担1/3,即每人承担40万元。如果债权人戊免除甲的保证责任,则在甲承担的份额内即40万元范围内,乙、丙免于承担保证责任,即乙、丙只需就80万元债务承担连带保证责任。

2. 各个保证人之间。

按份共同保证中,各保证人就保证债务均有分担份额,因此,各保证人之间原则上不发生追偿问题,至于某个保证人超出其份额为清偿或者其他消灭主债务的行为,可能成立非债清偿或无因管理,自可依据所成立之其他法律关系处理。

连带共同保证中,某个或者某几个保证人在保证范围内实施的清偿或者其他消灭主债务行为超出其应当承担的份额的,就超过其承担的份额部分是否可以向其他保证人追偿,本章没有规定。但按照本法总则第178条第2款的规定,应当认为有追偿权,但如何行使,有不同看法。我国台湾地区有学者认为,就超过自己分担部分,保证人除可以向主债务人全部求偿外,还可以向其他保证人按其各应分担部分求偿(自己分担部分仅得向主债务人求偿)。也就是说,保证人就超过自己份额部分,可以向主债务人全部求偿,也可向其他保证人在其分担的份额范围内求偿,并无顺序上的要求。但根据最高院《担保法解释》第20条规定,保证人超过其份额清偿的,首先要向主债务人追偿,不能追偿的部分,由各保证人按照内部约定的分担比例分担,无约定的,平均分担。

3.保证人与债务人之间。

按份共同保证中,保证人按照分担比例承担了保证责任后,其在分担比例范围内可以向债务人追偿或者代位追偿。

连带共同保证中,任一保证人承担了保证责任后,都可向主债务人追偿或者代位追偿。

第七百条　保证人承担保证责任后,除当事人另有约定外,有权在其承担保证责任的范围内向债务人追偿,享有债权人对债务人的权利,但是不得损害债权人的利益。

释　义

本条是关于保证人对债务人追偿权、代位权的规定。

保证人承担保证责任,对债权人而言,清偿的是自己的债务,但对债务人而言,保证人是代主债务人清偿债务,因此,保证人在承担保证责任后,对于主债务人享有追偿权和代位权。

所谓追偿权,也称求偿权,是指保证人承担保证责任后,有向主债务人请求偿还的权利。

追偿权的行使,应当具备下列条件:

1.保证人承担了保证责任。

保证人已经承担了保证责任,即代为履行主债务或者代为承担主债务不履行的责任。

2.主债务人因保证人承担保证责任而全部或者部分免责。

保证人的清偿或者其他消灭主债务的行为,主债务人因此而全部或者部分免责。

3.保证人未放弃追偿权。

如果保证人为主债务人提供保证的原因是赠与的话,则保证人对主债务人不享有追偿权。如果在保证人承担保证责任后,明确表示放弃追偿权的,则不得行使追偿权。

4.追偿权的范围不超过保证人承担保证责任的范围。

保证人实际清偿范围只要不超过约定或法定的保证范围,保证人就可以在实际清偿范围内对主债务人追偿。如果超出保证范围而清偿的,超出部分保证人无追偿权。

追偿权行使的方式,既可以通过诉讼的方式行使,也可以直接向债务人主张。通常情况下,保证人在承担保证责任后,才可以向债务人追偿。但是如果债务人已经进入破产程序,则追偿权可以预先行使。

本条规定了保证人的代位权,这是原来《担保法》所没有规定的。通常认为,代位权是为确保保证人追偿权的实现而设计的制度,规定代位权对于保证人利益的保障具有重要意义。所谓保证人的代位权,是指保证人向债权人承担保证责任后,承受债权人对于主债务人的债权,而对主债务人行使原债权人权利的权利。保证人向债权人为清偿行为,而在其清偿范围内取得债权人对债务人之债权,性质上,属于债权的法定承受或转移,其与依法律行为所发生之债权转让并无不同。依照本法第547条,不只债权本身,即如依附于债权之从权利,如抵押权、质权、留置权或保证,以及其他从属权利及瑕疵,如利息、违约金、主债务人对债权人的抗辩等,一并转移给保证人。

保证人的代位权须具备下列三个方面的条件:

第一,须保证人已对债权人为清偿。清偿是以消灭债务为目的之行为,不仅指任意清偿、强制执行、参与破产财产分配等,而且还包括代物清偿、提存、抵销等其他足以消灭债务的行为。

第二,须保证人对主债务人有追偿权。保证人代位权是为保障追偿权而设,因此,必须保证人对主债务人有追偿权,才有代位权,且代位的范围不得超过追偿权的范围。

第三,须不得损害债权人的利益。代位权系因保证人对债权人为清偿后而承受债权人对债务人之债权,因此,如果保证人没有全部清偿,虽然就已清偿之部分取得对债务人之代位权,但是在债权人全部受偿完毕前,不得主张与债权人的债权平均受偿,以免损害债权人的利益。如债权人甲对债务人乙有100万元债权,丙提供连带责任保证。债务履行期满后,丙清偿了60万元,甲还有40万元债权。就该60万元丙对乙有追偿权,并得代位甲取得对乙60万元之债权。但是丙对乙的该60万元债权与甲对乙的40万元债权不能平等受偿,如对债务人财产强制执行得款60万元,则该60万元首先偿还甲剩余的40万元债权,余款20万元偿付丙代位的债权。

代位权行使。因代位权发生债权人对主债务人之债权在保证人承担保证责任范围内由保证人法定承受,即发生债权让与的效果。一般债权让与,按照本法第546条,应通知债务人,未经通知的,对债务人不产生效力。本条保证人代位权的行使是否以通知债务人为必要呢?因主债务履行期限届满,主债务人不履行或不完全履行债务,保证人代为履行或者承担不能履行之责任后,方有保证人代位权成立。而主债务人对于发生保证人代偿的事实应当知道,因而,代位权之取得无须通知债务人,当然对债务人产生效力。如果在保证人代偿后,债务人仍向债权人为清偿的,则债务人只能依不当得利请求债权人返还。但是如果保证人在主债务履行期限届满前清偿的,则应通知主债务人,因此,提前清偿非债务人所料,为免其遭受不测之害,保证人须向债务人为通知,否则,债务人因不知情,而向债权人清偿的,则保证人在清偿范围内对债务人无追偿权,只能向债权人依不当得利请求返还。

代位权与追偿权之关系。主债务履行期限届满,保证人代为清偿或实施其他消灭主债务之行为后,主债务人在保证人代偿范围内免责,而发生保证人之追偿权和代位权。由此可知,追偿权为保证人承担保证责任后对主债务人之权利,属于新成立的权利;而代位权是保证人承受债权人对主债务人的债权,是债权人原有的权利,并非新成立之权利。因追偿权系新成立的权利,原权利上的从权利及担保等并不从属于追偿权;而代位权为原权利,因此,原权利上的从权利及担保等随债权而转移。追偿权为新成立之权利,因此,其诉讼时效应当重新计算;而代位权之诉讼时效,仍应按照原债权的时效计算。从目的上看,代位权是为确保追偿权的实现而设,因此,保证人承担保证责任后,可以向主债务人行使追偿权,亦可行使代位权即行使受让原债权人之债权,两项权利也可一并行使。两项权利中因一权利行使而达目的者,另一权利即归消灭。

第七百零一条　保证人可以主张债务人对债权人的抗辩。

债务人放弃抗辩的,保证人仍有权向债权人主张抗辩。

释　义

本条是关于保证人可以主张主债务人的抗辩权的规定。

因保证存在多层法律关系,保证人之权利,相较于其他合同当事人之权利,堪称复杂。保证人权利有如下方面:

第一,基于保证合同的从属性,保证人享有主张主债务人权利的权利;

第二,基于保证合同本身特性,保证人可主张之权利,如先诉抗辩权、求偿权、代位权、保证责任全部或部分免除或消灭的抗辩等;

第三,基于一般债的关系,保证人基于一般债务人的地位可主张的权利,如保证债务诉讼时效的抗辩权等。

因保证合同为单务无偿合同,其于债权人处不获对价利益,因此,在法律上,保证人的义务堪称为重,为保护保证人利益,保证人的权利于民法上贯彻强制原则,即保证人的权利不得预先抛弃。我国民法虽未如此规定,但解释上也应有此原则。

堪称为保证人权利者,上述第2项在前述条文已作规定,第3项是基于一般之债所享有之权利,并非保证人特有,应在合同通则编中为规定,对保证人自有适用。因此,本条仅规定上述第1项权利,即基于保证合同从属性,保证人享有主张主债务人权利的权利。

主债务人基于主债权债务合同,对债权人享有的权利,包括:(1)抗辩权;(2)抵销权;(3)撤销权。抵销权和撤销权的主张和行使,规定于下一条。本条仅规定抗辩权。

主债务人享有的抗辩权主要包括以下几个种类:权利未发生的抗辩;权利消灭的抗辩,但如合同解除,主债务人所负之返还义务及赔偿责任,一般地,保证人原则上仍负保证责任;拒绝给付的抗辩。

对于上列主债务人对债权人所享有的抗辩权,保证人均可主张,即使主债务人放弃的,保证人仍有权向债权人主张,如主债权罹于诉讼时效,如果主债务人不抗辩或者放弃抗辩的,保证人仍然可以抗辩,拒绝债权人的给付请求。

第七百零二条　债务人对债权人享有抵销权或者撤销权的,

保证人可以在相应范围内拒绝承担保证责任。

释 义

本条是关于债务人对债权人享有撤销权或者抵销权的,保证人在相应范围内有拒绝给付的权利的规定。

债务人对债权人享有抵销权或者撤销权,非如上一条所指主债务人之抗辩权,抗辩权是守卫性的权利,保证人可予行使。抵销权或者撤销权为形成权,其行使通常导致现存的权利状态发生改变,抵销权的行使实际也是对自己权利之处分。因此,这两种权利通常由主债务人自己行使,保证人不得行使。但抵销权或撤销权事关所担保之主债务是否消灭的问题,如主债务人不行使,会对保证人保证责任的承担产生重大影响,因此,为保护保证人之利益,债务人对债权人有抵销权或者撤销权的,虽然保证人不能代主债务人行使这两项权利,但是,保证人却可以在得抵销或者撤销的范围内拒绝承担保证责任。

一、债务人对债权人享有抵销权

所谓抵销权,是指债务人对债权人享有反对债权,与债权人对债务人的债权,种类相同,且均届履行期,双方各得以意思表示使自己的债权与他方的债权在同等数额内消灭的权利。抵销权属于形成权,其行使以意思表示,向对方为之即可。其行使的效果在于双方的债权在对等数额范围内消灭。本条所指之抵销应指符合第568条规定之抵销。根据本条的规定,只要债务人对债权人享有抵销权的,保证人即可在可得抵销的范围内拒绝承担保证责任,并不要求主债务人行使抵销权,其实,如果主债务人行使抵销权,则保证人可以根据第701条行使权利已经消灭或部分消灭的抗辩。本条并没有规定保证人可以行使主债务人的抵销权。肯定保证人可行使主债务人对债权人的抵销权。其实,赋予保证人行使主债务人对债权人之抵销权,难免有过分扩张保证人权利之嫌。本条未肯定保证人可主张主债务人之抵销权,而赋予保证人拒绝给付的抗辩权,这样一方面避免过分干预主债务人的权利,另一方面不致保证人清偿后对主债务人追偿困难。实际上,赋予保证人以抗辩权,也会促使债务人或债权人主动抵销。

二、债务人对债权人享有撤销权

债务人对债权人有撤销权,是指债务人对于主债权债务发生原因之法律行为有撤销权而言。主债权债务发生的原因为法律行为,而这些法律行为存在欺诈、胁迫等可撤销原因,且债务人享有撤销权的。这些撤销权不宜由保证人行使,但撤销权的行使关乎主债权是否发生,与保证人利益有关,因此,本条赋予保证人在可撤销所影响之主债权债务范围内拒绝承担保证责任的权利,不可谓不周全。当然了,如果主债务人行使撤销权,因撤销权效力溯及法律行为成立时,保证人还应可依据上一条规定主张债权未发生之抗辩。

第十四章 租赁合同

租赁作为一种古老的财产利用方式,为各国民法所重视,关于租赁大抵上有三种立法例:

一是以法国民法为代表的广义租赁的立法例。《法国民法典》沿袭罗马法上租赁的规定,而于第1708条规定:"租赁契约有两种:物的租赁契约;劳动力的租赁契约。"法国民法沿袭罗马法"三合一"的租赁规范模式显然已经不符合现代租赁交易的现实,现代立法上,有关劳动力的租赁已经分解为雇佣和承揽,而与租赁规则相区别。

二是以德国、瑞士民法为代表,分使用租赁和用益租赁而分别规定。仅以使用为目的的租赁是使用租赁,而以使用收益为目的的租赁为用益租赁。使用租赁的标的只能是物(如住房、住房以外的房屋、土地、动产等);用益租赁则不同,用益租赁的标的包括物、权利(如著作权和专利权的利用、狩猎权和捕鱼权)以及其他财产权益(如企业等)。

三是采单纯的物的租赁模式。以意大利民法、日本民法等为代表。如《意大利民法典》第1571条等。两者都是采取单纯的物的租赁模式。我国台湾地区也承认权利租赁,但学界通常认为此为无名契约,而以准租赁称之。

我国1999年《合同法》以单纯物的租赁为限,于分则中规定租赁合同。这一立法例为民法典所沿袭。本章共32条,规定了租赁合同的概念,租赁期限、出租人的义务、承租人的义务,买卖不破租赁、转租等。

第七百零三条 租赁合同是出租人将租赁物交付承租人使用、收益,承租人支付租金的合同。

释 义

本条是关于租赁合同定义的规定。

所谓租赁合同,是指一方将物交付他方使用、收益,他方支付租金而成立的合同。提供物的一方成为出租人,另一方为承租人,供作他方使用收益之物,为租赁物。租赁合同有下列特征:

1. 租赁合同的标的物,即租赁物范围非常广泛,从类型上看,既可以是动产,也可以是不动产。从性质上看,为有体物、不可消耗物。特殊情况下,虽是消费物,但非以消费方法使用,亦不妨成立租赁,如租他人的名酒陈列展示。租赁物可为物之一部分,如将房屋之特定部分——外墙出租于他人做广告。租赁物可为将来之物,因此,租赁可以附条件、期限,也可成立租赁预约。租赁物具有合法性,不得是法律禁止出租之物。如出租违法建设的房屋的,租赁合同无效;出租违法的临时建筑的,租赁合同无效。

2. 租赁合同为承租人支付租金的合同。承租人通过租赁合同取得租赁物的使用收益权,须以支付租金作为报偿,租金是出租人让渡租赁物的占有、使用和收益而取得之对价,因此,租金为租赁合同的要素。租金通常以金钱支付,但也可以其他物或租赁物之孳息为给付,如交付土地出产之谷物充作租金。但租金不可以劳务为支付,如提供劳务的,至于成立何种合同有分歧,但不成立租赁合同却是事实。

3. 租赁合同为有偿合同、双务合同、诺成合同、不要式合同。

4. 租赁合同为债权合同。租赁合同使出租人对于承租人负有交付租赁物及维持租赁物使用收益状态的义务,其成立不以出租人享有租赁物的所有权或处分权为必要。我国司法实践中关于"一房多租"的情形下,认可多份租赁合同都可有效,并没有仅仅因为出租人无租赁物的所有权或处分权而认定租赁合同无效,即是认可租赁合同为债权契约。

5. 租赁合同为继续性合同。租赁期间,出租人负有维持租赁物合于使用收益状态的义务,承租人持续按期支付租金,与一次性交付及支付即履行完毕的一时性合同不同。继续性合同相比于一时性合同,更注重当事人之间的信任关系,也更易有情势变更原则的适用,并且解除时,继续性合同没有溯及力等。

第七百零四条　租赁合同的内容一般包括租赁物的名称、数量、用途、租赁期限、租金及其支付期限和方式、租赁物维修等条款。

释　义

本条是关于租赁合同主要条款的提示性规定。

租赁合同成立上，承租人的资格在交易上视为重要，承租人之人格属性通常认为属于合同成立之要素。因此，即使出租人所为出租之表示内容明确肯定，也只能是要约邀请，而承租人承租之表示才属于要约，出租人对该要约为承诺，租赁合同成立。实践中，当事人多数情况下采用书面形式订立租赁合同，一般说来，租赁合同应当具备以下条款：

1. 租赁物的名称。对于房屋等不动产，通常以房屋的坐落、编号等来指称；一般的动产则以品牌、规格、产地、颜色等予以限定，方式不限，能够特定化即可。

2. 租赁物的数量。租赁物的数量属于合同的主要条款，须在合同中约定。如果数量不确定，而又无法确定的，则合同不成立。

3. 用途。租赁物的用途，是指租赁使用的目的，用于何种用途或者何种目的，是当事人订立租赁合同时所要考量的重要内容。而且在租赁期间出租人负有维持租赁物因该用途而使用收益状态的义务，承租人也有按照约定的用途正确用益租赁物的义务，其按照约定的用途使用租赁物所产生的租赁物的损耗是不需要承担责任的，否则要承担修复或恢复原状或者损害赔偿的责任。

4. 租金及支付期限和方式。租金是承租人因使用收益租赁物须向出租人支付的对价。租金支付义务是承租人的主给付义务。因此，租赁合同未约定租金，又不能确定租金的，通常合同不成立。租金的支付期限，是指租金的支付时间，租赁合同为继续性合同，持续时间比较长，因此，租金支付标准确定后，如何支付也是租赁合同需要明确的内容。租金通常以金钱的方式支付，但不限于金钱，亦可以其他的物或租赁物的孳息支付，但不可以提供劳务支付。

5. 租赁物的维修。租赁物在使用过程中会发生损坏或损耗，为保持租赁物的用途需要对租赁物进行维修，因此，合同中应当对于维修义务的承担作出约定。如没有特别约定的，通常由出租人承担维修义务。

租赁合同除上列条款外,当事人还可以根据具体情形约定其他的条款,如押租金、违约责任、争议解决等条款。

第七百零五条 租赁期限不得超过二十年。超过二十年的,超过部分无效。

租赁期限届满,当事人可以续订租赁合同;但是,约定的租赁期限自续订之日起不得超过二十年。

释　义

本条是关于最长租赁期限的约定。

本条关于 20 年最长租期的限制,属于强制性规定,如果当事人违反该规定,约定的期限超过 20 年的,则超过部分无效,所谓超过部分无效,是指缩短为 20 年,如当事人约定租期 30 年,则缩短为 20 年。当事人租期届满后,续订合同的,续订的租期也不得超过 20 年。但是如果当事人在合同中约定了所谓的自动续期条款,即上一个租期届满后,合同自动续期到下一个期限。对于这样的自动续期条款,实际上是在变相地规避本条最长租期限制的强制性规定,应当确认为无效。

第七百零六条 当事人未依照法律、行政法规规定办理租赁合同登记备案手续的,不影响合同的效力。

释　义

本条关于租赁合同登记备案对合同效力影响的规定。

理解本条时需要注意几个方面:

1. 法律、行政法规对于租赁合同有登记备案手续要求的。如我国《城市房地产管理法》第 54 条规定,"房屋租赁……并向房产管理部门登记备案"。当事人未办理登记备案手续的,租赁合同继续有效。至于地方性法规或者行政规章、地方规章等要求的登记备案手续更不得影响合同的效力。

2. 如果当事人在合同中约定了以到相应的主管部门登记备案为合同生效

的条件,则应按照当事人的约定,认定合同是否生效。

3.即使当事人约定了以办理登记备案手续作为合同的生效条件,但是如果合同已经履行,如已将租赁物交付承租人使用,承租人接受的,或者已经支付租金,出租人接受的,则合同应当成立并生效。

> **第七百零七条**　租赁期限六个月以上的,应当采用书面形式。当事人未采用书面形式,无法确定租赁期限的,视为不定期租赁。

释　义

本条是关于租赁合同书面形式要求的规定。

租期 6 个月以上的租赁,不管是动产租赁还是不动产租赁,都应当采用书面形式。所谓"应当",反映了立法者较强的指引,但即便如此,租赁合同还是贯彻形式自由,以不要式为原则,因此,即使未采用书面形式,除非法律特别规定,不影响合同的成立和生效。但是,如果未采用书面形式,致租期无法确定的,租赁视为不定期租赁,当事人一方可以随时通知另一方终止租赁合同。

> **第七百零八条**　出租人应当按照约定将租赁物交付承租人,并在租赁期限内保持租赁物符合约定的用途。

释　义

本条是关于出租人交付租赁物及维持租赁物适租的义务。

一、出租人交付租赁物的义务

租赁合同成立后,出租人应当按照约定将租赁物交付与承租人,这是出租人的一项基本义务。如果出租人未按照合同约定的时间、方式将租赁物交付给承租人,承租人可以拒付租金,或者请求出租人继续交付,并请求其承担违约责任。

所谓交付,应作狭义解释,仅指现实交付和简易交付,至于指示交付是否可以作为交付的方式,应以当事人是否有特别约定来确定,如果当事人没有特别约定的,则不得指示交付。

二、租赁期间,出租人保持租赁物符合约定用途的义务

出租人为满足承租人对租赁物的使用收益,就负有维持租赁物满足这一要求的状态的义务。因此,该义务也是出租人承担的一项基本义务。这项义务一方面不仅要求租赁期间出租人容忍、不随意干涉承租人对租赁物按照约定的用途使用收益,还要求出租人积极的维持租赁物符合约定的用途。理论上诸如出租人修缮义务的承担,排除第三人对承租人使用收益之干涉等均是该义务的延伸。

本条所规定之租赁物符合约定用途的维持义务,也是出租人承担的物的瑕疵担保义务,该项义务的承担应当符合下列几个方面的条件:

(1)保证租赁物符合约定的用途,指保证租赁物满足承租人按照合同约定对租赁物的使用收益的状态,这首先在于符合合同约定的用途,如租用房屋居住,应当保证水通、电通等,如果没有约定用途的,根据合同目的、交易性质、交易习惯等确定,仍不能确定的,应当符合租赁物的通常用途。(2)出租人应当自租赁物交付时起至租赁期间届满,保证租赁物符合约定的用途。这是对时间界限的要求,也是出租人瑕疵担保义务的承担与出卖人不同的一个重要方面。(3)须承租人对租赁物存有瑕疵在租赁物交付时不明知,或者其不知存有瑕疵非因其重大过失所致。如果在租赁物交付时或交付前承租人明知,或者因为重大过失不知,则出租人不承担瑕疵担保义务。但有两项例外:

1. 承租人因重大过失不知租赁物存有瑕疵的,一般情况下,出租人免于承担瑕疵担保责任,但类推本编第618条的规定,出租人故意或者因重大过失不告知租赁物瑕疵的,出租人的瑕疵担保责任不得免除或仅减轻其责任。

2. 有本章第731条规定情形的。目的主要在于强化对承租人及其共同居住人的生命、身体、健康的保护。

如果出租人违反物的瑕疵担保义务,承租人可以拒绝支付租金、减少租金、解除合同,或者请求出租人修复、更换或者承担其他违约责任。

第七百零九条 承租人应当按照约定的方法使用租赁物。

对租赁物的使用方法没有约定或者约定不明确,依据本法第五百

一十条的规定仍不能确定的,应当根据租赁物的性质使用。

释 义

本条是关于承租人应当按照约定的方法使用租赁物的义务的规定。

按照约定的用途使用租赁物,是承租人的一项基本义务。但本项义务中,关于租赁物的使用方法最为重要,因为用途是使用的目的、是租赁物功能的发挥,不同的用途反映了事物满足人们生产生活需要的可能限度,而使用方法则是用途具体实现的手段或途径。因此,合同不仅要约定用途,还要约定租赁物的使用方法。如果没有约定使用方法的,首先由当事人协议补充,如果达不成协议的,则按照合同目的、合同性质、交易习惯等通过合同解释的方法对当事人的意思予以补充。如果仍然确定不了的,则根据租赁物的性质使用。

第七百一十条 承租人按照约定的方法或者根据租赁物的性质使用租赁物,致使租赁物受到损耗的,不承担赔偿责任。

释 义

本条是关于租赁物发生正常损耗问题处理的规定。

承租人按照约定的方法或者根据租赁物的性质使用租赁物符合出租人对租赁物价值转移的预期。因为,随着使用时间的经过,租赁物会因正常使用而逐渐丧失其效用,出租人通过出租租赁物收取租金的方式,实际是在完成租赁物的价值转移。因此,按照约定的方法使用租赁物或者按照租赁物的性质使用租赁物,所发生的正常损耗已经通过租金的形式得到弥补,对此产生的所谓损耗,承租人无须承担赔偿责任。但是如果承租人未按照约定的方法或者租赁物的性质使用租赁物,将破坏出租人关于租赁物价值转移的预期和安排,造成租赁物非正常的损耗,甚至损坏,因此所发生的损害,承租人应当承担恢复原状、赔偿损失的责任,构成根本违约的,出租人还有权解除合同并请求损失赔偿。

第七百一十一条 承租人未按照约定的方法或者未根据租

赁物的性质使用租赁物,致使租赁物受到损失的,出租人可以解
除合同并请求赔偿损失。

释　义

本条是关于承租人违反约定使用租赁物应负责任的规定。

本条适用的条件是:

第一,承租人未按约定的方法或者根据租赁物的性质使用租赁物。合同约定了使用方法的,如约定房屋只供居住使用,但承租人却用于经营餐饮。合同未约定使用方法的,承租人未按照租赁物的性质使用租赁物,如电器只能使用110伏特的电压充电,但是承租人使用220伏特的电压充电,致电器烧毁。

第二,租赁物受有损失,是指租赁物发生损坏,功能部分或者全部丧失,此为直接损失,也包括租赁物不能使用而招致的损失,所谓间接损失。如汽车超速驾驶或者醉驾发生交通事故,汽车受损甚至报废所产生的损失,以及汽车不能经营造成的损失,特别是汽车租赁经营者,租赁汽车损毁的营业损失也属于租赁物损失。

第三,租赁物受到的损失是承租人不按照约定的方法或者租赁物的性质使用租赁物的行为造成的,即二者有因果关系。

如果符合上述条件,则出租人可以解除合同并请求赔偿损失。

第七百一十二条　出租人应当履行租赁物的维修义务,但是当事人另有约定的除外。

释　义

本条是关于出租人租赁物维修义务的规定。

所谓维修,是指在租赁期间,租赁物发生损坏、损耗或者不能满足约定用途的某些功能部分或全部丧失时,对租赁物修复以维持或恢复租赁物功能的行为。

按照本法第708条的规定,出租人承担租赁物适租义务,这项义务在有些

立法例中被规定为,维持租赁物使用收益状态的义务。这项义务存在于自租赁物交付与承租人起至租期届满之日止的整个租赁期间,这项义务不只是消极地容忍、不干涉承租人对租赁物使用收益,还要求出租人采取积极的行为维持租赁物的性能以满足约定的用途。因此,从学理解释上看,租赁期间出租人的维修义务,也应包括在出租人维持租赁物适租的义务之中。同时,租赁并不改变租赁物的所有权,因此,没有特别约定时,由出租人承担租赁物的维修义务也是其享有租赁物所有权的内含义务。由出租人承担租赁物的维修义务还在于,租赁物在出租期间,承租人支付的租金往往是租赁物购置成本计算出来的,在经营租赁中,租金的确定往往考虑租赁物的折旧费、大修理费、日常维修费等因素,所以出租人承担维修义务通常也在出租人的合理预期内。从承租人角度看,其之所以选择租赁,许多情况下就是为了省却维修等的麻烦。

出租人承担租赁物的维修义务,此是一般原则,但本条并非强制性条款,当事人完全可以在合同中另行约定由承租人履行维修义务,或者约定承租人履行维修义务,维修费用由出租人承担或者由出租人与承租人分担等。

第七百一十三条 承租人在租赁物需要维修时可以请求出租人在合理期限内维修。出租人未履行维修义务的,承租人可以自行维修,维修费用由出租人负担。因维修租赁物影响承租人使用的,应当相应减少租金或者延长租期。

因承租人的过错致使租赁物需要维修的,出租人不承担前款规定的维修义务。

释 义

本条是关于出租人未履行维修义务时,承租人的救济方式的规定。

出租人履行租赁物的维修义务,需要具备以下的条件:

1.租赁期间租赁物发生损坏或者损耗影响到承租人租赁用途的满足。租赁物发生损坏或者损耗,并且影响到承租人对租赁物的使用收益,如房屋漏雨影响居住等。

2.维修的发生不可归责于承租人,也就是说,承租人对于损坏或者损耗的发生没有过错,如果是承租人不当使用而发生的损坏,则由承租人负责修复,出租人并可请求其赔偿。

3.有维修的必要。从两个方面看,一方面,是损坏轻微不足以影响租赁物用途的发挥,没有维修的必要;另一方面,损坏已经非常严重,客观上无法维修,或者于经济上或者社会观念上不合理,如汽车损毁严重,客观上修复不了,或者说客观上虽可修复,但修复费用过高,如船舶碰撞后,毁损严重,维修的费用超过重置的价值,此时也应视为没有维修的必要。

4.需当事人对于租赁物的维修义务没有特别约定。如约定了维修义务由承租人承担,则由承租人履行租赁物的维修义务。

如符合上列条件,在租赁物需要维修时,承租人:

第一,可以请求出租人在合理期限内维修,所谓合理期限,应当是指自出租人收到承租人的维修通知之时起的一个合理期限。

第二,自行维修,维修费用由出租人承担。出租人收到维修通知后,未履行维修义务的,承租人可以自行维修。出租人未履行维修义务,是指出租人不维修、拒绝维修、未在合理期限内维修,或者欠缺维修能力不能维修等。承租人自行维修,是指承租人可以自己维修或者委托其他人维修。

第三,可以请求减少相应租金或者延长租期。如果维修影响到承租人使用的,如需要停机维修、房屋维修承租人需要停业等,则承租人可以请求减少相应的租金或者延长租期。

第七百一十四条 承租人应当妥善保管租赁物,因保管不善造成租赁物毁损、灭失的,应当承担赔偿责任。

释 义

本条是关于承租人租赁物保管义务的规定。

承租人除按照约定的方法或者租赁物的性质使用租赁物外,还应当妥善保管租赁物,这即所谓的租赁物的保管义务。所谓妥善保管租赁物,是指承租人应当尽到善良管理人的注意义务而为保管。承租人妥善保管租赁物的义务也是其一项重要的合同义务。租赁期间承租人不仅要以适当的方法为租赁物的保存或者管理行为,如根据租赁物的性质置放租赁物于合适的地点,不得对租赁物任意拆卸等;还需要承租人对租赁物实施适当的管理维持租赁物的生产力,如对租赁物进行擦拭、加油等。

　　承租人未履行保管义务致租赁物毁损、灭失的,应当承担赔偿责任。承租人未履行保管义务,或者说保管不善,是指承租人未尽到善良管理人的注意义务,也就是其保管租赁物有过失,如存放地点不对,致租赁物淋雨受潮损坏。如果承租人证明其已经尽到了善良管理人的注意义务,也就是其对租赁物的毁损、灭失没有过失的,则不承担赔偿责任,如租赁物因不可抗力灭失。

　　第七百一十五条　承租人经出租人同意,可以对租赁物进行改善或者增设他物。

　　承租人未经出租人同意,对租赁物进行改善或者增设他物的,出租人可以请求承租人恢复原状或者赔偿损失。

释　义

　　本条是关于承租人对租赁物改善或者增设他物的规定。

　　租赁期间,为增加对租赁物的用益,承租人有时需要对租赁物进行改善或者增设他物,这属于对租赁物的改良行为,支出的费用也称为有益费用。这与承租人的保管义务不同,保管义务只在于保存、维持租赁物,其所支出的费用通常属于必要费用。所以,承租人根据租赁物的性质对租赁物所为的保管行为并不需要出租人同意。但是承租人对于租赁物的改善或者增设他物,涉及物的价值的改变等,需要取得出租人的同意。

　　所谓改善或者增设他物,是指对租赁物的改良,从而增加租赁物的美观、改善租赁物的环境、提高租赁物的效用、改变租赁物的使用目的等。在房屋租赁中,主要是指对房屋的改建、装饰装修、增设他物等,这些都是对房屋改善的重要方式。对于经出租人同意的装饰装修或者增设他物,其费用由承租人承担,租赁期满后,如当事人没有特别约定,出租人也无须补偿装饰装修的费用。

　　承租人未经出租人同意,对租赁物进行改善或者增设他物的,一是出租人有权请求承租人恢复原状。未经出租人同意对租赁物的改善,即使有价值,也不适用添附制度;对于增设的他物,承租人应当予以拆除或者移除。承租人将租赁物恢复到改善前的状态,因此产生的费用由承租人承担。二是赔偿损失。因改善或者增设他物给出租人造成损失的,出租人有权请求承租人赔偿。

第七百一十六条 承租人经出租人同意,可以将租赁物转租给第三人。承租人转租的,承租人与出租人之间的租赁合同继续有效;第三人造成租赁物损失的,承租人应当赔偿损失。

承租人未经出租人同意转租的,出租人可以解除合同。

释 义

本条是关于转租的规定。

所谓转租,也称租赁物的转租,是指在承租人不脱离原租赁关系的情况下,将租赁物之全部或一部分出租给第三人的情形。转租有两个契约关系,一是出租人与承租人之间的租赁合同;一是承租人(转租人)与第三人(次承租人)之间的转租合同。转租与租赁权的让与不同。假如甲为出租人,乙为承租人,丙为第三人。如果经甲同意,乙将租赁权让与给丙,则乙退出租赁关系,丙替代乙作为承租人,丙之租赁权的取得系基于让与行为,属转移取得。如果乙经甲同意,将租赁物转租给丙,则甲、乙之间的原租赁关系不变,乙、丙之间成立转租关系,乙为转租人,丙为次承租人,丙之租赁权的取得系基于转租合同取得,属于新设取得。

因租赁具有人格信任关系,因此,许多国家或地区民法对转租都设有限制。我国民法在本条同样对转租明确规定需经出租人同意。我们把经出租人同意的转租称为合法转租,未经出租人同意的转租称为违法转租。

一、合法转租的效力

1. 出租人与承租人之间原租赁合同继续有效;出租人认许转租关系存在,既不得主张次承租人无权占有,也不得主张承租人违约而解除租赁合同;合法转租虽经出租人同意,但承租人应就次承租人的行为向出租人负责,次承租人造成租赁物损失的,不论其有无过失,承租人应当赔偿损失。

2. 转租人与次承租人之间。相对于出租人与承租人之间的租赁合同,转租合同属于一独立的租赁合同关系,基于合同相对性原则,出租人不得基于与承租人之间的租赁合同向次承租人为请求,次承租人也不得基于转租合同请求出租人履行。但转租关系本于原租赁关系,所以,除非另有约定,转租期限不得超过原租赁期限,超过的,对出租人没有拘束力,租期届满后,次承租人继续占有租赁物的,出租人可以本于其固有权利以次承租人无权占有请求返还租赁物。

3.出租人与次承租人之间。因出租人与承租人之间的租赁合同与转租人与次承租人之间的转租合同系两个独立的合同,因此,次承租人并不是出租人的承租人,出租人也不是次承租人的出租人,双方并不产生直接的合同上的权利义务关系。因此,出租人不得请求次承租人支付租金,次承租人也不得直接向出租人请求交付租赁物等。至于转租人怠于请求次承租人支付租金,出租人为保全其租金债权的需要,可以依照本法第535条代位请求。

二、违法转租的效力

1.未经出租人同意转租的,不管是转租全部租赁物,还是转租租赁物之一部,出租人都可以解除合同,此为一般原则。如果法律规定租赁合同无效的,则依法律规定。

2.出租人解除租赁合同的,可以请求承租人返还租赁物,并得依约定请求承租人承担违约责任。

3.出租人解除租赁合同的,转租合同并不当然解除或无效。因出租人解除租赁合同,出租人请求承租人返还租赁物或者本于固有权利请求承租人、次承租人返还租赁物,则转租人对次承租人基于转租合同发生履行不能的责任问题。

4.租赁物有损失的,承租人应当赔偿损失。

第七百一十七条　承租人经出租人同意将租赁物转租给第三人,转租期限超过承租人剩余租赁期限的,超过部分的约定对出租人不具有法律约束力,但是出租人与承租人另有约定的除外。

释　义

本条是关于转租期限的限制。

本条适用于合法转租情形。因转租合同源于租赁合同,因此,转租合同的转租期限不能超过租赁合同的剩余租期,如果超过的,转租合同的效力并不受影响,转租人应当受此约束,但不能约束出租人,因为出租人并非转租合同的当事人,如果租赁期限到期了,而转租期限还没有届满,则出租人可以本于租赁合同请求承租人返还租赁物,或者本于固有权利(如所有权)请求承租人、次承租人返还租赁物,承租人对于次承租人于剩余的转租期限承担履行不能的违约责任。

如果出租人与承租人另有约定的除外,是指出租人与承租人在租赁合同中特别约定承租人有转租权,并且转租的期限可以不受原租赁合同的租期限制。如果有此约定,则在租赁期限届满后,承租人未返还租赁物,不构成违约,出租人也不得以次承租人无权占有而请求其返还租赁物。

第七百一十八条 出租人知道或者应当知道承租人转租,但是在六个月内未提出异议的,视为出租人同意转租。

释 义

本条是关于出租人对于转租拟制同意的规定。

按照本法第716条的规定,未经出租人同意的转租,出租人可以解除租赁合同。出租人一旦解除合同,将会使次承租人使用收益租赁物的目的落空。因此,是否取得出租人同意,甚为次承租人所关注。而且,同意为出租人单方的意思表示,在其同意之前,转租的当事人将无从决定是继续转租关系还是终止转租关系,转租关系不稳定。因此,为避免这种不稳定,尽早使转租关系稳定下来,在转租事实发生后,出租人同意的意思表示应当受有期限的限制。本条规定的意义即在于此。

第一,出租人知道或者应当知道转租的事实,出租人知道,是指出租人明知;出租人应当知道,是指根据具体情势,出租人不可能不知道。出租人事前虽然没有同意,但是在转租事实发生后,其对于转租的事实知道或者应当知道,就需要对是否同意转租作出表示。第二,6个月内未提出异议。未提出异议,是指对于承租人转租未提出反对意见等。第三,视为出租人同意转租。出租人6个月内未提出异议的,则丧失异议权,法律直接拟制出租人同意。由于我国民法以限制转租为原则,而且并未设有例外,因此,在此对出租人的同意表示进行法律拟制也是民法限制转租原则的缓和。

第七百一十九条 承租人拖欠租金的,次承租人可以代承租人支付其欠付的租金和违约金,但是转租合同对出租人不具有法律约束力的除外。

次承租人代为支付的租金和违约金,可以充抵次承租人应当向承租人支付的租金;超出其应付的租金数额的,可以向承租人追偿。

释 义

本条是关于次承租人代替承租人支付租金和违约金,即代偿权的规定。

如果承租人一直拖欠租金,则出租人可以解除租赁合同,一旦出租人解除租赁合同,则出租人可以请求承租人返还租赁物或者本于所有权等请求次承租人返还租赁物,这将会使得次承租人订立转租合同的目的不能实现。因此,此时次承租人代替承租人偿付所欠出租人的租金和违约金,以维持转租,自无不许的道理。

本条适用的条件是:

1. 须是合法转租。经过出租人同意的转租,对出租人有约束力,出租人应容许承租人向次承租人交付租赁物,并容忍次承租人占有、使用租赁物。未经出租人同意转租的,对出租人没有拘束力,出租人可以解除租赁合同,并请求返还租赁物,次承租人自无代偿承租人欠付的租金和违约金以维持转租关系的权利。

2. 承租人拖欠租金。承租人未按约定向出租人支付租金,主要是未按期支付或者未按期足额支付,这种情况下,承租人通常应承担支付违约金等违约责任。拖欠达到一定程度,出租人还享有解除租赁合同的权利。

3. 次承租人代承租人向出租人支付承租人拖欠的租金和违约金。为防止出租人因承租人的违约行为,解除租赁合同,次承租人可以代承租人支付其欠付的租金和违约金,这是次承租人的权利,对于次承租人的代付行为,出租人不得拒绝。

4. 不存在转租合同对出租人不具有法律约束力的情形。所谓转租合同对出租人不具有法律约束力,是指未经出租人同意的转租以及虽经出租人同意,但转租合同无效或者被撤销的情形。违法转租,承租人拖欠租金的,不是说次承租人不能代承租人支付租金和违约金,而是指次承租人不享有代偿权,对于次承租人的代偿行为,出租人可以拒绝,当然也可以接受,但是一旦出租人接受了次承租人的代偿,则应视为其同意转租,溯及转租成立时,违法转租转变为合法转租。而在合法转租的情形下,次承租人享有代偿权,对于次承租人的代偿行为,出租人不得拒绝,除非转租合同无效或者被撤销。

次承租人向出租人支付的租金和违约金,本是代承租人支付,而次承租人代为支付的原因在于次承租人基于转租合同负有向承租人支付租金的义务,实质上,次承租人偿付的也是自己的债务,因此,次承租人向出租人所为的支付首先用于抵偿其应支付给承租人的租金,以消灭自己的债务。超出其应付租金数额的,属于是代承租人支付,就超付部分可以向承租人追偿。

第七百二十条 在租赁期限内因占有、使用租赁物获得的收益,归承租人所有,但是当事人另有约定的除外。

释 义

本条是关于租赁物孳息归属的规定。

租赁关系中,承租人对租赁物有占有、使用和收益的权利,因此,在租赁期间,承租人占有、使用租赁物获得的收益,应当归承租人。当然,承租人对租赁物的占有、使用,必须是合于合同约定的用途或者依照租赁物的性质而为使用,否则,承租人的行为构成违约,其所获收益自然没有法律原因,出租人可依不当得利请求承租人返还。所谓收益,是指因占有、使用租赁物而获得的收益,包括天然孳息、法定孳息。本条规定并非强行法,当事人就租赁期间因占有、使用租赁物所获得收益的归属有约定的,应当按照当事人的约定确定收益的归属。

第七百二十一条 承租人应当按照约定的期限支付租金。对支付租金的期限没有约定或者约定不明确,依据本法第五百一十条的规定仍不能确定,租赁期限不满一年的,应当在租赁期限届满时支付;租赁期限一年以上的,应当在每届满一年时支付,剩余期限不满一年的,应当在租赁期限届满时支付。

释 义

本条是关于租金支付期限的规定。

租赁中,按照约定支付租金是承租人最主要的义务,所谓按照约定支付租金,最重要的是按照约定的期限支付租金。通常情况下,租赁合同对于租金的支付期限都有约定,但是,也有可能没有约定或者约定不明确,这时就需要对租金的支付期限予以确定。如果按照本法第 510 条的规定仍然不能确定的,则按照"先租后付"的原则,具体按照下列期限支付租金,即租期不满 1 年的,在租期届满时支付;租期 1 年以上的,在每届满 1 年时支付;剩余期限不满 1 年的,在租期届满时支付。

第七百二十二条 承租人无正当理由未支付或者迟延支付租金的,出租人可以请求承租人在合理期限内支付;承租人逾期不支付的,出租人可以解除合同。

释 义

本条是关于承租人不履行租金支付义务,出租人的救济方式。

第一,承租人无正当理由未支付或者迟延支付租金。无正当理由,是指承租人不支付租金或者迟延支付租金没有法律上或者合同上可得抗辩的事由,如果有抗辩事由,如同时履行抗辩、先履行抗辩或者不安抗辩等,则承租人即使未支付或者迟延支付租金,也不构成违约。

第二,出租人催告承租人在合理期限内支付。承租人未按照约定的期限支付租金的,出租人可以催告承租人在合理期限内支付,也即出租人向承租人发送催收租金的通知,要求承租人在合理期限内支付租金。

第三,承租人在合理期限届满后仍未支付的,则出租人可以解除租赁合同。

第七百二十三条 因第三人主张权利,致使承租人不能对租赁物使用、收益的,承租人可以请求减少租金或者不支付租金。

第三人主张权利的,承租人应当及时通知出租人。

释　义

本条是关于出租人权利瑕疵担保义务的规定。

所谓权利瑕疵担保义务,是指出租人应当保证在租赁期间,租赁物不因第三人主张权利而影响承租人对于租赁物的使用、收益。通常认为,租赁合同为有偿合同,买卖合同中出卖人之瑕疵担保义务对于租赁合同之出租人可以准用。然出卖人须担保在买卖成立时出卖物不存在权利瑕疵,而出租人则是担保在租赁物交付前租赁物不存有权利瑕疵。出租人违反权利瑕疵担保义务,应承担瑕疵担保责任。理解本条需要注意以下几个方面:

第一,须租赁物上存在第三人可得主张的权利。所谓第三人可得主张的权利,指在租赁物交付之前,租赁物上有第三人的所有权、用益物权、担保物权、共有权、知识产权、查封优先权等有可能影响承租人对租赁物使用收益的各种权利。

第二,因第三人主张权利,致使承租人对租赁物不能使用、收益。仅存有权利瑕疵,或者第三人的主张通常不会影响到承租人对租赁物的使用、收益的,则无瑕疵担保义务的承担。如出租他人之物,因租赁权不适用善意取得,因此,租赁物的真正所有权人主张所有权成立后,可以请求承租人返还租赁物。

第三,须承租人对于瑕疵的存在不知道而且也不应知。如果承租人在租赁成立时知道或者应当知道租赁物存在权利瑕疵,而仍然承租的,则出租人不承担权利瑕疵担保义务。

第四,第三人主张权利的,承租人应当及时通知出租人。第三人主张权利,除为出租人所知道的外,承租人应当及时通知出租人。及时通知了出租人,出租人方可采取积极的应对措施,以消除权利瑕疵,如与第三人达成协议等。如果因承租人怠于通知,致出租人不能及时救济者,承租人应当赔偿怠于通知之损害。

第五,因第三人主张权利,致租赁物之使用、收益全部不能或者一部不能的,承租人可以请求不支付租金或者减少租金。

因第三人主张权利,致承租人不能实现租赁合同目的,承租人可以解除租赁合同,并就所受的损失,请求出租人赔偿。

第七百二十四条 有下列情形之一,非因承租人原因致使租赁物无法使用的,承租人可以解除合同:

(一)租赁物被司法机关或者行政机关依法查封、扣押;

(二)租赁物权属有争议;

(三)租赁物具有违反法律、行政法规关于使用条件的强制性规定情形。

释 义

本条是关于租赁物具体权利瑕疵,致租赁物无法使用的,承租人享有解除合同的权利。

本条适用条件:

第一,非因承租人原因致租赁物无法使用。非因承租人原因,是指导致租赁物无法使用的事由不可归责于承租人,即承租人以外的原因所导致的租赁物无法使用的,不管是否可归责于出租人,承租人均可解除合同。

第二,导致租赁物不能使用收益的事由发生在租赁合同成立之后,如果在租赁合同订立之前就已经存在,可能导致租赁合同无效,而不发生租赁合同的解除问题。

第三,须有法定的事由,包括:

1. 租赁物被司法机关或者行政机关查封,是指司法机关或者行政机关基于司法程序或者行政执法程序对租赁物查封、扣押。此情事发生致租赁物无法使用,且不可归责于承租人。

2. 租赁物权属有争议,是指他人对租赁物的物权归属发生争议,致租赁物无法使用。

3. 租赁物具有违反法律、行政法规关于使用条件强制性规定。某些租赁物的使用需要符合法律法规特别规定的强制性使用要求,如出租经营性房屋,需要消防许可,如果房屋未达消防要求的,不得出租。

符合上列条件的,承租人可以解除租赁合同,当然承租人也不妨请求出租人承担其他违约责任,如赔偿损失、支付违约金等。

第七百二十五条 租赁物在承租人按照租赁合同占有期限内发生所有权变动的,不影响租赁合同的效力。

释 义

本条是关于"买卖不破租赁"原则的规定。

本条是由 1999 年《合同法》第 229 条的规定而来,但是与原《合同法》规定不同的是,本条将原规定中"在租赁期间"修改为"在承租人按照租赁合同占有期限内"。

"买卖不破租赁"为债法上最具特色之制度,几乎各国民法皆有规定。学理上,该原则为债权物权化最具典型的代表。承租人依租赁合同所取得之租赁权,性质上仍为债权,在租赁期间,租赁物所有权发生变动,租赁合同对于新的所有权人是否仍然有效,与租赁权是否具有对世效力属于同一问题。如认可租赁权的对世效力,即租赁权的物权化,则有"买卖不破租赁"原则的适用,如不认可租赁权的物权化,则无"买卖不破租赁"原则的适用。在效果上,"买卖不破租赁"发生租赁合同权利义务的法定转移。

关于"买卖不破租赁"的适用范围,我国民法未设限制,即本条对于不动产、动产均有适用。

一、"买卖不破租赁"的要件

按照本条的规定,"买卖不破租赁"成立应具备以下要件。

(一) 租赁合同须有效

租赁合同成立且有效是"买卖不破租赁"适用的前提条件,如果租赁合同未成立或者无效或者被撤销,承租人根本无法取得租赁合同上的权利义务,租赁关系自不能有效地移转于受让人,自无"买卖不破租赁"的问题。

(二) 须承租人取得了租赁物的占有

1. 承租人占有租赁物是按照租赁合同而为的占有,也即出租人按照租赁合同向承租人交付租赁物,承租人取得租赁物的占有,如果承租人虽然取得了占有,但不是按照租赁合同而为的占有,则也不发生"买卖不破租赁"。如,甲、乙之间租赁合同成立了,但是合同约定甲在 5 月 1 日将租赁物交付给乙,但在 3 月 10 日,甲因外出,临时将租赁物交给乙保管,3 月 20 日,甲将租赁物出卖给丙,并约定由乙向丙交付,双方把这一情形通知了乙。此时,乙不能主张租赁合同对丙继续有效。

2.须承租人在租赁期间继续占有租赁物。如果承租人在租赁期间中止占有租赁物的,则不发生"买卖不破租赁"。所谓中止占有,应重客观上占有事实之有无而判断,承租人之主观意思,在认定上,可以作为辅助判断的手段。承租人无须自始至终均直接占有,如转租,次承租人直接占有,而承租人间接占有,不能认定承租人中止占有。如承租人的占有被他人侵夺,或者承租人只是暂时离开租赁物(如外出旅游等)都不能认定中止占有,此时如果租赁物让与给第三人,则租赁合同对于第三人仍然具有效力。

(三) 须承租人占有租赁物期限内,租赁物所有权发生了变动

所有权发生了变动,是指租赁期间第三人取得租赁物所有权。所有权变动的原因,不仅限于买卖,还包括赠与、互易、公司出资、捐助、遗赠等法律行为发生所有权变动,亦如强制执行、破产拍卖等发生所有权之变动也有本条之适用。但是如公用征收等发生的变动,则无本条适用。因此,称"买卖不破租赁",是因买卖为所有权变动最典型之法律行为,实应称"所有权变动不破租赁"。

所有权变动的时点是承租人依照租赁合同占有租赁物期限内,若在承租人占有租赁物之前,出租人将租赁物卖于第三人,并交付租赁物于第三人,则承租人不得以租赁对抗第三人。此时,承租人可以请求出租人承担不能交付租赁物的违约责任。

二、"买卖不破租赁"的效力

租赁期间,租赁物所有权发生变动的,对租赁合同有何影响,此即"买卖不破租赁"的效力问题。我国民法沿用了1999年《合同法》的表述,即"不影响租赁合同的效力"。根据这一表述,所谓不影响租赁合同的效力,应做如下理解:

第一,原来租赁合同的权利和义务内容不变。

第二,原租赁合同的出租人因为租赁物所有权让与给第三人,而退出原租赁合同关系。第三人取代原出租人加入租赁合同中而成为租赁合同的出租人,即发生所谓的法定的合同权利和义务概括转移。

第三,对于所有权变动时已经到期之债务,如已到期之租金,应当向承租人通知,始对承租人发生效力。未通知的,则承租人向原出租人支付的,发生清偿的效力,新的出租人应当依不当得利请求原出租人返还。

三、"买卖不破租赁"准用

租赁期间,出租人租赁物之建设用地使用权转让等,以及在租赁物上为第三人设定他物权,如抵押权、质权等,亦可准用本条规定,而认定租赁合同的效力不受影响。

第七百二十六条　出租人出卖租赁房屋的,应当在出卖之前的合理期限内通知承租人,承租人享有以同等条件优先购买的权利;但是,房屋按份共有人行使优先购买权或者出租人将房屋出卖给近亲属的除外。

出租人履行通知义务后,承租人在十五日内未明确表示购买的,视为承租人放弃优先购买权。

释　义

本条是关于承租人优先购买权的规定。

本条由 1999 年《合同法》第 230 条修改而来。在原规定后面增加了但书条款以限制优先购买权,增加了第 2 款。

一、优先购买权的概念和特征

出租人的优先购买权,也称"先买权",是指租赁期间,出租人出卖租赁房屋的,承租人享有以同等条件优先购买的权利。优先购买权是为保护承租人的利益而设,该权利具有以下特征:

1. 此处所说优先购买权仅适用于房屋租赁,而不适用于房屋以外的其他不动产或动产租赁。

2. 承租人的优先购买权,在性质上,虽有形成权说、请求权说以及物权说等不同的观点,但以请求权说为有力。因此,所谓优先购买权,是指租赁期间,出租人出卖租赁房屋的,承租人有向出租人请求以同等条件优先购买的权利,它属于法定的权利。不论当事人是否在合同中约定,承租人都享有此项权利。

优先购买权还是附强制缔约义务的请求权。承租人按照同等条件行使先买权时,出租人没有正当理由不得拒绝。

3.该权利依附于租赁权。租赁合同不成立、无效或者被撤销的,则优先购买权即不存在。如果租赁合同权利义务转让,优先购买权也随之转让。

4.它是具有优先性的请求权。所谓优先性,是指承租人在同等条件下可以优先于一般买受人的权利而购买租赁物,一般买受人的权利通常是依据买卖合同所享有的债权,主要是指享有请求出卖人交付标的物以及移转标的物所有权的权利。但不得对抗所有权,如果在行使优先购买权之前,租赁物的所有权已经由第三人取得,则承租人并不能依优先购买权请求第三人返还租赁物。这从本章第728条的规定也可看出。也就是说,如果优先购买权受到妨害的,承租人并不能请求宣告出租人与第三人之间的买卖合同无效,当然第三人依据有效的买卖合同取得租赁物的所有权的,也应受法律保护。

二、优先购买权的行使

承租人行使优先受偿权需要具备以下几个方面的条件:

(一) 行使的主体

承租人是房屋租赁合同的相对人,因此在出租人出卖租赁房屋时,其享有优先购买权。如果经过出租人同意转租的,也应承认次承租人享有优先购买权。

(二) 必须同等条件下行使

承租人须在同等条件下,才能行使优先购买权。对于什么是"同等条件",虽然我国司法实践中有"绝对等同说"和"相对等同说"两种不同的认定标准,但实际上,衡量是否同等最重要的考量因素应当是价格条件,包括单价或者总价,支付的时间、支付的方式等。除此而外,考虑到具体交易的特殊性,以及出租人出卖租赁房屋所要实现的目的等,斟酌房屋的用途、环境因素等其他可能影响出租人交易目的实现的因素确定。

(三) 必须在法定期限内行使

承租人的优先购买权的行使需其知道出租人向第三人出卖租赁房屋为条件,这就需要出租人在出卖租赁的房屋前通知承租人,即出租人负有通知义务。出租人未履行通知义务致使承租人未能行使先买权的,则承租人可以请求出租人承担损害赔偿责任。通知的内容应当包括与第三人交易的主要条件,如价格、支付等。在承租人履行通知义务后,承租人应当在 15 日内行使先买权,若在 15 日内未明确表示购买的,则视为放弃先买权。

(四) 不属于法律规定不得行使优先购买权的情形

法律规定了以下几种情形,承租人不得行使先买权:

1. 房屋按份共有人行使优先购买权。

一般认为,按份共有人的优先购买权是基于共有而享有的,其基础是物权,同时就共有关系而言,各共有人之间的关系较出租人与承租人之间的关系更为密切,因此,在按份共有人也主张优先购买权时,其先买权应当优先于承租人的先买权,只有在共有人不主张或者放弃先买权时,承租人方可主张先买权。

2. 出租人将房屋出卖给近亲属的。

近亲属的范围,是指父母、子女、兄弟姐妹、祖父母、外祖父母、孙子女、外孙子女等。

(五) 承租人应当依诚信原则行使

承租人行使先买权时,应当依照诚信原则行使。如果承租人只是承租了出租人房屋的一部分,该一部分房屋面积与出租人欲出售之整个房屋面积不成比例的,如只占到整个房屋面积的 10% 不到,则承租人不能就整个房屋行使先买权。至于承租面积占出售面积的比例达到多少方可享有优先购买权,司法实践中,通常认为,承租人承租的部分房屋占到全部房屋一半以上的,则承租人可以对整个房屋享有先买权。

三、优先购买权行使的效果

承租人行使优先购买权的,其应以通知的方式向出租人明确表示以同等条件购买租赁房屋,通知生效后,在出租人与承租人之间即成立房屋买卖合同。在承租人取得房屋所有权后,租赁权与所有权混同,租赁权消灭,除非租赁权的存在于承租人或者第三人有法律上的利益。

第七百二十七条 出租人委托拍卖人拍卖租赁房屋的,应当在拍卖五日前通知承租人。承租人未参加拍卖的,视为放弃优先购买权。

释　义

本条是关于拍卖时，承租人享有先买权的条件的规定。

出租人通过拍卖方式出卖租赁房屋的，应当通知承租人以保护其先买权。考虑到拍卖的特殊性，因此，出租人应当在拍卖5日前通知承租人。所谓5日前，是指拍卖日5日前。

承租人经通知后，承租人未参加拍卖的，视为放弃优先购买权。参与拍卖的，拍卖过程中，有最高应价时，承租人表示以该最高价购买，如无更高应价，承租人可以该最高应价优先购买租赁房屋；如有更高应价，承租人未作表示的，应当视为承租人放弃优先购买权。

在法院组织的司法拍卖中，承租人经法院通知，也可以优先购买权人参与竞拍。

第七百二十八条　出租人未通知承租人或者有其他妨害承租人行使优先购买权情形的，承租人可以请求出租人承担赔偿责任。但是，出租人与第三人订立的房屋买卖合同的效力不受影响。

释　义

本条是关于承租人优先购买权保护的规定。

承租人的优先购买权受到侵害或者妨害而不能行使的，承租人如何救济？侵害先买权的行为一般有：一是出租人未履行通知义务致承租人未能行使优先购买权，主要是指出租人能通知而不通知，或者是因过失而未通知；或者是通知的内容不符合要求等。二是出租人与第三人串通为损害承租人的利益而故意订立背离性的约定，如故意不合理地约定过高的价格逼承租人放弃先买权等。三是其他的妨害先买权的行为。

对于侵害其先买权的行为，承租人可以请求出租人承担损害赔偿的责任，但不影响出租人与第三人之间订立的买卖合同的效力。至于损害赔偿的范围，应当包括承租人购买类似房屋需要多支出的价款损失以及其他的附带损失,如所支出的合理中介费等。所谓不影响出租人与第三人之间订立的买卖合同的效力,是指出租人与第三人之间订立的买卖合同效力依然维持,如果承租人主张了优先购买权,则承租人取代第三人,在出租人与承租人之间以相同条件成立买卖合同。此时,与第三人之间的买卖合同不生效。但是如果承租人因出租人的原因未能行使先买权,则出租人与第三人之间的买卖合同生效,其效力不因承租人先买权受到影响。

第七百二十九条 因不可归责于承租人的事由,致使租赁物部分或者全部毁损、灭失的,承租人可以请求减少租金或者不支付租金;因租赁物部分或者全部毁损、灭失,致使不能实现合同目的的,承租人可以解除合同。

释 义

本条是关于不可归责于承租人事由致租赁物毁损、灭失时,承租人的救济方式。

租赁期间,租赁物发生毁损、灭失,从归责事由上看,有四种情形:一是可归责于承租人;二是可归责于出租人;三是可归责于双方当事人;四是不可归责于双方当事人。从造成租赁物毁损、灭失的程度上看,有全部毁损、灭失和部分毁损、灭失。从影响债务履行的程度上看,可能是全部履行不能,或者是部分履行不能。

一、可归责于承租人

(一) 租赁物全部毁损、灭失的

可归责于承租人的事由导致租赁物全部毁损、灭失的,则租赁关系因对租赁物使用、收益不能而归于消灭,承租人的租金支付义务消灭。在合同责任上,承租人违反保管义务,负损害赔偿之责,同时承租人的行为亦损害出租人对租赁物之所有权,应依侵权责任法负损害赔偿之责。会在违约损害赔偿与侵权损害赔偿上发生请求权竞合。

(二) 租赁物部分毁损、灭失的

可归责于承租人的事由致租赁物部分毁损、灭失的,是为承租人违反租赁

物的保管义务,承租人自应承担损害赔偿责任,同时,承租人无请求减少租金的权利。

二、可归责于出租人

(一) 租赁物全部毁损、灭失的

此时,承租人对租赁物之使用、收益已经不可能,合同目的已经不能实现,承租人可以解除合同。因可归责于出租人事由致租赁物使用、收益不能,出租人应当承担违约损害赔偿责任,如赔偿承租人因无法使用租赁物所致之经营损失;又如承租人因替代承租同类型之租赁物须支付较高的租金,其租金的差额,出租人应予赔偿。

(二) 租赁物部分毁损、灭失的

因出租人原因致租赁物部分毁损、灭失的,承租人可以就部分毁损、灭失的租赁物对其使用、收益的影响程度,请求减少租金。当然,如租赁物可以维修的,承租人也可选择请求出租人维修,或者由出租人承担费用委托他人维修,就维修致其不能使用租赁物期间的租金不予支付。租赁物虽是部分毁损、灭失,但如果致其余部分租赁物的使用、收益没有意义,可认定为不能实现合同目的,承租人可以解除合同,并可就所受到的损失,请求出租人给予赔偿。

三、可归责于双方当事人

(一) 租赁物全部毁损、灭失的

可归责于双方当事人的事由致租赁物毁损、灭失的,承租人自消灭时起不再负租金支付义务,合同应予解除。租赁物的毁损、灭失的损失,应由双方按照过错的大小各自承担相应的责任。

(二) 租赁物部分毁损、灭失的

租赁物部分毁损、灭失的,首先,承租人应可以就毁损、灭失部分对租赁物使用、收益影响的程度请求减少租金,但因承租人与有过失,因此,应考量承租人的过错,限制或者排除承租人行使减少租金的请求权。对于租赁物毁损、灭失的损失,如系承租人违反保管义务所致,因出租人与有过失,应视其过失的大小,减轻或者免除承租人的赔偿责任。

如果租赁物有修缮可能的,应认承租人有修缮请求权,在修缮期间的租金减少请求权也应认许。出租人为修缮的,因承租人与有过失,应当按照各自过失的大小决定修缮费用的承担。对于修缮期间的租金减少请求权,承租人须在修缮完成前为主张,如未主张,仍按原来约定的租金为给付的,则不得主张出租人返还。唯承租人主张减租时,因其与有过失,因此,也应视其过失大小,限制或排除其租金减少请求权。

四、不可归责于双方当事人

租赁期间,租赁物因不可归责于双方当事人之事由毁损、灭失的,属于租赁物风险负担问题。所谓不可归责于双方当事人之事由,系指事变,通常包括不可抗力和意外事件。在租赁关系中,租赁物的风险负担包括两个方面:一是租赁物毁损、灭失的损失由谁承担;二是租赁物毁损、灭失致对租赁物的使用、收益全部不能或者部分不能时,租金是否继续支付的问题。前者即所谓物的风险,后者即所谓租金风险。由于两者经常联系在一起,因此,虽然租金风险不是合同法上讲的物的风险负担问题,但它常常被纳入风险负担范畴之中。

关于租赁物毁损、灭失风险负担的立法例,有承租人负担模式和出租人负担模式。有学者认为,法国民法、德国民法采取的是承租人承担模式。从本条规定的文义来看,我国民法沿袭了1999年《合同法》的模式,采取了出租人承担模式。

(一) 租赁物全部毁损、灭失的

租赁期间,因不可归责于双方当事人的事由,而纯由事变,致租赁物全部毁损、灭失的,租赁合同之目的已经不能实现,则当事人可以解除合同,出租人免于出租租赁物与承租人并免于维持租赁物供承租人使用、收益的义务,承租人也免于承担继续支付租金的义务。

(二) 租赁物部分毁损、灭失的

租赁物部分毁损、灭失的,承租人可以请求减少租金,承租人未请求的,仍支付原租金。租金减少的数额按照租赁物毁损、灭失部分致承租人对租赁物的使用、收益的影响程度而定,如果部分毁损、灭失对于承租人对租赁物的使用、收益没有影响的,则不得减少租金。租赁物有维修可能的,承租人也可以请求出租人维修,维修致承租人对租赁物不能使用、收益期间的租金,承租人可以不支付或者减少支付。租赁物部分毁损、灭失致合同目的不能实现的,如房屋部分毁损致房屋成为危房已经不能居住使用,则当事人可以解除合同。

第七百三十条 当事人对租赁期限没有约定或者约定不明确,依据本法第五百一十条的规定仍不能确定的,视为不定期租赁;当事人可以随时解除合同,但是应当在合理期限之前通知对方。

释 义

本条是关于租赁期限的规定。

当租赁期限没有约定或者约定不明确时,首先,根据本法第511条的规定予以补充。其次,根据第511条的规定仍然不能确定的,则视为不定期租赁。所谓不定期租赁,顾名思义,应是指没有固定期限的租赁。民法于本章规定了三种情形成立不定期租赁,一是本章第707条规定的,租期6个月以上的租赁未采用书面形式致租期不能确定的,视为不定期租赁。二是本条因租期没有约定或者约定不明确,又不能通过协议或者合同解释补充当事人意思的,视为不定期租赁。三是本章第734条的规定,租期届满后,租赁法定更新后的租赁,为不定期租赁。

不定期租赁与定期租赁有不同,一般而言,不定期租赁有上列三种情形,这三种情形皆因法律拟制而发生;在合同解除上,虽因租赁合同的继续性特征,定期租赁合同的当事人亦可解除,但无解除权而解除的,须承担违约责任;但在不定期租赁,当事人可以随时解除合同,只须在合理期限之前为解除通知即可,而无须承担违约责任。

第七百三十一条 租赁物危及承租人的安全或者健康的,即使承租人订立合同时明知该租赁物质量不合格,承租人仍然可以随时解除合同。

释 义

本条是关于承租人租赁合同特别解除权的规定。

就一般租赁物而言,出租人对于租赁物承担物的瑕疵担保义务,但承租人在订立合同时明知租赁物存有瑕疵而自愿承租的,法律自无干涉之必要。但是如果租赁物存在危及承租人的安全或者健康的瑕疵时,即使承租人在订立合同时明知,也不得认定承租人自甘风险,而应许可承租人随时解除合同。因为承租人的人身权相对于合同债权具有更高位阶的保护价值。因此,本条规定的承租人租赁合同的特别解除权是一项法定的解除权。

本条适用的条件应当注意以下几个方面:

1. 租赁物在合同成立时存有质量瑕疵。

2. 须租赁物的质量瑕疵危及承租人的安全或者健康。

第一,这里的租赁物未加限制,既包括动产,也包括不动产,但有些国家和地区有限制,如德国民法等限于住居租赁。第二,"危及"是指有现实危害的可能,应以客观上存在危害为判断标准,如租赁物有毒等。第三,危及的对象不仅包括承租人,还包括与承租人共同居住或者共同经营的人,承租人的占有辅助人,以及受承租人委托对租赁物现实为使用、收益的人。第四,危及的须是承租人的安全或者健康,指人身安全、生命安全、身体健康等,至如财产安全不包括在其中。

3. 不管承租人在合同订立时是否知道,承租人都应承担瑕疵担保义务。

如果承租人订立合同时知道租赁物的瑕疵,该瑕疵为一般瑕疵的,出租人无须承担瑕疵担保义务。但是租赁物危及人身安全或者健康的,即使承租人在订立合同时明知租赁物有此瑕疵,也可主张出租人承担瑕疵担保义务。如合同成立时不知,而在合同履行过程中,承租人知有此瑕疵的,出租人亦须承担瑕疵担保义务。

4. 承租人可以随时解除合同。

所谓随时解除合同,是指承租人可以随时通知出租人解除合同。但问题是,承租人是否享有维修及减租请求权?租赁物之瑕疵,如承租人在合同成立时不知,则出租人承担瑕疵担保义务,承租人因而享有物的瑕疵担保请求权,如请求维修、减少租金支付或不支付租金,以致解除租赁合同等。但本条是承租人在合同成立时明知租赁物质量不合格,因该瑕疵危及承租人安全或者健康,法律赋予承租人的一项特别权利,即可以随时解除租赁合同,而在一般瑕疵担保中减少租金请求权及修缮请求权,承租人不应享有。

5. 本条属于强行规定,当事人于合同中即使约定预先放弃合同解除权,该约定也不具约束力,承租人仍得随时解除租赁合同。

第七百三十二条　承租人在房屋租赁期限内死亡的,与其生前共同居住的人或者共同经营人可以按照原租赁合同租赁该房屋。

释　义

本条是关于租赁合同法定让与的规定。

租赁本具人格信任性,因此,租赁权之转让等须取得出租人同意,但从保障人权、保护弱者出发,在某种情形下,法律总要做一些特别的规定,以匡实质正义。本条规定即是如此。因此,本条规定在性质上,称为租赁合同的法定概括转移。这与"买卖不破租赁"不同之处在于,"买卖不破租赁"是出租人的法定变更,而本条则是承租人的法定变更。

承租人法定变更须注意以下几点:

第一,本条仅适用于房屋租赁。

第二,承租人在房屋租赁期间死亡。在房屋租赁期间,是指自租赁合同成立时起的整个租赁期间,如果租赁已经终止,则没有本条的适用。承租人死亡,既包括自然死亡,也包括宣告死亡。

第三,概括继受人须是与承租人生前共同居住的人或者共同经营人。共同居住的人,是否亲属关系不是关键,关键是是否共同居住,共同居住的近亲属自然是共同居住人,即或不是亲属,但共同居住在一起的人,也可成为法定继受人。除共同居住人之外,还包括共同经营人,通常是指共同经营的合伙人等。

按照原租赁合同租赁该房屋,一是时间点上,是自承租人死亡时起,原租赁合同即由共同居住人或者共同经营人概括继受。二是共同居住人或者共同经营人成为原租赁合同的当然承租人,无须继受人与出租人重新签订合同,只需继受人继续按照原租赁合同支付租金以及履行租赁合同约定的义务即可,出租人也应按照原租赁合同的约定履行义务,如维修义务等,不得擅自变更合同。

第七百三十三条　租赁期限届满,承租人应当返还租赁物。返还的租赁物应当符合按照约定或者根据租赁物的性质使用后的状态。

释 义

本条是关于租赁期满,承租人返还租赁物义务的规定。

租赁期限届满,租赁关系消灭,一般而言,承租人继续占有租赁物没有权源基础,其占有构成无权占有,应当向出租人返还租赁物,出租人也可以依照租赁合同或者固有权利(如所有权等)请求承租人返还租赁物。

所谓返还租赁物,是指将租赁物的占有移转给出租人。如何返还,合同有约定,应当按照合同约定的方式、时间等返还。如果非因承租人的原因,租赁物返还迟延的,依照诚信原则,出租人应给予承租人合理的宽容期限。在该迟延期限内,出租人可以请求承租人支付租赁物的使用费。

返还租赁物应当返还原物。所谓原物,是指承租人根据租赁合同的约定或者根据租赁物的性质对租赁物进行正常使用后的原物。租赁期间承租人未经出租人同意对租赁物所做的改善和增设之物,除双方另有约定,租赁期满后,承租人返还租赁物时,应当拆除或者除去增设之物,恢复原状;经过出租人同意的,承租人可以不负恢复原状的义务。

第七百三十四条　租赁期限届满,承租人继续使用租赁物,出租人没有提出异议的,原租赁合同继续有效,但是租赁期限为不定期。

租赁期限届满,房屋承租人享有以同等条件优先承租的权利。

释 义

本条是关于租赁合同法定更新制度的规定。

本条在 1999 年《合同法》第 236 条的基础上,增加了第 2 款。

所谓租赁更新,是指租期届满,以与原租赁合同同一内容,而延长租赁期限的情形。租赁更新或依当事人约定,或依法律规定,前者称为租赁约定更新,后者称为租赁法定更新。本条第 1 款规定,即为租赁法定更新。因本条租赁更新是因租期届满后,承租人继续使用租赁物,承租人没有提出异议而更新的,所以也可称为默示更新。

租赁法定更新的,除租期重新起算外,租赁合同的其他内容不变。租赁期限变更为不定期,根据第730条的规定,当事人在合理时间之前通知对方的,可以随时解除不定期租赁合同。

本条第2款规定的是承租人的优先承租权。

所谓优先承租权,也可称为先租权,是指租赁期满后,出租人再出租房屋的,房屋承租人在同等条件下有优先于其他人承租房屋的权利。在性质上,优先承租权与优先购买权一样,都属于请求权。对优先承租权,本章第726条、第728条的规定应可准用。

第十五章　融资租赁合同

　　通常认为,融资租赁于 20 世纪 50 年代兴起于美国,后逐步发展成为与银行信贷、证券相并列的三大融资工具之一。我国从 20 世纪 80 年代开始发展融资租赁,如今已经成为融资的重要工具。

　　立法模式上,美国、德国、英国、日本等国并没有就融资租赁专门立法,而是由多部门的法综合调整。我国大抵上也是这个模式,1999 年《合同法》将融资租赁合同列为典型合同而在分则部分专门规定。对于融资租赁经营者分类实施监管,金融租赁企业由银行业监管机构监管,外资租赁企业和内资租赁企业由商务行政主管部门监管。

　　本章共计 26 条,根据 1999 年《合同法》的规定以及我国审判实践的经验,规定了融资租赁合同的定义、出租人的权利义务、承租人的权利义务,租赁物毁损、灭失风险负担,租赁物的归属等方面内容,这些规定成为我国融资租赁法律制度的一般法渊源。

　　第七百三十五条　融资租赁合同是出租人根据承租人对出卖人、租赁物的选择,向出卖人购买租赁物,提供给承租人使用,承租人支付租金的合同。

释　义

　　本条是关于融资租赁合同概念的一般规定。

　　融资租赁合同有广义和狭义之分,广义上,以《国际融资租赁公约》为代表,认为融资租赁涉及两份合同、三方当事人。所谓两份合同,一是买卖合同,

是一方（出租人）根据另一方（承租人）的选择，与第三方（出卖人）订立一份
合同（买卖合同）；二是租赁合同，即出租人（买受人）与承租人订立的一份合
同（租赁合同）。所谓三方当事人，即出租人、承租人、供货人（出卖人）。对比
租赁公约的定义，本条的定义，也可认为，系采广义的融资租赁概念。狭义上，
融资租赁是指出租人与承租人之间的租赁合同，不包括与出卖人订立的买卖
合同，出卖人也非合同当事人。

融资租赁合同的特点：

1.融资租赁合同内容上具有复合性。

融资租赁合同是由买卖合同与租赁合同结合而成，存在三方当事人，即出
卖人、出租人（买受人）、承租人。因此，租赁合同的内容上具有复合性。

2.融资租赁合同具有融资、融物的双重功能。

融资租赁合同具有融资、融物的双重功能，融资是目的，融物是手段，这是
其与传统租赁合同不同的方面，也是区别于金钱借贷合同的方面。

3.融资租赁合同的出租人具有特殊性。

一般租赁中，对于出租人并无特别的要求。但因融资租赁具有融资的特
点，而且是其主要特点。因此，融资租赁中，出租人需要获得行政许可方可从
事融资租赁经营，如我国成立金融租赁公司，需要获得金融经营许可。外资租
赁公司以及内资租赁公司需要商务部发放经营许可。

4.融资租赁合同是独立的典型合同，具诺成性、有偿性、双务性、继续
性等。

第七百三十六条　融资租赁合同的内容一般包括租赁物的
名称、数量、规格、技术性能、检验方法，租赁期限，租金构成及其
支付期限和方式、币种，租赁期限届满租赁物的归属等条款。

融资租赁合同应当采用书面形式。

释　义

本条是关于融资租赁合同的形式以及主要条款的提示性规定。

融资租赁合同订立应当采用书面形式。但是，虽然本条要求采用书面形
式，但是有其他证据证明当事人之间存在融资租赁法律关系的，只要没有其他

导致该法律关系无效的事由,也应当认定当事人之间的融资租赁合同成立并生效。

融资租赁合同一般需具备以下条款:租赁物的名称,是指租赁物的具体指称。租赁物的数量,是从量上对租赁物的具体明确。租赁物的规格、技术性能,这往往是描述租赁物满足租赁用途的功能上的要求,以及技术参数等。检验方法,根据约定或者租赁物的性质,承租人可以对租赁物检验,具体的检验方法应当约定。租赁期限,融资租赁不像一般租赁那样受最长 20 年租期的限制,而是考虑到租赁物的耐用年限、折旧年限等约定租赁期限。租金构成及其支付期限和方式、币种,由于融资租赁中,承租人支付的租金并非承租人使用收益租赁物的对价,而是租赁物的大部分或全部成本及一定的经营利润等,因此需要就租金的构成作约定。租赁期限届满后租赁物的归属,租赁期间租赁物的所有权属于出租人,租赁期满后,租赁物归属于出租人还是承租人,合同中须约定。

以上是融资租赁合同条款的提示性规定,除上列条款外,当事人还可以根据具体情况,就违约责任、适用法律(涉外租赁)、争议解决等作约定。

第七百三十七条　当事人以虚构租赁物方式订立的融资租赁合同无效。

释　义

本条是关于虚伪表示订立的融资租赁合同效力的规定。

一、本条的构成要件

(一) 出租人与承租人故意为虚假的意思表示

虚伪表示,属于双方故意地为意思与表示的不一致,因其表示缺乏效果意思,所以,所为的意思表示无效。在融资租赁中,出租人与承租人通过虚构租赁物等方式为虚假意思表示。所谓虚构租赁物,是指根本没有租赁物,或者虽然有租赁物,但租赁物的价值与租金明显不成比例,如租赁物价值 1 万元,但租金达 100 万元,这显然属于名为租赁,实为借贷。

（二）当事人以虚构租赁物等方式订立了融资租赁合同

出租人与承租人以虚构租赁物等方式作出虚假的意思表示，订立融资租赁合同，但该融资租赁合同只是幌子，是名义上的，而他们都不希望融资租赁合同生效，实际上也不履行租赁合同或者只是象征性地履行租赁合同。

二、法律后果

虚构租赁物等方式订立融资租赁合同的，如果融资租赁合同没有隐藏行为的，则融资租赁合同无效，如订立融资租赁合同目的是逃避税收，或者逃避债务。如果有隐藏行为的，则融资租赁合同无效，被隐藏的行为依照法律的有关规定认定其效力。如虚构租赁物订立融资租赁合同，隐藏借贷合同的，则融资租赁合同无效，应以借贷关系确定双方之间的权利义务。

第七百三十八条　依照法律、行政法规的规定，对于租赁物的经营使用应当取得行政许可的，出租人未取得行政许可不影响融资租赁合同的效力。

释　义

本条是关于融资租赁合同效力与租赁物经营使用许可区分原则的规定。

对于某些租赁物的经营使用，法律、行政法规基于行政管理的需要，会设置许可性规范，即承租人对租赁物的经营使用需要获得相应的行政许可。

如果当事人约定获得租赁物的经营使用许可为融资租赁合同生效的条件，这是附停止条件，只要所附条件不为法律禁止、不违反公序良俗，自无不可。

当事人没有约定的，出租人未取得许可不影响融资租赁合同的效力。租赁物的经营使用需要获得行政许可，如承租人对于工业锅炉的经营使用需要获得国家有关主管部门的行政许可。该许可应当由承租人申请取得。因为租赁物、出卖人通常都是承租人选择的，考虑到出租人通常意在融资，对租赁物的具体使用、收益，均由承租人行使，因此，如果让出租人获取租赁物的经营使用许可，并以此作为融资租赁合同的有效条件，则显然对出租人不公平。

第七百三十九条   出租人根据承租人对出卖人、租赁物的选择订立的买卖合同,出卖人应当按照约定向承租人交付标的物,承租人享有与受领标的物有关的买受人的权利。

释 义

本条是关于出卖人向承租人交付租赁物的规定。

本条适用的条件:

1.买卖合同是出租人根据承租人对出卖人、租赁物的选择而订立的。

这是融资租赁合同与传统的租赁合同不同的重要方面,传统的租赁合同是出租人已经拥有租赁物,或者自己直接购买租赁物。承租人支付的租金属于对租赁物用益的对价。出卖人虽然也可能因出租人的指示而向承租人为租赁物的交付,但这只是构成向第三人履行的合同,承租人并不能向出卖人行使与受领标的物有关买受人的权利。也因为融资租赁中买卖合同是根据承租人对出卖人、租赁物的选择而订立的,因此,才能说融资租赁由两份合同,三方当事人构成。

2.出租人应当向出卖人履行告知义务,告知出卖人购买租赁物的目的是出租给承租人。

因为,只有出卖人知道出租人购买租赁物的目的是从事融资租赁交易,出卖人才向承租人承担交付租赁物的义务,承租人也才享有与受领租赁物有关的买受人的权利。出租人告知的方式,既可以在买卖合同中直接约定,也可以由出卖人、出租人、承租人三方订立合同约定,还可以订立买卖合同时单独为告知。

3.出卖人按照约定向承租人交付租赁物,承租人享有与受领标的物有关的买受人的权利。

出卖人按照约定的时间、地点、数量、方式等向承租人交付租赁物,出卖人交付的对象是承租人。所谓与受领标的物有关的买受人的权利,是指承租人在法律地位上同买受人,对出卖人享有与受领租赁物有关的请求权、抗辩权等。

第七百四十条   出卖人违反向承租人交付标的物的义务,有

下列情形之一的,承租人可以拒绝受领出卖人向其交付的标的物:

（一）标的物严重不符合约定;

（二）未按照约定交付标的物,经承租人或者出租人催告后在合理期限内仍未交付。

承租人拒绝受领标的物的,应当及时通知出租人。

释　义

本条是关于出卖人违反交付义务,承租人享有拒绝受领的权利的规定。

如上条所规定的,出卖人向承租人履行交付标的物的义务,承租人享有与受领标的物有关买受人的权利。对于出卖人违反交付标的物义务,承租人如买受人一样可以拒绝受领出卖人所交付的标的物,具体情形主要有:

1. 租赁物严重不符合约定,是指租赁物与买卖合同的约定严重不符。

2. 未按照约定交付标的物,经承租人或者出租人催告后在合理期限内仍未交付。未按照约定交付标的物:

一是指出卖人未按照约定的期限交付标的物,出现这种情况时,承租人或者出租人都可以向出卖人催告,催告出卖人在合理期限内交付租赁物,如果仍然没有交付租赁物的,承租人可以拒绝受领标的物。

二是交付的标的物不符合约定,这里的不符合约定并没有达到严重不符合约定的情形,承租人或者出租人可以催告出卖人在合理期限内交付符合约定的租赁物,出卖人在合理期限内仍未交付的,则承租人可以拒绝受领租赁物。

融资租赁中,买卖合同订立后,承租人实际上享有买受人的权利,出租人多不参与买卖合同的履行。但是,当出卖人未按照约定履行交付标的物的义务,承租人拒绝受领租赁物后,融资租赁合同的履行出现障碍,就会对出租人的权利义务产生影响。因此,承租人应当将拒绝受领标的物的情况及时通知出租人,以便出租人采取相应的措施予以补救,协助承租人进行索赔或者对融资租赁合同作必要的调整和变更,避免遭受损害或者损害扩大。承租人的通知义务属于依诚信原则承担的附随义务,承租人不履行或者怠于履行,给出租人造成损失的,承租人应当承担损害赔偿责任。

第七百四十一条 出租人、出卖人、承租人可以约定,出卖人不履行买卖合同义务的,由承租人行使索赔的权利。承租人行使索赔权利的,出租人应当协助。

释 义

本条是关于承租人对出卖人行使索赔权的规定。

鉴于融资租赁的特殊性,在融资租赁交易法律结构的安排上,出租人、出卖人、承租人通常约定,在出卖人不履行买卖合同义务时,由承租人行使索赔权。如果没有约定的,索赔权仍应由出租人行使。

出卖人不履行买卖合同义务,包括履行不能、拒绝履行、瑕疵履行、迟延履行等情形,发生这些情形时,出卖人应当承担违约责任,承租人有权请求出卖人承担违约责任。

承租人行使索赔权利的,出租人应当协助。出租人的协助义务,一是帮助寻找出卖人。有些租赁中,租赁物由承租人指定,但出卖人由出租人选择,此时需要出租人帮助寻找出卖人。二是提供有关的证据材料等,为承租人索赔权的行使提供便利。三是诉讼过程中的协助义务。协助义务是出租人依据诚信原则所承担的一项义务,承租人索赔权利行使需要出租人协助,出租人不协助或者怠于协助,致承租人损害的,承租人可以请求出租人承担损害赔偿责任。

第七百四十二条 承租人对出卖人行使索赔权利,不影响其履行支付租金的义务。但是,承租人依赖出租人的技能确定租赁物或者出租人干预选择租赁物的,承租人可以请求减免相应租金。

释 义

本条是关于承租人对出卖人行使索赔权不影响其履行租金支付义务的规定。

根据出卖人、出租人、承租人的约定,出卖人不履行买卖合同义务的,由承租人行使索赔的权利,这是因为买卖合同义务的履行会影响承租人对于租赁物使用收益的目的的达成,而且出卖人、租赁物也通常是由承租人选定的,因此,对出卖人索赔的权利由承租人行使是恰当的。但是由于融资租赁中,承租人支付的租金并非承租人对租赁物使用、收益的对价,而是由租赁物购置的全部或大部分成本加上合理经营利润构成的,实际上是,出租人提供购买租赁物的贷款,承租人以租金形式偿还该贷款本息。因此,出卖人不履行买卖合同义务,即使影响到承租人对租赁物的使用、收益,承租人也不能因此拒付或少付租金。

然而,承租人的此项义务也不是绝对的,在下列情形下,承租人行使索赔权时,也可以请求减免相应的租金:

1.当事人就此作了特别约定,如出卖人、出租人、承租人可以约定,出卖人不履行合同义务时,承租人可以请求减免租金。

2.承租人依赖出租人的技能确定租赁物或者出租人干预选择租赁物的,承租人可以请求减免相应租金。需要注意,这个规定的适用需要符合下列构成:

(1)出卖人不履行买卖合同约定的义务,按照约定承租人对出卖人可以行使索赔的权利。

(2)承租人依赖出租人的技能确定租赁物或者出租人干预选择租赁物。

所谓依赖出租人的技能确定租赁物,是指承租人之所以选择某租赁物是因为出租人的推荐或者出租人提供的专业咨询意见,如果虽然出租人具有关于某租赁物方面的专业技能,但是承租人选择租赁物时并没有依赖出租人的技能,而是独立为判断确定租赁物的,则承租人不得请求减免租金。

所谓出租人干预选择租赁物,是指出租人对于租赁物的最终选择提出了明确的指引或者对于承租人的选择作出了重要的变更指示,承租人依据出租人的干预选择了租赁物。在我国法院的审判实践中,通常从下列几个方面予以认定:

一是出租人在承租人选择出卖人、租赁物时,对租赁物的选定起决定作用;

二是出租人干预或者要求承租人按照出租人意愿选择出卖人或者租赁物;

三是出租人擅自变更承租人已经选定的出卖人或者租赁物。

有上列一种情形的,即可认定,承租人依赖出租人的技能确定租赁物或者出租人干预选择租赁物。承租人主张其系依赖出租人的技能确定租赁物或者出租人干预选择租赁物的,对上述事实承担举证责任。

其实,无论是依赖出租人的技能确定租赁物还是出租人干预选择租赁物,讲的都是因出租人的过错导致承租人对租赁物的使用、收益受到影响,出租人对承租人选择租赁物有过错,与出卖人不履行合同义务结合在一起,才有本条规定的适用。如果出卖人不存在违约行为,而只是出租人单方面的行为致使承租人对租赁物的使用、收益受到影响的,则承租人只能请求出租人承担违约责任。

3. 承租人可以对出卖人行使索赔权,也可以对出租人请求减免相应租金。

出卖人与出租人承担不真正连带债务,出卖人是终局责任人。承租人享有选择权,可以只向出卖人或者出租人中的一人为请求,也可向两人同时或先后为请求。选择向出租人请求减免相应租金的,出租人承担责任后,可以向出卖人追偿或者依据买卖合同请求出卖人承担违约责任。同时对出卖人、出租人为请求时,承租人向出卖人或出租人中任一人行使请求权的,在其得到满足的范围内,债务消灭。出卖人为终局责任人,如若出租人承担了被减免租金的责任,则在被减免范围内可以向出卖人追偿或者依据买卖合同请求出卖人承担违约责任。

第七百四十三条 出租人有下列情形之一,致使承租人对出卖人行使索赔权利失败的,承租人有权请求出租人承担相应的责任:

(一)明知租赁物有质量瑕疵而不告知承租人;

(二)承租人行使索赔权利时,未及时提供必要协助。

出租人怠于行使只能由其对出卖人行使的索赔权利,造成承租人损失的,承租人有权请求出租人承担赔偿责任。

释 义

本条是关于出租人原因致承租人对出卖人行使索赔权利失败的,出租人的责任的规定。

按照第 741 条的规定,出卖人不履行买卖合同约定的义务的,承租人对出卖人行使索赔权,出租人提供协助即可。在出租人无过错的情况下,出卖人不履行买卖合同义务,承租人行使索赔权利时,不得向出租人请求减免租金或者请求出租人承担责任。但是如果因出租人原因,致使承租人对出卖人行使索赔权利失败或者造成承租人损失的,承租人有权请求出租人承担相应的责任。具体适用时,应注意以下几个方面:

一、出租人没有履行义务

1. 出租人未履行瑕疵告知义务。所谓告知义务,主要是指出租人明知租赁物有质量瑕疵而不告知承租人。"不告知"是指故意不告知、怠于告知或因过失而没有告知。这里所指租赁物的瑕疵,应是指租赁物的隐蔽瑕疵,对于表面瑕疵或者一般瑕疵,应认为出租人不负告知义务。出租人如果明知租赁物有瑕疵,租赁物交付以后,承租人请求出卖人承担瑕疵担保义务的,一般情况下,出卖人可以此为抗辩而免于承担瑕疵担保责任。因此,出租人明知有瑕疵时,应当及时告知承租人,以便承租人可以拒绝受领,并请求出卖人更换租赁物或承担其他责任等。

2. 承租人行使索赔权利时,未及时提供必要协助。出租人未及时提供必要的协助义务,一是属于出租人应予协助的情形,如提供必要的资料等。二是出租人能够提供协助,如果非出租人能力所及之协助,应认出租人无协助义务。三是应承租人请求。何时协助,提供何种协助,承租人应向出租人为请求。四是出租人未及时提供必要的协助,是指应予协助而未予协助,或者虽有协助,但超过了时限,或者提供的协助按具体情形不充分等。

3. 出租人怠于行使只能由其对出卖人行使的索赔权利。根据第 741 条,承租人对出卖人行使索赔的权利,是基于出卖人、出租人、承租人的约定,没有约定的,由于承租人非买卖合同的当事人,对出卖人索赔的权利只能由出租人行使。另外,即使有约定,但是约定承租人行使索赔权有明确的范围的,这些范围以外的权利的行使也只能由出租人行使。出卖人不履行买卖合同义务,只能由出租人对出卖人行使索赔的权利,从出卖人角度看,出租人对其享有的是权利,但从承租人角度看,出租人向出卖人索赔是其义务。因此,出租人没有行使,或者没有及时行使,造成承租人损失的,承租人可以请求出租人赔偿。

二、致使承租人对出卖人行使索赔权利失败,或者造成承租人损失

所谓行使索赔的权利失败,通常是指承租人通过诉讼、仲裁等方式向出卖人主张,而未获支持,或者虽未通过诉讼、仲裁为主张,但是承租人的主张明显不会获得支持等。如,一般情况下,因出租人未告知其明知的租赁物瑕疵,出卖人可以此抗辩免于承担瑕疵担保责任,这会造成承租人不能请求出卖人承担瑕疵担保责任。如出租人将瑕疵及时通知承租人,则承租人可以拒绝受领租赁物或者请求出卖人更换租赁物等。

第七百四十四条　出租人根据承租人对出卖人、租赁物的选择订立的买卖合同,未经承租人同意,出租人不得变更与承租人有关的合同内容。

释　义

本条是关于出租人不得擅自变更买卖合同内容的规定。

本条适用的条件:

一是买卖合同须是根据承租人对出卖人、租赁物的选择而订立的,对本规定作反对解释的话,买卖合同如果不是根据承租人对出卖人、租赁物的选择而订立的,则没有本条的适用。所谓根据承租人对出卖人、租赁物的选择,是指供货商以及租赁物都是承租人或者承租人委托的第三人选择的,出租人只是应承租人的要求而与出卖人订立了买卖合同,目的在于让承租人取得租赁权。因此,如果此时未经承租人同意,许可出卖人与出租人变更买卖合同,对于承租人明显不公平。

二是未经承租人同意,不得变更买卖合同中与承租人有关的内容。未经承租人同意,是指变更前未取得承租人同意以及变更后承租人未追认,出卖人、出租人主张取得承租人同意的,由其承担举证责任。这里的变更合同应当作广义上的理解,包括主体(出卖人)的变更以及合同内容的变更。合同内容是指买卖合同中与承租人有关的内容,如租赁物的交付、租赁物的数量、质量、检验标准以及其他承租人在选择出卖人、租赁物时所明确要求的条款,对这些条款都不得擅自变更。出卖人与出租人如果擅自变更的,则这些变更对承租

人不发生法律效力。

第七百四十五条　出租人对租赁物享有的所有权,未经登记,不得对抗善意第三人。

释　义

本条是关于租赁物所有权公示的规定。

融资租赁期间,租赁物的所有权属于出租人,但由承租人对租赁物占有、使用和收益。租赁物被承租人擅自处分,从而出租人丧失租赁物所有权的风险始终存在。所以,需要通过某种方式表彰出租人对租赁物的所有权,这就是租赁物所有权的公示问题。融资租赁物所有权的公示与一般的物权公示不同,其公示的目的不在于创设所有权或表彰所有权的变动,也不是承租人取得租赁权的前提条件,而仅仅是在租赁物上存在权利冲突时确立这些权利之间的优先顺位。

至于公示的方式,租赁物为房屋等不动产的,可以通过登记的方式公示,对于车辆、船舶、飞机等租赁物,也可以通过登记的方式表彰出租人对租赁物的所有权及其上的租赁权。对于除此而外的普通动产租赁物,我国还没有统一的融资租赁物登记系统,实践中多是按照行政管理职能确定登记机构及登记系统,如中国人民银行征信登记系统,主要登记金融租赁公司的融资租赁物所有权。最高院在融资租赁合同纠纷解释中也规定,未按照规定在相应机构进行融资租赁交易查询的,第三人不能主张善意取得。

当然,排除第三人善意取得租赁物所有权或者其他物权,也不仅限于登记,考虑到我国融资租赁交易登记的不完善性,审判实践中,司法机关也从下列方面认定:如果出租人已在租赁物的显著位置作出标识,第三人在与承租人交易时知道或者应当知道该物为租赁物的;或者出租人授权承租人将租赁物抵押给出租人并在登记机关依法办理抵押权登记的;或者出租人有证据证明第三人知道或者应当知道交易标的物为租赁物的其他情形的。有上列情形的,第三人不能善意取得租赁物的所有权或者其他物权。

第七百四十六条　融资租赁合同的租金,除当事人另有约定外,应当根据购买租赁物的大部分或者全部成本以及出租人的合理利润确定。

释 义

本条是关于融资租赁合同租金的确定。

本条关于融资租赁中租金构成的规定,确定了融资租赁与普通租赁一个重要方面的不同,在普通租赁中,承租人支付的租金是对租赁物的用益而支付的对价,因此,普通租赁只具有融物功能,而无融资功能。而在融资租赁中,承租人支付的租金并非承租人对租赁物的用益对价,而是购买租赁物的大部分或者全部成本以及出租人的合理利润,这决定了融资租赁具有融资功能。也正因为如此,当出卖人交付的租赁物妨害承租人对租赁物的使用、收益的,除非出租人有过错,承租人的租金支付义务不能减免。即使租赁物毁损、灭失,承租人也不免于租金的支付义务。

当然,当事人可以对于租金的构成在合同中另行约定。

第七百四十七条 租赁物不符合约定或者不符合使用目的的,出租人不承担责任。但是,承租人依赖出租人的技能确定租赁物或者出租人干预选择租赁物的除外。

释 义

本条是关于出租人不承担租赁物瑕疵担保责任的规定。

一般租赁中,租赁物的瑕疵担保义务由出租人承担,因租赁物不符合约定或者不符合使用目的,影响承租人对租赁物的使用、收益的,承租人可以请求出租人承担租赁物的瑕疵担保责任,如减少或者免除租金,或者解除合同,或者请求出租人承担其他责任,等等。但是鉴于融资租赁交易具有的融资与融物的双重功能,且融资是目的,融物是手段的性质,出租人通常并不关心租赁物的使用、收益,而关注租金的回收;也由于出卖人、租赁物是由承租人选择确定的,因此,租赁物的瑕疵担保义务由承租人承担是公平合理的。但是,承租人依赖出租人的技能确定租赁物或者出租人干预选择租赁物的,租赁物的瑕疵担保义务应由出租人承担。对于如何确定承租人依赖出租人的技能确定租赁物或者出租人干预选择租赁物,参见第742条的释义。

第七百四十八条　出租人应当保证承租人对租赁物的占有和使用。

出租人有下列情形之一的,承租人有权请求其赔偿损失:

(一)无正当理由收回租赁物;

(二)无正当理由妨碍、干扰承租人对租赁物的占有和使用;

(三)因出租人的原因致使第三人对租赁物主张权利;

(四)不当影响承租人对租赁物占有和使用的其他情形。

释　义

本条是关于出租人保证承租人和平占有、使用租赁物义务的规定。

本条在1999年《合同法》第245条后面增加了第2款而成。

融资租赁交易中,承租人通过租赁方式向出租人融资获得对租赁物的用益,这是承租人订立融资租赁合同的目的,因此,出租人应当负有保证承租人和平占有、使用租赁物的义务,这个义务应当在整个租赁期间持续存在。如果出租人违反该义务,则应向承租人承担损害赔偿责任。出租人违反该义务的具体情形包括:

1.无正当理由收回租赁物。出租人如果有正当理由,就可以收回租赁物。如依据第753条,承租人未经出租人同意,擅自处分租赁物的,出租人可以解除融资租赁合同,收回租赁物。

2.无正当理由妨碍、干扰承租人对租赁物的占有和使用。租赁期间,出租人负有容忍承租人对租赁物的占有、使用和收益的义务,这是消极的不作为义务,从另一方面看,如果出租人采取了积极的妨碍、干扰承租人对租赁物的占有和使用,显然也是对其容忍义务的违反,除非出租人有正当理由。所谓正当理由,如承租人没有妥善保管租赁物或者没有按照租赁物的用途或者租赁物的性质使用租赁物等,此时,出租人可以要求承租人停止对租赁物的不正确使用。

3.因出租人的原因致使第三人对租赁物主张权利。因出租人的原因,主要指应由出租人负责的事由,如出租人与他人之间的债务纠纷,租赁物被查封、扣押或者拍卖。第三人虽得对租赁物主张权利,但是并非出租人应负责之事由所致,出租人不承担责任。或者虽然是出租人应负责之事由所致,但因有"买卖不破租赁原则"的适用,第三人的权利主张不致对租赁物的占有、使用构成妨碍、干扰或剥夺的,出租人也不承担责任。

4. 不当影响承租人对租赁物占有和使用的其他情形。

出租人有上列违反义务的情形,给承租人造成损失的,出租人应当予以赔偿。虽然本条没有规定承租人可以采取其他救济方式,但也应认为,承租人还可以根据出租人违反义务对承租人实现合同目的的影响程度,享有排除妨碍、解除合同、请求损害赔偿等权利。

第七百四十九条 承租人占有租赁物期间,租赁物造成第三人人身损害或者财产损失的,出租人不承担责任。

释 义

本条是关于租赁物对第三人侵权出租人免责规则的规定。

所谓租赁物对第三人的侵权责任,是指因租赁物本身或其设置、使用、保管等造成第三人人身损害或者财产损失而应承担的侵权责任。对于租赁物造成的第三人损害,出租人不承担责任。《国际融资租赁公约》第8条和《国际统一私法协会租赁示范法》第9条均有这样的规定。之所以如此规定,主要考虑,一是因为融资租赁的性质使然,因为出卖人、租赁物均由承租人选择确定,租赁物检验或者验收也是其完成的,租赁期间租赁物的维修、保管义务也由其承担,出租人一般都不参与,自然租赁物所可能致他人受有损害的危险也不应由出租人来承担。二是租赁物在承租人占有使用之中,其最有能力控制租赁物的致害风险。所以,在出租人对于租赁物致第三人损害没有过错时,就不能仅因其是出租人或者租赁物的所有权人而承担责任。

关于租赁物造成第三人损害,在侵权行为的类型上,可能是一般侵权行为,如承租人对租赁物的使用致他人损害,如失火焚毁他人财物,或者保管不当致他人损害等,也可能构成特殊侵权行为,如构成本法第七编第四章至第十章的特殊侵权行为。无论为一般侵权还是特殊侵权,出租人都不应承担责任。

所谓出租人不应承担责任,应仿照《国际统一私法协会租赁示范法》的规定,明确规定出租人不向承租人和第三人承担责任。

第七百五十条 承租人应当妥善保管、使用租赁物。

承租人应当履行占有租赁物期间的维修义务。

释 义

本条是关于承租人妥善保管、使用租赁物以及对租赁物的维修义务。

租赁合同中,租赁物交与承租人占有、使用和收益,承租人应当妥善保管、使用租赁物,在这一点上,融资租赁合同与普通租赁合同是一致的。但与普通租赁合同不同的是,融资租赁合同中,在承租人占有租赁物期间,租赁物的维修义务由承租人承担,而在普通租赁中,租赁物的维修义务是由出租人承担的,除非有特别约定。

融资租赁承租人同普通租赁承租人一样应当妥善保管、使用租赁物,所谓妥善保管、使用租赁物,是指承租人应尽到善良管理人的注意义务保管、使用租赁物,除合理的损耗及出租人同意的对租赁物的改变外,承租人应当维持租赁物在交付时的状态。

第七百五十一条 承租人占有租赁物期间,租赁物毁损、灭失的,出租人有权请求承租人继续支付租金,但是法律另有规定或者当事人另有约定的除外。

释 义

本条是关于租赁物毁损、灭失风险负担的约定。

普通租赁中,当事人没有特别约定或者法律没有特别规定的,租赁期间租赁物毁损、灭失的风险通常由出租人承担。但是融资租赁与普通租赁不同,虽然租赁物的所有权属于出租人,但租赁物发生毁损、灭失的风险却由承租人承担。这是因为,融资租赁中,承租人支付的租金并不是用益租赁物的对价,而是租赁物购置成本的全部或大部分以及合理的经营利润构成,因此,即使租赁物因不可归责于双方当事人的事由发生毁损、灭失,致使承租人无法对租赁物使用、收益,但其租金支付义务仍不能免除。

本条在适用中应注意以下几点:

第一,须是承租人占有租赁物期间。在买卖合同中,租赁物在交付之前,毁损、灭失的风险由出卖人承担。自出卖人交付给承租人时起,租赁物毁损、灭失的风险即转移给承租人承担。

第二,租赁物毁损、灭失,导致租赁物发生毁损、灭失的事由应当不可归责于出租人,如可归责于出租人,则出租人应当承担责任。

第三,出租人有权请求承租人继续支付租金,也就是说,承租人不因租赁物毁损、灭失致其不能用益租赁物而免于租金的对待给付义务,因为租金具有信贷性质。除此而外,融资租赁合同是否继续履行,则视承租人能否按照出租人的要求修复租赁物或者购买同条件替代物而定,能够修复的或者购买同条件租赁物的,融资租赁合同则继续履行。

第四,本条并非强制性规定,如果法律另有规定或者当事人另有约定的,则按照法律规定或者当事人的约定确定租赁物毁损、灭失的风险负担。

第七百五十二条 承租人应当按照约定支付租金。承租人经催告后在合理期限内仍不支付租金的,出租人可以请求支付全部租金;也可以解除合同,收回租赁物。

释 义

本条是关于承租人租金支付义务的规定。

租金支付义务是融资租赁合同中承租人的主给付义务,承租人应当按照约定的金额、期限、方式等支付租金。承租人如果逾期不支付租金的,除非承租人明示拒绝支付租金或者承租人的行为表明其将不支付租金,出租人应当催告承租人在合理期限内支付,承租人仍不支付的,出租人可以请求支付全部租金,即所谓租金加速到期;也可以解除融资租赁合同,收回租赁物。

关于承租人未按照约定支付租金,出租人是否须催告,前述《国际统一私法协会租赁示范法》第29条第1款规定,"承租人连续两期未按约定支付租金的,出租人可以要求支付全部租金,……"这个规定并未将催告作为加速租金到期或者解除融资租赁合同的前置条件。本条规定是比较合理的,应当前置催告程序。

关于救济方式,出租人享有选择权,一是选择请求承租人支付全部租金;二是选择解除合同,收回租赁物。规定出租人的选择权,可以让出租人根据实际情况,决定是加速租金到期,还是解除合同,收回租赁物。如果承租人有支付能力的,可以请求承租人支付全部租金;如果承租人丧失支付能力或者拒绝支付的,出租人也可以选择解除合同,收回租赁物,如果收回的租赁物的价值超过承租人所应承担的债务的,承租人可以按照本法第758条的规定,请求部分返还。

第七百五十三条　承租人未经出租人同意,将租赁物转让、抵押、质押、投资入股或者以其他方式处分的,出租人可以解除融资租赁合同。

释　义

本条是关于承租人擅自处分租赁物,出租人可以解除合同的规定。

融资租赁期间,租赁物的所有权属于出租人,出租人享有租赁物的所有权还是对其租金债权的一种担保。未经出租人同意,承租人擅自处分租赁物的,有可能使出租人的租金债权失去担保,对其租金债权的实现构成威胁。因此,承租人擅自处分租赁物的行为影响到出租人合同目的的实现,构成根本违约行为,出租人可以解除融资租赁合同。

承租人未经出租人同意,对租赁物的处分,属于无权处分。第三人取得租赁物所有权或者其他物权符合善意取得条件的,租赁物所有权或者租赁物上的其他物权由第三人取得。为了限制承租人无权处分,防止第三人主张善意取得,出租人可以对租赁物所有权及其上存在承租人的租赁权予以登记,以对抗第三人的善意取得。承租人处分租赁物的方式,有转让,将租赁物抵押、质押,或者投资入股等,除此之外,最高法院在司法解释中,还将未经出租人同意的转租行为,也作为承租人擅自处分租赁物的行为予以规定。一般租赁中,未经出租人同意,承租人转租的,出租人可以解除租赁合同。在融资租赁中,也应如此解释。

承租人无权处分租赁物的,出租人可以解除合同,请求返还租赁物,如租赁物已被第三人善意取得的,则出租人可以请求支付全部租金。

第七百五十四条 有下列情形之一的,出租人或者承租人可以解除融资租赁合同:

(一)出租人与出卖人订立的买卖合同解除、被确认无效或者被撤销,且未能重新订立买卖合同;

(二)租赁物因不可归责于当事人的原因毁损、灭失,且不能修复或者确定替代物;

(三)因出卖人的原因致使融资租赁合同的目的不能实现。

释 义

本条是关于出租人、承租人共同解约事由的规定。

普通租赁中,对于中途解约是否许可的问题,虽然有争议,但是基于租赁合同的继续性特点,通常认为,在租赁中途,当事人可以解除租赁合同。但融资租赁合同不同,出租人是按照承租人对出卖人、租赁物的选择而购买租赁物,并非自己需要而购买,租赁物往往具有专适于承租人使用的特性,很难再向其他人转让或出租。如果融资租赁合同被中途解约,出租人收回的租赁物将难以再行处分。从承租人角度来看,租赁物一般价值较大,系承租人长期使用的资产,如允许出租人任意解约,也将给承租人的生产经营带来不利影响。因此,在通常情况下,当事人会在合同中约定禁止中途解约条款。有关的法律文件也认可禁止中途解约条款,如《国际统一私法协会租赁示范法》第 23 条即有此规定。

但是,如果某事由的发生导致融资租赁合同的目的不能实现的,出租人或者承租人可以解除租赁合同。这些事由是:

1. 出租人与出卖人订立的买卖合同解除、被确认无效或者被撤销,且未能重新订立买卖合同。

出租人根据承租人对出卖人、租赁物的选择订立买卖合同,因此,不论是否可归责于出租人,如果买卖合同被解除、被确认无效或者被撤销后,未能重新订立买卖合同,就不能确定或取得租赁物,融资租赁合同履行不能,自应解除。

2.租赁物因不可归责于当事人的原因毁损、灭失,且不能修复或者确定替代物。

上述第一种事由应是发生在租赁物交付之前,但如果交付后,租赁物本身因不可归责于当事人的事由毁损、灭失,而且不能修复或者确定替代物的,则融资租赁合同同样发生履行不能,也应解除。

3.因出卖人的原因致使融资租赁合同的目的不能实现。

所谓出卖人的原因,主要指出卖人的违约行为或者依赖出卖人方可获得租赁物,而出卖人死亡、丧失行为能力或者破产、解散等。这些原因致融资租赁合同的目的不能实现时,可以解除合同。

第七百五十五条　融资租赁合同因买卖合同解除、被确认无效或者被撤销而解除,出卖人、租赁物系由承租人选择的,出租人有权请求承租人赔偿相应损失;但是,因出租人原因致使买卖合同解除、被确认无效或者被撤销的除外。

出租人的损失已经在买卖合同解除、被确认无效或者被撤销时获得赔偿的,承租人不再承担相应的赔偿责任。

释　义

本条是关于买卖合同被解除等导致融资租赁合同解除时,出租人享有损害赔偿请求权的规定。

融资租赁法律关系中的两份合同虽然各自有自身成立和生效的条件,但是,融资租赁的融资性质是目的,买卖合同往往是为履行融资租赁合同而订立的,其具有手段性。因此,如果买卖合同被解除、被撤销或者被确认无效,而又不能重订买卖合同的,则融资租赁合同就会因买卖合同落空而落空,此时,应当许可当事人解除合同。

因出卖人的原因致使买卖合同被解除、被撤销或者被确认无效,给出租人造成损失的,出租人对出卖人享有损害赔偿请求权。但如果买卖合同的订立是基于承租人对于出卖人、租赁物的选择而订立的,对于因买卖合同被解除、被确认无效或者被撤销,致融资租赁合同解除而给出租人造成的损失,出租人对于承租人也享有损害赔偿请求权。但由于两个请求权基于的合同关系不同,对出卖人的请求权基础是买卖合同被解除、被确认无效或者被撤销后的缔约过失责任;而对承租人的请求权基础是融资租赁合同被解除后的缔约过失责任或者是违约责任。因此,出卖人和承租人承担的应是不真正连带债务。出租人的请求权对出卖人或者承租人任一人或同时行使而得到满足时,其请求权消灭。由于导致买卖合同被解除、被确认无效或者被撤销的归责事由在于出卖人,因此,出卖人是终局责任人,如果承租人赔偿了损失的,在其承担损失赔偿范围内可以代位追偿。

如果买卖合同被解除、被确认无效或者被撤销是因出租人的原因所致,或者原因主要在于出租人,则承租人不承担损失赔偿责任。

第七百五十六条 融资租赁合同因租赁物交付承租人后意外毁损、灭失等不可归责于当事人的原因解除的,出租人可以请求承租人按照租赁物折旧情况给予补偿。

释 义

本条是关于租赁合同因租赁物意外毁损、灭失解除时,出租人可以请求租赁物补偿的规定。

融资租赁合同虽然从解释上不许中途解约,但是如果发生了不可归责于当事人的原因,致使合同目的不能实现,合同也应准许解除。不可归责于当事人的原因,如不可抗力、情势变更等原因租赁物毁损、灭失,或者由于第三人的原因,租赁物毁损、灭失的。融资租赁合同中,租赁物交付给承租人后的意外毁损、灭失的风险由承租人承担,因此,即使租赁物毁损、灭失,但是,出租人仍然有权要求承租人继续支付租金。由于租赁物因不可归责于双方的原因毁损、灭失,承租人基于租赁合同对租赁物的用益目的已经不能实现,出租人以租赁物的所有权担保其租金债权清偿的目的也不能达到。因此,当事人可以依据本法第563条的规定解除合同。融资租赁合同解除不具有溯及力,仅从解除时向将来产生效力,即已经履行的不再返还,未履行的不再履行。因此,承租人可以不再支付租金,但是出租人可以根据租赁物的折旧情况请求承租人给予补偿。

第七百五十七条　出租人和承租人可以约定租赁期限届满租赁物的归属;对租赁物的归属没有约定或者约定不明确,依据本法第五百一十条的规定仍不能确定的,租赁物的所有权归出租人。

释　义

本条是关于租赁期满后,租赁物归属的规定。

鉴于融资租赁合同的性质,在租赁期间,租赁物属于出租人所有,承租人支付的租金实际是购买租赁物的价款,出租人保有租赁物所有权主要是担保其租金债权。因此,在融资租赁合同中,关于租赁期满后租赁物归属的条款属于合同的主要条款。但如果约定租期届满后,租赁物直接归承租人所有的,则合同性质就可能不是融资租赁,而可能属于保留所有权的分期付款买卖。因此,融资租赁中,租期届满后,对于租赁物的归属,一般通过"退租、续租、留购"等方式确定。所谓退租,是指租期届满后,承租人将租赁物返还给出租人。续租是指租期届满后,当事人协商延长租期,合同继续有效。留购是指双方协商或者约定由承租人通过支付一定价款的方式以取得租赁物的所有权。租期届满后,是退租返还租赁物、续租还是留购,承租人享有选择权。如果没有约定或者约定不明确,由当事人通过补充协议确定,当事人不能达成协议的,依据合同性质、合同条款、合同目的、交易习惯等通过合同解释确定,如果仍然不能确定的,则租赁物的所有权归出租人。

第七百五十八条　当事人约定租赁期限届满租赁物归承租人所有,承租人已经支付大部分租金,但是无力支付剩余租金,出租人因此解除合同收回租赁物,收回的租赁物的价值超过承租人欠付的租金以及其他费用的,承租人可以请求相应返还。

当事人约定租赁期限届满租赁物归出租人所有,因租赁物毁损、灭失或者附合、混合于他物致使承租人不能返还的,出租人有权请求承租人给予合理补偿。

释 义

本条是关于租赁物返还与补偿问题的规定。

租赁期间,因承租人无力继续支付租金,出租人解除合同收回租赁物,而此时,承租人已经支付了大部分租金,而租赁物的价值大于剩余的租金及费用的,就超过部分,如果不返还给承租人,显然对承租人是不公平的。

本条第1款的适用条件:

第一,当事人约定租赁期限届满租赁物归承租人所有,如果约定归出租人所有,就不存在中途解约后,对租赁物价值超过剩余租金和费用的部分的返还问题。

第二,承租人支付了大部分租金,但是无力支付剩余租金。承租人支付了大部分租金,通常是指支付了超过60%以上的租金。

第三,出租人因承租人不支付剩余租金而解除合同收回租赁物。

第四,收回的租赁物的价值超过承租人欠付的租金及其他费用。由于承租人已经支付了大部分租金,其实也就是租赁物的大部分购置成本及费用承租人都已经支付了,剩余的已经是小部分了,而租赁物的价值可能会超过剩余的租金和费用。对于租赁物价值超过剩余租金及其费用的部分,在出租人解除合同收回租赁物时,承租人可以请求出租人返还,出租人不返还的,承租人可以拒绝出租人收回租赁物的请求。

本条第2款的适用条件:

第一,当事人约定租赁期满后租赁物归出租人所有。

第二,租赁物毁损、灭失或者被附合、混合于他物致使租赁物不能返还。租赁期间,根据合同约定或者法律规定,出租人解除合同或者租赁期满后,承租人都须向出租人返还租赁物。但有可能会发生一些情况,租赁物不能返还,这些情况包括:

一是租赁物毁损、灭失,这里的毁损、灭失显然应当是不可归责于出租人的原因导致的,否则,出租人无补偿请求权。在租期未届满之前,租赁物毁损、灭失,出租人解除合同的,可以按照本法第756条的规定处理。租期届满后,出租人可以请求承租人给予合理补偿。

二是租赁物因附合、混合于他物而为他人取得,此时,承租人无法返还。

应注意的是,此种情形也应不可归责于出租人,如可归责于出租人,则出租人应当按照添附规则向第三人为补偿请求权。租赁期满,承租人不能返还的,出租人可以请求承租人给予合理补偿,如可归责于承租人致租赁物被附合、混合于他物而不能返还的,出租人可以请求承租人赔偿损失,这里发生请求权竞合,出租人可以择一行使。

第七百五十九条　当事人约定租赁期限届满,承租人仅需向出租人支付象征性价款的,视为约定的租金义务履行完毕后租赁物的所有权归承租人。

释　义

本条是关于租赁物所有权通过留购方式归承租人的规定。

融资租赁期满后,对于租赁物的归属,如前所述,当事人一般通过"退租、续租、留购"等方式确定。从实践来看,当事人可以约定支付名义性或者象征性价款,就可以获得租赁物的所有权,即以留购的方式由承租人取得租赁物的所有权。融资租赁合同中,虽然租赁物的所有权属于出租人,但该所有权通常只是其对承租人租金债权的担保,租赁期间,承租人不支付租金的,出租人可以解除融资租赁合同取回租赁物,从而实现其担保租金债权的功能。租赁期满后,出租人租赁物的所有权对其租金债权的担保使命已经完成,租赁物对于出租人而言已经失去其利用价值,让承租人取得租赁物,更能发挥租赁物的效用。

当事人如果约定租赁期满后,承租人仅需支付象征性价款的,则租赁物的所有权在约定的租金义务履行完毕后即归承租人。因为,价款仅具有象征性,而无实质意义,租金的支付义务才是实质性的,在租金支付完毕后,承租人即取得租赁物的所有权。之所以这么约定,主要是区别于分期付款的买卖或者其他动产担保交易。

第七百六十条　融资租赁合同无效,当事人就该情形下租赁物的归属有约定的,按照其约定;没有约定或者约定不明确的,租赁物应当返还出租人。但是,因承租人原因致使合同无效,出租人不请求返还或者返还后会显著降低租赁物效用的,租赁物的所有权归承租人,由承租人给予出租人合理补偿。

释　义

本条是关于融资租赁合同无效,租赁物处理的规定。

根据本法总则第157条规定,融资租赁合同被确认无效后,承租人应当向出租人返还租赁物。但是,如前所述,在融资租赁交易中,租赁物对于出租人和承租人的功用和意义不同,出租人更关心租赁物的担保作用;而承租人更注重租赁物的用益价值。因此,返还租赁物可能对于承租人的生产经营活动产生较大的影响。在实践中,双方关于租赁物是否返还的问题,一是一方坚持返还,另一方不想返还,争夺租赁物的所有权。二是双方都视租赁物为负担,拒绝接受租赁物。为避免这样的争议出现,首先,鼓励当事人就此情形下租赁物的归属予以约定。其次,如果没有约定或者约定不明确的,因租赁物所有权属于出租人,因此,应当返还出租人。三是如果合同无效可归责于承租人时,出租人虽然可以请求返还租赁物,但是出租人不请求返还或者返还后显著降低租赁物的效用的,此时,从保护无过错方的角度来看,因出租人无过错,如果仍然强求返还给出租人,则对于出租人是不公平的。因此,这种情况下应确定租赁物所有权归承租人,由承租人给予出租人合理补偿。

第十六章　保　理　合　同

本章导言 ▶

保理作为中小企业融资的重要手段,近些年来在我国有较大的发展。根据国际保理商联合会(FCI)《2019 全球保理年鉴》统计,2018 年,中国保理业务量继续保持世界第一。

鉴于保理合同在实践上的重要性,此次民法典将其有名化,作为唯一一个新类型的典型合同,可以解决关于保理合同立法缺乏较高位阶规范的问题。

本章共计 9 条,规定了保理合同的定义、内容、与基础合同的关系、有追索权保理和无追索权保理等做了一般性规定。

第七百六十一条　保理合同是应收账款债权人将现有的或者将有的应收账款转让给保理人,保理人提供资金融通、应收账款管理或者催收、应收账款债务人付款担保等服务的合同。

释　义

本条是关于保理合同定义及构成的规定。

所谓保理合同,是指应收账款债权人将现有的或者将有的应收账款转让给保理人,保理人提供资金融通、应收账款管理或者催收、应收账款债务人付款担保等服务的合同。保理合同的主体是保理人和应收账款债权人,保理人是应收账款债权的受让人,同时提供融资、应收账款管理和催收或者付款担保等服务。应收账款债权人与应收账款债务人依据基础合同形成应收账款债权。

特征:

1. 保理是应收账款债权转让与提供融资、应收账款管理或者催收、付款担保等服务中至少一项为一体的综合服务交易。

2.作为合同一方当事人的保理商须是依照国家规定、经过有关主管部门批准可以开展保理业务的金融机构或者商业保理公司。

3.保理合同的实质是应收账款债权的转让,但保理与一般债权转让有不同。

(1)客体方面。

保理合同让与的债权为应收账款,属于金钱债权;而一般债权让与不限于金钱债权。应收账款包括现有债权和未来债权,一般债权让与的通常是现有债权。

(2)关于禁止债权转让特约的效力方面。

本法第545条关于债权的让与一般规范中规定,当事人约定金钱债权不得转让的,不得对抗第三人,即意在否定金钱债权禁止让与特约对第三人的效力。而一般债权中的非金钱债权,其禁止让与的特约有效,只是不得对抗善意第三人。

(3)对债务人为债权让与的通知不同。

一般债权让与中,通常由债权人向债务人为债权让与的通知。保理中,保理人或保理人与债权人共同向债务人为通知。

(4)保理合同中的应收账款债权让与的效力与一般的债权让与效力也不同。

一般债权让与中,债权的让与具有终局性;而保理合同,分为有追索权的保理和无追索权的保理。无追索权的保理,大体上与一般债权让与效果同,但无追索权保理合同中约定的特定情形下的反转让权,其性质可解释为买回权,可以准用附买回的买卖,此点也是保理不同于一般债权让与的特色。有追索权的保理,保理人就融资款本息的受偿可以向债务人主张应收账款债权,也可以债权人行使追索权,或同时为请求。

4.保理合同是有偿合同、双务合同、诺成合同、要式合同。

第七百六十二条 保理合同的内容一般包括业务类型、服务范围、服务期限、基础交易合同情况、应收账款信息、保理融资款或者服务报酬及其支付方式等条款。

保理合同应当采用书面形式。

释　义

本条是关于保理合同主要条款的提示性规定和保理合同的书面形式要求。

本条第 1 款是保理合同主要条款的提示性规定,保理合同一般需要具备下列主要条款:

1. 业务类型,主要指保理是公开的有(无)追索权的保理,还是隐蔽的有(无)追索权的保理。

2. 服务范围,保理人的服务范围须在受让应收账款债权后,至少提供保理融资、应收账款管理、应收账款催收、应收账款付款担保等服务中的一项服务。

3. 服务期限,是指保理人提供保理融资、应收账款管理、应收账款催收、应收账款担保等服务的期限。

4. 基础交易合同情况。基础交易合同是债权人与债务人订立的发生应收账款债权的法律事实,主要是买卖、提供服务或者出租资产等而订立的各类合同。无论是有追索权保理,还是无追索权保理,有关基础交易合同的情况都应在保理合同中加以规定。

5. 应收账款的信息。应收账款的转让是保理合同的要素,因此,有关应收账款的信息需要在保理合同中加以规定。

6. 转让价款,是指应收账款转让,保理人向债权人支付的对价。不管是保理融资还是应收账款预付,都属于保理人受让应收账款所支付的对价。如果只是融资而让渡应收账款,有可能是让与担保或者应收账款质押。只有以保理融资或者应收账款预付这种方式支付应收账款转让的价款,方可成立保理。

7. 服务报酬及其支付方式,也称保理费,是保理人因提供保理服务而向债权人收取的报酬。

本条第 2 款是保理合同书面形式要求。由于保理合同交易结构的复杂性、专业性以及期限较长等特点,因此,保理合同应当采用书面形式订立。

有关保理合同的内容和形式,在实务中,保理银行或者保理公司往往根据不同的业务类型制定了书面的格式文本,大大简化了保理合同订立的流程,提高了交易效率。

第七百六十三条 应收账款债权人与债务人虚构应收账款作为转让标的,与保理人订立保理合同的,应收账款债务人不得以应收账款不存在为由对抗保理人,但是保理人明知虚构的除外。

释 义

本条是关于债权人与债务人虚构应收账款对保理合同效力影响的规定。

债权人与债务人虚构应收账款债权的,保理人可否以应收账款债权人身份向债务人主张应收账款债权?对这个问题,我国民法既未在总则部分一般性地规定,也未在合同法通则编债权让与部分规定,而只在此处规定。可见,这种情形只适用于保理合同,是对保理人保护的特别规定。

本条适用的条件如下:

1.应收债款债权人与债务人虚构应收账款。

这里的虚构,不仅指无中生有,还包括虚增债权数额等;不仅指故意行为,还包括过失行为,但通常是故意行为。

2.保理人与债权人订立保理合同,并且以虚构的应收账款作为转让标的。

保理人在订立保理合同前,债务人出具债权(务)确认文书,保理人基于信赖与应收账款债权人订立保理合同,这是对虚构行为发生的时间要求。

如若保理合同订立后,债务人在债权转让通知上对于虚构的债权因故意或过失作了确认,则不应认为有本条的适用。在这种情形下,保理人可以依侵权责任法,请求债务人在其未获赔偿范围内承担补充赔偿责任。但保理人不得依有效债权,向债务人主张应收账款债权。

3.保理人对于应收账款虚构的事实不明知。

这是对保理人主观上善意的要求,但与一般善意如表见代理中相对人的善意等的要求不同,一般善意中,只是要求行为人对某种事实或者状态不知或者不应知,不知或者不应知是为消极事实,行为人无须就此举证,他人认为行为人不构成善意的,应当就行为人知道或者应知的事实举证。

本条规定,保理人明知虚构的除外,显然是放宽了对保理人善意的认定标准,加重了债权人或者债务人举证责任。

符合以上构成要件,保理人可以对债务人主张应收账款债权,债务人不得以应收账款不真实对抗保理人。

第七百六十四条　保理人向应收账款债务人发出应收账款转让通知的,应当表明保理人身份并附有必要凭证。

释　义

本条是关于保理人向债务人发送应收账款债权转让通知的规定。

在保理合同中,应收账款债权转让的事实当然可以由债权人通知债务人,或者由债权人与保理人共同向债务人为通知。但保理交易中,也可由保理人通知债务人应收账款转让事实。

保理人为通知时,为保证其通知的真实性和可信度,在应收账款转让通知中,保理人应当表明保理人身份并附有必要凭证。表明保理人身份,在通知上加盖保理人印章、保理人代表的签字等或者按照法律规定、交易习惯等表明其身份。附有必要凭证,是指附有有关应收账款的证明文件,如债务人签字的债务结算书、确认书等的复印或影印件。

应收账款转让的通知一旦生效后,即对债务人产生效力,债务人应向保理人负清偿应收账款的义务。债权人与债务人就应收账款基础交易合同所作的变更或终止的协议不得对抗保理人。当然,债务人对债权人的抗辩也可对保理人为之。

第七百六十五条　应收账款债务人接到应收账款转让通知后,应收账款债权人与债务人无正当理由协商变更或者终止基础交易合同,对保理人产生不利影响的,对保理人不发生效力。

释　义

本条是关于应收账款基础交易合同变更或终止,对保理人保护的规定。

本条适用条件:

1. 保理合同订立并生效,并且债务人已经收到债权转让的通知。

2. 债权人与债务人无正当理由协议变更或者终止基础交易合同。

所谓正当理由,有下列情形:发生不可抗力或者情势变更需要变更或者终止基础交易合同;发生了基础交易合同约定的合同变更或者终止的事由;或者发生了法律规定需要变更或者终止的事由;或者经过保理人同意;或者因保理人的原因需要变更或者终止基础交易合同等。

3. 变更或者终止基础交易合同,对保理人产生不利影响。

对保理人产生不利影响,是指基础交易合同的变更或者终止,对保理人客观上产生不利影响。如增加保理人的法律负担、延长债权清偿的期限、减少债权的受偿金额;或者改变关于确定应收账款的条件等。如果虽然变更或者终止了基础交易合同,但并不会对保理人产生不利影响,或对保理人有利,则保理人可以以基础交易合同变更或者终止为由主张保理合同上的权利。

符合上列要件的,基础交易合同的变更或者终止对保理人不发生效力,是指变更或者终止在债权人与债务人之间有效,但对保理人,应视为基础交易合同未变更或者未终止。

第七百六十六条 当事人约定有追索权保理的,保理人可以向应收账款债权人主张返还保理融资款本息或者回购应收账款债权,也可以向应收账款债务人主张应收账款债权。保理人向应收账款债务人主张应收账款债权,在扣除保理融资款本息和相关费用后有剩余的,剩余部分应当返还给应收账款债权人。

释 义

本条是关于有追索权的保理的规定。

有追索权保理和无追索权保理是各国保理合同立法的重点,也是保理合同的基础分类。本条及下一条是本章除保理合同定义之外仅有的保理合同特别规范,系采用二者并行的模式,其隐含的前提是当事人必就有无追索权作出约定。

从我国的实践来看,有追索权的保理在某种程度上是我国保理业务的主要形态,银行保理以有追索权保理为主要形式。

按照本条的规定,有追索权保理,具有下列的特点:

1. 有追索权的保理须当事人在合同中特别指明。从我国保理交易的实践来看,保理合同的类型通常有追索权的公开(或隐蔽)保理合同和无追索权的公开(或隐蔽)保理合同,对于保理合同是否有追偿权不作约定的情形几乎不可能出现。

2. 有追索权的保理在法律性质上属于让与担保。

3. 保理人的追索权,是指保理融资本息到期后,保理人可以向债务人主张应收账款债权,也可以请求债权人返还融资款本息或者回购应收账款债权。在向债务人主张应收账款债权和请求债权人返还融资款本息或者回购应收账款债权之间,保理人享有任意选择权。

对于保理人向债务人或债权人主张的顺序问题,本条的规定属于任意性规范,许可当事人在保理合同中作特别约定。

4. 保理人负有清算义务。融资款本息到期后,虽然保理人没有必须先向债务人主张应收账款债权的义务,但是,在实践中,债权人通过转让应收账款债权,获取保理人的融资,保理人也通常是以应收账款的回收作为债权人偿还融资款本息的来源的。因此,保理人向债务人主张应收账款所获清偿,在扣除融资款本息或者其他费用后的剩余部分,保理人应当返还给债权人。

第七百六十七条 当事人约定无追索权保理的,保理人应当向应收账款债务人主张应收账款债权,保理人取得超过保理融资款本息和相关费用的部分,无需向应收账款债权人返还。

释 义

本条是关于无追索权保理的规定。

无追索权保理,又称买断型保理,性质上属于债权让与,通常是指,根据当事人的约定,保理人承担债务人的信用风险(债务人破产风险或无理拒绝清偿的风险),但不及于债务人主张基础交易所生抗辩,以及主张抵销权、解除权等风险(例如因让与人出卖货物有质量瑕疵而被作为应收账款债务人的买受人退货),遇此情形,保理人仍有权请求应收账款让与人回购债权或承担其他违约责任。

无追索权保理具有下列法律特点:

1. 无追索权保理须当事人在保理合同中约定。

2. 无追索权,通常是指保理人承担债务人的信用风险,如债务人拒绝清偿应收账款或者债务人破产时,保理人不得就不能受偿的融资款本息和其相关的其他费用向债权人追偿。但是对于债务人就应收债款债权主张抵销,以及对基础交易合同行使解除权等发生的应收账款债权不能回收的风险,保理人不承担,在这种情形下,就未能从回收应收账款中满足的融资本息和相关费用,保理人依然对债权人享有追索权或者请求债权人回购应收账款债权,但此时,保理人应当先向债务人主张应收账款债权,除非当事人另有约定。

当然,就无追索权的事项范围,当事人可以在保理合同中作特别约定。

3. 保理人不负清算义务。即在无追索权事项范围内,保理人主张应收账款债权不能满足融资款本息和相关费用的,保理人不能向债权人主张返还融资款本息或者回购应收账款债权;保理人主张应收账款债权取得超过融资款本息和相关费用的部分,保理人也无须向债权人返还。

第七百六十八条 应收账款债权人就同一应收账款订立多个保理合同,致使多个保理人主张权利的,已经登记的先于未登记的取得应收账款;均已经登记的,按照登记时间的先后顺序取得应收账款;均未登记的,由最先到达应收账款债务人的转让通知中载明的保理人取得应收账款;既未登记也未通知的,按照保理融资款或者服务报酬的比例取得应收账款。

释 义

本条是关于应收账款债权重复转让时,应收账款债权受偿顺序的规定。

债权人就同一应收账款债权与多个保理人订立保理合同,构成所谓"应收账款债权二重或多重让与"现象。保理合同是应收账款债权转让的基础行为或原因行为,依据保理合同,应收账款债权人负有将应收账款债权让与给保理人的债务。如就债权移转时间没有特别约定,则保理合同生效时应收账款债权即移转于保理人。因此,债权人与第一个保理人订立的保理合同生效时,如无其他特别约定,应收账款债权即移转于第一保理人。此时,债权人就同一应收账款债权与第二个保理人订立保理合同时,其向第二个保理人让与应收账款债权,属于处分第一个保理人的债权,构成无权处分,但第二个保理人并不能主张善意取得应收账款债权。由于债权变动缺少物权变动的公示方式,第一个保理人又不能仅凭订立的保理合同对抗善意的第二个保理人。此时两个保理人均主张应收账款债权时,会产生权利冲突问题。

当然,解决这样的权利冲突的最有效的办法,就是做应收账款债权让与登记。在我国,中国人民银行征信中心 2007 年建立了动产融资统一登记公示系统,其中,就保理业务,应收账款转让可以进行应收账款转让登记。这是应收账款债权让与的公示方式,该公示并非债权让与的成立要件,而是对抗要件。

从上可见,在发生应收账款债权的二重或多重转让时,多个保理人均主张应收账款债权时,按照下列规则解决:

第一,应收账款债权转让已经登记的优先于未登记的受偿;

第二,均已登记,按照登记的先后顺序受偿;

第三,均未登记的,但是债权人或保理人已经向债务人发送转让通知的,最先到达债务人的转让通知中载明的保理人受偿。这样规定的理由可能在于,最先通知的,最先对债务人产生效力,并且最先通知的保理人通常也是保理合同订立较早、受让应收账款债权较早的保理人。当然,如果先订立暗保理合同,后订立明保理合同,依据本条,暗保理人除非登记,否则,对暗保理人不利。

第四,既未登记也未通知的,按照应收账款比例清偿。

第七百六十九条　本章没有规定的,适用本编第六章债权转让的有关规定。

释　义

本条是关于保理合同适用一般债权转让规范的规定。

保理合同的实质是应收账款债权转让,其相对一般债权转让的规范来说,本章的规定属于特殊规范,本章没有规定的,自可适用债权转让的一般规定。

第十七章　承揽合同

本章导言 ▶

　　承揽是一项很古老的合同类型,《罗马法》上将承揽作为租赁的一种,承揽为劳力的租赁,属于赁借贷契约的一种,规定为承揽赁借贷。法国民法沿袭了《罗马法》的做法,认为租赁分为物的租赁和劳动力的租赁。现代,物的租赁属于租赁,而劳动力的租赁则分别为雇佣和承揽。德国、日本等国民法与法国民法不同,以租赁、承揽、雇佣相区分,各别为有名合同。我国合同法同样将承揽作为一个典型合同予以规定,但与德国、日本等国家和地区民法不同的是,我国合同法中,将建设工程承揽单列为一个合同类型,即建设工程合同,与承揽合同并列。民法典保留了这种传统。

　　本章共 18 条,规定了承揽合同的概念、主要内容;定作人、承揽人的主要权利和义务等内容。

　　第七百七十条　承揽合同是承揽人按照定作人的要求完成工作,交付工作成果,定作人支付报酬的合同。

　　承揽包括加工、定作、修理、复制、测试、检验等工作。

释　义

　　本条是承揽合同的定义性规定。

　　所谓承揽合同是一方按照另一方的要求完成工作,交付工作成果,另一方支付报酬的合同。一方为承揽人,另一方为定作人。

　　一、承揽合同具有下列特征

　　1.承揽合同是成果性合同。

承揽合同中,承揽人不仅要有给付行为,并且需要有给付效果,如交付工作成果,标的无形时,虽不用交付工作成果,但需要完成工作。承揽人虽有给付行为,如果没有工作成果的,定作人可以拒绝支付报酬。

2. 承揽合同是承揽人按照定作人的要求完成工作的合同。

一般承揽中,定作人提供材料并提出要求,承揽人按照定作人的要求完成工作,交付工作成果。定作人基于对承揽人的设备、技术和劳力的信任,选择特定的承揽人承揽工作,这样可以满足定作人的个性需求或者特别需要。

3. 承揽合同是定作人向承揽人支付报酬的合同。

报酬是承揽人完成工作,并交付工作成果的对价。报酬为承揽合同成立之要素,无报酬之工作提供可能成立无偿委托或者以劳务为内容之赠与。

4. 承揽合同是有偿合同、双务合同、诺成合同、不要式合同。

二、承揽的主要类型

本条第 2 款依照承揽工作的内容不同,区分了承揽合同的主要类型,即加工合同、定作合同、修理合同、复制合同、测试合同、检验合同等。

加工合同,是指定作人向承揽人提供材料,承揽人以自己的设备、技术和劳力,按照定作人的要求,为定作人加工,并向定作人交付加工物,定作人接受加工物并支付报酬的合同。加工合同中,材料由定作人提供。

定作合同,我国台湾地区学者将其称为“制作物供给契约”,俗称“包工包料”合同,是指依照合同约定,由承揽人供给材料,并以自己的设备、技术和劳力按照定作人的要求完成工作,并提交工作成果,定作人接受工作并支付报酬的合同。可见,加工和定作的主要区别在于,加工是定作人提供材料,定作是承揽人提供材料。

修理合同,是指定作人将自己损坏的物品交由承揽人修理,承揽人以自己的设备、技术和劳力予以修复并交付给定作人,定作人支付报酬的合同。

复制合同,是指依照定作人的要求,承揽人以自己的设备、技术和劳力将定作人提供的样品重新制作成若干份复制品,定作人接受复制品并支付报酬的合同。复制包括复印文稿,也包括拓印、临摹等。

测试合同,是指承揽人按照定作人的要求,以自己的设备、技术和劳力对定作人交付的物品进行检测试验,定作人接受承揽人的工作并支付报酬的合同。

检验合同,是指承揽人按照定作人的要求,对定作人提交的需要检验的内容,以自己的设备、技术和劳力进行检验,并向定作人提交检验结论,定作人接受并支付报酬的合同。

第七百七十一条 承揽合同的内容一般包括承揽的标的、数量、质量、报酬,承揽方式,材料的提供,履行期限,验收标准和方法等条款。

释 义

本条是关于承揽合同的主要条款的提示性规定。

承揽合同通常需要具备以下主要条款:

1.标的,是指承揽人按照定作人要求完成的工作,并交付的工作成果。

2.标的的数量。标的的数量是合同的主要条款,承揽合同应就标的的数量做出约定。

3.质量。标的的质量是有关承揽人所完成的工作,交付的工作成果的功能、作用、品质、规格等多方面满足定作人特定要求的规定性。

4.报酬,是承揽人按照定作人的要求完成工作,并交付工作成果后所应获得的对价。

5.承揽方式,因承揽的内容不同,当事人可能采取不同的承揽方式,如定作合同,由承揽人提供材料,即所谓"包工包料"。一般情况下,对承揽方式没有约定的,承揽人得自己完成主要工作,并交付工作成果,不得转承揽。

6.材料的提供。有关材料提供的约定也是承揽合同的主要条款,当事人应当在合同中予以约定。如果合同中没有约定或者约定不明确,通常认为应该由定作人提供。

7.履行期限,既包括承揽人完成工作、交付工作成果的期限,也包括定作人支付报酬的期限,广义上还包括提供材料的期限等,即当事人履行债务的期限。

8.验收标准和方法,主要包括材料和工作物的验收标准和方法。

本条规定的所谓承揽合同的主要条款,只是提示性的规定,缺少其中的某些条款,并不当然导致合同不成立。在合同订立过程中,当事人一方要求必须订入合同的条款,也是合同的主要条款。

第七百七十二条 承揽人应当以自己的设备、技术和劳力,完成主要工作,但是当事人另有约定的除外。

承揽人将其承揽的主要工作交由第三人完成的,应当就该第三人完成的工作成果向定作人负责;未经定作人同意的,定作人也可以解除合同。

释 义

本条是关于承揽人应当亲自完成承揽主要工作,并交付工作成果的规定。

本条的规定可以从以下几个方面去理解:

第一,定作人订立承揽合同,较重视承揽人的设备、技术、能力、资历等,定作人通过承揽人的工作,取得较具个性或者满足其特殊期待的工作成果,这是通过一般买卖有时是不能实现的。因此,一般情况下,承揽人应当以自己的设备、技术和劳力亲自完成工作,交付满足定作人要求的工作成果,承揽人不得将承揽的主要工作交由第三人完成。

所谓承揽人自己的设备,不仅仅指承揽人自己购置的设备,也包括承揽人租赁的设备、借用的设备等;承揽人自己的劳力,除具有人身属性的工作,如写作等,需要承揽人以自己的劳力和智力完成外,其他的工作,可以根据工作的性质,雇用他人完成。

所谓主要工作,是指主体性、基础性、关键性的工作,或者工作的主要部分或大部分。主要工作决定了工作物的性质、品质、价值、效用等,完成主要工作往往是定作人对承揽人的主要期待。如定制西服,量体裁剪、缝纫是主要工作,不得交由第三人去完成。当然,具体什么是主要工作,还需要根据合同的内容以及当事人的具体要求或约定来确定。

第二,当事人有约定或者经定作人同意的,承揽人也可以将主要工作交由第三人完成。交由第三人完成时,承揽人自任定作人与第三人成立次承揽,承揽人应当就第三人完成的工作成果向定作人负责。

第三,未经定作人同意,承揽人将主要工作交由第三人完成的,定作人,一方面可以继续承揽关系,承揽人应当对交由第三人完成的工作向定作人负责;

另一方面,定作人也可以根据具体情况,解除承揽合同。

第七百七十三条 承揽人可以将其承揽的辅助工作交由第三人完成。承揽人将其承揽的辅助工作交由第三人完成的,应当就该第三人完成的工作成果向定作人负责。

释 义

本条是关于承揽人可以将承揽的辅助工作交由第三人完成的规定。

上一条规定,没有特别约定或者未经定作人同意,承揽人通常不得将承揽的主要工作交由第三人完成。但对于一些次要的或者辅助性的工作,承揽人可以自主决定交由第三人完成。所谓辅助性的工作,是相对于主要工作而言的,是指一些非主体性、基础性、关键性的工作,或者是工作的一小部分、零星部分等。这些工作对于主要工作的完成有补助、完善作用。如定制的服装中,钉纽扣的工作、拷边的工作等,都具有辅助性,可以交由第三人来完成。对于交由第三人完成的辅助工作,承揽人应当就第三人完成的工作成果向定作人负责,即除非可归责于定作人的事由,对于第三人完成工作成果的交付、品质、毁损灭失的风险等,承揽人都得向定作人负责。

第七百七十四条 承揽人提供材料的,应当按照约定选用材料,并接受定作人检验。

释 义

本条是关于承揽人提供材料的规定。

一般情况下,材料由定作人供给,但是按照约定或者交易性质或交易习惯,材料也可以由承揽人供给,俗称"包工包料"合同,我国台湾地区学理上称之为制作物供给契约。关于定作合同,其性质有认为属于承揽合同的,有认为属于买卖合同的,有认为属于承揽与买卖混合合同。从本法第 770 条以及本条的规定来看,我国 1999 年《合同法》、民法典均认为定作合同为单纯的承揽合同。

承揽人提供材料通常是当事人的约定或者交易的性质或者交易习惯使然,承揽人应当按照合同约定选用材料。没有约定或者约定不明时,应当按照满足定作人的定作要求或者满足工作成果的功能、用途等选用材料。如当事人约定了材料的品牌、规格、生产厂家、材料的产地、质地等要求的,承揽人应当按照约定选用材料。承揽人选用材料,须接受定作人的检验,定作人可以按照合同约定的时间、标准、方法对材料进行检验,对于不符合要求的材料,定作人可以要求承揽人更换,因此延误工作成果交付期限的,承揽人应当承担违约责任。

第七百七十五条 定作人提供材料的,应当按照约定提供材料。承揽人对定作人提供的材料应当及时检验,发现不符合约定时,应当及时通知定作人更换、补齐或者采取其他补救措施。

承揽人不得擅自更换定作人提供的材料,不得更换不需要修理的零部件。

释 义

本条是关于定作人供给材料的规定。

一般承揽中,材料通常由定作人提供,定作人供给材料时,应当按照约定材料的品种、规格、数量、质量提供材料,按照合同约定的方式提供材料,还要按照约定的时间提供材料。定作人未按时供给材料,承揽人的工期应予顺延,因此给承揽人造成损失的,定作人应当承担赔偿责任。

对于定作人提供的材料,承揽人负有下列义务:

1. 受领义务。对于定作人提供的材料,承揽人应当按照合同的约定予以受领。

2. 妥善保管义务。按照本法第784条的规定,承揽人对于定作人提供的材料有妥善保管的义务。

3. 及时检验的义务。对于定作人提供的材料,承揽人应当及时检验,这里的检验既包括对于材料的规格、品种、数量等方面的检验,也包括对材料质量的检验。对于检验符合要求的,根据具体情形,承揽人应当予以确认。经过检验,发现不符合约定时,应当及时通知定作人更换、补齐或者采取其他措施。

因更换、补齐或者采取其他措施,承揽人交付工作成果的时间可以顺延,因此增加承揽人费用的,承揽人可以请求定作人赔偿。

4.承揽人不得擅自更换定作人提供的材料,不得更换不需要修理的零部件。

第七百七十六条 承揽人发现定作人提供的图纸或者技术要求不合理的,应当及时通知定作人。因定作人怠于答复等原因造成承揽人损失的,应当赔偿损失。

释 义

本条是关于承揽人及时通知义务的规定。

一些承揽,为达到其特殊的需求,定作人须提供图纸或者提出明确的技术要求。对于承揽人而言,其有义务按照定作人提供的图纸或者技术要求完成工作,并交付工作成果。承揽过程中:

一是承揽人根据其专业、经验、知识等发现图纸或者技术要求不合理的,承揽人应当及时通知定作人。

首先,对于定作人提供的图纸或者技术要求,承揽人应当予以审核,如果因为其疏于审核或者因为其故意或者过失没有发现定作人提供的图纸或者技术要求不合理,则对于因此给定作人造成的损失应当予以赔偿。

其次,在发现定作人提供的图纸或者技术要求不合理时,承揽人应当及时通知定作人,所谓及时,应是指不迟延,通常应是指在发现问题后,即刻为通知,除非无法通知。

二是定作人接到承揽人的通知后也应当及时回复,如果怠于答复,因此给承揽人造成损失的,承揽人可以要求定作人赔偿。对于承揽人的通知,定作人应当及时答复,以便承揽人决定是继续承揽工作还是终止承揽工作。对于定作人答复修改的,承揽人应当按照修改过的图纸和技术要求继续承揽工作;对于定作人答复不同意修改的,如果图纸或者技术要求不合理达到严重的程度,以致工作或者工作成果存在重大的隐患或者危险,则承揽人可以请求解除合同并终止承揽工作。

第七百七十七条　定作人中途变更承揽工作的要求,造成承揽人损失的,应当赔偿损失。

释　义

本条是关于定作人中途变更承揽工作的规定。

从承揽满足定作人的特殊要求和目的来说,应当许可定作人中途变更承揽工作的要求,即定作人有于承揽中途变更承揽工作要求的权利。对于定作人的变更要求,除非变更不合理或者致承揽人的工作无法完成或者完成极为困难,否则,承揽人不得拒绝。

定作人中途变更承揽工作要求的,应当按照约定向承揽人发送变更的通知,承揽人接到变更通知后,应当就变更对于承揽工作的影响提出意见和看法,视承揽工作的性质,有时还需要就变更后承揽工作的完成制订专项实施方案。

定作人可以中途变更承揽工作的要求,一是承揽人可能需要变更材料、设备(如模具的更换等),或者需要采用新的技术、工艺、方法、配方等,或者需要增加劳力,可能会增加承揽人的费用;二是承揽人的履行期限有可能需要延长,这也可能会增加承揽人的费用,比如一些租赁设备需要支付更多的租金、向雇用人员支付更多的报酬等;三是对于已经完成的中途工作,可能会因变更而改弦易辙,造成承揽人费用的增加。因此,虽然原则上定作人对于承揽工作要求有中途变更权,但是,因变更造成承揽人费用增加或者损失的,定作人应当承担费用或者赔偿损失。

第七百七十八条　承揽工作需要定作人协助的,定作人有协助的义务。定作人不履行协助义务致使承揽工作不能完成的,承揽人可以催告定作人在合理期限内履行义务,并可以顺延履行期限;定作人逾期不履行的,承揽人可以解除合同。

释　义

本条是关于定作人协助义务的规定。

本条适用有下面几个条件:

一、承揽工作需要定作人协助的,定作人有协助义务

承揽工作有需要定作人协助的,如定制西服,定作人需要配合量体。承揽工作是否需要定作人协助,视承揽工作的性质而定。承揽工作需要定作人协助方能完成的,定作人协助行为的性质,应当是其义务。

二、定作人不履行协助义务的法律后果

定作人不履行协助义务致使承揽工作不能完成的,承揽人须催告定作人在合理期限内履行协助义务,并可以要求顺延完成承揽工作或者交付工作成果的履行期限等。经过催告后,定作人在催告所定合理期限内仍未履行协助义务的,则承揽人可以解除合同。

定作人不履行协助义务,承揽人除可以要求顺延履行期限、解除合同外,是否可以要求定作人赔偿损失,本条虽然没有规定,但是因为定作人不为协助义务也构成违约,承揽人于顺延履行期限、解除合同外,自可以按照本法第566条的规定请求损害赔偿。

第七百七十九条　承揽人在工作期间,应当接受定作人必要的监督检验。定作人不得因监督检验妨碍承揽人的正常工作。

释　义

本条是关于承揽人接受定作人监督检查义务的规定。

承揽人完成承揽工作期间,应当接受定作人对承揽工作所做的必要的监督和检查。由于承揽合同中,承揽人需要按照定作人的要求以自己的设备、技术和劳力按照约定的期限完成承揽工作,因此,承揽人承揽工作的完成是否符合定作人的要求,承揽工作的进度是否符合约定,定作人应当具有监督和检查权,承揽人应当接受定作人的检查和监督,并予以协助和配合。当然,定作人的检查和监督应当按照约定的方式和要求进行,不得妨碍承揽人的正常工作,对于定作人不合理的要求,承揽人可以拒绝。

第七百八十条 承揽人完成工作的,应当向定作人交付工作成果,并提交必要的技术资料和有关质量证明。定作人应当验收该工作成果。

释 义

本条是关于承揽人交付工作成果的义务,以及定作人受领工作成果义务的规定。

一、关于承揽人交付工作成果及必要的技术资料和有关质量证明的义务

承揽合同属于结果性债务,承揽人负有交付工作成果的义务。需注意的是,并非所有的承揽工作都要交付工作成果,工作成果有形时,需要交付工作成果,如定制西服。工作成果无形时,只需要工作完成即可,但是有些工作虽无形,但有载体,也要交付工作成果,如鉴定报告等。

转移工作成果的占有,固为交付,但有时即使没有占有的移转,亦为交付。也就是说,有些工作的性质决定了无须特别的交付,如承揽人为定作人粉刷墙壁,在粉刷工作完成之日即为工作成果交付之日。

承揽人应当按期交付工作成果,承揽人未按约定期限交付,或者虽未约定期限,但根据工作性质在合理期间内未交付工作成果的,构成迟延,定作人可以请求承揽人承担迟延的违约责任。

承揽人应当按照约定的质量要求交付工作成果,承揽人交付的工作成果不符合质量要求的,定作人可以请求其按照第781条承担违约责任。

承揽人还须按照约定的数量交付工作成果,承揽人交付的数量少于约定的数量的,应当照数补齐,如果补齐对于定作人已经没有意义的,定作人可以解除合同、请求损害赔偿。

根据约定或者承揽工作的性质,承揽人应当提交必要的技术资料和有关质量证明,此义务属于承揽人的从给附义务。必要的技术资料主要指使用说明、结构图纸、技术数据等;有关质量证明,如权威部门出具的质量合格证明、专业机构出具的鉴定证书等。

二、定作人受领工作成果的义务

对于承揽人交付的工作成果,虽然本条只是规定定作人应当验收工作成果,但在解释上应认为定作人有受领义务。

定作人受领工作成果时,可以对工作成果进行验收,工作成果严重不符合要求的,定作人可以拒绝接受。但仅验收本身不能当然免除承揽人的质量责任。对于一些表面瑕疵,或者是通过检验可以发现的瑕疵,定作人应当及时提出瑕疵异议;对于一些隐蔽瑕疵或者需要经过使用后才能发现的瑕疵,定作人在使用过程中发现的,依然可以请求承揽人承担瑕疵责任。

第七百八十一条 承揽人交付的工作成果不符合质量要求的,定作人可以合理选择请求承揽人承担修理、重作、减少报酬、赔偿损失等违约责任。

释 义

本条是关于工作成果质量瑕疵担保责任的规定。

承揽人对交付的工作成果负物的瑕疵担保义务,违反这一义务的,承揽人应当承担违约责任。承揽人承担瑕疵担保责任需要符合以下的构成条件:(1)工作成果不符合质量要求,是指不符合合同约定的质量要求,或者在合同没有约定或者约定不明确时,工作成果不符合通常的效用或者工作成果特定的效用。(2)质量瑕疵在工作成果交付前即已经存在;工作成果无须交付的,瑕疵在工作完成时存在。(3)质量瑕疵的产生非因可归责于定作人的事由而发生。

承揽人承担瑕疵担保责任的方式有修理、重作、减少报酬、赔偿损失等。修理,也称为瑕疵修补,从权利角度来看,可以称之为修理请求权,或者瑕疵修补请求权。定作人行使修理请求权时,应以有修理可能或者所需修理费用不过高为条件。承揽人在定作人请求其修理时,其应在合理时间内修理,未在合理时间内修理的,应当承担迟延履行的责任。承揽人拒绝修理的,定作人可以自行修理,修理产生的必要费用可以请求承揽人承担。

重作,合同法理论上也称为另行给付,是指工作成果不能修理或者修理费用过高时,定作人可以请求承揽人重新制作工作成果的一种救济方式。

减少报酬,从权利角度来看,属于定作人的减少报酬请求权。一般地,在工作成果不符合质量要求,定作人接受工作成果,不请求承揽人修理,或者承揽人拒绝修理或者在合理时间内不修理,或者不能修理,或者修理费用过高等,定作人可以按质论价,请求减少报酬。定作人减少报酬的请求权,在性质上属于形成权,由定作人向承揽人以意思表示的方式行使,意思表示到达承揽人生效后,即发生减少报酬的效果,无须以诉的方式行使,至于减少报酬的数额发生争议,承揽人可以请求法院确认。

第七百八十二条　定作人应当按照约定的期限支付报酬。对支付报酬的期限没有约定或者约定不明确,依据本法第五百一十条的规定仍不能确定的,定作人应当在承揽人交付工作成果时支付;工作成果部分交付的,定作人应当相应支付。

释　义

本条是关于定作人按期支付报酬义务的规定。

合同对于报酬的支付期限有规定的,定作人应当按照合同约定的期限支付报酬。合同没有约定支付期限或者约定不明的,依据第510条确定,如果仍然不能确定的,则在承揽人交付成果时支付;无须交付工作成果的,定作人应当在承揽工作完成时支付报酬。这在学理上称之为"报酬后付主义"。因此,在没有法律规定,也无特别约定的情况下,承揽人须先交付工作成果,或者完成承揽工作,方才有权请求定作人支付报酬;否则,对于承揽人的请求,定作人可以援引同时履行或者先履行抗辩。

在工作成果可以部分交付时,就交付的部分,承揽人可以请求定作人支付相应的报酬。

第七百八十三条　定作人未向承揽人支付报酬或者材料费等价款的,承揽人对完成的工作成果享有留置权或者有权拒绝交付,但是当事人另有约定的除外。

释 义

本条是关于承揽人可以就工作成果享有留置权或者拒绝交付的权利的规定。

本条适用的条件如下：

1. 定作人未向承揽人支付报酬或者材料费等价款。一是指定作人未支付报酬，尤其是在按照承揽工作进度支付报酬时，定作人没有支付进度款。二是未支付材料费等价款，这里应当是指材料由承揽人供给的情形。三是定作人没有支付其他的因承揽工作所发生的应由定作人承担的费用，如保管费等。

2. 对于已经完成的工作成果，承揽人享有留置权或者拒绝交付权。

（1）留置权。承揽人就定作人应支付的费用，未受清偿前，可留置工作成果，至定作人到期没有清偿应支付的报酬、材料费等价款的，在给予的宽限期内，定作人仍未支付的，承揽人可以实行留置权。

（2）拒绝交付工作成果。在工作成果归属于承揽人时，承揽人在定作人到期不支付报酬或者材料费等价款时，可以行使同时履行抗辩权，拒绝定作人的交付请求。

3. 合同没有关于排除承揽人的留置权或者拒绝交付的权利的特别约定。

4. 承揽人享有留置权或者拒绝交付工作成果权，不违反法律、行政法规的强制性规定，不违反公序良俗。

第七百八十四条 承揽人应当妥善保管定作人提供的材料以及完成的工作成果，因保管不善造成毁损、灭失的，应当承担赔偿责任。

释 义

本条是关于承揽人对定作人提供的材料，以及完成的工作成果的妥善保管义务的规定。

本条一方面明确了承揽人有妥善保管定作人提供的材料以及完成的工作

成果的义务,承揽人保管不善造成材料或者工作成果毁损、灭失的,应当承担赔偿责任;另一方面,本条也明确了定作人供给的材料以及工作成果毁损、灭失风险的负担原则,即承揽人如果尽到了善良管理人的注意义务对定作人提供的材料以及完成的工作成果予以保管的,则承揽人不负担定作人提供的材料以及工作成果毁损、灭失的风险,也就是说,对于定作人提供的材料以及工作成果由于非可归责于承揽人的事由毁损、灭失的,承揽人不承担责任。

由上可见,关于材料毁损、灭失的风险负担原则,我国民法采"所有权人主义",即材料由定作人供给时,材料的所有权属于定作人,即使交付给了承揽人,承揽人也不承担其占有材料期间发生的毁损、灭失的风险。材料由承揽人提供时,其风险由承揽人承担。

第七百八十五条　承揽人应当按照定作人的要求保守秘密,未经定作人许可,不得留存复制品或者技术资料。

释　义

本条是关于承揽人保密等附随义务的规定。

承揽人为完成承揽工作,有时需要定作人发出指示或者要求,或者需要定作人提供资料、图纸、图片、技术参数、企业的经营信息、个人的生活资料等。定作人提供的这些信息或者资料,在定作人为自然人时,属于个人信息的范畴,往往涉及个人隐私;在定作人为法人或者非法人组织时,属于企业的经营信息或者技术信息范畴,往往涉及商业秘密。有时,承揽工作本身或者工程成果本身也可能构成定作人的秘密。因此,对于因承揽工作取得的这些个人信息或者企业信息,承揽人一方面应当按照约定保守秘密;另一方面在承揽工作完成后,应当按照约定将有关的资料及时返还给定作人,或者按照定作人的要求予以销毁,不得留存复制品或者技术资料。实践中,由于对于个人信息或者企业信息是否构成个人隐私或者商业秘密,可能会有不同的认识,因此,当事人通过约定的方式明确所要保守秘密的范围、期限、责任以及对于承揽期间获得的技术信息、个人信息等形成的知识产权的归属等,是最佳方式。

当然,如果当事人之间没有关于保守秘密的约定,则按照承揽工作的性质、交易习惯以及诚实信用的原则,确定承揽人是否负有保守定作人秘密的义务。

第七百八十六条　共同承揽人对定作人承担连带责任,但是
当事人另有约定的除外。

释　义

本条是关于共同承揽的规定。

所谓共同承揽,是指两个或者两个以上的承揽人共同完成承揽工作,并交
付工作成果而成立的承揽合同。与单独承揽不同,共同承揽中,承揽人有两个
或者两个以上。共同承揽与次承揽也不同,次承揽中,次承揽人是由承揽人选
定的,定作人对于次承揽人并不享有直接的权利也不承担直接的义务,承揽人
对于次承揽人的承揽行为向定作人承担责任。而在共同承揽中,承揽人都是
由定作人选定的,定作人对于共同承揽人都享有权利,也负有义务。共同承揽
人依据约定对定作人享有权利,承担义务;如果没有约定,或者约定不明的,共
同承揽人对定作人享有连带债权,承担连带债务。

第七百八十七条　定作人在承揽人完成工作前可以随时解
除合同,造成承揽人损失的,应当赔偿损失。

释　义

本条是关于定作人任意解除权的规定。

所谓定作人的任意解除权,是指在承揽期间承揽人完成承揽工作前,定作
人可以无理由而随时解除承揽合同的权利。德国民法第 649 条、日本民法第
641 条等都规定了定作人的任意解除权。通常认为,任意解除权是为定作人
的利益而设,一是因为承揽合同以较强的信任为基础,定作人失去对承揽人能
力的信任的,即许可其解除合同。二是承揽工作是为满足定作人的需要而设,
如果定作人不需要的话,就应当许可定作人解除合同。

定作人的任意解除权具有以下几个方面的特征:

1.任意解除权只有定作人享有,承揽人并不享有任意解除承揽合同的

权利。

2. 任意解除权在性质上属于形成权。

3. 任意解除权属于法定解除权。定作人的此项解除权当属法定解除权。一般认为,由于任意解除权是为定作人利益所设,因此,应当许可当事人于承揽合同中,限制或者排除该项权利。但是,如果预先的限制或者排除违反公序良俗,或者依诚信原则明显不合理时,也可认定预先的限制或排除的约定无效。

4. 任意解除权应当在合同期间承揽人完成承揽工作之前行使。如果承揽工作已经完成,自无解除的必要。

5. 定作人行使任意解除权并不需要附加任何条件。

承揽合同解除的,不产生溯及力,仅自解除生效时起向将来发生效力。

定作人行使任意解除权,解除承揽合同,给承揽人造成损失的,应当赔偿损失。损失的范围包括,第一,承揽人应当获得的报酬。但是对于承揽人节省的人力、物力等费用,或者转向其他工作给付劳务所取得或者故意怠于取得的利益,都应扣除。第二,对于由承揽人供给的独立支付的材料费,除非可继续用于其他工作中,否则,也应予以赔偿。对于非独立支付的材料费,应计入支付的报酬之中,不得单独赔偿。第三,其他的附带损失。

第十八章　建设工程合同

本章导言 ▶

　　本章是民法典第三编第二分编建设工程合同的规定,共 21 条。建设工程合同性质上系属承揽,比较法上,如日本民法典、瑞士债务法、奥地利普通民法典等,均未在承揽合同之外另以有名合同对之加以规定。德国民法典等在承揽合同中例外地对建筑承揽人的抵押权、建筑业者的担保等内容做出特别规定。与之不同,在我国历次民法典编纂工作中,建设工程合同均被作为独立的合同类型加以规定。本章在承继原《合同法》分则第十六章的基础上,围绕建设工程合同的订立、分包与转包禁止情形、合同的内容、竣工验收、价款支付以及合同主体的其他权利义务进行了规定,并针对建设工程合同无法适用因合同无效而返还财产的特殊性,增设建设工程合同无效后工程验收合格或不合格时处理方式的规定。此外,本章亦增加了适用承揽合同的参引性规定,体现出民法典在立法技术上的进步。

　　第七百八十八条　建设工程合同是承包人进行工程建设,发包人支付价款的合同。

　　建设工程合同包括工程勘察、设计、施工合同。

释　义

本条是关于建设工程合同定义和内容的规定。

一、建设工程合同的定义

本条第 1 款规定了建设工程合同的定义。其中:

1. 建设工程合同中,合同主体为发包人和承包人。其中,发包人一般为投资建设工程的单位,通常也称作"业主";承包人为实施建设工程勘察、设计、施工等业务的单位,包括对建设工程实现总承包的单位和承包工程的单位。

2. 建设工程合同的客体是工程,意指土木建筑工程和建筑业范围内的线路、管道、设备安装工程的新建、扩建、改建及大型的建筑装修装饰活动等。

3. 建设工程合同中权利义务的内容为,发包人有权请求承包人按照合同约定的内容进行工程建设,包括勘察、设计和施工等,并应按照约定履行支付价款的义务;承包人有权请求发包人按照合同约定支付价款,并按期按质地履行工程建设义务。

二、建设工程合同的主要内容

本条第 2 款规定了建设工程合同的主要内容。建设工程的实际过程包括工程勘察、设计和施工等阶段,因此,建设工程合同通常可包括工程勘察、设计和施工合同。

勘察合同是指发包人与勘察人就建设工程地理、地质状况的调研工作而签订的合同;设计合同按照其专业性质又可分为初步设计合同和施工设计合同,前者是在建设工程立项阶段由承包人与发包人签订,后者则在具体施工阶段由承包人与发包人签订;施工合同则主要包括建筑与安装两方面内容。

第七百八十九条 建设工程合同应当采用书面形式。

释 义

本条是对建设工程合同的要式规定。

根据本条规定,建设工程合同的成立,除须合同双方的意思表示达成一致外,其合同行为还应当以书面形式作出。

本法规定,合同按照其订立方式可分为口头合同、书面合同以及采用其他方式订立的合同。针对标的数额较大、合同法律关系复杂、履行期较长的建设工程合同,要求其采用书面形式作出,一方面在于其警示作用,即提示合同主体应就自身的权利义务审慎重视,明晰各方行为要求,尽量避免合同签订后、履行中存在的各种纠纷;另一方面在于其证据证明作用,建设工程合同不仅涉及私人间重大利益,更关涉公共利益甚深且巨,一旦发生合同纠纷,若缺少明确且固定的证据,极易使案件事实陷入真伪不明的状态,导致责任难以分清,损及个人和社会公共利益。因此,本条明确规定建设工程合同应以书面形式签订。

依据本法,书面形式,是指信件、合同书以及数据电文等可以有形且持续的载体表现所载内容的形式,实践中较大工程建设多以合同书的形式订立。

第七百九十条 建设工程的招标投标活动,应当依照有关法律的规定公开、公平、公正进行。

释 义

本条是关于建设工程招标投标基本原则的规定。

根据建筑法和其他法律、行政法规的规定,工程建设需要采取招标投标方式订立合同的,当事人必须采取招标投标方式。若无法律强制规定,发包人也可以自行选择采取招标投标方式进行发包。建设工程公开招标的,一般包括发标、开标、评标、定标四个步骤。

招标投标是社会主义市场经济条件下建设工程发包与承包时通常采取的交易方式,其核心特征在于竞争,即利用透明的竞价机制,一方面防止权力寻租和不正当竞争,另一方面选择最优承包人,以保证工程建设的质量,提高投资的效益。有鉴于此,本条规定,建设工程的招标投标应当按照公开、公平、公正的原则进行。所谓公开,是指进行招标投标活动的相关信息应当通过适当形式予以发布,并载明具体的内容,以使所有适格承包商均有机会参与投标竞争;所谓公平,是指招标方应公平对待所有投标方,投标方之间应采取正当手段公平竞争;所谓公正,是指招标投标过程应严格按照公开的招标文件和程序进行,并依照既定的评标标准进行定标,公正对待每个投标者。

第七百九十一条 发包人可以与总承包人订立建设工程合同,也可以分别与勘察人、设计人、施工人订立勘察、设计、施工承包合同。发包人不得将应当由一个承包人完成的建设工程支解成若干部分发包给数个承包人。

　　总承包人或者勘察、设计、施工承包人经发包人同意,可以将自己承包的部分工作交由第三人完成。第三人就其完成的工作成果与总承包人或者勘察、设计、施工承包人向发包人承担连带责任。承包人不得将其承包的全部建设工程转包给第三人或者将其承包的全部建设工程支解以后以分包的名义分别转包给第三人。

　　禁止承包人将工程分包给不具备相应资质条件的单位。禁止分包单位将其承包的工程再分包。建设工程主体结构的施工必须由承包人自行完成。

释　义

本条是关于建设工程合同发包、承包和分包的规定。

一、发包和承包的方式与限制

　　根据本条第 1 款,建设工程的发包既可以将建设工程的勘察、设计、施工等工程建设的全部任务一并发包给一个具备相应总承包资质条件的总承包人,也可以分别就工程勘察、设计、施工等工程建设以单项工程承包的方式进行发包。

　　在市场经济视角下,建设工程总承包是国内外建设活动中常常采用的发承包方式,总承包商多为拥有雄厚技术力量和丰富建设经验的公司,能够保证较大型工程中纵横向的组织管理,保证工程质量和工程进度,因此,应提倡对建设工程实行总承包。但不论采取何种发包方式,发包人均不得将应由一个承包人完成的工程支解为若干部分发包给数个承包人。在判断该工程是否应由一个承包人完成时,需要由国务院有关主管部门根据实际情况作出具体规定。

二、分包与转包

(一) 分包的条件与责任

　　建设工程的分包,是指总承包人、勘验勘察、设计、施工承包人承包建设工程后,经发包人同意,将承包的某一部分或某几部分工程交由第三人完成,并与之签订分包合同的行为。建设工程的分包,应符合以下三项条件:第一,总承包人、勘验勘察、设计、施工承包人只能将部分工程进行分包;第二,分包人应当具有相应的资质条件;第三,工程的分包必须经过发包人的同意。本条第2款中规定分包人(第三人)就其完成的工作成果与总承包人或者勘察、设计、施工承包人向发包人承担连带责任,适当加重了分包人的责任。

(二)转包及其禁止

转包是指建设工程的承包人将其承包的工程倒手转让给第三人,使该第三人成为该建设工程之新承包人的行为。针对转包的判断,应以原承包人是否利用分包合同规避自己应履行的合同义务为准。本条第2款后半句明确规定,承包人不得将其承包的全部建设工程转包给第三人,也不得将其承包的全部建设工程支解之后再以分包名义分别转包给第三人。该规定既符合我国建设市场的实际需求,也与国际通行做法一致。

(三)禁止分包的情形

为保证建设工程质量,避免承包人借分包之名行转包之实,本条第3款为禁止性规范。承包人在将工程分包时应审查分包人是否具备承包该部分工程建设的法定资质条件,承包人与不具备该资质条件的分包人签订的合同无效。分包的次数只能为一次,分包人不得将其承包的工程再次分包。对于可以分包的建设工程,明确规定禁止对建设工程的主体结构进行分包,承包人违反本款规定的,该分包合同无效。

第七百九十二条 国家重大建设工程合同,应当按照国家规定的程序和国家批准的投资计划、可行性研究报告等文件订立。

释 义

本条是关于国家重大建设工程合同订立程序的规定。

国家重大建设工程是关乎国计民生的重大问题,其合同的签订和履行需受到来自国家的管控和监督,以降低国家的投资风险,保障国家投资计划得以实现。因此,本条对国家重大建设工程合同的订立提出了严格的程序要求,即应当根据国家规定的程序和国家批准的投资计划、可行性研究报告等文件订立。

国家重大建设工程项目一般均属于国家强制监理的建设工程,但就哪些建设工程属于国家重大建设工程,仍然需要依照具体情事加以判断。本条中"国家的规定"是指建筑法等相关法律、行政法规规定的重大工程建设项目的订立程序。鉴于本条规定了严格的合同订立方式,违反本条规定将导致签订的合同无效。

第七百九十三条　建设工程施工合同无效,但是建设工程经验收合格的,可以参照合同关于工程价款的约定折价补偿承包人。

建设工程施工合同无效,且建设工程经验收不合格的,按照以下情形处理:

(一)修复后的建设工程经验收合格的,发包人可以请求承包人承担修复费用;

(二)修复后的建设工程经验收不合格的,承包人无权请求参照合同关于工程价款的约定折价补偿。

发包人对因建设工程不合格造成的损失有过错的,应当承担相应的责任。

释　义

本条是关于建设工程合同无效后,工程验收合格或不合格时的处理方式的规定。

一般的合同无效或被撤销后,因合同取得的财产本应基于不当得利而予以返还,不能返还或没有必要返还的,应当折价补偿。建设工程合同其特殊性在于,合同无效时,发包人取得的财产虽在形式上表现为承包人建设的工程,但其实际上乃是承包人对建设施工投入的劳务以及建筑材料(一般是工程款)所形成,因此无法适用合同无效的一般规定而要求财产返还。本条第1款规定,建设工程施工合同无效,但是建设工程经验收合格的,此时,鉴于建设工程合同旨在保证建筑工程质量的验收合格,合格的工程因根本性满足建设工程合同的规范目的而无须考虑其合同有效或无效的问题,此时为平衡各方利益,可以参照合同中关于工程价款的约定折价补偿承包人。

本条第2款规定了建设工程施工合同无效,而且建设工程经验收不合格时的处理原则。此时区分为两种情形:第一种情形,建设工程质量虽然不合格,但经过修复,可以使缺陷得到弥补,符合国家或者行业强制性质量标准时,发包人仍然可以接受建设工程,并在修复后继续利用该建设工程,因而此时发包人应当对建设工程予以折价补偿,但发包人可以要求承包人承担修复的费用;第二种情形,建设工程的质量缺陷无法通过修复得到弥补,此时,建设工程已丧失利用的价值,承包人虽然支付了修复的相关费用,仍不能请求参照合同关于工程价款进行折价补偿。

建筑工程的施工企业应当对工程的施工质量负责,但实践中也经常出现工程质量缺陷是由于发包人原因造成的,例如提供的设计图纸、基础资料等不符合要求的,因此当建设工程验收不合格时,应当按照发包人与承包人各自的过错程度,使有过错一方承担责任。

第七百九十四条 勘察、设计合同的内容一般包括提交有关基础资料和概预算等文件的期限、质量要求、费用以及其他协作条件等条款。

释 义

本条是关于勘察、设计合同基本内容的规定。

勘察、设计合同是勘察人、设计人完成工程勘察设计任务,发包人支付勘察设计费用的合同。为提高交易效率,本条在一般性合同条款的基础上,结合勘察、设计工程的典型交易形态,对合同基本内容进行了规定。

本条中,提交有关勘察或基础资料和概预算等文件是发包人的合同义务,该基础资料是指勘察、设计工作所依据的基础文件和情况。而勘察人、设计人的义务则为提交包括概预算等文件在内的勘察、设计文件。勘察文件一般包括对工程选址的各类数据,需待其交付之后,工程设计工作才能开展。设计文件一般包括建设设计图纸及说明、材料设备清单和工程概预算等,工程建设须依照设计文件进行施工,因而当事人在合同订立时也应当就设计文件的交付期限加以确定。

合同条款中的质量要求,主要指合同中发包人对勘验设计工作的要求。费用则是指勘验人、设计人在完成勘验、设计工作后得请求发包人支付的报酬,双方当事人还可就勘验、设计费用的具体计算方法、支付方式、地点、期限等内容加以约定。其他协作条件指双方当事人为保证勘验、设计工作顺利完成,基于诚实信用的基本要求所应当履行的相互协助义务,并可就各自具体权利义务以及义务违反后的责任承担进行约定。本条作为倡导性规范,具有任意规范性质,当事人未按本条内容订立的勘察设计合同,并不导致合同无效。

第七百九十五条　施工合同的内容一般包括工程范围、建设工期、中间交工工程的开工和竣工时间、工程质量、工程造价、技术资料交付时间、材料和设备供应责任、拨款和结算、竣工验收、质量保修范围和质量保证期、相互协作等条款。

释　义

本条是关于施工合同基本内容的规定。

施工合同是指由施工人进行工程的建筑和安装工作,发包人验收后支付价款并接收工程的合同。基于施工合同的一般特点,本条规定了施工合同中涉及的基本内容:

工程范围即施工的工作范围,是施工合同的必备条款;建设工期是指施工人完成施工任务的期限,该期限设定的合理与否往往影响着工程质量的好坏;中间交工工程是施工过程中的阶段性工程,应明确其开工和竣工的起止时间,以保证不同工程阶段的顺利交接;工程质量是施工合同的核心内容,必须符合国家有关建设工程安全标准的要求,不得违反法律、行政法规以及建设工程质量和安全标准而降低工程质量;工程造价是根据工程概预算设计而合理确定的施工所需费用,应合理规定工程造价,避免因造价设计不合理而造成的偷工减料,影响工程整体质量;技术资料主要指施工人据以施工的基础资料,其资料的交付时间往往也会影响施工进度,故有必要在合同中约定明确的交付时间;材料和设备供应责任涉及提供原材料及设备的主体确定,实践中,工程施工中的设备和材料既可以由发包人负责提供,也可以由施工人负责采购,故须在合同中明确具体的责任主体;拨款和结算是施工人请求发包人支付工程价款和报酬的依据,前者指工程价款的拨付,后者则指工程交工后计算实际造价与已拨付工程款的差额。但同时,为维护施工人权益,当事人不得在合同中约定垫款施工。竣工验收为工程交付使用前的必经程序;质量保修范围和保证期限可以由当事人约定,但应与工程性质相适应,且不低于国家规定的最低标准和期限;合同双方的相互协作是工程顺利施工的重要保障,也是当事人依据诚实信用实现合同内容的基础。

第七百九十六条 建设工程实行监理的,发包人应当与监理人采用书面形式订立委托监理合同。发包人与监理人的权利和义务以及法律责任,应当依照本编委托合同以及其他有关法律、行政法规的规定。

释 义

本条是关于建设工程监理的规定。

本条中建设工程监理,是指具有法定资质条件的工程监理单位代表发包人对承包人在工程建设中的行为进行监督的专门活动。根据本条第一句,是否实行监理,原则上由发包人自行决定。在例外情形下,如使用国家财政资金或其他公共资金建设的工程项目,则应实行强制监理。但依据本条第二句,即使实行强制监理,发包人与工程监理人之间仍然属于平等民事主体之间的委托合同关系,双方的权利义务以及法律责任,应当依照本编委托合同及其他有关法律、行政法规的规定。

工程监理人不按照委托监理合同约定履行监理义务,并给发包人造成损失的,应当由人民法院或仲裁机构就其承担的损害赔偿责任予以确定。此外,工程监理人为承包人谋取非法利益的,应当就其造成的损失与承包人承担连带赔偿责任。

第七百九十七条 发包人在不妨碍承包人正常作业的情况下,可以随时对作业进度、质量进行检查。

释 义

本条是对发包人检查权的规定。

发包人对建设工程作业进度、质量的检查通常有两种方式:第一种是委派具体管理人员作为工地代表行使检查权,发包人应将委派代表的情形及时通知承包人;第二种是委托监理人对工程建设行使检查权,若是国家规定强制监理的工程,发包人应当委托监理人对工程实施监理。发包人委托监理人的应当与之订立书面委托监理合同,并将委托情形书面通知被监理工程的承包人。

根据本条规定,发包人可以随时对工程作业进度和质量进行检查,工地代表、监理人负有向发包人报告检查内容的义务,若发现工程施工、工程质量不符合约定或标准的,其有权要求承包人改正。发包人对承包人工程作业的检查,应以合理检查为限,不能妨碍承包人的正常作业。发包人与承包人之间虽然有检查的权利和义务关系,但本质上仍为平等的民事法律关系,亦应从承包人角度出发,适当限制发包人的检查权,若因发包人或其工地代表、监理人的不当行为致使承包人无法进行正常作业而造成损失的,其有权要求发包人承担损害赔偿责任。

第七百九十八条 隐蔽工程在隐蔽以前,承包人应当通知发包人检查。发包人没有及时检查的,承包人可以顺延工程日期,并有权请求赔偿停工、窝工等损失。

释 义

本条是关于隐蔽工程的相关规定。

隐蔽工程是指在施工期间将地基、给排水、电气管线等建筑材料或构配件埋于物体之中并被覆盖的工程。鉴于隐蔽后的隐蔽工程若发生质量问题将造成返工等重大损失,本条规定承包人在隐蔽工程隐蔽之前通知发包人检查的义务。实践中,一般先由承包人进行自检,自检合格后再通知发包人,或通知发包人派驻的工地代表对隐蔽工程进行检查。

发包人检查发现隐蔽工程施工不合格的,有权要求承包人在一定期限内完善。若发包人或发包人派驻的工地代表在检查合格后拒绝在检查记录上签字的,在实践中可视为发包人已经批准,承包人可以进行隐蔽工程施工。发包人在接到通知后未按期检查且在承包人催告后仍未进行检查的,承包人有权暂停施工,并且可就工程延期所造成的停工、窝工、材料和构件积压等损失要求发包人赔偿。若承包人未通知发包人检查即自行隐蔽工程的,发包人有权在事后要求对已隐蔽工程进行检查,承包人应当配合检查。若经检查隐蔽工程不符合要求的,承包人应当返工重新隐蔽,由此产生的检查费用、返工费用、材料费用等由承包人负担。此外,承包人还应承担因工期延误所导致的违约责任。

第七百九十九条 建设工程竣工后,发包人应当根据施工图纸及说明书、国家颁发的施工验收规范和质量检验标准及时进行验收。验收合格的,发包人应当按照约定支付价款,并接收该建设工程。

建设工程竣工经验收合格后,方可交付使用;未经验收或者验收不合格的,不得交付使用。

释 义

本条是关于建设工程竣工验收的规定。

建设工程竣工验收是指建设工程依照国家有关法律、法规及工程建设规范的规定完成工程设计文件要求以及合同约定的各项内容,在交付发包人投入使用前由发包人或有关主管部门对该工程是否符合上述要求所进行的检查、考核工作。验收的标准,即为施工图纸以及说明书、国家颁发的施工验收规范和质量检验标准。就发包人的验收,应在合理期限内以合理方式及时进行验收,验收后应及时作出批准。发包人提出修改意见的,承包人应当按照发包人意见进行修理或改建,并承担因自身原因造成的修理、改建费用。若发包人无正当理由不组织验收或在验收后的合理期限内既不批准又不提出修改意见,则视为竣工验收报告已被批准,承包人得请求发包人办理结算手续,支付工程价款。

工程验收合格后,发包人按照约定支付价款,并且接收该建设工程。发包人无正当理由延迟办理竣工结算的,应向承包人支付工程价款并承担违约责任。建设工程竣工并经验收合格后,方可交付使用;未经验收或者验收不合格的,不得交付使用。发包人在竣工验收前擅自使用工程的,因擅自使用工程发生的质量问题和其他风险,由发包人自行负责。

第八百条　勘察、设计的质量不符合要求或者未按照期限提交勘察、设计文件拖延工期,造成发包人损失的,勘察人、设计人应当继续完善勘察、设计,减收或者免收勘察、设计费并赔偿损失。

释　义

本条是关于勘察人、设计人责任的规定。

建设工程勘察、设计工作的完成程度与质量决定着建设工程的整体质量,建设工程的勘察人、设计人必须对其勘察设计的质量负责。

对于勘察、设计文件的质量要求,应符合法律、行政法规的规定,亦即,除本法规定外,尚包括建筑法、城市规划法、土地管理法、环境保护法以及其他相关的法律、行政法规的规定。另外,勘察设计的文件也应当符合建设工程质量和安全标准的要求,符合建设工程勘察、设计的技术规范,并符合合同约定的特殊质量要求。

当勘察人、设计人提交的勘察设计文件不符合上述要求时,根据本条规定,发包人可以请求勘察人、设计人继续完善勘察、设计,减收或免收勘察、设计费或者承担损害赔偿之违约责任。就继续履行和损害赔偿违约责任的承担,应当以其提交勘察设计文件的质量瑕疵程度为判断标准,若仅具有轻微质量瑕疵的,发包人可请求勘察人、设计人继续履行合同;若勘察人、设计人不具备相应资质或工作能力,或提交的勘察设计文件严重不符合约定,发包人可以解除合同,并就造成的损失请求勘察人、设计人赔偿。

第八百零一条　因施工人的原因致使建设工程质量不符合约定的,发包人有权请求施工人在合理期限内无偿修理或者返工、改建。经过修理或者返工、改建后,造成逾期交付的,施工人应当承担违约责任。

释 义

本条是关于施工人责任的规定。

建设工程的施工是指施工人按照工程的设计文件和施工图纸的要求,通过施工作业并完成建设工程实体的建设。建设工程的施工质量由施工人负责,施工人应严格按照工程设计文件和技术标准进行施工,把控工程品质,做好质量控制与施工管理。

所谓"因施工人的原因",即指施工人未按照工程设计图纸施工,或者未按照建设工程施工技术标准的要求进行施工,此时因施工原因造成的工程质量瑕疵问题均须由施工人承担。本条中规定了施工人对存在质量问题的工程在合理期限内无偿修理或者返工、改建的义务,以及若因修理、返工、改建而造成工程迟延交付时,施工人应当承担的包括支付违约金、减少价款、执行定金罚则等逾期交付时的违约责任。发包人可根据违约程度和损失大小,选择请求施工人承担的违约责任形式。

第八百零二条 因承包人的原因致使建设工程在合理使用期限内造成人身损害和财产损失的,承包人应当承担赔偿责任。

释 义

本条是关于承包人加害给付损害赔偿责任的规定。

依据本章规定,承包人对工程质量整体负责,即应当于合理使用期限内对建设工程的质量安全承担瑕疵担保责任,因可归责于承包人的原因致使他人人身、财产等固有利益损失的,应当对其违反合同附随义务的行为承担损害赔偿责任。根据本条,承包人承担损害赔偿责任的条件如下:

第一,存在他人人身和财产损害的事实。此处他人不仅包括建设工程合同的相对人即发包人,也包括建设工程的最终使用人以及因该建设工程而受到损害的其他人。

第二,须因承包人原因致使建设工程对人身、财产造成损害。若是因发包人、用户以及其他人自身行为不当而造成的人身、财产损害,承包人不承担责任。若存在因违法发包而引起质量事故造成他人人身、财产损害的,发包人也应当承担连带责任。

第三,损害发生须在建设工程的合理使用期限内。"合理使用期限",即建设工程的承包人对其建设产品承担质量瑕疵担保责任的合理期限,该期限一般自交付发包人时起算,具体的期限长短应根据各类建设工程的具体情况,由有关技术部门作出判断。

第八百零三条 发包人未按照约定的时间和要求提供原材料、设备、场地、资金、技术资料的,承包人可以顺延工程日期,并有权请求赔偿停工、窝工等损失。

释 义

本条是关于发包人违约责任的规定。

建设工程承包合同中若约定由发包人提供原材料、设备、场地、资金、技术资料的,发包人应当按照约定的原材料及设备的种类、规格、质量等级、数量、价格以及提供的时间、地点的清单,向承包人提供建设工程所需的原材料、设备及其产品合格证明。对上述物品的验收和检验,应由发包人与承包人共同完成后,由承包人进行保管,并由发包人支付相应的保管费用。若发包人提供的上述原材料和设备不符合约定,承包人有权要求更换或拒绝接收保管,由此导致承包人中止施工并顺延工期所造成的停工、窝工损失,由发包人承担赔偿责任。

所谓由发包人提供场地,是指其按照合同约定为承包人提供施工、操作、运输、堆放材料设备的场地以及建设工作涉及的周围场地。所谓由发包人提供资金,是指其应当按照合同约定的时间和数额向承包人支付工程款。现实中,发包人提供工程款的方式主要有预付工程款和按工程进度支付工程款两种情形,发包人未按约定的时间或数额支付工程款的,承包人可以向其发出支付工程款的通知,发包人收到通知后仍未按照要求支付工程款的,承包人可以停止工作并顺延工期,发包人应当从应付之日起向承包人支付相应工程款的利息,并赔偿因此造成的承包人停工、窝工的损失。发包人未按约定提供有关工程建设技术资料致使承包人无法正常进行工作的,承包人可以要求发包人在合理期限内提供相应技术资料并有权暂停工作、顺延工期,并可要求发包人承担其因停工、窝工造成的损失。

第八百零四条 因发包人的原因致使工程中途停建、缓建的,发包人应当采取措施弥补或者减少损失,赔偿承包人因此造成的停工、窝工、倒运、机械设备调迁、材料和构件积压等损失和实际费用。

释 义

本条是关于因发包人原因造成停建、缓建时发包人责任的规定。

因发包人原因致使工程建设未能按照合同约定进度开展的,承包人可以停建或缓建。其中,所谓"因发包人的原因",主要是指:(1)发包人变更工程量;(2)发包人提供的设计文件等技术资料有错误或者发包人变更设计;(3)发包人未能按照约定及时提供建设材料、设备或工程进度款;(4)发包人未能及时进行中间工程或隐蔽工程条件的验收并办理相关交工手续;(5)发包人不能按照合同的约定保障建设工作所需要的工作条件,并致使工程建设无法正常进行的;等等。

发生上述情形时,承包人可以停建、缓建、顺延工期。同时,基于诚实信用的要求,承包人应及时通知发包人并采取合理措施减少或避免损失,或者将相应经济支出和实际费用向发包人提出报告。对于发包人的违约责任,其应当采取必要措施,弥补或减少损失,同时应排除妨碍,帮助承包人尽快恢复施工。就承包人因此而造成的停工、窝工、倒运、机械设备调迁、材料和构件积压等损失和实际费用,发包人应承担赔偿责任。

第八百零五条 因发包人变更计划,提供的资料不准确,或者未按照期限提供必需的勘察、设计工作条件而造成勘察、设计的返工、停工或者修改设计,发包人应当按照勘察人、设计人实际消耗的工作量增付费用。

释　义

本条是关于因发包人原因造成勘察、设计的返工、停工或修改设计时责任承担的规定。

建设工程勘察、设计合同中,约定发包人向勘察人、设计人提供开展勘察、设计工作所必需的基础资料的,发包人应当对基础资料的可靠性以及提交的时间和进度负责。

勘察合同中,勘察工作开展前,发包人应向勘察人明确其技术要求和具体勘察阶段,并按约定提供勘察工作所必需的勘察基础资料和其他资料,满足勘察人员编写纲要和编制工程预算的基本要求。勘察人提出用料计划的,发包人应按时准备好各种材料并承担相关费用,并为勘察人开展工作提供便利条件。设计合同中,发包人应按照合同约定,向设计人提供设计所需的基础资料和相关设计的技术要求,并在设计工作中为设计人提供必要的工作条件和生活条件,以保障其工作顺利开展。发包人未能提供合同约定的工作条件的,勘察人、设计人应通知其于合理期限内提供,发包人未提供必要工作条件致使相关工作无法进行的,勘察人、设计人有权停工、顺延工期,并要求发包人承担停工期间的损失。

发包人就前述资料的提供,应确保其质量和可靠性。因发包人提供的技术资料不可靠,或者变更勘察设计的项目、规模、条件等给勘察人、设计人造成损失的,发包人应当承担相应违约责任。

第八百零六条　承包人将建设工程转包、违法分包的,发包人可以解除合同。

发包人提供的主要建筑材料、建筑构配件和设备不符合强制性标准或者不履行协助义务,致使承包人无法施工,经催告后在合理期限内仍未履行相应义务的,承包人可以解除合同。

合同解除后,已经完成的建设工程质量合格的,发包人应当按照约定支付相应的工程价款;已经完成的建设工程质量不合格的,参照本法第七百九十三条的规定处理。

释　义

本条是关于发包人和承包人解除权的规定。

本条第 1 款系关于发包人合同解除权的规定,本款是对本编第 563 条合同法定解除权在建设工程施工合同中的具体适用,主要针对承包人将建设工程转包或违法分包的情形。转包行为为本章第 791 条第 2 款所禁止。针对分包,本章第 791 条第 3 款对其分包次数进行限制,禁止分包单位将其承包的工程再分包。若承包人违反上述规定,发包人可以解除建设工程合同。

本条第 2 款规定,发包人提供的主要建筑材料、建筑构配件和设备不符合强制性标准或者发包人不履行协助义务,致使承包人无法施工,且在催告后的合理期限内仍未履行相应义务的,承包人享有合同的解除权。本款系针对本章第 803 条以及第 794 条中发包人违约或违反协助义务时,承包人救济权利的规定。

本条第 3 款规定了合同解除后,建设工程质量合格或不合格时发包人的权利内容。其中,建筑工程合同解除后,其在法律效果上与建筑合同工程无效时的处理方式一样,若已经完成的建设工程质量合格,则发包人应当按照建设工程合同中的约定支付相应价款;若建设工程质量不符合规定,则参照本章第 793 条的规定,倘质量不合格的建设工程质量经过修复,可以使缺陷得到弥补时,发包人应当对建设工程予以折价补偿,但发包人可以要求承包人承担修复的费用;倘建设工程的质量缺陷无法通过修复得到弥补,此时承包人虽然支付了相关修复费用,仍不能参照合同关于工程价款的约定请求补偿。

第八百零七条　发包人未按照约定支付价款的,承包人可以催告发包人在合理期限内支付价款。发包人逾期不支付的,除根据建设工程的性质不宜折价、拍卖外,承包人可以与发包人协议将该工程折价,也可以请求人民法院将该工程依法拍卖。建设工程的价款就该工程折价或者拍卖的价款优先受偿。

释　义

本条是关于发包人未按照约定支付价款时违约责任的规定。

本条规定,发包人未按约定支付价款,经承包人催告后在合理期限内仍不支付的,承包人可与发包人协议将工程折价,或者申请人民法院将该工程进行依法拍卖。根据本条,在承包人优先受偿权的行使中,应注意以下问题:

第一,发包人不支付价款的,承包人应当先催告发包人于合理期限内支付价款,不得在未催告情况下直接将工程折价或拍卖;第二,承包人对工程折价或拍卖的,应当依据法律规定,遵循特定程序,承包人对工程的折价应当与发包人达成协议,不能达成协议的,则采取拍卖方式,申请人民法院依法予以拍卖,承包人不得自行或委托拍卖公司将工程予以拍卖;第三,工程折价或拍卖后所得价款超出发包人应付价款时,超过部分应当归还发包人,不足以清偿承包人债权价款时,承包人可请求发包人支付不足部分;第四,若工程性质不宜折价、拍卖,承包人不得将该工程折价或拍卖。

第八百零八条　本章没有规定的,适用承揽合同的有关规定。

释　义

本条是适用承揽合同的参引性规定。

建设工程合同性质上属于承揽合同,为避免立法重复,在本章没有规定而性质上仍系属承揽范畴的建设工程合同相关问题上,可以根据建设工程的合同性质适用承揽合同中的规定。

具体来说,本编第十七章中,如下规定可大致适用于建设工程合同之中:第 774 条关于承揽人依约定选用材料的规定、第 775 条关于定作人提供材料的规定、第 776 条关于承揽人的通知义务、第 784 条关于材料和工作成果的保管、第 785 条关于承揽人的保密义务等。

第十九章 运输合同

　　本章是《民法典》第三编第二分编运输合同的规定,共四节、34条。比较法上,如德国民法典、日本民法典、奥地利普通民法典等,均未将运输合同作有名合同类型处理。瑞士债务法第二分编第十八章则规定"运送契约",显然将其作为有名合同加以规定。我国历次民法典编纂中,均将运输合同作为有名合同类型进行规定。其内容从第一次民法典草案中的"承揽运送契约"之单一类型,发展为第二、三次民法典草案中货物运输、旅客运输两种类型,后在原《合同法》中变为客运合同、货运合同、多式联运合同之三种类型。本章延续了《合同法》上的体例编排,将运输合同作为有名合同予以专章规定,并分别对运输合同的一般规定,客运合同、货运合同、多式联运合同的内容进行规定。本章在完善原《合同法》相关部分条文表述的同时,结合我国当前运输行业发展的新状况,增加了对实名制客运合同中旅客丢失客票时的处理规定。

第一节 一 般 规 定

　　第八百零九条　运输合同是承运人将旅客或者货物从起运地点运输到约定地点,旅客、托运人或者收货人支付票款或者运输费用的合同。

释　义

　　本条是关于运输合同定义的规定。
　　本条在规范逻辑上属于描述性规范,其分别从运输合同的主体、运输合同的客体、运输合同的内容等方面对运输合同进行定义。

运输合同的主体是承运人和旅客、托运人。承运人既可以是一人或者数人,也可以是自然人法人或其他组织。托运人是与承运人订立货物运输合同的当事人,但收货人有时并不是托运人。

运输合同是承运人将旅客或者货物从起运地点运输到约定地点而订立的协议,运输合同的客体为承运人的运送行为,而非其运送的货物或旅客。

基于运输合同的双务合同性质,对于承运人来说,其享有请求旅客、托运人支付运费或票款的债权,承担运送旅客或货物到达约定地点的债务;对于旅客、托运人来说,其享有请求承运人运送的债权,承担向运送人支付运费或票款的债务。其中,运费是指货物运输合同中,托运人向承运人支付的报酬;票款是指在旅客运输合同中,旅客向承运人支付的报酬。

第八百一十条 从事公共运输的承运人不得拒绝旅客、托运人通常、合理的运输要求。

释 义

本条是关于公共运输的承运人强制缔约义务的规定。

公共运输的主体一般是经国家批准的从事运输行业的企业或个人,其运输的班次、运输路线、运价一般都以公告形式向社会发布,因而其面向的是全体社会,任何公众都可以与承运人订立运输合同,且合同订立的形式上多采用格式合同之方式。

运输合同中通常由承运人向社会公众发出要约邀请,有意向乘用该公共运输设备的旅客或托运人可以向承运人发出要约,承运人此时承担法律上的强制承诺义务,即不得拒绝与旅客或托运人订立合同。但此种强制承诺义务有其界限,即应当被限定在旅客、托运人通常、合理的运输要求之内。所谓"通常、合理的运输要求"的判断,并不依据运输合同双方当事人各自的主观判断,而应基于一般的理性的旅客或托运人的视角加以判断。此外,"通常、合理"也意味着公共运输承运人须平等对待各旅客或托运人,不得实行差别对待。

第八百一十一条 承运人应当在约定期限或者合理期限内将旅客、货物安全运输到约定地点。

释 义

本条是关于承运人主给付义务的一般规定。

运输合同是承运人与旅客、托运人就运输事宜所达成的意思表示一致的法律行为。一般情形下,运输合同中承运人与旅客、托运人就运输时间、运输地点、运输安全等内容进行约定,承运人应按约定内容履行运输义务。本条规定运输人应在约定期间或合理期限内将旅客、货物安全运输到约定地点,就是对上述内容的规定。其中:

第一,若因承运人原因造成旅客或货物不能按时到达运输地点的,承运人应当承担运输迟延所导致的违约责任;第二,运输合同缔结的目的即在于使旅客或托运人的货物完成地理位置上的位移,且该移动的重点应当是合同中约定的地点,若承运人不按合同约定的地点运输,则应当承担违约责任;第三,承运人在运输过程中应当尽到对旅客或托运货物安全的注意义务。运输工具本身带有危险性,因此强调运输活动的安全性即成为运输合同的基本原则。若因承运人过错致使旅客或托运货物在运输过程中受到损害,承运人应就其造成的损害承担责任。

第八百一十二条 承运人应当按照约定的或者通常的运输路线将旅客、货物运输到约定地点。

释 义

本条是关于承运人运输路线的规定。

运输行为存在一定风险,除妥善选择运输方式之外,恰当拟定运输路线也是降低运输风险的一种常规方式。运输合同中承运人与旅客、托运人一般会约定运输的路线。若双方未约定运输路线,则根据运输合同的具体内容,以该情形下通常的运输路线为准。

运输中,承运人应当按照约定的或通常的运输线路履行运输义务,原因在于,运输合同中约定的或通常的运输路线一般已经受过多次运输行为的检验,其安全性、妥当性较有保障,若不按约定或通常的运输路线,一方面不利于旅客或托运货物的安全,另一方面可能造成运输的延迟,对旅客或承运人造成损害。但是,如若合同中约定了特定情形下承运人可以对运输线路进行应变处理,或者为避免运输中遇到的危险或因不可抗力等原因致使承运人不能按约定的或通常的运输路线运输的,承运人的绕行或其他改变运输路线的行为并不构成违约。

第八百一十三条 旅客、托运人或者收货人应当支付票款或者运输费用。承运人未按照约定路线或者通常路线运输增加票款或者运输费用的,旅客、托运人或者收货人可以拒绝支付增加部分的票款或者运输费用。

释 义

本条是运输合同中旅客、托运人或者收货人一般义务的规定。

支付票款或运输费用是旅客、托运人或者收货人的主要合同义务。本条第 1 款中,旅客订立的运输合同中,旅客支付票款义务一般与购买旅客运输票证同时履行;托运人订立的运输合同中,托运人可以与承运人约定运费的支付方式,若由收货人支付运费,应当在运输单证上载明。若运输单证上未载明应由收货人支付运费,收货人一般可以拒绝支付运费。

本条第 2 款规定,承运人未按照约定路线或者通常路线运输增加票款或者运输费用的,旅客、托运人或者收货人可以拒绝支付增加部分的票款或者运输费用。若承运人无正当理由而不按照约定或通常合理的路线进行运输,或者无正当理由要求增加票款或运输费用的,其变动的运输路线或更定的票款或运输费用,既不在双方当事人意思表示一致的合意范畴之内,亦违反契约严守的基本法理,故此时旅客、托运人或者收货人可以拒绝支付增加部分的票款或运费。

第二节 客 运 合 同

第八百一十四条 客运合同自承运人向旅客出具客票时成

立,但是当事人另有约定或者另有交易习惯的除外。

释 义

本条是关于旅客运输合同成立的规定。

在旅客运输合同的情形中,承运人所制作公布的客票、价目表和班次时刻表等构成对旅客的要约邀请,旅客购票行为则视为旅客的要约,但基于旅客运输领域中普遍存在的运力与运量矛盾之特殊性,承运人实际的承诺效力受到其实际运量范围的限制,而能否出具客票,则成为判断当前运量的关键标准。因此,只有在旅客向承运人出具票款并取得客票时,合同才告成立。

在通常情况下,客票的出具除表征客运合同成立之外,其票据本身记载的内容也证明着承运人与旅客之间订立的合同内容以及合同成立的时间,并会在客运合同纠纷中承担证据证明的作用。但在客运合同当事人另有约定的情况下或者另有交易习惯的情形时,应当根据约定情况或交易习惯进行判断。例如在出租车运输中,客票出具时间一般在运输行为完成后,依照出租车运输的交易习惯,客运合同并非在出具客票时方才成立,而是在旅客登上出租车时即告成立。

第八百一十五条 旅客应当按照有效客票记载的时间、班次和座位号乘坐。旅客无票乘坐、超程乘坐、越级乘坐或者持不符合减价条件的优惠客票乘坐的,应当补交票款,承运人可以按照规定加收票款;旅客不支付票款的,承运人可以拒绝运输。

实名制客运合同的旅客丢失客票的,可以请求承运人挂失补办,承运人不得再次收取票款和其他不合理费用。

释 义

本条是关于旅客持有效客票乘运的规定。

客票既是旅客请求承运人履行运输义务的请求依据,也是承运人据以判断合同相对人的主要标准,持有客票的旅客一般也是与承运人存在客运关系的相对人。

本条第 1 款中,在旅客无客票而乘用运输工具时,不存在合同关系,应通过补交票款的方式重新订立客运合同。客票票面记载的内容标志着承运人与旅客之间特定的给付内容,旅客超程乘坐、越级乘坐,或者持有不符合减价条件的优惠客票而乘用运输工具的,即超出了其合同权利,若其主张,则应重新补充合同内容。对于拒绝补交票款的行为,即认为其不具有发出要约的意思表示,客运合同不成立。此时承运人有权在适当地点令其离开运输工具,且在其离开运输工具后承运人依然有权向旅客追偿。

本条第 2 款对旅客遗失客票的情形做出规定。实名制客运合同的旅客丢失客票的,基于交通运输的公共服务属性,旅客有权请求承运人挂失补办,同时,基于客运合同关系并不因客票遗失而当然消灭,客运合同此时依然存在,承运人不得再次收取票款和其他不合理费用。本条文义上虽限定为实名制客运合同领域,但基于本款目的在于保障客运合同中旅客的乘运利益,因此,在非实名制客运合同中,若旅客能够证明该车票为其所有的,也应当准用本款规定。

第八百一十六条　旅客因自己的原因不能按照客票记载的时间乘坐的,应当在约定的期限内办理退票或者变更手续;逾期办理的,承运人可以不退票款,并不再承担运输义务。

释　义

本条是关于旅客办理退票或变更乘运手续的规定。

客票票面记载信息不仅载明承运人的合同义务的内容,也要求乘客应当按照合同(票面)中提示的时间、地点等内容请求承运人履行义务。此外,承运人或有关部门的规定一般都允许旅客在客票载明的乘坐时间之前退票或变更客票,但此种解除或变更客运合同的权利应受到行使上的限制,例如在铁路运输中,在火车开车前的特定时间内,铁路承运人就不再为旅客办理退票或变更客票(改签)的手续。逾期办理的,即认为超过了合理的解除或变更合同的期限,此时承运人可以不退票款,并且也不再承担运输旅客的义务。

需注意的是,本条适用的前提是因旅客自己原因不能按照客票载明的时间乘坐的情形。若旅客不能按照客票时间乘坐的原因是由于承运人造成的,则旅客仍可请求承运人安排改成其他班次或退票,且旅客要求退票的,承运人应当全额退还票款。

第八百一十七条　旅客随身携带行李应当符合约定的限量和品类要求;超过限量或者违反品类要求携带行李的,应当办理托运手续。

释　义

本条是关于旅客随身携带行李要求的规定。

客运合同不同于货运合同,其承运人义务主要是将旅客从起运点送至目的地,并非专为运输行李的合同。但为了旅客的出行便捷,承运人或者有关部门一般均允许旅客随身携带一定的行李。同时,考虑到公共运输中的安全性问题,承运人在运输合同中一般会规定对于旅客可以随身携带行李的数量和品类的具体限定要求。对于超出限量或者携带行李中违反品类要求的,承运人应当为旅客办理托运手续,旅客也应当配合承运人办理托运手续。拒不配合办理托运手续的,承运人可以拒绝运输,托运的行李则应按照货物运输合同的规定的处理。

第八百一十八条　旅客不得随身携带或者在行李中夹带易燃、易爆、有毒、有腐蚀性、有放射性以及可能危及运输工具上人身和财产安全的危险物品或者违禁物品。

旅客违反前款规定的,承运人可以将危险物品或者违禁物品卸下、销毁或者送交有关部门。旅客坚持携带或者夹带危险物品或者违禁物品的,承运人应当拒绝运输。

释　义

本条是关于禁止旅客随身携带违禁物品或危险物品的规定。

旅客运输合同中,旅客随身携带或者在行李中夹带易燃、易爆、有毒、有腐蚀性、有放射性以及其他危险物品或者违禁物品的,将会有可能危及运输工具上他人的人身、财产安全。本条第 1 款中所称危险物品是指危及人身和财产安全的物品,违禁物品是指可能对国家和社会整体利益造成影响的物品。本条第 1 款为禁止性规范,旅客必须遵守,且不得通过合意予以变更。

旅客运输中,在旅客登上运输工具之前,承运人一般都要对旅客进行安全检查,以防止其将危险物品或违禁物品带上交通工具。若仍有旅客违反本条第 1 款规定将上述物品带上了运输工具,则依据本条第 2 款,承运人可以将危险物品或者违禁物品卸下、销毁或者送交有关部门,且承运人并不负赔偿责任。若旅客坚持携带或夹带上述物品的,承运人应当拒绝运输。所谓"应当",同样为针对承运人的强制性义务,目的在于强调旅客运输中对人身安全的保护。

第八百一十九条　承运人应当严格履行安全运输义务,及时告知旅客安全运输应当注意的事项。旅客对承运人为安全运输所作的合理安排应当积极协助和配合。

释 义

本条是关于承运人安全运输义务的规定。

基于运输活动自身的风险性和公共性特征,保证旅客的运输安全既是承运人运输合同中的主给付义务,也是其行业自身公共属性的必然要求。运输活动具有专业性,作为自然人个体的旅客,其对于运输当中的安全乘运知识未必准确知悉。此时就需要具有专业知识背景的承运人及时向旅客告知安全运输当中的注意事项。其中"及时"的判断需要根据具体的情况来决定承运人的告知是否及时。对于承运人为安全运输所作的合理安排,旅客应当积极协助和配合。此时,一方面,若因承运人的过错而未尽到及时告知安全运输应当注意的事项,并造成旅客人身、财产损害的,承运人应当负赔偿责任;另一方面,旅客负有积极协助与配合的不真正义务,亦即,在承运人已经为安全运输进行了合理安排时,旅客因未尽积极协助与配合义务而受有人身、财产损害的,不享有对承运人的损害赔偿请求权。

第八百二十条　承运人应当按照有效客票记载的时间、班次和座位号运输旅客。承运人迟延运输或者有其他不能正常运输情形的,应当及时告知和提醒旅客,采取必要的安置措施,并根据旅客的要求安排改乘其他班次或者退票;由此造成旅客损失的,承运人应当承担赔偿责任,但是不可归责于承运人的除外。

释 义

本条是关于承运人迟延运输的规定。

旅客的有效客票是其与承运人订立客运合同的凭证,客票票面记载的运输方式、运输目的地、运输时间、运输班次、座席等级、座位号等信息既是合同的内容,也是承运人的义务,即承运人应当按照旅客有效客票上记载的时间、班次和座位号等进行运输,否则即构成违约。

运输活动具有不确定性,交通运输可能会受到来自恶劣天气等不可抗力或者运输工具发生故障等原因的影响,进而导致运输不能进行。当发生这些不能正常运输的特殊情形和重要事由时,不论承运人对该事由的发生是否有过错,均应当及时告知和提醒旅客,以使旅客及时采取措施规划安排自己的行程,以避免因不能正常出行而给自己造成损失。运输迟延时,旅客可以要求安排改乘其他班次,亦可要求退票。若因运输迟延给旅客造成损失的,承运人损害赔偿责任的承担应以承运人有过错为限,若因不可归责于承运人的事由而造成的运输迟延,旅客不得请求承运人承担损害赔偿责任。

第八百二十一条 承运人擅自降低服务标准的,应当根据旅客的请求退票或者减收票款;提高服务标准的,不得加收票款。

释 义

本条是关于承运人擅自变更服务标准的规定。

旅客运输合同中,承运人应当按照合同订立时约定的运输方式、运输时间等内容履行运输义务。但在实践中,亦不乏承运人于运输过程中擅自变更服务标准的行为,其本质上是对合同权利义务内容的变更,但因未经旅客同意,即未创设新的合意,承运人单方面降低服务标准时,应视旅客的意思为准。若旅客要求减收票款的,则视为订立新的合同;若旅客要求退还全部票款的,则视为旅客解除合同,承运人应当退还旅客的全部票款。

在某些特定情形中,会存在承运人虽擅自变更了服务标准,但其变更并未降低,反而提高了对旅客的服务标准,此时,虽然承运人变更运输服务标准后,旅客的服务标准得到了提高,但其本质上仍为承运人单方面变更运输合同,因缺少旅客同意,承运人也不得加收旅客的票款。

第八百二十二条　承运人在运输过程中,应当尽力救助患有急病、分娩、遇险的旅客。

释　义

本条是关于承运人对旅客救助义务的规定。

承运合同中承运人负有将旅客安全送达至约定地点的义务,且该安全运输的范围不仅包含承运人本身应采取必要的措施以保障旅客的安全,还包括在运输过程中,在旅客发生急病、分娩、遇险等情形下,承运人应当尽力对之救助,而不论上述险情是否由承运人引起。规定承运人的救助义务,既是基于合同所产生的对承运人附随义务的要求,同样也是对社会中一般善良风俗信念的肯认。承运人未尽到上述救助义务的,应当承担相应的责任。

第八百二十三条　承运人应当对运输过程中旅客的伤亡承担赔偿责任;但是,伤亡是旅客自身健康原因造成的或者承运人证明伤亡是旅客故意、重大过失造成的除外。

前款规定适用于按照规定免票、持优待票或者经承运人许可搭乘的无票旅客。

释　义

本条是关于承运人对旅客人身伤亡赔偿责任的规定。

本条第1款对运输过程中旅客伤亡时承运人的赔偿责任进行了规定。首先,本条确立了旅客运输活动中承运人对旅客伤亡时的无过错责任。旅客运输活动中,旅客所受的损害一般均与承运人的运输行为相关,承运人承担之责任在性质上属于危险责任。危险责任并非指行为人应对自己从事的不法或具有道德上可非难性的行为负责,毋宁说,其根本思想在于不幸损害的合理分配。对承运人科以无过错责任,可促使承运人采取各类措施提升运输活动的安全性,以有效保障旅客人身的安全。此外,法律应当平等保护合同中的当事人各方,因此,本条亦规定了承运人在特定情形中的免责事由,若因旅客故意或重大过失造成伤亡的,或因旅客自身健康原因造成伤亡的,此时承运人得以免责。关于承运人具体的免责事由,各特别法中亦做出了不同的规定,基于特别法优于普通法的法律适用原则,当特别法规定与本法不同时,应当适用特别法。

本条第 2 款还规定,对于免票、持优待票或者经承运人许可搭乘的无票旅客,若在运输过程中发生伤亡的,亦适用本条第 1 款的规定。

第八百二十四条 在运输过程中旅客随身携带物品毁损、灭失,承运人有过错的,应当承担赔偿责任。

旅客托运的行李毁损、灭失的,适用货物运输的有关规定。

释 义

本条是关于承运人对旅客自身携带物品毁损、灭失过错责任的规定。

根据本章第 817 条,旅客运输中旅客允许随身携带行李,对此承运人也应当尽到充分的义务以保证物品的安全。当旅客随身携带物品毁损或灭失时,根据本条第 1 款,承运人此时承担过错责任,即承运人对于旅客携带行李的毁损、灭失存在过错时,才可要求其承担责任。根据本条第 2 款,除随身携带行李之外,旅客也有可能将其行李进行托运。此时,鉴于托运行李并非旅客随身携带物品,因而应当属于货物运输的情形,此时应适用本章第三节有关货运合同的规定。

第三节 货运合同

第八百二十五条 托运人办理货物运输,应当向承运人准确表明收货人的姓名、名称或者凭指示的收货人,货物的名称、性质、重量、数量,收货地点等有关货物运输的必要情况。

因托运人申报不实或者遗漏重要情况,造成承运人损失的,托运人应当承担赔偿责任。

释 义

本条是关于托运人必要情况申报的规定。

本条第1款规定,托运人办理货物运输,一般应向承运人准确表明以下情况:(1)收货人的名称、姓名或者凭指示的收货人。托运关系中托运人很多时候并不是托运货物的接收人,为便于承运人及时交付货物,托运人需要在运输开始前,在运单上或以其他方式表明收货人的名称或姓名。(2)收货地点。收货地点是关系承运人履行运输义务的重要因素,缺少该地点的信息,承运人就无法完成运输任务。(3)货物的名称、性质、种类、数量等内容。其中,货物的性质是指货物的自然属性。除此之外,诸如货物表面、包装等货物运输中其他的必要情况,托运人也应当向承运人提供。

托运人违反上述义务并造成承运人损失的,根据本条第2款,托运人应当承担赔偿责任。其中,托运人义务违反的情形有两种:第一种,"申报不实",是指托运人所提供的情况信息与实际情形不符合;第二种,"遗漏重要情况",是指托运人应当向承运人提供有关运输的重要情况却未予提供。上述情形,若给承运人造成损失的,应当由托运人承担赔偿责任。然若托运人虽申报不实或遗漏重要情况,但并未给承运人造成损失,却给自己造成损失的,此时应认为托运人对损失的产生有过错,应由托运人自己承担损失,承运人可以免责。

第八百二十六条 货物运输需要办理审批、检验等手续的,托运人应当将办理完有关手续的文件提交承运人。

释 义

本条是托运人手续办理义务的规定。

货物运输中往往涉及各类需经有关政府主管部门审批和同意的手续,在涉及国际货物运输时,还需经货物报关,货物检验、检疫等手续。鉴于上述各类手续的办理常常关系承运人能否正常进行运输,因而一般均要求托运人事先将其办理妥当,并将办理完的手续文件提交承运人。

本条规定托运人应办理的手续包括审批和检验两种情形,但在货物运输实践中,托运人应当办理的手续并不限于条文中列举的两种,一般还包括检疫、港口准入等,而在涉及危险品的运输时,还应包括危险品运输的许可手续。若托运人未能及时办理相关手续或虽办理相关手续但手续并不完备,因此造成运输迟延或者给承运人造成损失的,托运人应当承担赔偿责任。

第八百二十七条 托运人应当按照约定的方式包装货物。对包装方式没有约定或者约定不明确的,适用本法第六百一十九条的规定。

托运人违反前款规定的,承运人可以拒绝运输。

释 义

本条是关于托运人货物包装义务的规定。

货物运输一般为长时间、长距离的运输,运输过程中的各种地形、气候或运输工具本身的影响均有可能对货物安全构成威胁,因而货物的妥善包装将涉及运输过程中货物的安全问题。对于有特殊包装需要的货物,应当进行符合规格和标准的包装。提出货物包装要求的一般为承运人或主管运输的部门,运输合同的当事人一般也会对货物的包装进行约定,但该约定不得违反国家对包装标准的强制性规定。若当事人对包装方式没有约定或约定不明时,本条第 1 款第二句规定可适用本法第 619 条的规定。对包装方式没有约定或者约定不明确的,依据本法第 510 条的规定仍不能确定的,应当按照通用的方式包装;没有通用方式的,应当采取足以保护标的物的包装方式。

依据本条第 2 款,对于需要按照规定包装的货物,若托运人违反本条第 1 款规定没有进行包装,或者包装不符合约定或违反国家对包装标准强制规定的,承运人可以拒绝运输。因此给托运人造成的损失,承运人不负赔偿责任;因此给承运人造成损失的,托运人应当向承运人赔偿损失。

第八百二十八条 托运人托运易燃、易爆、有毒、有腐蚀性、有放射性等危险物品的,应当按照国家有关危险物品运输的规定对危险物品妥善包装,做出危险物品标志和标签,并将有关危险物品的名称、性质和防范措施的书面材料提交承运人。

托运人违反前款规定的,承运人可以拒绝运输,也可以采取相应措施以避免损失的发生,因此产生的费用由托运人负担。

释 义

本条是关于危险物品运输的规定。

本条第 1 款规定,托运人在危险品运输中应尽到以下义务:(1)按照国家有关危险物品运输的规定对危险物品妥善包装。按照国务院和运输主管部门的行政法规或规章所规定的要求进行妥善包装。(2)在危险物品上作出标志或标签。(3)将有关危险物品的名称、性质和防范措施的书面材料提交承运人。托运人应保证提交材料在内容上的真实性,承运人应依据托运人提供的材料,在了解危险物品后决定是否进行运输。

本条第 2 款规定,若托运人违反上述三类义务,承运人可以拒绝进行运输。若承运人在运输过程中发现托运人所托运的为危险物品的,承运人可以采取各类措施避免损失的发生,例如在任何时间或地点依据货物情况将其卸下、销毁或使之不能为害。承运人因采取措施对托运人造成损失的,可以免责。承运人因此受有的损失,以及在采取各种措施时支出的相关费用,应当由托运人承担。此外应说明的是,即使托运人未违反第 1 款义务,承运人知悉危险物品性质并同意运输的,在运输过程中若该危险物品对于运输工具、人员安全及其对其他货物造成威胁时,承运人也可以采取相应措施避免损失发生,此时即便给托运人造成损失,承运人也可以减轻或免除损害赔偿责任。

第八百二十九条 在承运人将货物交付收货人之前,托运人可以要求承运人中止运输、返还货物、变更到达地或者将货物交给其他收货人,但是应当赔偿承运人因此受到的损失。

释 义

本条是托运人变更或解除运输合同的规定。

本条赋予了货物运输合同中托运人可单方变更或解除合同的权利,即托运人可以要求承运人中止运输、返还货物、变更到达地或者将货物交给其他收货人,因托运人合同变更权或解除权的行使而受有损失的承运人,可以要求托运人或提单持有人承担或赔偿其因合同变更或解除而产生的费用或损失。

本条中,若承运人对托运人或提单持有人的指示不能执行,应立即通知托运人或提单持有人。托运人或提单持有人变更权或解除权的行使应当发生在货物交付收货人之前。货物交付收货人后,因合同已经履行完毕,自无变更或撤销的必要。但若收货人拒绝接收货物或者承运人无法联系到收货人时,托运人或提单持有人依然可以行使上述权利。此外,上述变更或解除权只能由托运人享有并行使,除非遇有不可抗力或对方当事人严重违约,承运人无权单方变更或者解除合同。

第八百三十条 货物运输到达后,承运人知道收货人的,应当及时通知收货人,收货人应当及时提货。收货人逾期提货的,应当向承运人支付保管费等费用。

释 义

本条是关于收货人提货的规定。

运输合同中,承运人的合同义务既包括将货物安全运送至目的地,也包括依照约定将货物交付于收货人。因此,在货物运输到达后,若承运人知道收货人的,应当及时通知收货人提货。若承运人不知道收货人,而托运人也未及时告知,例如在单证上仅写明"凭提示交付货物"的,此时承运人对收货人的告知义务将被免除,但仍应通知托运人于合理期限内就货物的处分作出指示。

对于收货人而言,接到承运人通知后及时提货是其主要义务。若收货人在接到承运人通知后的规定时间或合理期限内没有按时提取货物,其应当向承运人支付逾期提取所产出的相关保管费用,并赔偿承运人因逾期提货而受到的损失。若合同中约定或者依照提货凭证的规定,应当由收货人支付全部或部分运费的,承运人得在请求收货人支付运费后将货物交付。逾期提取期间,货物因可归责于承运人的原因而毁损灭失的,承运人应承担损害赔偿责任。但货物因不可抗力而毁损灭失的,承运人可以免责。

第八百三十一条　收货人提货时应当按照约定的期限检验货物。对检验货物的期限没有约定或者约定不明确,依据本法第五百一十条的规定仍不能确定的,应当在合理期限内检验货物。收货人在约定的期限或者合理期限内对货物的数量、毁损等未提出异议的,视为承运人已经按照运输单证的记载交付的初步证据。

释　义

本条是关于收货人检验货物义务的规定。

货物运输过程中,货物的质量和数量可能会因各种因素而发生减损或变化,为明确承运人义务履行的状况,收货人在接收货物时,应对承运人交付的货物进行检验,以期尽快确定货物的质量和数量,明确各方责任并及时解决纠纷,加速商品流通。因而本条规定,收货人在提货时应当及时对货物进行检验。

就收货人提货时的检验时间,若运输合同之中已有约定,应在约定的期限内由收货人进行检验。若合同中未约定检验时间或者约定不明,根据本条第二句规定,应当在合理期限内检验货物。所谓"合理期限",应以一般且理性的收货人立场,视实际情况而加以确定。若收货人在约定的期限或合理期限内对货物的数量、毁损等没有提出异议,本条第三句规定,视为承运人已经按照运输单证的记载交付的初步证据。所谓初步证据,是指收货人未在合同约定或合理期限内提出异议。收货人提出异议性质上系属不真正义务,即收货人未提出异议时,将丧失对承运人瑕疵履行的请求权。

第八百三十二条　承运人对运输过程中货物的毁损、灭失承担赔偿责任。但是,承运人证明货物的毁损、灭失是因不可抗力、货物本身的自然性质或者合理损耗以及托运人、收货人的过错造成的,不承担赔偿责任。

释　义

本条是关于承运人对货物毁损、灭失赔偿责任的规定。

货物运输中,基于各种不确定的原因,被运输的货物会面临毁损或灭失的风险。货物的毁损,是指货物因运输之损坏而价值减少。货物的灭失,既包括货物物理形态上的灭失,也包括占有状态的丧失或法律上不能回复占有的各种情形。承运人将货物安全运输至合同中的目的地,是托运人与承运人缔结运输合同的根本目的,若发生货物毁损、灭失以致合同目的不能或部分不能实现时,承运人应当承担违约责任。

同时,为平衡合同各方当事人利益,本条亦就承运人的免责事由进行了规定。其中:(1)不可抗力免责,是指发生当事人不能预见、不能避免且不能克服的客观情形时,承运人不因货物的毁损、灭失而承担责任;(2)货物本身自然属性或合理损耗免责,所谓货物本身的自然属性,主要指货物的物理属性和化学属性。而货物的合理损耗,主要是指货物在运输中不可避免的损失,对于这一部分损失,承运人可以免除赔偿责任;(3)托运人、收货人的过错,主要指因托运人原因导致的损失。同时,货运人应当承担上述免责事由的举证责任,若不能证明,则应就损害承担赔偿责任。

第八百三十三条　货物的毁损、灭失的赔偿额,当事人有约定的,按照其约定;没有约定或者约定不明确,依据本法第五百一十条的规定仍不能确定的,按照交付或者应当交付时货物到达地的市场价格计算。法律、行政法规对赔偿额的计算方法和赔偿限额另有规定的,依照其规定。

释　义

本条是关于货物毁损、灭失赔偿额的规定。

本条规定了货物毁损、灭失时货物赔偿数额的 4 种确定方式。第一种方式,当事人可以根据运输合同中的相关约定确定具体的数额。第二种方式,若当事人对赔偿额没有约定或约定不明,则承运人赔偿的数额依照本法第510条的规定进行确定,即合同生效后,当事人就质量、价款或报酬、履行地点等内容没有约定或者约定不明确的,可以协议补充;不能达成补充协议的,按照合同有关条款或交易习惯确定。第三种方式,若依照本法第510条仍不能确定,则按照交付或者应当交付时货物到达地的市场价格计算。根据到达地的市场价格计算赔偿额,有利于托运人或收货人利益的保护。第四种方式,法律、行政法规对赔偿额的计算方法和赔偿限额另有规定的,应当依照其规定进行赔偿。

本条中,若托运人在托运货物时自愿办理货物运输保险的,则货物毁损、灭失后,其可以根据保险合同向保险人索赔。保险人给付赔偿金后,即可取得对承运人请求赔偿的代位求偿权。

第八百三十四条 两个以上承运人以同一运输方式联运的,与托运人订立合同的承运人应当对全程运输承担责任;损失发生在某一运输区段的,与托运人订立合同的承运人和该区段的承运人承担连带责任。

释 义

本条是关于相继运输的规定。

两个以上承运人以同一运输方式共同联合完成货物运输的,称为相继运输。鉴于相继运输中承运人为两人以上,且各自负责不同运输区段,因此在相继运输情形中,如何确定承运人的责任即成为司法与立法中的重点内容。考虑到实践中托运人只与数个承运人中的某一个承运人签订运输合同,对于托运人而言,除非承运人明确与托运人约定,否则后者往往无法确定各承运人之间的关系。因而本条规定,在相继运输情形时,与托运人订立合同的承运人应当对全程运输承担责任,此时,托运人仅须凭借其与某个承运人签订的运输合同即可索赔,更有利于托运人权益的保护。

另外,签订合同的承运人对托运人承担责任后,仍可以向其他承运人追偿。本条后半句还规定,若损失发生的运输区段明确,则与托运人订立合同的承运人与该区段的承运人承担连带责任,进一步保障托运人合同权利的实现。

第八百三十五条 货物在运输过程中因不可抗力灭失,未收取运费的,承运人不得请求支付运费;已经收取运费的,托运人可以请求返还。法律另有规定的,依照其规定。

释 义

本条是关于货物运输因不可抗力致使货物灭失时运费的处理规定。

本法第 832 条规定,货物运输中,货物因不可抗力而毁损、灭失的,承运人不承担赔偿责任。但该条仅明确了货物的损害赔偿规则,并未涉及运费的支付风险。本条在参考《海商法》第 90 条规定以及域外相关立法经验的基础上规定,货物在运输过程中因不可抗力灭失的,若有特别法规定的,依照其规定;若未收取运费,承运人不得请求支付运费,托运人不支付运费的,不构成违约;若已经收取运费的,托运人可以请求返还。其原因在于公平之思想,托运人已经因货物的灭失而遭受了重大的经济上的利益,法律应当允许其请求承运人返还已经支付的费用,以平衡此种情形下合同各方当事人的利益状态。

第八百三十六条 托运人或者收货人不支付运费、保管费或者其他费用的,承运人对相应的运输货物享有留置权,但是当事人另有约定的除外。

释 义

本条是关于承运人留置权的规定。

基于货物运输合同的双务合同性质,承运人负有向收货人等交付货物的义务,相应的,其也享有请求托运人或收货人支付运费、报关费及其他运输费用的权利。若托运人或收货人不履行上述费用支付的义务,本条规定,除非"当事人另有约定",若没有约定,承运人则因此对相应的运输货物享有留置权。对于"当事人另有约定"的判断,既可以是当事人预先于运输合同中就此类情形明确规定,承运人不得留置货物;也可以指当托运人或收货人提供了适当担保时,承运人不得留置货物。

承运人在行使对货物的留置权时,除法律另有规定外,承运人不必通过法定程序留置货物,而是可以自行留置货物。本条中的"相应的运输货物",可以分为可分的货物和不可分的货物两类。对于前者,承运人留置的货物价值应以未支付的运费、报关费以及其他运输费用加上可能因诉讼而产生的费用为限度,不得留置过多货物。此时若承运人尚未获得任何费用,则可以对全部货物进行留置;对于后者,为保证货物价值的完整性,不论承运人是否获得了部分运费、保管费以及其他运输费用,其均可对全部货物进行留置。

第八百三十七条 收货人不明或者收货人无正当理由拒绝受领货物的,承运人依法可以提存货物。

释 义

本条是关于收货人不明或者收货人无正当理由拒绝受领货物时的处理规定。

货物运输至合同约定目的地后,有可能发生承运人无法向收货人交付的情形,本条即对此情况进行规定。其中,收货人不明,既包括收货人下落不明的情形,也包括在货物运输中止时托运人没有向承运人指明收货人身份,在承运人向托运人通知请求其告知收货人信息后,托运人逾期不做指示的情况。本条确定了承运人在收货人不明或者收货人无正当理由拒绝受领货物时,可依法提存货物的权利。

在承运人提存货物时,若该货物不适于提存或提存费用过高,承运人可依法拍卖或者变卖货物,然后提存拍卖或变卖的所得价款。适于提存的货物,其提存后发生货物毁损、灭失的风险不由承运人承担,但承运人应及时通知托运人。在明确收货人身份后,应及时通知收货人。若承运人应得的运费、保管费及其他运输费用加上提存费用尚未付清,承运人可以依照规定留置货物,以该货物拍卖或折价后,从中扣除运费和其他各种费用后,再提存剩余的价款或者没有被留置的相应货物。

第四节　多式联运合同

第八百三十八条　多式联运经营人负责履行或者组织履行多式联运合同，对全程运输享有承运人的权利，承担承运人的义务。

释　义

本条是关于多式联运经营人负责履行或组织履行合同的规定。

多式联运，是由两种及其以上的交通工具相互衔接、转运而共同完成的运输过程，统称为复合运输。多式联运合同，即指多式联运经营人以两种以上不同运输方式，负责将货物从接收地运送至目的地并交付收货人，从而收取全程运费的合同。本条中的多式联运经营人，是指本人或委托他人以本人名义与托运人订立多式联运合同的人。实践中，多式联运经营人可以分为两种：一种是其自己拥有运输工具并且直接参加运输合同的运输活动；另一种则是其不拥有自己的运输工具或者不经营运输工具，亦不直接从事运输活动，而是在签订多式联运合同后，再通过双边合同，与各运输方式承运人再单独签订各区段运输合同，组织其他承运人进行运输。

依据本条，多式联运经营人不论采取何种经营方式，作为多式联运合同的订立主体，一方面，其享有作为全程运输承运人的权利，如享有向委托人或收货人请求支付运输费用的权利，也应当对托运人或收货人承担全程运输的义务，承担全程运输所发生的风险和责任。

第八百三十九条　多式联运经营人可以与参加多式联运的各区段承运人就多式联运合同的各区段运输约定相互之间的责任；但是，该约定不影响多式联运经营人对全程运输承担的义务。

释　义

本条是关于多式联运合同责任确定的规定。

本条规定,多式联运经营人应当对全程运输承担合同义务,原因即在于,托运人只与多式联运经营人签订合同,其一般不知道也无须知道货物运输中会由哪些其他承运人参与,因此从保护托运人或收货人利益的角度出发,应当在多式联运运输合同中确立统一责任制度,使多式联运经营人对全程运输过程中发生的责任对托运人或收货人承担全部责任。

此外,为保证多式联运经营人的利益,本条也规定,多式联运经营人可以与参与多式联运的各区段承运人就多式联运合同的各区段运输约定相互之间的责任,但该约定不影响多式联运经营人对全程运输承担的义务。也就是说,即使多式联运经营人与各区段承运人之间约定有关责任应当由发生责任的各区段的实际承运人负责,多式联运经营人不承担任何责任,该约定也不免除多式联运经营人在全程运输中应当对托运人或收货人承担的义务。

第八百四十条 多式联运经营人收到托运人交付的货物时,应当签发多式联运单据。按照托运人的要求,多式联运单据可以是可转让单据,也可以是不可转让单据。

释 义

本条是关于多式联运单据的规定。

多式联运经营人收到托运人交付的货物时,应签发多式联运单据。所谓多式联运单据,是指证明多式联运合同存在以及多式联运经营人接管货物并按照合同条款提交货物的证据。多式联运单据应由多式联运经营人或其他授权人签字,且该签字可以手签、盖章、使用符号或由任何其他机械或电子仪器打出。

本条中,多式联运单据根据托运人的要求,可以是可转让单据,也可以是不可转让单据。实践中,作为单据的签发人,多式联运经营人承担全程责任的,该单据有可能成为可转让单据。此时该单据具有物权凭证的性质和作用。可转让的多式联运单据中应当列明按指示或向持单人交付。当多式联运经营人签发多份可转让多式联运单据正本时,应注明正本份数,收货人只有提交可转让多式联运单据时才能提取货物,多式联运人按照其中任何一份正本交货后,即履行其交货义务。若签发副本,则应当注明"不可转让副本"字样。若托运人要求多式联运经营人签发不可转让多式联运单据,则应当指明记名的收货人,多式联运承运人将货物交予该指明的记名收货人后,即为履行交货义务。

第八百四十一条 因托运人托运货物时的过错造成多式联运经营人损失的,即使托运人已经转让多式联运单据,托运人仍然应当承担赔偿责任。

释 义

本条是关于托运人承担赔偿责任的规定。

多式联运合同中,托运人除可能向多式联运经营人承担支付运输价款的责任外,尚须承担向多式联运经营人保证其在多式联运单据中就货物信息的陈述准确无误的保证责任,尤其对于危险品的运输而言,托运人应当告知该物品的危险性以及应采取的预防措施。托运人违反上述义务并造成损失的,应向多式联运经营人赔偿。此外,托运人或其代理人、雇员在受雇范围内因过错给多式联运经营人造成损失的,托运人也应当承担赔偿责任。

托运人因过错致使违反上述义务的,托运人即便已经转让多式联运单据,仍须向多式联运经营人承担损害赔偿责任。换言之,不论多式联运单据在谁手中,多式联运经营人都可以向托运人要求赔偿,而无须向持单人或者收货人要求赔偿。

第八百四十二条 货物的毁损、灭失发生于多式联运的某一运输区段的,多式联运经营人的赔偿责任和责任限额,适用调整该区段运输方式的有关法律规定;货物毁损、灭失发生的运输区段不能确定的,依照本章规定承担赔偿责任。

释 义

本条是关于多式联运经营人赔偿责任和赔偿限额的规定。

多式联运采用不同的运输方式进行运输,一旦货物发生毁损、灭失,多式联运营业人的责任认定以及责任限额即成为审判实践中的重点和难点。

根据本条第一句,若货物毁损、灭失发生于某一确定的运输区段时,多式联运营业人的赔偿责任和责任限额,适用调整该区段运输方式的有关法律的规定,此亦为国际通行的多式联运经营人的"网状责任制",但网状责任制的缺点在于,责任制度因须随发生损失的区段而确定,因此事先难以确定和把握多式联运经营人的责任。根据本条第二句,若货物毁损、灭失发生的运输区段不能确定时,多式联运经营人应当依照本章的规定承担损害赔偿责任。此时,因货损区段不能确定,即对该类货损中多式联运经营人的责任加以统一规定。

本条并未涉及多式联运经营人如何向各区段承运人进行追偿的问题。当货损区段能够确定时,多式联运经营人可以明确其追偿的承运人。但在货损区段不能确定时,除非合同中有明确约定,否则多式联运经营人无法向任何人追偿。因此,通过参与多式联运的各区段承运人之间订立的运输合同,进而达成适当的解决办法是多式联运经营人挽回损失的唯一途径。

第二十章　技术合同

　　本章是《民法典》第三编第二分编技术合同的规定,共四节、45 条。在我国前三次民法典起草过程当中,受那时经济体制及社会整体经济状况影响,并未规定技术合同相关内容。随着社会主义市场经济改革的步伐加快,科学技术的发展,对于技术合同的规范需求日益强烈,1987 年《技术合同法》以特别立法的形式颁行,以期回应社会现实。此后,原《合同法》于第十八章将技术合同作为典型合同进行规定。本章内容在延续原《合同法》规定之基础上,对技术合同的定义、内容,支付方式,职务技术成果的归属,技术合同的无效事由等内容作出一般规定,并就各类技术合同的定义,合同当事人的权利义务,违约责任等内容进行具体规定。在对原有合同法中相关条文表述进行修改和调整的基础上,本章还新增了关于技术转让合同、技术许可合同的定义和组成部分的规定。

第一节　一般规定

　　第八百四十三条　技术合同是当事人就技术开发、转让、许可、咨询或者服务订立的确立相互之间权利和义务的合同。

释　义

　　本条是关于技术合同定义的规定。

　　技术合同是当事人就技术开发、转让、许可、咨询或者服务所缔结之确立相互间权利和义务的合同。本条规定在保留原《合同法》第 322 条基本内容的基础上,增加了技术许可这一技术合同的类型。技术许可是指技术供方以技术许可协定的方式,将自己有权处置的某项技术许可技术受方按照合同约定的条件使用该项技术,并以此获得一定的使用费或者其他报酬的一种技术转移方式。技术许可实质上是指有关技术所有权、使用权、产品销售权、专利申请权等的合同。原技术合同法只涉及技术开发、转让、咨询、服务订立等类型,当前的规定,已经基本涵盖了技术合同的所有类型。

第八百四十四条 订立技术合同,应当有利于知识产权的保护和科学技术的进步,促进科学技术成果的研发、转化、应用和推广。

释 义

本条是关于技术合同订立原则的规定。

基于合同的一般原理,当事人订立合同应当遵循自愿、平等、公平、诚实信用、遵守法律等基本原则。依据技术合同的特点,当事人订立技术合同,还应当有利于知识产权的保护和科学技术的进步,促进科学技术成果的研发、应用和推广。

当事人签订技术合同的目的在于,将技术成果投向市场,以获得良好的经济回报。因此,在技术合同中完善对技术成果的知识产权法律保护,将有利于创造更大的经济效益和社会效益。同时,当事人订立技术合同应当从推动科技技术进步的角度出发,确定各自权利和义务,努力促进科学技术成果的研发、转化、应用和推广。本条设立的规范目的,即在于鼓励和引导当事人正确运用技术合同这一法律工具,在追求技术成果经济价值的同时,提升科学研发与生产领域的联动效率,实现科研与实践的科学发展。

第八百四十五条 技术合同的内容一般包括项目的名称,标的的内容、范围和要求,履行的计划、地点和方式,技术信息和资料的保密,技术成果的归属和收益的分配办法,验收标准和方法,名词和术语的解释等条款。

与履行合同有关的技术背景资料、可行性论证和技术评价报告、项目任务书和计划书、技术标准、技术规范、原始设计和工艺文件,以及其他技术文档,按照当事人的约定可以作为合同的组成部分。

技术合同涉及专利的,应当注明发明创造的名称、专利申请人和专利权人、申请日期、申请号、专利号以及专利权的有效期限。

释 义

本条是关于技术合同条款内容的规定。

本条就技术合同的一般内容进行了规定。其中:(1)项目名称是指技术合同标的涉及项目的名称。(2)合同标的即合同双方权利和义务共同指向的对象,技术合同涉及不同的标的,应根据其要求,明确该标的的技术范围和技术要求。(3)履行计划应根据合同的具体情况加以制订,履行地点是指合同的履行地,履行方式则涉及对具体履行要求的合同约定。(4)技术合同中的技术成果往往涉及当事人重大利益甚或社会公共和国家安全利益,需要当事人在合同中对其技术信息和资料所涉及的保密事项、保密范围、保密期限以及违约责任等加以明确的约定。(5)技术成果的归属和收益的分成办法,技术合同中可能涉及多项技术成果,在合同中明确各技术成果上的权利和义务归属以及利益分配方案,有利于合同的实践效果。(6)当事人可以在合同订立时将合同履行涉及的具体的验收项目、验收标准和验收办法加以约定,以确定技术合同的履行是否符合合同的要求。(7)技术合同文本中多涉及专业术语和简化符号,为防止理解分歧所引致的纠纷,对关键性术语和简化符号应在双方协商中确定无疑义的解释。

除上述技术合同中的一般条款以外,亦按照当事人的约定确定其他内容作为合同的组成部分。此外,若技术合同涉及专利的,应当注明发明创造的名称、专利申请人和专利权人、申请日期、申请号、专利号以及专利权的有效期限。

第八百四十六条 技术合同价款、报酬或者使用费的支付方式由当事人约定,可以采取一次总算、一次总付或者一次总算、分期支付,也可以采取提成支付或者提成支付附加预付入门费的方式。

约定提成支付的,可以按照产品价格、实施专利和使用技术秘密后新增的产值、利润或者产品销售额的一定比例提成,也可以按照约定的其他方式计算。提成支付的比例可以采取固定比例、逐年递增比例或者逐年递减比例。

约定提成支付的,当事人可以约定查阅有关会计账目的办法。

释　义

本条是关于技术合同价款、报酬以及使用费支付方式的规定。

本条第 1 款规定,当事人可以约定技术合同的价款、报酬或者使用费的支付方式。就其具体的方式,"一次总算、一次总付"是指合同成立后,一方当事人将合同约定的全部价款、报酬或使用费一次性向另一方当事人付清。"一次总算、分期支付"是指合同当事人将价款、报酬、使用费在合同中一次算清,一方当事人在合同成立后按照合同约定的付清次数向另一方当事人支付价款、报酬、使用费。"提成支付"是指一方当事人在接受技术成果或者其他智力劳动标的后,按照合同约定的比例,从其收益中提取部分收入交付另一方当事人用作技术合同的价款、报酬、使用费。"提成支付附加预付入门费"是指技术合同中,接受技术一方当事人在合同成立后或者在取得技术成果后先向另一方当事人支付部分价款、报酬、使用费(即入门费),其余部分按照合同约定的提成比例和时间交付。

本条第 2 款针对提成的比例计算,规定技术合同中,当事人约定提成支付的,可以按照产品价格、实施专利和使用技术秘密后新增的产值、利润或者产品销售额的一定比例提成,也可以按照约定的其他方式计算。提成支付的比例可以采取固定比例、逐年递增比例或者逐年递减比例。

本条第 3 款针对提成支付的具体办法,规定当事人可以约定查阅有关会计账目的办法。

第八百四十七条　职务技术成果的使用权、转让权属于法人或者非法人组织的,法人或者非法人组织可以就该项职务技术成果订立技术合同。法人或者非法人组织订立技术合同转让职务技术成果时,职务技术成果的完成人享有以同等条件优先受让的权利。

职务技术成果是执行法人或者非法人组织的工作任务,或者主要是利用法人或者非法人组织的物质技术条件所完成的技术成果。

释 义

本条是关于职务技术成果使用权、转让权归属的规定。

技术成果,是指利用科学技术知识、信息和经验作出的产品、工艺、材料及其改进等技术方案。根据完成技术成果个人的研发活动与岗位职责,以及法人或其他组织在其中的技术物质投入,可以划分为职务技术成果和非职务技术成果。本条第2款规定,职务技术成果是执行法人或者非法人组织的工作任务,或者主要是利用法人或者非法人组织的物质技术条件所完成的技术成果。因此,职务技术成果的判断标准有两处:一是执行法人或者非法人组织的工作任务;二是主要是利用法人或者非法人组织的物质技术条件所完成。

对于职务技术成果,本条第1款规定,职务技术成果的使用权、转让权属于法人或者非法人组织,个人未经其同意,擅自以生产经营为目的使用、转让法人或其他组织的职务技术成果的,应当承担侵权责任。但同时,在法人或者非法人组织订立技术合同转让职务技术成果时,本条规定,职务技术成果的完成人享有以同等条件优先受让的权利。

第八百四十八条 非职务技术成果的使用权、转让权属于完成技术成果的个人,完成技术成果的个人可以就该项非职务技术成果订立技术合同。

释 义

本条是关于非职务技术成果使用权、转让权归属的规定。

未执行法人或者非法人组织的工作任务,也未利用法人或者非法人组织的物质技术条件所完成的技术成果为非职务技术成果。非职务技术成果的使用权、转让权属于完成技术成果的个人,完成技术成果的个人有权就该项非职务技术成果订立技术合同,并获得因使用或转让该技术成果所获得的收益。任何擅自以生产经营为目的使用或转让属于个人非职务技术成果的个人、法人或其他组织,均需承担侵权责任。

第八百四十九条　完成技术成果的个人享有在有关技术成果文件上写明自己是技术成果完成者的权利和取得荣誉证书、奖励的权利。

释　义

本条是关于完成技术成果个人享有的权利的规定。

个人利用科学技术知识、信息和经验作出产品、工艺、材料及其改进等技术方案后,即享有在有关技术成果文件上署名以及取得荣誉证书、奖励的权利。本条中所称完成技术成果的个人,是指对技术成果单独作出或者共同作出创造性贡献的人,但不包括仅提供资金、设备、材料、实验条件的人员,进行组织管理的人员,协助绘制图纸、整理资料、翻译文献等辅助人员。而所谓技术成果文件,是指专利申请书、科学技术奖励申报书、科技成果登记书等确认技术成果完成者身份和授予荣誉的证书和文件。

第八百五十条　非法垄断技术或者侵害他人技术成果的技术合同无效。

释　义

本条是关于无效技术合同的规定。

合同无效,是指合同虽然已经成立,但因当事人欠缺必要判断能力,或者违反法律、行政法规的强制性规定或者违背公序良俗等被认为不具有法律效力。除此之外,根据技术合同自身的特点,本条规定了技术合同无效的两种情形,即非法垄断技术或者侵害他人技术成果的技术合同无效。

非法垄断技术是指,合同一方当事人利用不平等的合同地位,不当地限制另一方当事人在合同标的基础上进行新的研究开发,不当地限制另一方当事人从其他渠道吸收技术或者阻碍其根据市场需求以合理方式充分实施专利和使用技术秘密。侵害他人技术成果,指故意或过失侵害另一方或第三方的专利权、专利申请权、专利实施权、技术秘密使用权和转让权或者发明权、发现权以及其他科技成果权利的行为。同时应注意,技术合同部分无效的,不影响其余部分的效力。技术合同被确认无效后的法律效果,应依据本法《总则编》第六章第三节的有关规定办理。

第二节 技术开发合同

第八百五十一条 技术开发合同是当事人之间就新技术、新产品、新工艺、新品种或者新材料及其系统的研究开发所订立的合同。

技术开发合同包括委托开发合同和合作开发合同。

技术开发合同应当采用书面形式。

当事人之间就具有实用价值的科技成果实施转化订立的合同,参照适用技术开发合同的有关规定。

释 义

本条是关于技术开发合同定义、种类和形式的规定。

本条第1款就技术开发合同的概念予以界定,其中,新技术、新产品、新工艺、新品种或者新材料及其系统一般是指当事人在订立技术合同时尚未掌握的技术方案。因而,若在技术上并无创新的现有技术、产品改良、工艺变更、材料配方调整以及技术成果的检验、测试和使用并不属于技术开发。然若涉及具有实用价值的科技成果的实施转化,基于技术创新与科技产业化的现实需求,根据本条第4款,可参照适用技术开发合同的有关规定。

本条第2款就技术开发合同的类型进行了规定。委托开发合同,是指当事人一方委托另一方进行研究开发而订立的合同。委托开发合同中委托人向研发人员提供研发经费和报酬,研发人员完成研发工作并向委托人交付研究成果。合作开发合同是指当事人共同进行研发并订立的合同。当事人各方共同投资、共同参与研发活动,共同承担研发风险并共享研发成果。合作开发合同中各方当事人可以共同进行全部研发活动,也可就各自分工进行约定并承担相应的研发任务。

本条第3款就技术开发合同的成立形式进行了规定。基于技术开发合同其内容上的专业性和复杂性,合同履行期限的持续性和长久性,本款规定技术开发合同应当采用书面形式订立,即旨在引导当事人在合同中明确各自的权利义务,有利于合同责任和风险的明晰,一旦纠纷发生,也有利于当事人的举证和案件事实的查明。此外,根据本条第4款,具有实用价值的科技成果实施转化合同,亦适用本节规定。

第八百五十二条 委托开发合同的委托人应当按照约定支付研究开发经费和报酬,提供技术资料,提出研究开发要求,完成协作事项,接受研究开发成果。

释 义

本条是关于委托开发合同中委托人义务的规定。

本条就委托开发合同中委托人主要的合同义务进行了规定,其中:(1)按照约定支付研究开发经费和报酬是委托人主合同义务。研究开发经费是指完成研究开发工作所需要的成本。为保证合同目的实现,委托人应当按照合同约定的支付方式或者支付期限支付研发经费。报酬是指研究开发成果的使用费和研究开发人员的科研补贴等,其实质为研发人员应获得的劳动收入,委托人亦应按照合同约定向研发人员支付。(2)按照约定提供技术资料。技术资料是技术研发的基础和前提,委托人应按照合同约定向研发人员提供其研究开发所必要的技术背景资料和原始数据,以保证研究开发工作的顺利进行。(3)提出研究开发要求。一方面,委托人只有提出其具体的、可实现的研究开发要求之后,研发人员才能根据其要求展开工作;另一方面,只有明确了具体的研究开发要求,在后续研发人员交付技术成果时,才能就合同的履行情况进行判断。(4)完成协作事项。委托人提出明确的研究开发要求,提供研究开发所必要的技术背景资料和原始数据之后，在研究开发过程中，仍然应当为研发工作提供辅助性的劳动，例如修改研究开发要求、补充完善技术资料和原始数据等，以保障研发人员的工作顺利开展。(5)接受研究开发成果。委托开发合同履行时，委托人应当按照合同所约定的时间、地点、方式等接受研究开发成果。委托人既有权请求研发人员依照合同约定交付开发成果，基于合同上的诚实信用要求，也有义务按照合同的约定接受开发成果。

第八百五十三条 委托开发合同的研究开发人应当按照约定制定和实施研究开发计划，合理使用研究开发经费，按期完成研究开发工作，交付研究开发成果，提供有关的技术资料和必要的技术指导，帮助委托人掌握研究开发成果。

释 义

本条是关于委托开发合同中研究开发人义务的规定。

本条规定了委托开发合同中受托人的主要义务，其中：(1)按照约定制定和实施研究计划。研究计划的主要功能在于论证研究开发的可能性与可行性，根据合同的约定以及委托人的研究开发要求，研发人应选择适当的研究方案，订立可行的研究计划，并围绕该计划展开研发工作。(2)合理使用研究开发经费。研发人员应遵循合同约定使用研究开发经费。若合同中并未约定研究开发经费的使用方法，开发人也应在合理范围内适用研究开发经费，不得擅自挪作他用。(3)按期完成研究开发工作，交付研究开发成果，提供有关的技术资料和必要的技术指导，帮助委托人掌握研究开发成果。基于委托开发合同的双务性质，开发人应当按期完成研发工作并将研究开发成果交付委托人。同时，为使研究开发成果能尽快投入生产实践，开发人应在交付工作成果之后，向委托人提供有关的技术资料和必要技术指导，以保证其掌握研究开发成果的详细情况。

第八百五十四条 委托开发合同的当事人违反约定造成研究开发工作停滞、延误或者失败的，应当承担违约责任。

释 义

本条是关于委托开发合同违约责任的一般规定。

本条就当事人违反委托开发合同义务的违约责任进行了一般规定。实践中：

1. 委托人违约常见于如下情形：第一，委托人迟延支付研究开发经费，造成研究开发工作停滞、延误的；第二，委托人提供的技术资料、原始数据存有重大缺陷，或委托人在协作事项上有重大瑕疵，导致研究开发工作停滞、延误、失败的；第三，委托人逾期不接受开发成果的。针对前两种情形，研究开发人有权解除合同，委托人应当返还技术资料并补交应付的报酬，若因迟延支付研究开发经费给开发人造成损失的，委托人还应承担赔偿责任。针对第三种情形，研发人有权处分研究开发成果。

2. 研究开发人违约的常见情形如下：第一，研发人未按照研究计划开展研究工作的；第二，研发人将研发经费用于履行合同以外之目的，并造成研发工作停滞、延误或者失败的；第三，因研发人过错造成研究开发成果不符合合同约定的要求的。针对前两种情形，委托人有权解除合同，研发人应当返还已经收取的研究开发经费，并对委托人的损失进行赔偿。针对第三种情形，研发人除应返还研发经费外，还应就违约金或委托人的损失进行支付或赔偿。

第八百五十五条 合作开发合同的当事人应当按照约定进行投资，包括以技术进行投资，分工参与研究开发工作，协作配合研究开发工作。

释 义

本条是关于合作开发合同当事人主要义务的规定。

合作开发合同的典型特征为共同投资、共同研发，因此合作开发合同在性质上并非双方行为，而系共同行为。合同当事人按照合同约定进行出资，即成为各方当事人的主要义务。当事人投资的形式有多种，可以以资金投资，也可以以设备、材料、场地、技术信息资料、专利权等方式投资。技术投资，即主要指采取资金以外的方式进行投资的形式。对于以技术投资的,应当折算成相应金额并明确当事人在投资中所占的比例。

合作开发合同中各方当事人虽均实施投资行为,但亦应参与共同研发,因而,各方当事人应当按照合同约定的计划和分工,承担其各自的研究开发任务。除此之外,合作开发的基础是共同劳动,相互配合是合作研发中的关键。对此,当事人各方可预先在合同中约定成立由双方代表组成的指导机构,针对研发过程中的重大问题进行决策、协调和组织研究开发活动,以保障研究开发工作的顺利进行。违反协作配合义务的,应当承担相应的责任。

第八百五十六条 合作开发合同的当事人违反约定造成研究开发工作停滞、延误或者失败的,应当承担违约责任。

释 义

本条是关于合作开发合同当事人违约责任的规定。

合作开发合同的当事人违反约定造成研究开发工作停滞、延误或者失败的,应当承担违约责任。当事人违反合同约定,不履行第 855 条中的各项义务,致使研发工作停滞、延误或失败的,另一方或其他各方当事人有权解除合同,并可请求违约方就其违约行为所造成的损失进行赔偿。

第八百五十七条 作为技术开发合同标的的技术已经由他人公开,致使技术开发合同的履行没有意义的,当事人可以解除合同。

释 义

本条是关于技术开发合同解除条件的规定。

技术开发合同订立的目的,在于研究开发目前尚未被掌握的技术、产品、工艺、品种、材料及其系统等技术方案。若作为合同标的的技术方案已经由他人公开,此时合同目的已根本不能实现,并无继续履行合同的必要和意义,因此,当事人可以解除合同。合同解除后将产生费用返还的问题,若合同对此已有约定,当事人应按照约定承担相应的赔偿责任。

若合同没有约定或者约定不明,则由有过错一方承担责任。双方均没有过错的,由当事人合理分担。委托开发合同中,若研究开发人明知受委托研发的技术是已有技术的,应当改为技术转让或者技术服务合同。

第八百五十八条 技术开发合同履行过程中,因出现无法克服的技术困难,致使研究开发失败或者部分失败的,该风险由当事人约定;没有约定或者约定不明确,依据本法第五百一十条的规定仍不能确定的,风险由当事人合理分担。

当事人一方发现前款规定的可能致使研究开发失败或者部分失败的情形时,应当及时通知另一方并采取适当措施减少损失;没有及时通知并采取适当措施,致使损失扩大的,应当就扩大的损失承担责任。

释 义

本条是关于技术开发合同风险分担的规定。

技术开发合同是对未知技术方案和领域的探索,其行为本身即蕴含着失败的风险。囿于既有认知水平、科学限度或试验条件等客观因素的限制,当事人一方或各方虽尽到最大的科研努力,也有可能存在因无法被攻克的技术难题而致使研发工作部分或全部失败的风险,而该风险一旦发生,即可能导致技术开发合同无法履行,从而给当事人造成损失。就该损失,当事人在订立合同时若有预见并约定了明确的分担方式,应当按照该约定去分配相应的风险责任。若当事人没有约定或约定不明,依据本法第510条的规定,风险发生后当事人可以通过补充协议的方式分配风险责任。若不能达成补充协议,可以按照合同有关条款或者交易习惯确定,仍不能确定的,风险责任由当事人合理分担。

在研究开发过程中,若当事人一方发现前款规定可能致使研究开发失败或者部分失败时,应当及时通知另一方并采取适当措施减少损失。若当事人没有及时通知并采取适当措施,致使损失扩大的,应当就扩大的损失承担责任。

第八百五十九条 委托开发完成的发明创造,除法律另有规定或者当事人另有约定外,申请专利的权利属于研究开发人。研究开发人取得专利权的,委托人可以依法实施该专利。

研究开发人转让专利申请权的,委托人享有以同等条件优先受让的权利。

释 义

本条是关于委托开发合同中技术成果权利归属和分享的规定。

委托开发合同的当事人可以在合同中约定委托开发完成的技术成果的权利归属。若合同没有规定或法律另有规定,委托开发完成的技术成果其权利归属于研究开发人。但研究开发人取得专利权,委托人可以依法实施该专利,研究开发人不得向其收取费用。研究开发人转让专利申请权的,在同等条件的情况下,委托人享有请求研究开发人优先让与的权利。

第八百六十条 合作开发完成的发明创造,申请专利的权利属于合作开发的当事人共有;当事人一方转让其共有的专利申请权的,其他各方享有以同等条件优先受让的权利。但是,当事人另有约定的除外。

合作开发的当事人一方声明放弃其共有的专利申请权的,除当事人另有约定外,可以由另一方单独申请或者由其他各方共同申请。申请人取得专利权的,放弃专利申请权的一方可以免费实施该专利。

合作开发的当事人一方不同意申请专利的,另一方或者其他各方不得申请专利。

释 义

本条是关于合作开发合同中技术成果专利申请权利归属和分享的规定。

合作开发合同的当事人可以在合同中约定开发完成的技术成果的权利归

属。若合同没有约定或法律另有规定的,则合作开发完成的技术成果其权利归属于研究开发的当事人共有。基于共有之性质,申请专利时,原则上合同当事人可对此进行约定,若没有约定,合作开发的当事人一方不同意申请专利的,另一方或者其他各方不得申请专利。研究开发当事人一方转让其共有的专利申请权的,在同等条件的情况下,其他各方享有请求转让人优先让与的权利。合作开发的当事人一方声明放弃其共有的专利申请权的,可以由另一方单独申请或者由其他各方共同申请。申请人取得专利权的,放弃专利申请权的一方可以免费实施该专利。

第八百六十一条　委托开发或者合作开发完成的技术秘密成果的使用权、转让权以及收益的分配办法,由当事人约定;没有约定或者约定不明确,依据本法第五百一十条的规定仍不能确定的,在没有相同技术方案被授予专利权前,当事人均有使用和转让的权利。但是,委托开发的研究开发人不得在向委托人交付研究开发成果之前,将研究开发成果转让给第三人。

释　义

本条是关于技术开发合同中技术秘密权利归属的规定。

技术开发合同中当事人可以在合同中约定,因履行技术开发合同所产生的技术秘密的使用权、转让权的归属以及收益分配的方案。若合同中没有约定或者约定不明确的,当事人之间可以协议补充约定。若不能达成补充协议的,依据本法第510条的规定,按照合同有关条款或者交易习惯确定。仍不能确定的,当事人各方均对该技术秘密享有使用和转让的权利。但委托开发的研究开发人不得在向委托人交付研究开发成果之前,将研究开发成果转让给第三人。违反该义务的研发人应当向委托人承担相应的赔偿责任。

第三节　技术转让合同和技术许可合同

第八百六十二条　技术转让合同是合法拥有技术的权利人,将现有特定的专利、专利申请、技术秘密的相关权利让与他人所订立的合同。

技术许可合同是合法拥有技术的权利人,将现有特定的专利、技术秘密的相关权利许可他人实施、使用所订立的合同。

技术转让合同和技术许可合同中关于提供实施技术的专用设备、原材料或者提供有关的技术咨询、技术服务的约定,属于合同的组成部分。

释 义

本条是关于技术转让合同、技术许可合同的定义和组成部分的规定。

本条所称的技术转让合同,是指合法拥有技术的权利人,将现有特定的专利、专利申请、技术秘密的相关权利让与他人所订立的合同。本条所称的技术许可合同,是指合法拥有技术的权利人,将现有特定的专利、技术秘密的相关权利许可他人实施、使用所订立的合同。显然,技术转让合同、技术许可合同的标的,应当是特定的和现有的专利权、专利申请权、专利实施权、技术秘密使用权和转让权,不包括尚待研究开发的技术成果,以及并不涉及专利或技术秘密的知识、技术、经验和信息等内容。

技术转让合同、技术许可合同订立的目的,均旨在推动专利或技术秘密等科技成果的转化和应用。为保证合同目的的实现,合同中往往涉及一方当事人须向另一方当事人提供实施技术的专用设备、原材料或者提供有关的技术咨询、技术服务的约定,此时,认为其属于合同的组成部分,也就意味着上述内容将成为合同当事人之间的权利义务关系。通过合同固定双方的行为规则,有利于督促当事人更好地履行合同,实现科技和产业的衔接和转化。

第八百六十三条 技术转让合同包括专利权转让、专利申请权转让、技术秘密转让等合同。

技术许可合同包括专利实施许可、技术秘密使用许可等合同。

技术转让合同和技术许可合同应当采用书面形式。

释　义

本条是关于技术转让合同和技术许可合同的类型和成立要件的规定。

根据本条第 1 款,专利权转让合同,是指专利权人作为让与人将其发明创造的专利拥有权或者持有权转移给受让人,受让人支付约定价款所订立的合同。专利申请权转让合同,是指专利申请权人将其就特定的发明创造申请专利的权利转让给受让人,受让人支付约定价款所订立的合同。技术秘密转让合同,是指让与人将拥有的技术秘密成果提供给受让人,明确相互之间的技术秘密成果使用权、转让权,受让人支付约定使用费所订立的合同。所谓技术秘密,即是指不为公众知悉的非专利技术,包括未申请专利的技术、未授予专利权的技术以及不受专利法保护的技术。

本条第 2 款规定,技术许可合同包括专利实施许可、技术秘密使用许可等合同。专利实施许可合同,是指专利人或其他授权人作为让与人,许可受让人在约定范围内实施专利,受让人支付约定使用费所订立的合同。技术秘密使用许可合同,是指合法拥有技术的权利人,将现有特定的技术秘密的相关权利许可他人实施、使用,使用人支付约定使用费用的合同。

技术转让合同和技术许可合同除涉及诸如转让技术的范围、方式、技术的保密、使用费的支付等复杂内容之外,在涉及专利时,还要明确专利申请日、申请号、专利号、专利权有效期限等一系列专业问题,因此,当事人应当采用书面形式订立技术转让合同、技术许可合同,以期双方均能审慎对待自身权利义务。

第八百六十四条　技术转让合同和技术许可合同可以约定实施专利或者使用技术秘密的范围,但是不得限制技术竞争和技术发展。

释　义

本条是关于技术转让合同和技术许可合同限制性条款的规定。

技术转让合同和技术许可合同中,当事人可以约定实施专利或者使用技术秘密的范围。所谓实施专利或者使用专利技术的范围,是指实施专利的期限、实施专利或者技术秘密的领域、地区和方式。但同时,基于技术转让合同和技术许可合同的规范目的在于促进科技成果的应用和转化,当事人意思自治的范围不得违背或阻碍该规范目的的实现。对此,本条规定,当事人之间的约定不得限制技术竞争和技术发展,其既包括当事人一方不得通过合同条款限制另一方在合同标的技术的基础上进行新的研究开发,也包括当事人一方不得通过合同条款限制另一方从其他渠道吸收技术,或者阻碍另一方当事人依据市场需求合理充分实施专利和使用技术秘密。

除此之外,本条虽未规定,但涉及国家秘密、国家安全和社会公共利益的技术,其转让应当经有关主管部门的批准,否则不得转让。违反法律和社会公共利益的技术,同样不得转让。

第八百六十五条　专利实施许可合同仅在该专利权的存续期限内有效。专利权有效期限届满或者专利权被宣告无效的,专利权人不得就该专利与他人订立专利实施许可合同。

释　义

本条是关于专利实施许可合同有效期限的规定。

根据专利法的规定,发明专利权的期限为 20 年,实用新型专利权和外观设计专利权的期限为 10 年,均自申请之日起计算。因此,专利实施许可合同只在其标的专利的存续期限内有效。同样,在合同有效期内,专利实施许可合同的让与人应当在该期限内保证并维持专利的有效性,在专利权有效期限届满或者专利权被宣告无效后,专利权人不得就该专利与他人订立专利实施许可合同。专利权被终止的,合同同时终止,让与人应当支付违约金或赔偿损失。专利被宣告无效的,让与人应当就受让人的损失进行赔偿。

第八百六十六条　专利实施许可合同的许可人应当按照约定许可被许可人实施专利,交付实施专利有关的技术资料,提供必要的技术指导。

释　义

本条是关于专利实施许可合同中许可人义务的规定。

专利实施许可合同的许可人主要义务包括：第一，应保证专利权或技术在权利上无瑕疵，所谓权利上无瑕疵，是指需满足如下三个方面：（1）应保证自己为该专利或技术的合法权利主体；（2）保证所提供专利或技术完整、有效，能够达到合同约定的目的；（3）保证在已经许可被许可人实施专利或技术的范围内，许可人自己或者许可人不另外许可他人实施该专利或技术；第二，依照合同约定，许可被许可人实施专利，并交付实施专利有关的技术资料，提供必要的技术指导；第三，基于合同诚实信用要求，承担相应的保密义务。

第八百六十七条　专利实施许可合同的被许可人应当按照约定实施专利，不得许可约定以外的第三人实施该专利，并按照约定支付使用费。

释　义

本条是关于专利实施许可合同中被许可人义务的规定。

专利实施许可合同的被许可人的主要义务包括：第一，按照约定的范围、方式、期限等实施专利；第二，未经让与人同意，不得许可合同约定之外的第三人实施该专利；第三，按照合同的约定支付使用费；第四，基于合同的诚实信用要求，承担相应的保密义务。

第八百六十八条　技术秘密转让合同的让与人和技术秘密使用许可合同的许可人应当按照约定提供技术资料，进行技术指导，保证技术的实用性、可靠性，承担保密义务。

前款规定的保密义务，不限制许可人申请专利，但是当事人另有约定的除外。

释　义

本条是关于技术秘密转让合同和技术秘密使用许可合同中让与人或许可人义务的规定。

技术秘密转让合同和技术秘密使用许可合同的让与人或许可人的主要义务包括:第一,应保证其提供的技术在权利上无瑕疵,即让与人或许可人合法拥有该技术秘密,且其所提供的专利或技术完整、有效,能够达到合同约定的目的,保证在已经许可被许可人实施专利或技术的范围内,许可人不另外许可他人实施该专利或技术;第二,依照合同约定,提供技术资料,进行技术指导,保证技术的实用性、可靠性;第三,承担保密义务,该保密义务除当事人另有规定之外,并不限制许可人的专利申请权。

第八百六十九条　技术秘密转让合同的受让人和技术秘密使用许可合同的被许可人应当按照约定使用技术,支付转让费、使用费,承担保密义务。

释　义

本条是关于技术秘密转让合同中受让人主要义务的规定。

技术秘密转让合同中受让人的主要义务是:第一,按照合同约定使用技术并支付转让费、使用费;第二,未经让与人同意不得擅自许可第三人使用该项秘密技术;第三,基于合同诚实信用要求,承担保密义务。

第八百七十条　技术转让合同的让与人和技术许可合同的许可人应当保证自己是所提供的技术的合法拥有者,并保证所提供的技术完整、无误、有效,能够达到约定的目标。

释　义

本条是关于技术转让合同和技术许可合同中让与人、许可人权利瑕疵担保义务的规定。

技术转让合同和技术许可合同中,让与人、许可人负有向受让人、被许可人交付、许可所转让技术的合同义务。让与人、许可人对其交付、许可的转让技术,应承担该转让技术权利瑕疵的担保责任。所谓交付、许可之技术权利瑕疵担保责任是指:第一,该交付、许可的技术须为转让人合法拥有,既不能是剽窃、冒充、伪造之技术,也不得有第三人对该技术主张权利;第二,让与人、许可人所交付、许可的技术,应当保证其完整、无误、有效,能够达到合同约定的目标。

让与人、许可人违反上述权利瑕疵担保义务的,若受让人、被许可人使用让与人、许可人转让、许可的技术生产或者销售产品,被第三人指控侵权的,应当由受让人、被许可人应诉,若第三人指控的侵权成立时,受让人、被许可人的经济损失应当由让与人、许可人承担赔偿责任。

第八百七十一条　技术转让合同的受让人和技术许可合同的被许可人应当按照约定的范围和期限,对让与人、许可人提供的技术中尚未公开的秘密部分,承担保密义务。

释　义

本条是关于技术转让合同和技术许可合同中受让人、被许可人保密义务的规定。

技术转让合同和技术许可合同中,让与人、许可人所转让、许可的技术可能处于保密状态,或该技术虽已公开,但相关背景材料、技术参数等仍未公开,而这些技术及相关材料不仅关系让与人利益甚巨,也有可能涉及国家利益和社会公共利益。因此,受让人、被许可人对让与人、许可人提供的技术以及有关资料,应当在合同约定的范围和期限内,对让与人、许可人提供的技术中尚未公开的秘密部分承担保密义务。对于超出合同约定范围和期限但仍需要保密的技术,基于合同的诚实信用以及合同附随义务的要求,受让人、被许可人此时仍需履行保密义务。

第八百七十二条　许可人未按照约定许可技术的,应当返还部分或者全部使用费,并应当承担违约责任;实施专利或者使用技术秘密超越约定的范围的,违反约定擅自许可第三人实施该项专利或者使用该项技术秘密的,应当停止违约行为,承担违约责任;违反约定的保密义务的,应当承担违约责任。

让与人承担违约责任,参照适用前款规定。

释　义

本条是技术许可合同和技术转让合同中许可人、让与人违约责任的规定。

技术许可合同中,许可人违反合同义务的情形主要包括:(1)违反约定,没有许可或迟延许可技术或技术秘密;(2)违反专利权利瑕疵担保义务;(3)实施专利或者使用技术秘密超越约定的范围;(4)违反约定擅自许可第三人实施该项专利或者使用该项技术秘密;(5)违反保密义务。以上情形的许可人,应当停止违约行为,返还部分或全部使用费用,并承担违约责任。

技术让与合同中,让与人违反合同义务的情形主要包括:(1)让与人未按照约定或迟延办理专利移交手续的;(2)违反专利权利瑕疵担保义务;(3)使用专利技术或技术秘密超出约定范围,违反约定擅自许可第三人适用该专利技术或技术秘密;(4)违反保密义务。以上情形中的违约人应当承担违约责任,并承担因损害他人合法权益而产生的责任。

技术转让合同中让与人承担违约责任的情形,参照适用本条第1款中技术许可合同中许可人违约责任的规定。

第八百七十三条　被许可人未按照约定支付使用费的,应当补交使用费并按照约定支付违约金;不补交使用费或者支付违约金的,应当停止实施专利或者使用技术秘密,交还技术资料,承担违约责任;实施专利或者使用技术秘密超越约定的范围的,未经许可人同意擅自许可第三人实施该专利或者使用该技术秘密的,应当停止违约行为,承担违约责任;违反约定的保密义务的,应当承担违约责任。

受让人承担违约责任,参照适用前款规定。

释 义

本条是关于技术许可合同、技术转让合同中被许可人、受让人违约责任的规定。

本条中,技术许可合同、技术转让合同的被许可人、受让人的违约责任主要有如下情形:

1.专利实施许可合同、技术许可合同中,被许可人未按照约定支付使用费用的,应当补交使用费并按照约定支付违约金。不补交使用费或者违约金的,应当停止使用专利技术或技术秘密,交还技术资料,承担违约责任。使用专利技术或者技术秘密超越约定范围,未经让与人同意擅自许可第三人实施使用该专利技术或技术秘密的,应当停止违约行为,承担违约责任。违反保密义务的,应当承担违约责任。若违反保密义务给让与人造成损失的,应当承担违约责任。

2.技术转让合同、专利申请权转让合同中,受让人迟延支付价款的,应当承担违约责任。未按照约定支付价款的,应当补交并承担违约责任。不补交使用费或者违约金的,应当返还专利申请权,交还技术资料,承担违约责任。使用专利技术或者技术秘密超越约定范围,未经让与人同意擅自许可第三人实施使用该专利技术或技术秘密的,应当停止违约行为,承担违约责任。违反保密义务的,承担违约责任。

第八百七十四条 受让人或者被许可人按照约定实施专利、使用技术秘密侵害他人合法权益的,由让与人或者许可人承担责任,但是当事人另有约定的除外。

释 义

本条是关于技术转让合同、技术许可合同中侵权责任的规定。

技术转让合同、技术许可合同旨在促进科学知识、技术、信息等在市场经济中的流通与传递。技术成果、技术秘密不仅是人类文明的表现,也是法律交往中权利义务的载体。让与人或许可人所转让或许可的技术成果,应当在合法的边界内实现其正当性,即其由义务保证该技术成果不会对他人的权益造成侵害。若受让人或被许可人因按照合同约定的内容实施专利或者使用技术秘密而导致侵害了他人的合法权益,此时受让人或被许可人并不具有法律上的可归责性,因此,除非合同中当事人另有约定,否则应当使让与人或许可人承担侵权责任。

第八百七十五条　当事人可以按照互利的原则,在合同中约定实施专利、使用技术秘密后续改进的技术成果的分享办法;没有约定或者约定不明确,依据本法第五百一十条的规定仍不能确定的,一方后续改进的技术成果,其他各方无权分享。

释　义

本条是关于技术转让合同、技术许可合同中后续改进技术成果分享办法的规定。

本条中的后续改进,是指在合同有效期内,一方或双方对作为合同标的的专利技术或者技术秘密进行的改良或革新。本条中,当事人应秉持互利原则,可以在合同中约定实施专利、使用技术秘密后续改进的技术成果的分享办法。没有约定或者约定不明确,依据本法第510条的规定,当事人可以协议补充,不能达成补充协议的,按照合同有关条款或者交易习惯确定。若仍不能确定的,实施专利、使用技术秘密后续改进的技术成果属于后续改进的人。

第八百七十六条　集成电路布图设计专有权、植物新品种权、计算机软件著作权等其他知识产权的转让和许可,参照适用本节的有关规定。

释　义

本条是关于集成电路布图设计专有权、植物新品种权、计算机软件著作权等其他知识产权的转让和许可的规定。

针对集成电路布图设计专有权、植物新品种权、计算机软件著作权等其他知识产权,原本规定在国务院制定的《集成电路布图设计保护条例》《植物新品种保护条例》《计算机软件保护条例》中。根据立法法规定,上述条例均属行政法规。但行政法规的认定,系从国务院所行使的立法权限的性质而言的。若依法规的内容来看,则上述条例即属于民事性法规。上述法规本身即构成本法第 10 条中"法律"之法源类型,可以将之作为民事裁判的依据。同时,鉴于集成电路布图设计专有权、植物新品种权、计算机软件著作权亦属于知识产权范畴且同样具有转让和许可的法律性质,因而,本条将之纳入技术合同范畴予以处理,关于上述权利的转让、许可,可以参照本节的有关规定。

第八百七十七条　法律、行政法规对技术进出口合同或者专利、专利申请合同另有规定的,依照其规定。

释　义

本条是关于技术进出口合同的规定。

本条所称技术进出口合同,是指我国境内的自然人、法人或者非法人组织与国外当事人就技术引进或者技术输出所订立的合同。技术进出口合同在本质上依然是关于专利技术或者技术秘密的转让,当事人在订立技术进出口合同时,其合同涉及的技术转让、许可的法律问题,可以依据本法关于技术转让合同、技术许可合同的有关规定处理。应注意,首先,本条所规范的对象,是法律或行政法规并未另行规定的技术进出口合同的相关规定。本条中法律是指除本法以外的一切法律法规,例如涉及技术进出口管理问题的规定等。其次,若当事人在专利、专利申请合同中另有约定的,应当尊重当事人的意思自治,依照当事人的约定处理。

第四节　技术咨询合同和技术服务合同

第八百七十八条　技术咨询合同是当事人一方以技术知识为对方就特定技术项目提供可行性论证、技术预测、专题技术调查、分析评价报告等所订立的合同。

技术服务合同是当事人一方以技术知识为对方解决特定技

术问题所订立的合同,不包括承揽合同和建设工程合同。

释 义

本条是关于技术咨询合同和技术服务合同定义的规定。

技术咨询合同是指当事人一方运用自己的科学技术知识和技术手段,为对方就特定技术项目进行可行性论证、技术预测、专题技术调查、分析评估等活动,并收取咨询费的合同。若当事人一方委托另一方,为解决特定技术问题提出实施方案、进行实施指导而订立合同的,则并非本条中的技术咨询合同,而是技术服务合同。

技术服务合同,是指一方当事人以技术知识为另一方当事人解决特定技术问题所订立的合同,但不包括建设工程合同和承揽合同。所谓特定技术问题,是指需要运用科学技术知识解决专业技术工作中有关改进产品结构、改良工艺流程、提高产品质量、降低产品成本、节约能源能耗、保护环境资源、实现安全操作、提高经济效益和社会效益等问题。因而,运用常规手段,或者以生产经营为目的进行的一般性的加工、定作、修理等加工承揽合同和建设工程的勘察、设计、安装、施工合同均不属于本节所称的技术服务合同。

第八百七十九条 技术咨询合同的委托人应当按照约定阐明咨询的问题,提供技术背景材料及有关技术资料,接受受托人的工作成果,支付报酬。

释 义

本条是关于技术咨询合同中委托人义务的规定。

技术咨询合同委托人的主要合同义务包括:第一,按照合同约定,阐明咨询的问题,提供技术背景材料和有关技术资料;第二,保障受托人进行调查论证时拥有必要的工作条件并接受其工作成果;第三,应受托人要求及时补充完善相关资料和数据;第四,按照合同约定的期限和方式支付报酬;第五,基于合同的诚实信用要求,对受托人提供的技术资料和数据予以保密,未经受托人允许,不得引用、发表或向第三人提供受托人所提供的技术资料和数据。

第八百八十条　技术咨询合同的受托人应当按照约定的期限完成咨询报告或者解答问题,提出的咨询报告应当达到约定的要求。

释　义

本条是关于技术咨询合同中受托人义务的规定。

技术咨询合同受托人的主要合同义务包括:第一,按照合同约定的期限和要求,完成咨询报告或者解答问题;第二,发现委托人提供的技术资料、数据有明显错误和缺陷的,应及时通知委托人补充、修改;第三,基于合同约定或诚实信用的要求,对委托人提供的技术资料和数据予以保密,未经委托人允许,不得引用、发表或向第三人提供委托人所提供的技术资料和数据;第四,履行合同中约定的其他事项。此外,在合同有效期内,若受托人就同类技术项目与委托人的竞争者订立技术咨询合同的,应当征得委托人的同意。

第八百八十一条　技术咨询合同的委托人未按照约定提供必要的资料,影响工作进度和质量,不接受或者逾期接受工作成果的,支付的报酬不得追回,未支付的报酬应当支付。

技术咨询合同的受托人未按期提出咨询报告或者提出的咨询报告不符合约定的,应当承担减收或者免收报酬等违约责任。

技术咨询合同的委托人按照受托人符合约定要求的咨询报告和意见作出决策所造成的损失,由委托人承担,但是当事人另有约定的除外。

释　义

本条是关于技术咨询合同当事人违约责任以及决策风险分担的规定。

本条第 1 款规定了技术咨询合同中委托人的违约责任:委托人未按期支付报酬的,应当补交报酬并承担违约责任;未按照约定提供必要的资料或数据,影响工作进度和质量的,已经支付的报酬不得追回,未支付的报酬应当支付,此时受托人有权解除合同,委托人应当承担违约责任;委托人不接受或者逾期接受工作成果的,已经支付的报酬不得追回,未支付的报酬应当支付,并且委托人应当承担逾期接受而导致受托人支出的其他费用。

本条第 2 款规定了技术咨询合同中受托人的违约责任:受托人未按期提出咨询报告的,或者提供的咨询报告不符合合同约定的,应当减收或者免受报酬,并承担违约责任。受托人不提交咨询报告,或者所提交的咨询报告不具有参考价值的,应当免收报酬,并承担违约责任。受托人不履行合同约定内容的,除合同中另有规定,则委托人有权解除合同,受托人应当返还委托人已经支付的报酬,并承担违约责任。

技术咨询合同中,受托人为委托人完成的咨询建议、设计方案、分析调查结论以及可行性报告等,其本质上并非直接可以实践的技术研究成果,而是一种带有或然性的决策参考意见。因此,本条第 3 款规定,除非当事人在合同中另有约定,否则委托人因咨询报告和意见作出决策所造成的损失,应当由委托人承担。

第八百八十二条　技术服务合同的委托人应当按照约定提供工作条件,完成配合事项,接受工作成果并支付报酬。

释　义

本条是关于技术服务合同中委托人义务的规定。

技术服务合同中委托人的主要义务包括:第一,按照合同的约定提供工作条件,完成配合事项;第二,按照合同约定,为受托人提供完成专业技术工作所必须的经费;第三,基于合同约定,为受托人提供相应的技术资料、信息、材料或者工作条件等;第四,接受工作成果并支付报酬;第五,基于合同的诚实信用要求,履行合同中约定的其他事项,并对受托人完成的工作成果承担保密义务。

第八百八十三条　技术服务合同的受托人应当按照约定完成服务项目,解决技术问题,保证工作质量,并传授解决技术问题的知识。

释 义

本条是关于技术服务合同中受托人义务的规定。

技术服务合同受托人的主要义务包括:第一,按照合同约定完成服务项目,解决技术问题,保证工作质量,并传授解决技术问题的知识;第二,除合同另有约定之外,应完成专业技术工作并承担解决技术问题的经费;第三,当委托人提供的技术资料、数据、样品、材料或工作条件不符合合同约定时,应当通知委托人在合理期限内补充、修改或者更换;第四,合同履行期间,若发现继续工作将对材料、样品或者设备等有损坏危险的,应中止工作并及时通知委托人;第五,基于合同的诚实信用义务,应对委托人提供的资料、数据、样品、材料等承担保密义务。

第八百八十四条 技术服务合同的委托人不履行合同义务或者履行合同义务不符合约定,影响工作进度和质量,不接受或者逾期接受工作成果的,支付的报酬不得追回,未支付的报酬应当支付。

技术服务合同的受托人未按照约定完成服务工作的,应当承担免收报酬等违约责任。

释 义

本条是关于技术服务合同当事人违约责任的规定。

本条第1款就技术服务合同委托人的违约责任进行了规定。其中:第一,委托人未按照合同约定提供有关技术资料、数据、样品、材料或工作条件,影响工作进度和质量的,应当支付报酬;第二,委托人不提供约定的物质条件,受托人有权解除合同,委托人应支付违约金或者就受托人损失进行赔偿;第三,委托人逾期不支付报酬或者违约金的,应当交还工作成果,补交报酬,支付违约金或者赔偿损失;第四,委托人迟延接受工作成果的,应当支付违约金和保管费;第五,受托人通知委托人补充、修改或者更换其提供的技术资料、数据、样品、材料或工作条件的,以及受托人通知其继续工作可能损坏材料、样品或者设备的,委托人不按期做出答复时,应承担相应的损失;第六,委托人违反保密义务泄露受托人涉密的工作成果的,应承担违约责任。

本条第2款就技术服务合同受托人的违约责任进行了规定。其中:第一,受托人迟延交付或不交付工作成果的,应当支付违约金,委托人有权解除合同,并可就损失请求受托人赔偿;第二,受托人的工作成果有缺陷的,委托人同意利用的,受托人应当减收报酬并采取适当补救措施,受托人工作成果有严重缺陷并致使合同目的无法实现时,受托人不享有报酬请求权,并应支付违约金或者赔偿损失;第三,受托人对委托人交付的样品、技术资料保管不善致使其灭失或价值贬损的,应当支付违约金或者赔偿损失;第四,前款中受托人应尽到的通知义务而未尽到的,应当承担相应责任;第五,受托人违反保密义务泄露委托人提供的涉密技术资料、数据、样品的,应承担违约或者损害赔偿责任。

第八百八十五条 技术咨询合同、技术服务合同履行过程中,受托人利用委托人提供的技术资料和工作条件完成的新的技术成果,属于受托人。委托人利用受托人的工作成果完成的新的技术成果,属于委托人。当事人另有约定的,按照其约定。

释 义

本条是关于技术咨询、技术服务合同履行过程中产生新技术成果时权利归属和分享的规定。

本条中"新的技术成果",是指技术咨询合同或者技术服务合同的当事人在履行合同义务之外所完成的或者在其基础之上后续发展的技术成果。本条中确立了新技术成果的归属和分享原则:第一,谁完成谁拥有,若系受托人利用委托人提供的技术资料和工作条件完成的新的技术成果,则归属于受托人;若系委托人利用受托人的工作成果完成新的技术成果,则归属于委托人。第二,允许当事人另作约定,因此,当事人另有约定的,并不按照第一项原则处理,而是以当事人意思自治的内容确定新的技术成果的归属。

若当事人在合同中并未另行约定,应当允许当事人之间通过补充协议约定。若补充协议未能约定的,则应参照本法第510条,可以按照合同有关条款或者交易习惯确定,仍不能确定的,才参照谁完成谁拥有的原则确定其归属和分享方案。

第八百八十六条 技术咨询合同和技术服务合同对受托人正常开展工作所需费用的负担没有约定或者约定不明确的,由受托人负担。

释 义

本条是关于技术咨询合同和技术服务合同中费用负担的规定。

技术咨询合同和技术服务合同中,受托人在开展正常工作中,常会就调查研究、分析论证、试验测定等产生各类费用,就该费用的负担,若技术咨询合同、技术服务合同中有约定的,依照合同中的约定处理;若合同中没有约定或者约定不明的,此时不再令当事人之间再就该费用的分担进行补充协议,亦无须再对其合同中相关条款或者交易习惯加以参考,依据本条,受托人正常开展工作所需要的费用若未在合同中明确约定的,由受托人承担。

第八百八十七条 法律、行政法规对技术中介合同、技术培训合同另有规定的,依照其规定。

释 义

本条是关于技术中介合同和技术培训合同的规定。

技术中介合同是指当事人一方以自己所拥有的知识、技术、经验和信息,为促成另一方与第三方订立技术合同而进行联系、介绍,由另一方给付报酬而订立的合同。技术培训合同,是指当事人一方委托另一方对特定项目的技术指导和专业训练所订立的合同。技术中介合同和技术培训合同是在实践中大量存在的合同形式,鉴于该两类合同与技术服务合同的内容大体相似,故可适用本法的相关规定。同时,遵循法律适用的基本原则,当法律、行政法规对技术中介合同、技术培训合同另有规定的,遵循优先适用特别法的规定。

第二十一章　保管合同

本章导言 ▶

　　本章是《民法典》第三编第二分编保管合同的规定,共16条。在各大陆法系国家民法典中,保管合同均为典型之有名合同。我国第一次民法典草案中,保管合同的适用范围主要为仓库保管,第二次则是社会服务性保管和公民之间的一般保管。第三次民法典草案(征求意见稿)中则于保管合同中特置"寄存"一节。原《合同法》于第十九章规定"保管合同",且未延续第三次民法典草案中专设寄存一节的体例安排。本章承继原《合同法》中保管一章的基本内容,在对个别条款表述进行完善的基础上,明确了保管合同的要物性质,并就有偿保管、无偿保管,保管凭证,保管人权利义务,寄存人权利义务,贵重物品的寄存,消费保管以及保管人的留置权等内容进行了规定。

　　第八百八十八条　保管合同是保管人保管寄存人交付的保管物,并返还该物的合同。

　　寄存人到保管人处从事购物、就餐、住宿等活动,将物品存放在指定场所的,视为保管,但是当事人另有约定或者另有交易习惯的除外。

释　义

　　本条是关于保管合同定义的规定。

　　保管合同又称寄托合同,是指双方当事人约定由一方保管另一方交付之物品的合同。保管物品一方称保管人,或受寄人,交付物品保管的一方称寄存人,或寄托人,双方所约定保管的物品为保管物。保管人在合同约定期限内保管寄存人物品,并按照合同约定返还保管物。

通常情形下,合同的订立需要双方有要约和承诺的意思表示,但若寄存人到保管人处从事购物、就餐、住宿等活动的,在寄存人将物品存放在指定场所时,虽然双方无明确的要约与承诺意思表示,也认为此时已成立有效的保管合同。

本条并未就保管合同标的物的性质进行说明,应认为保管合同中的保管物并不以动产为限,委托他人保管不动产的,也可成立保管合同。

第八百八十九条 寄存人应当按照约定向保管人支付保管费。

当事人对保管费没有约定或者约定不明确,依据本法第五百一十条的规定仍不能确定的,视为无偿保管。

释 义

本条是关于保管合同保管费的规定。

保管合同由当事人约定的,性质上属于意定保管,规定于本条第1款。保管合同并非当事人意思表示一致而成,而是由法律规定的,属于法定保管,规定于本条第2款。

本条第1款规定,当事人可以就保管合同是否有偿进行约定。若保管合同中约定了保管费的,寄存人应当按照约定的期限、方式、地点向保管人支付保管费。

本条第2款规定,寄存人和保管人没有在合同中约定是否支付保管费,或者约定不明的,依据本法第510条的规定,双方可以协议补充,不能达成补充协议的,按照合同有关条款或者交易习惯确定。保管情形中,"按照合同有关条款或者交易习惯确定"主要参考以下几点事项:第一,保管人是否以保管为职业。若保管人从事保管职业,依此应当推定该保管合同有偿;第二,依其他情形应当推定保管合同是有偿的,例如就保管物的性质、保管时间、地点、方式而言,若基于一般人的判断认为该保管是有偿的,则应推定保管是有偿的,寄存人应当向保管人支付保管费用。

第八百九十条　保管合同自保管物交付时成立,但是当事人另有约定的除外。

释　义

本条是关于保管合同成立的规定。

本条将保管合同的性质界定为实践合同,或曰要物合同,其要求保管合同的成立,不仅须有当事人双方意思表示一致,还要求寄存人提前履行保管合同中约定的给付义务,即将保管物交付保管人之后,合同才能成立。本条立法趣旨在于,保管合同多为无偿,以物之交付为合同成立要件,能督促合同当事人谨慎注意自己的权利。须注意,在与保管合同性质相同的仓储合同中,合同的成立仅要求意思表示一致,系诺成合同。此种区分的立法意图,一方面在于,与仓储合同相比,保管合同多为无偿行为,以交付标的物作为保管合同成立的要件,有利于保管人更为审慎地照顾自身的权利;另一方面,仓储合同多为有偿行为,保管人多为专门从事保管业务的行业者,其标的物价值更高,对于法律交往的效率性要求也更高,予其诺成性质旨在促进行业交往。基于此种不同,保管合同原则上应当以保管人交付保管物时起始为成立。但本条亦规定,当事人之间得以其合意排除保管合同的要物性质,即双方可约定不以保管物的交付作为合同成立的要件,保管合同得仅以寄存人和保管人的意思合致即告成立。因此,本条性质上仍为任意性规范。

第八百九十一条　寄存人向保管人交付保管物的,保管人应当出具保管凭证,但是另有交易习惯的除外。

释　义

本条是关于保管人给付保管凭证义务的规定。

寄存人向保管人交付保管物后,保管合同成立。现实生活中,保管合同多基于信任关系而订立,表现为民事主体之间的协助行为。同时,因保管合同为不要式合同,一旦双方发生纠纷,需要有证明各自权利义务的证据存在,因而出具保管凭证便在现实生活和法律交往中具有了重要意义。

　　就保管凭证本身而言,其可以确定保管人与寄存人的身份,并明确记载保管物的性质、数量,保管的时间和地点等重要信息,能够作为证明保管合同权利义务的证据。但同时,本条中并未将保管人出具保管凭证作为保管合同成立或生效的要件,换言之,在当事人另有约定,或另有交易习惯可资适用的例外场合,保管人也可以不向寄存人出具保管凭证。例如商场所设立的停车场,按照交易习惯,只要有空余车位,则车辆进入时作为车辆保管人的商场并不需要给付保管凭证,只是在车辆出场时需要支付保管费用,此时保管人给付付款凭证。

　　第八百九十二条　保管人应当妥善保管保管物。

　　当事人可以约定保管场所或者方法。除紧急情况或者为维护寄存人利益外,不得擅自改变保管场所或者方法。

释　义

　　本条是关于保管人保管义务的规定。

　　保管合同其目的在于保管人为寄存人维持其物的现状并予以返还,因此,保管合同中仅移转对保管物的直接占有,并非是保管物所有权的移转。保管人在保管期间应当妥善保管保管物,既是保管合同目的之基本要求,也是保管人的基本义务之一。

　　本条第2款规定,当事人可以约定保管场所或者方法。当事人已经约定的,应当从其约定;当事人未约定的,保管人应当根据保管物的性质、合同目的以及诚实信用原则,妥善保管保管物。在当事人约定保管场所或者方法的情形下,除紧急情况或者为维护寄存人利益之外,保管人不得擅自改变保管场所或者方法。本款中的紧急情况,是指保管物因保管人以外的因素,例如第三人原因或自然因素,而致生毁损、灭失风险时,保管人可以改变保管场所或保管方法,但保管人应当及时将变动信息告知寄存人。若保管合同标的物为金钱、有价证券、珠宝或其他贵重物品的,保管人还应当按照贵重物品保管要求保管寄存的贵重物品。

　　第八百九十三条　寄存人交付的保管物有瑕疵或者根据保

管物的性质需要采取特殊保管措施的,寄存人应当将有关情况告
知保管人。寄存人未告知,致使保管物受损失的,保管人不承担
赔偿责任;保管人因此受损失的,除保管人知道或者应当知道且
未采取补救措施外,寄存人应当承担赔偿责任。

释　义

本条是关于寄存人告知义务的规定。

本条规定,当保管物有瑕疵时,以及根据保管物的性质需要采取特殊保管
措施时,此时寄存人应当将有关情况告知保管人。所谓保管物的性质,是指保
管物属于易燃、易爆、毒害、腐蚀性、放射性等危险物品或者易变质物品的。寄
存人违反上述告知义务而造成保管物毁损、灭失的,保管人不承担损害赔偿
责任。

寄存人违反上述告知义务,造成保管人损失的,寄存人应当承担损害赔偿
责任。但保管人知道或者应当知道而又未采取补救措施的,寄存人可以减轻
或者免除损害赔偿责任。所谓"保管人知道或者应当知道",是指保管人在接
受寄存人交付的保管物或在保管期间时:(1)其已经发现保管物存在瑕疵或
需要采取特殊保管措施,却并未将情况及时通知寄存人;(2)未主动采取措施
以避免损失的发生或扩大;(3)虽然采取了一定的措施,但该措施并不谨慎,
以至于损失仍然发生或扩大时,此时保管人应当就自己的过错承担相应的
责任。

第八百九十四条　保管人不得将保管物转交第三人保管,但
是当事人另有约定的除外。

保管人违反前款规定,将保管物转交第三人保管,造成保管
物损失的,应当承担赔偿责任。

释　义

本条是关于保管人亲自保管保管物的规定。

本条第 1 款规定,除当事人另有约定之外,保管人不得将保管物转交第三

人保管,即保管人负有亲自保管保管物的义务。保管合同蕴含了合同双方的信任关系,寄存人乃基于对保管人的信任而交付保管物,换言之,保管法律关系中,保管人的身份特性同样受到保管合同的约束,非经合同约定或者寄存人同意,保管人不得将保管物转交第三人保管。

本条第2款规定,保管人违反前款规定,将保管物转交第三人保管,若造成保管物损失的,应当承担赔偿责任。此时保管人因存在对亲自保管义务的违反而具备了可归责的事由,应当对因其转交行为所造成的保管物损害承担责任。若保管人违反前款规定将保管物转交第三人保管,但未造成保管物损失的,应认为,因保管人的转交行为,原本保管合同中所指涉的保管人特定身份被违反,此时保管人和寄存人可以通过补充协议的方式而不使合同必然无效。若保管人和寄存人无法达成补充协议,此时应允许寄存人解除合同。

第八百九十五条 保管人不得使用或者许可第三人使用保管物,但是当事人另有约定的除外。

释 义

本条是关于保管人不得使用或者许可第三人使用保管物的规定。

保管合同中,寄存人仅向保管人移转保管物上之占有,并未让渡物上使用、收益、处分等权益,因而保管人不得使用或者许可第三人使用保管物。基于保管合同的目的,其仅要求保管人尽到注意义务以维持保管物之现状即可。对于保管人而言,其并不负有使保管物通过进入法律流通而升值的义务,仅需避免物上价值的减损即可。在当事人另有约定的情形,法律并不禁止保管人使用或者许可第三人使用保管物,但保管人使用或许可他人使用时,仍应合于保管合同的目的。

当事人未在合同中约定保管人可以使用或许可第三人使用保管物,或者保管人超出寄存人同意内容而擅自使用或许可第三人使用保管物,造成保管物损毁、灭失的,保管人应当承担损害赔偿责任。

第八百九十六条 第三人对保管物主张权利的,除依法对保管物采取保全或者执行措施外,保管人应当履行向寄存人返还保管物的义务。

第三人对保管人提起诉讼或者对保管物申请扣押的,保管人应当及时通知寄存人。

释 义

本条是关于保管人返还保管物以及通知寄存人义务的规定。

依据本法第 899 条,无论当事人是否约定保管期限,寄存人均享有随时请求保管人交还保管物之权利,保管人得因寄存人之请求而随时负有返还保管物的义务。但此时,若因第三人对保管物主张权利而致使其履行返还义务存有风险时,保管人应当及时通知寄存人。当第三人对保管人提起诉讼或者对保管物申请扣押的,本法课以保管人以通知义务,其目的即在于使寄存人及时主张其权利。

在第三人对保管人提起诉讼或者对保管物申请扣押时,保管人可以请求法院变更寄存人为被告,理由在于保管人并非物之所有权人,第三人对物上的权利主张,本质上是与寄存人之间的争议,若第三人向法院申请对保管物采取了财产保全措施,保管人也应当及时通知寄存人,以便其及时行使其诉讼上的权利。第三人对保管物主张权利,除保管物已经被法院采取财产保全措施或者已经被法院强制执行而不能返还的以外,保管人仍然应当向寄存人履行保管物的返还义务。

第八百九十七条 保管期内,因保管人保管不善造成保管物毁损、灭失的,保管人应当承担赔偿责任。但是,无偿保管人证明自己没有故意或者重大过失的,不承担赔偿责任。

释 义

本条是关于保管物毁损、灭失时保管人责任的规定。

保管合同存续期内,保管人应对保管物尽到妥善保管以避免物上价值贬损之义务。因而在保管期内,因保管人保管不善造成保管物毁损、灭失的,保管人原则上应当承担责任。就保管人责任的认定,则应区分保管合同有偿或无偿之情形。

　　若保管合同是无偿的,保管人应就其故意或者重大过失造成保管物毁损、灭失承担损害赔偿责任。原因在于,无偿的保管合同本质上是利他的,本不宜要求保管人对其利他行为承受过高的负担,但在一般社会价值判断中,故意造成他人之物的毁损、灭失,并不因行为动机的利他而排除行为不法,因此,尽管保管合同是无偿的,保管人也应当承担损害赔偿责任。此外,尽管条文没有明示,但保管人明知保管物可能遭受毁损、灭失,但轻率地作为或不作为,以至于毁损、灭失的风险发生的,此时认为保管人因重大过失造成保管物毁损、灭失,其仍应承担损害赔偿责任。

　　若保管合同是有偿的,此时基于双务合同的对待给付性,除非保管人能够证明自己没有过错,否则其应当对保管期间保管物的毁损、灭失承担损害赔偿责任。所谓"没有过错",即指保管人已经尽到了妥善保管的义务,换言之,无论保管人是故意抑或过失,其都应对保管物的毁损、灭失负责。若保管物的毁损、灭失是由于保管物自身性质或者包装不符合约定所造成,保管人也不承担损害赔偿责任。

　　第八百九十八条　寄存人寄存货币、有价证券或者其他贵重物品的,应当向保管人声明,由保管人验收或者封存;寄存人未声明的,该物品毁损、灭失后,保管人可以按照一般物品予以赔偿。

释　义

　　本条是关于贵重物品寄存及赔偿责任的规定。

　　寄存人寄存货币、有价证券或者其他贵重物品的,应当向保管人声明,即应当向保管人说明保管物的性质和数量,并由保管人验收或者封存后进行保管。本条中的寄存货币,不同于本法第901条规定的消费保管,而是要求保管人返还原物的合同。此外,寄存货币、有价证券或其他贵重物品而形成的合同,与商业银行开展的保管箱业务或饭店提供的保管箱业务亦不相同。

　　寄存人将货币、有价证券或者其他贵重物品夹杂于其他货物当中,且并未就上述物品向保管人声明的,若货币、有价证券或者其他贵重物品与一般物品一并毁损、灭失的,保管人可以只按照一般物品予以赔偿,并不承担货币、有价证券或者其他贵重物品毁损、灭失的损害赔偿责任。

第八百九十九条 寄存人可以随时领取保管物。

当事人对保管期限没有约定或者约定不明确的,保管人可以随时请求寄存人领取保管物;约定保管期限的,保管人无特别事由,不得请求寄存人提前领取保管物。

释 义

本条是关于保管物领取的规定。

本条第 1 款规定寄存人可以随时领取保管物,意味着不论当事人之间是否就保管期限进行了约定,也不论保管合同是有偿还是无偿,寄存人都可随时取回保管物。保管合同的目的在于保管人为寄存人保管财物,就该合同目的是否已经实现的判断,应以寄存人为之。换言之,当寄存人认为保管目的已经实现时,即使约定的保管期限并未届满,其仍然可以提前取回保管物。

在保管合同是无偿的情形,保管合同自然可以随时终止。寄存人提前取回保管物,可以尽早将保管人从合同义务中解放。在保管合同是有偿的情形,只要寄存人认为保管目的已经实现的,保管人也应当保证寄存人可以随时取回保管物。

当事人对保管期限没有约定或者约定不明确的,保管合同自然可以随时终止,寄存人既可以随时取回保管物,保管人也可以随时请求寄存人领取保管物。当事人约定保管期限的,保管人无特别事由,则不得请求寄存人提前领取保管物。

第九百条 保管期限届满或者寄存人提前领取保管物的,保管人应当将原物及其孳息归还寄存人。

释 义

本条是关于保管人返还保管物及其孳息的规定。

保管期限届满或者寄存人提前领取保管物的,保管人应当返还保管物。

同时,保管人还应当将保管物的孳息一并返还寄存人。所谓孳息,是指由原物产生的物,包括天然孳息和法定孳息。天然孳息是指原物根据自然规律所产生的物,例如树之果,牲畜之幼畜。法定孳息是原物根据法律规定带来之物,例如存款利息等。根据物权编规定,孳息归原物所有人所有。保管合同中,保管人因不享有物上所有权,自然也不享有孳息的所有权,因此,保管人除须返还保管物之外,还应当返还保管物上的孳息。

第九百零一条　保管人保管货币的,可以返还相同种类、数量的货币;保管其他可替代物的,可以按照约定返还相同种类、品质、数量的物品。

释　义

本条是关于消费保管的规定。

消费保管,是指保管物为可替代物时,若约定保管物的所有权移转于保管人,保管期限届满保管人应以同种类、品质、数量的物返还寄存人的保管合同。消费保管合同的标的物须为种类物,也即可替代物。所谓种类物,是相对于特定物而言,是指以品种、质量、规格或度量衡确定,不需具体指定的转让物。特定物,则是指具有独立特征或被权利人指定不能以其他物替代的转让物。对于特定物的保管,不适用消费保管的规定。同时,并非所有种类物的寄存都属于消费保管合同,如本法第898条中规定的货币寄存,就属于返还原货币的保管合同。

因此,消费保管合同中的当事人必须约定将保管物的所有权移转于保管人,而保管人得对保管物享有占有、使用、收益、处分之全面权利。这是消费保管合同与通常保管合同的根本区别,因在通常的保管情形,保管人只占有保管物,原则上并不享有保管物上的其他权能。既然保管物所有权因交付时移转于保管人,则保管物上的风险,也自然随同交付而移转于保管人一方。保管合同履行期届满或寄存人请求取回保管物时,保管人可以按照约定返还相同种类、品质、数量的物品。

第九百零二条　有偿的保管合同,寄存人应当按照约定的期限向保管人支付保管费。

当事人对支付期限没有约定或者约定不明确,依据本法第五百一十条的规定仍不能确定的,应当在领取保管物的同时支付。

释 义

本条是关于寄存人支付保管费的规定。

在保管合同为有偿的情形,寄存人应当按照约定期限向保管人支付保管费用。通常情形下,寄存人支付保管费用的期限一般为保管关系终止时。因此,无论寄存人是在合同约定的保管期限届满时请求返还保管物,抑或提前请求返还保管物的,均因保管合同的终止而负有支付保管费用的义务。

实践中,当事人之间除可订立自寄存人提取保管物后即终止保管合同的一次性保管合同之外,还可以订立分期保管的保管合同,即寄存人按照约定的期限向保管人分期支付保管费。若当事人在保管合同中没有对支付期限进行约定或者约定不明确的,当事人之间可以根据本法第510条的规定,协议补充相关事项,不能达成补充协议的,按照合同有关条款或者交易习惯确定。若仍不能确定的,寄存人应当在领取保管物的同时,支付保管费用。

第九百零三条 寄存人未按照约定支付保管费或者其他费用的,保管人对保管物享有留置权,但是当事人另有约定的除外。

释 义

本条是关于保管人留置权的规定。

依据本法第889条的规定,保管合同约定了保管费用的,寄存人应当按照合同约定向保管人支付报酬,也即保管费用。本条中所谓"其他费用",是指保管人在保管保管物过程中所实际支出的费用。详言之,第一,若保管合同为有偿保管,保管人为保管保管物而实际支出的费用已经包括于保管费之内;第二,当事人约定为无偿保管时,仍可以约定寄存人应当承担保管人为保管物而支出的实际费用;第三,若当事人间未对其他费用进行约定的,按照公平原则,寄存人应当承担为保管而支出的实际费用。

寄存人不按照约定支付保管费用以及其他费用的,除非当事人之间另有约定,保管人享有对保管物的留置权,得对该财产折价或拍卖、变卖的价款优先受偿。同时,根据本法物权编规定,保管人在留置保管物后,应当给予寄存人不少于两个月的履行期限,督促寄存人履行债务。若寄存人逾期仍不履行债务,才可处理留置财产。同时,在留置期间,因保管人保管不善而致使保管物毁损、灭失的,保管人应当承担损害赔偿责任。

第二十二章　仓储合同

本章是《民法典》第三编第二分编仓储合同的规定,共15条。仓储合同于性质上系属保管合同,比较法上多将其规定于保管合同之中,如日本民法典、德国民法典等。我国第一次民法典编纂中,立法者虽认为保管的适用范围主要是仓库保管,但并未将其作为专门的有名合同类型加以规定。第三次民法典草案(征求意见稿)第三编"合同"第九章"保管"中对物资储存协议进行规定。此后,在1999年颁行的《合同法》中,仓储合同被作为独立于保管合同之有名合同类型加以规定。本章延续了原《合同法》中仓储合同之有名合同地位,明确了仓储合同的诺成合同性质,在对原有条文个别表述进行修正的基础之上,对仓储合同的定义,危险物品和易变质物品的储存,仓储物的验收,仓单的性质、内容、作用,仓储合同当事人的权利义务以及相应的违约责任等内容进行了规定。

第九百零四条　仓储合同是保管人储存存货人交付的仓储物,存货人支付仓储费的合同。

释　义

本条是关于仓储合同定义的规定。

仓储合同,是指保管人(又称仓管人或仓库营业人)与存货人订立的,由保管人储存存货人交付的仓储物,存货人支付仓储费的合同。仓储业原本系属保管行业,随着市场经济规模的扩大、国际商事交易的频繁,为大批量货物提供安全、专业、便利的保管服务刺激了仓储业的发展,并日益具有其行业上的特殊性。因此,仓储合同得以独立于保管合同而成为一类有名合同在合同编中加以规定。

仓储合同为典型的双务、有偿合同,保管人履行储存、保管的合同义务,存货人履行支付仓储费的合同义务。仓储合同对保管人的职业有特殊性要求,即保管人必须是具有仓库营业资质的人,换言之,保管人须具有仓储设施、设备,专门从事仓储保管业务。仓储合同的标的物为动产,不动产不能成为仓储合同的标的物,其合同订立既可以采取书面形式,也可以采取口头形式。而仓单则是仓储合同最重要的特征。

第九百零五条　仓储合同自保管人和存货人意思表示一致时成立。

释　义

本条是关于仓储合同成立的规定。

仓储合同为诺成合同,意味着当保管人和存货人就货物储存、保管等事务的意思表示一致时,不论该意思表示一致是以书面还是口头形式达成,也不论存货人是否交付货物,合同均已成立。双方当事人在其意思表示一致的范围内,应当受合同的约束,在符合合同生效要件时,任何一方不按合同约定履行义务的,都需要承担违约责任。

关于仓储合同的主要条款,双方当事人除可参照本法第470条规定的合同一般包括的条款外,还可对仓储合同的特殊要求进行约定。结合实践经验,仓储合同的主要条款一般包括:(1)货物的品名或种类;(2)货物的数量、质量、包装;(3)货物验收的内容、标准、方法、时间;(4)货物保管条件和保管要求;(5)货物进出库手续、时间、地点、运输方式;(6)货物损耗标准和损耗的处理;(7)计费项目、标准和结算方式、银行、账号、时间;(8)责任划分和违约处理;(9)合同的有效期限、变更和解除合同的期限。

第九百零六条　储存易燃、易爆、有毒、有腐蚀性、有放射性等危险物品或者易变质物品的,存货人应当说明该物品的性质,提供有关资料。

存货人违反前款规定的,保管人可以拒收仓储物,也可以采取相应措施以避免损失的发生,因此产生的费用由存货人负担。

保管人储存易燃、易爆、有毒、有腐蚀性、有放射性等危险物品的,应当具备相应的保管条件。

释 义

本条是关于储存危险物品和易变质物品的规定。

本条第 1 款规定,对于易燃、易爆、有毒、有腐蚀性、有放射性等危险物品或者易变质物品的储存,存货人负有对保管人的说明义务。所谓"说明",即指存货人应当在合同订立时对上述物品的性质在合同中进行说明和注明,并为保管人提供有关资料以便其进一步了解该危险品或易变质物品的性质,为储存上述物品做必要之准备。若存货人在合同订立后或者在交付仓储物时才予以说明,保管人得根据自身保管条件和能力判断是否进行保管。若不能保管的,可以拒收仓储物或者解除合同。

本条第 2 款规定,存货人未履行本条第 1 款的说明义务,也没有提供有关资料的,保管人在入库验收时发现仓储物是危险品或者易变质物品的,可以拒收仓储物;保管人在接收仓储物之后发现其为危险品或者易变质物品的,除应及时通知存货人之外,应当采取相应措施以避免损失的发生。因此而产生的相关费用,由存货人负担。存货人未履行说明义务时,易变质物品在存储后变质损坏的,保管人亦不承担赔偿责任。

本条第 3 款规定,保管人储存易燃、易爆、有毒、有腐蚀性、有放射性等危险物品的,应当具备相应的保管条件。若保管人不具备相应保管条件而致使自身遭受损害的,应根据双方过错程度确定赔偿责任。

第九百零七条 保管人应当按照约定对入库仓储物进行验收。保管人验收时发现入库仓储物与约定不符合的,应当及时通知存货人。保管人验收后,发生仓储物的品种、数量、质量不符合约定的,保管人应当承担赔偿责任。

释 义

本条是关于仓储物验收的规定。

保管人应当按照合同约定对仓储物进行验收。保管人验收时发现入库仓储物与约定不符的,应当通知存货人并由其作出解释,或者双方补充协议,或者将不符合约定的货物予以退回。

实践中,保管物的验收主要包括验收项目、验收方法、验收期限三项内容。其中:(1)保管人的验收项目包括:货物的品名、规格、数量、外包装状况以及无须开箱拆捆即可直观辨见的质量情况。包装内的货物品名、规格、数量,以包装或者货物上的标记为准,无标记的,以供货方提供的验收资料为准。散装货物按照国家有关规定或合同规定验收。(2)验收的方法主要为全部验收和按比例验收两种。(3)验收期限自货物和验收资料全部送达保管人之日起,至验收报告送出之日止。

保管人验收后发生仓储物的品种、数量、质量不符合约定的,保管人应当承担违约赔偿责任。本条中质量问题的赔偿责任,是指质量不符合约定的情形。对于不同条件、不同性质的仓储物的质量,则可以按照交易习惯和当事人的约定来确定。若合同中约定不明确而发生质量问题时,若因仓储物的性质、包装不符合约定等造成仓储物毁损、灭失的,保管人不负赔偿责任。

第九百零八条 存货人交付仓储物的,保管人应当出具仓单、入库单等凭证。

释 义

本条是关于保管人仓单给付义务的规定。

仓单是保管人收到仓储物后为存货人开具的提取仓储物的凭证。其作用主要有:(1)证明仓储关系存在,且保管人已经收到仓储物;(2)仓单其性质为记名物权证券,存货人可以在仓单背书并经保管人签字或盖章后转让提取仓储物的权利;(3)仓单是存货人或仓单持有人提取仓储物的凭证。

仓单既是证明仓储合同的存在的凭证,也是保管人合同义务的内容。保管人只填发一张仓单,该仓单除作为已收取仓储物的凭证和提取仓储物的有权凭证外,还具有通过背书转让仓单项下货物所有权或用于出质的作用。在存货人交付仓储物后,保管人即负有出具仓单、入库单等凭证的义务。若仓储合同中约定保管人可不出具仓单的,该约定有效,相应交易风险则由寄存人承担。

第九百零九条 保管人应当在仓单上签名或者盖章。仓单包括下列事项：

（一）存货人的姓名或者名称和住所；

（二）仓储物的品种、数量、质量、包装及其件数和标记；

（三）仓储物的损耗标准；

（四）储存场所；

（五）储存期限；

（六）仓储费；

（七）仓储物已经办理保险的，其保险金额、期间以及保险人的名称；

（八）填发人、填发地和填发日期。

释　义

本条是关于仓单主要记载事项的规定。

仓单既是保管人收取仓储物、寄存人或仓单提取人提取仓储物的凭证，也是可以背书转让或出质的物权证券，因而应当对仓单的形式进行明确规定。不论是仓单转让的受让人还是出质的质权人，对于作为仓单基础关系的仓储合同并不了解，为便于受让人或质权人明晰自己的权利，本法规定了仓单应当记载的主要事项。其中：

（1）保管人必须在仓单上签字或盖章，否则仓单不生法律效力；（2）仓单为记名证券，应记载存货人的名称或姓名、住所；（3）背书转让的仓单具有移转物上所有权之效力，因此应对仓储物的品种、数量、质量、包装及其件数和标记进行明确记载；（4）为避免可能的纠纷，仓单上应记载仓储物的损耗标准；（5）仓单上应记载储存场所和储存期限，在仓单经背书转让的情形，仓单持有人可以明确仓储物的储存地点和提取期限；（6）仓储合同为双务、有偿合同，仓单上应记载仓储费，在仓单经背书转让后，仓单持有人可依照仓单记载支付仓储费；（7）若仓储物已经办理保险，其保险金额、期间以及保险人的名称应当在仓单上注明，目的在于明确仓储物转让时的成本计算以及受让人可得享有的保险利益；（8）基于物权证券的一般性要求，仓单上应记载填发人、填发地和填发日期。

第九百一十条　仓单是提取仓储物的凭证。存货人或者仓
单持有人在仓单上背书并经保管人签名或者盖章的,可以转让提
取仓储物的权利。

释　义

本条是关于仓单转让和出质的规定。

本法对仓单采取一券主义,仓单既可以经背书依法转让,也可以依法进行
出质。仓单转让的,仓单持有人即为仓储物所有权人,可以依法提取仓储物。
以仓单出质的,若仓单上载明的提货日期先于债务履行期限的,质权人可以在
债务期限届满前提货,并与出质人协议将提取的货物用于提前清偿所担保的
债权或者向与出质人约定的第三方提存。

仓单的有效转让须具备两项要件:第一,存货人或仓单持有人在仓单上背
书;第二,经保管人签字或盖章。所谓"背书",是指存货人在仓单背面或者粘
单上记载被背书人(受让人)的名称或姓名、住所等有关事项的行为。仓单转
让之所以需要保管人签字盖章,是因为保管人为仓储物的有权占有人,但所有
权仍归存货人,为谨慎履行合同义务,明确合同当事人的权利,要求存货人除
在仓单上背书之外,还应当由保管人在仓单上签字盖章。

在仓单出质的情形,存货人与质权人签订质押合同,须在仓单上背书并且
经保管人签字或盖章,将仓单交付质权人后,质权始生效力。

第九百一十一条　保管人根据存货人或者仓单持有人的要
求,应当同意其检查仓储物或者提取样品。

释　义

本条是关于存货人或仓单持有人检查权的规定。

仓储合同成立并生效后,存货人仍有权利就其货物的仓储兑仓及保管的
安全程度和保管行为等进行检查。相应的,保管人应依照存货人的请求,允许

其进入仓库检查仓储物或提取样品。

在存货人将仓单背书转让或者出质的情形,仓单经背书并经保管人签字或盖章后,仓单受让人或质权人即成为仓单持有人,此时其享有存货人对仓储物上同样的检查权利,有权要求进库检查仓储物或提取样品。

第九百一十二条 保管人发现入库仓储物有变质或者其他损坏的,应当及时通知存货人或者仓单持有人。

释 义

本条是关于保管人通知义务的规定。

基于合同约定或诚实信用的要求,保管人对仓储物有妥善保管的义务,并应当按照合同约定的保管条件和要求实施保管行为,因保管人保管不善造成仓储物变质毁损的,应当承担违约责任。但在某些情形中,鉴于仓储物的特殊性质、包装不符合约定或者超过有效存储期等原因,致使仓储物变质、损坏的,在保管人履行了合同约定的保管条件和保管要求的情况下,其仍需要及时将货物变质、损坏的情况或者风险及时通知存货人或仓单持有人。

保管人的上述通知义务来源于合同法上诚实信用的基本要求。保管人应遵循该要求,依据仓储合同的性质、目的和交易习惯,在发现仓储物变质、损坏,或者发现仓储物有变质、损坏的风险时,及时通知存货人或仓单持有人,以避免存货人或仓单持有人的损失继续扩大。

第九百一十三条 保管人发现入库仓储物有变质或者其他损坏,危及其他仓储物的安全和正常保管的,应当催告存货人或者仓单持有人作出必要的处置。因情况紧急,保管人可以作出必要的处置;但是,事后应当将该情况及时通知存货人或者仓单持有人。

释 义

本条是关于保管人对有变质或者其他损坏的仓储物处理义务的规定。

本条中仓储物的变质或者其他损坏,应是基于不可归责于保管人的事由所造成的。当仓储物有变质或者其他损坏的情形时,保管人应当及时通知存货人或仓单持有人。若仓储物的变质或者其他损坏已经危及其他仓储物的安全和正常保管时,保管人还应当催告存货人或者仓单持有人作出必要的处置。

在情况紧急时,保管人还可以作出必要的处置,但事后应当将该情况及时通知存货人或者仓单持有人。保管人此时享有紧急处置权,权利行使过程中所产生的费用应当由存货人承担。保管人在对仓储物进行紧急处置后,应当及时将情况通知存货人或仓单持有人。若保管人采取的措施超过了一般的、必要的限度,则应对其造成的额外损失承担赔偿责任。

存货人或仓单持有人在接到保管人通知或催告后,应当及时对变质的仓储物进行处置,若其不及时处置对自己的存储物造成损失的,保管人不承担责任;若因其怠于处置而给其他仓储物或者保管人财产造成损害的,存货人还应承担损害赔偿责任。

第九百一十四条 当事人对储存期限没有约定或者约定不明确的,存货人或者仓单持有人可以随时提取仓储物,保管人也可以随时请求存货人或者仓单持有人提取仓储物,但是应当给予必要的准备时间。

释 义

本条是关于储存期限不明确时仓储物提取的规定。

仓储合同当事人对储存期限没有约定或者约定不明确的,存货人或者仓单持有人可以随时提取仓储物。保管人也可以结合自身的业务需要以及现有的储存能力,随时请求存货人或者仓单持有人提取仓储物,但是应当给予必要的准备时间。

所谓"必要的准备时间",是指保管人应预先通知存货人或者仓单持有人提货,换言之,并非在保管人通知的当时存货人或仓单持有人就必须提取仓储物。双方可协商确定一个合理的期限,在该期限截止之前,存货人或仓单持有人将仓储物提取即可。该期限内的仓储费用,可以按照实际的储存日期计算。

第九百一十五条　储存期限届满,存货人或者仓单持有人应当凭仓单、入库单等提取仓储物。存货人或者仓单持有人逾期提取的,应当加收仓储费;提前提取的,不减收仓储费。

释　义

本条是关于储存期限届满后仓储物提取的规定。

仓储合同中双方当事人可以约定储存期限,同时,基于仓单的重要功能之一即是作为提取仓储物的凭证,因此,储存期限届期,存货人或者仓单持有人应当凭仓单、入库单等提取仓储物。存货人或仓单持有人凭仓单提取仓储物后,应按照约定支付仓储费。存货人或仓单持有人提前提取仓储物的,不减收仓储费;逾期提取仓储物的,应当加收仓储费。

基于合同的一般法理,仓储合同中明确约定储存期限的,除非当事人对此另有约定或者法律另有规定,保管人不得要求存货人或仓单持有人在储存期限届满之前提取仓储物。

第九百一十六条　储存期限届满,存货人或者仓单持有人不提取仓储物的,保管人可以催告其在合理期限内提取;逾期不提取的,保管人可以提存仓储物。

释　义

本条是关于存货人或仓单持有人迟延提取仓储物的规定。

仓储合同约定储存期限的,储存期限届满后,存货人或仓单持有人负有提取仓储物的义务,若其不能或者拒绝提取仓储物,保管人可以在合理期限内,催告存货人或仓单持有人按期提取。逾期仍不提取的,保管人可以提存仓储物。

保管人将仓储物提存后,若仓储人或仓单持有人未支付仓储费用,保管人可请求其再支付仓储费。存货人或者仓单持有人迟延给付,若合同中约定违约金的,保管人可以依照约定请求存货人或者仓单持有人支付违约金。若合同中没有约定违约金的,则可以要求其支付因迟延给付所产生的逾期利息。

第九百一十七条　储存期内,因保管不善造成仓储物毁损、灭失的,保管人应当承担赔偿责任。因仓储物本身的自然性质、包装不符合约定或者超过有效储存期造成仓储物变质、损坏的,保管人不承担赔偿责任。

释　义

本条是关于保管人违约责任的规定。

保管合同生效后,保管人负有妥善保管仓储物之合同上的义务。所谓"妥善保管",是指保管人应当按照合同中约定的保管条件、保管要求以及合同的诚实信用要求从事保管活动。保管条件和保管要求一般由双方约定,包括存货人对货物的性质、品质等提出保管的条件和要求。保管人没有按照合同约定的保管条件和保管要求从事保管活动,造成仓储物毁损、灭失的,保管人应当承担赔偿责任。

基于保管合同的有偿性质,除保管合同中约定的保管条件和保管要求外,保管人还应尽到善良管理人的注意义务,经常对储存设施和储存设备进行维修和保养,对仓储物进行巡视和检察,注意防火防盗。保管人发现仓储物变质、损坏,或者有变质、损坏风险时,应当及时通知存货人或仓单持有人。

仓储物发生毁损、灭失的情况,若保管人能够证明系因仓储物本身的自然性质、包装不符合约定或者仓储物超过有效储存期而造成,则此时保管人不对仓储物的毁损、灭失承担赔偿责任。

第九百一十八条　本章没有规定的,适用保管合同的有关规定。

释　义

本条是关于适用保管合同的规定。

仓储业是保管行业在商事交往中发展出来的一类特殊行业,其本质与保管无异,均为代他人保管财物。因此,在本章中没有特别规定的情形,可以适用关于保管合同的规定。例如,在未取得存货人或者仓单持有人同意的情形下,保管人不得将仓储物转交予第三人保管,亦不得适用或者许可第三人使用仓储物等。

第二十三章 委托合同

本章是《民法典》第三编第二分编仓储合同的规定,共 18 条。委托合同系各大陆法国家民法典中典型之有名合同。我国第一次民法典草案于"债篇分则"中规定"委任契约"一章,第三次民法典草案(征求意见稿)则将委托、信托、居间归为一章。1999 年《合同法》颁行后,委托合同作为独立一章进行规定。本章基本沿袭合同法中的条文规定,仅就个别条文表述进行了修改和完善。本章主要内容包括委托合同的定义,委托合同的类型,委托人的费用预付及偿还义务,委托人的介入权、撤销权,受托人报告义务、亲自处理委托事务义务、财产返还义务,委托人与受托人的连带责任,贸易代理以及委托合同的终止等规定。

第九百一十九条 委托合同是委托人和受托人约定,由受托人处理委托人事务的合同。

释 义

本条是关于委托合同的定义。

委托合同,又称委任合同,是指双方当事人约定一方委托他人处理事务,他人同意为其处理事务的协议。在委托合同关系中,委托他人处理事务的一方称委托人,接受委托的一方称受托人。

委托合同以委托人的委托意思表示与受托人接受委托的意思表示达成一致为其成立要件,委托合同自受托人承诺之时成立并生效。委托合同的标的为受托人处理委托事务之行为,其合同既可以口头方式订立,也可以书面等方式订立。合同成立后,无论合同是否有偿,委托人与受托人均受委托合同拘束。就委托人而言,其有向受托人预付处理委托事务费用的义务,合同约定报酬时,还应当履行支付受托人报酬的义务。就受托人而言,其有向委托人报告委托事务、亲自处理委托事务、转交委托事务所取得财产等义务。

就委托合同中"事务"的内容,应认为,只要能以法律行为做成的事务,委托人均可委托受托人办理。但是,委托人所委托之事务违反法律的强制性规定,例如代为销售、运输、储存毒品、淫秽物品等,或者身份行为等依其性质不能委托他人代理的事务,例如婚姻登记、遗嘱等,不属于可委托事务的内容。

第九百二十条 委托人可以特别委托受托人处理一项或者数项事务,也可以概括委托受托人处理一切事务。

释 义

本条是关于委托类型的规定。

受托人处理事务来自于委托人的授权,以委托人的授权范围为标准,委托可划分为特别委托和概括委托两种基本类型。

特别委托是指受托人为委托人处理一项或者数项特定事务。特别委托在实践中的常见情形有:(1)不动产出租、出售或者设定抵押权;(2)赠与;(3)和解,此处得委托进行的和解,既可以是民事实体内容的和解,也可以是民事诉讼法上的和解,以及破产法上的和解等类型;(4)诉讼;(5)仲裁。概括委托是指双方当事人约定受托人为委托人处理一切事务的委托协议。

区分概括委托与特别委托的目的,旨在明确委托人与受托人的权利义务关系,防止因代理权或者其他授权不明确而引起非必要的纠纷。在发生纠纷时,也可基于特别委托中明确的代理权限而确定当事人之间的相互责任。

第九百二十一条 委托人应当预付处理委托事务的费用。受托人为处理委托事务垫付的必要费用,委托人应当偿还该费用并支付利息。

释　义

本条是关于委托人预付费用与偿还费用的规定。

委托合同中,受托人是为委托人利益处理事务,其合同标的仅为受托人处理事务之行为。因此,受托人对于处理事务中产生的费用并无垫付之义务,不论委托合同有偿或者无偿,委托人均应对事务处理可能产生的费用进行预先支付。就委托人支付的预付费,在委托事务处理完后若有剩余,受托人应当返还给委托人。若当事人在委托合同中约定了报酬,且预付费用已经包含在报酬中的,委托人可不再履行预付费用的义务。

若受托人在处理事务中基于特定情事而预先垫付了必要费用,则其有权请求委托人偿还。该必要费用一般包括出差旅费,相关物品的运输费、仓储费、检验费,交通费,邮费等。判断受托人费用的支出是否必要,应采取客观标准,并从以下三方面考察:第一,直接性原则,即支出的费用是否与所处理的事务存在直接关系;第二,有益性原则,即受托人费用的支出是否以使委托人收益为目的;第三,经济性原则,即受托人支出的费用是否采取了适当且节约的方法。

受托人垫付了必要费用后,可以请求委托人偿还。偿还费用除包括费用本身外,还应包括自受托人垫付费用之日起所产生的利息。就该利息的利率计算,当事人之间若有约定的,从其约定,但不得高于法定利率;若没有进行约定或约定不明的,则依照法定利率计算。

第九百二十二条　受托人应当按照委托人的指示处理委托事务。需要变更委托人指示的,应当经委托人同意;因情况紧急,难以和委托人取得联系的,受托人应当妥善处理委托事务,但是事后应当将该情况及时报告委托人。

释　义

本条是关于受托人按照委托人指示处理委托事务的规定。

委托合同中受托人的主给付义务即是按照委托人的指示处理事务。受托人既接受委托人委托,自应审慎严格地按照委托人指示,并在委托人授权范围内完成委托事务。原则上受托人不得变更委托人的指示。在处理委托事务过程中,若因客观情况变化而导致须变更委托人指示时,应当经委托人同意后进行变更。

在特殊情形下,受托人得不按照委托人指示处理事务:第一,因情况紧急,需要立即采取新的措施;第二,因客观原因,难以与委托人取得联系;第三,变更指示的目的在于维护委托人的利益。上述情形中,受托人对委托人指示的变更并不构成对委托合同中义务的违反。

第九百二十三条 受托人应当亲自处理委托事务。经委托人同意,受托人可以转委托。转委托经同意或者追认的,委托人可以就委托事务直接指示转委托的第三人,受托人仅就第三人的选任及其对第三人的指示承担责任。转委托未经同意或者追认的,受托人应当对转委托的第三人的行为承担责任;但是,在紧急情况下受托人为了维护委托人的利益需要转委托第三人的除外。

释 义

本条是关于委托人亲自处理委托事务的规定。

受托人应当亲自处理委托事务,盖委托关系的成立,建立在委托人对受托人信任之基础上。私法自治追求意思自治、责任自负,非在特定情形,为自己权益之实现,本无须假他人之手。换言之,委托人之所以将其自己事务托于受托人办理,原因即在于委托人对受托人(而非他人)业务能力及行业信誉等之信任,而受托人的承诺中,也包含了以自身业务能力和行业信誉亲自处理受托事务之意思。因此,委托合同一经成立生效,受托人不得擅自将自己受托之事务转托他人处理,而应当亲自处理委托事务。

当然,并非任何情形下受托人均不得将其受托事务转委托他人处理。若转委托已经取得委托人同意,或者虽事前未取得委托人同意,但在事后取得其追认的,应基于意思自治之基本原则,承认转委托的效力。此时委托人仅就第三人的选任及其对第三人的指示承担责任。若未经委托人同意或追认而转委托的,受托人应当对转委托的第三人的行为承担责任。在紧急情况下,若不经转委托可能致使委托合同目的不能实现,则为维护委托人的利益,允许受托人将事务委托第三人处理,受托人对第三人的行为不承担责任。

第九百二十四条　受托人应当按照委托人的要求,报告委托事务的处理情况。委托合同终止时,受托人应当报告委托事务的结果。

释　义

本条是关于受托人报告义务的规定。

本条规定受托人在处理受托事务过程中,应当按照委托人的要求,报告委托事务的处理情况,以便使委托人能够及时了解受托事务的处理进度。若委托合同中约定了明确的报告方式、报告时间的,受托人应当按照合同约定进行报告。若委托合同中没有约定受托人的报告义务,但受托人认为有必要报告时,也有义务向委托人进行报告。

委托合同终止时,受托人应当将受托事务的处理情况向委托人进行报告,例如处理委托事务的始末、委托人预付费用的花销情况等。受托人的报告可以是书面的也可以是口头的,在委托人与受托人就事务处理情况产生纠纷时,受托人应当提交必要的书面材料和证明文件。

第九百二十五条　受托人以自己的名义,在委托人的授权范围内与第三人订立的合同,第三人在订立合同时知道受托人与委托人之间的代理关系的,该合同直接约束委托人和第三人;但是,有确切证据证明该合同只约束受托人和第三人的除外。

释　义

本条是关于受托人以自己名义与第三人订立合同,第三人知道代理关系时合同约束对象的规定。

委托合同作为基础法律关系,可以产生代理和行纪法律关系。前者中,代理人以被代理人名义从事法律行为,其行为效果归属于被代理人;后者中,行纪人以自己名义从事法律行为,行为效果直接归属于行纪人,行纪人与委托人按照行纪合同内容确定各自的权利义务。

依据本条,受托人以自己的名义,在委托人的授权范围内与第三人订立合同的,若第三人在订立合同时知道受托人与委托人之间的代理关系的,该合同直接约束委托人和第三人。其中,第三人应当在订立合同时就清楚知道委托人与受托人之间的代理关系,若第三人在订立合同时并不知道受托人是委托人的代理人,而是事后知道,则不适用本条规定。此外,若受托人与第三人约定,或者依照交易习惯该合同只约束受托人与第三人的,如有确切证据证明,则该合同只约束受托人和第三人,不适用本条规定。此处的确切证据,系指该证据应当达到排除合理怀疑之证明标准的证据。

第九百二十六条 受托人以自己的名义与第三人订立合同时,第三人不知道受托人与委托人之间的代理关系的,受托人因第三人的原因对委托人不履行义务,受托人应当向委托人披露第三人,委托人因此可以行使受托人对第三人的权利。但是,第三人与受托人订立合同时如果知道该委托人就不会订立合同的除外。

受托人因委托人的原因对第三人不履行义务,受托人应当向第三人披露委托人,第三人因此可以选择受托人或者委托人作为相对人主张其权利,但是第三人不得变更选定的相对人。

委托人行使受托人对第三人的权利的,第三人可以向委托人主张其对受托人的抗辩。第三人选定委托人作为其相对人的,委托人可以向第三人主张其对受托人的抗辩以及受托人对第三人的抗辩。

释 义

本条是关于委托人介入权、第三人选择权的规定。

本条第 1 款是关于委托人介入权的规定。所谓委托人的介入权,是指在委托人介入原本是受托人与第三人的合同关系中,取代受托人合同地位的权利。本款中,委托人介入权的行使须满足如下条件:首先,受托人系以自己的名义与第三人订立合同,该合同不对委托人具有拘束力;其次,第三人不履行合同义务已经影响到委托人的利益,受托人向委托人披露第三人;再次,委托人行使介入权,其权利行使应通知受托人和第三人,此时,除非订立合同时第三人若知道该委托人就不会与受托人订立合同,此时委托人取代受托人合同地位,成为第三人在合同中的相对人;最后,因受托人的披露,委托人也可不行使介入权,此时仍然由受托人处理因第三人违约而产生的问题。

本条第2款规定了第三人的选择权,即在受托人与第三人合同关系中,因委托人原因造成受托人不履行义务的,受托人应当向第三人披露委托人,此时第三人可以在受托人和委托人之间选择一方作为违约责任的承担主体。第三人的选择权仅能行使一次,选定相对人后即不得更改。

不论委托人的介入权,还是第三人的选择权,其权利的行使都会给另一方造成影响,有必要赋予相对方以相应的抗辩权利。因而,本条第3款规定,委托人行使受托人对第三人权利的,第三人可以向委托人主张其对受托人的抗辩。第三人选定委托人作为其相对人的,委托人可以向第三人主张其对受托人的抗辩以及受托人对第三人的抗辩。

第九百二十七条　受托人处理委托事务取得的财产,应当转交给委托人。

释　义

本条是关于受托人转交财产的规定。

本条规定,受托人应当将其在处理委托事务时取得的财产转交给委托人。本条中的"财产",既包括金钱、有体物,也包括金钱与有体物所生之孳息,也包括其他财产性权利,例如债权、知识产权等。

本条中虽仅规定了受托人的转交财产义务,但应认为对于转委托情形中的第三人,也应当依照本条规定,令其将处理委托事务取得的财产转交于委托人。

第九百二十八条　受托人完成委托事务的,委托人应当按照约定向其支付报酬。

因不可归责于受托人的事由,委托合同解除或者委托事务不能完成的,委托人应当向受托人支付相应的报酬。当事人另有约定的,按照其约定。

释 义

本条是关于受托人报酬请求权的规定。

在有偿委托的情形,受托人完成委托事务后,有权请求委托人按照合同约定支付报酬。若合同本身并未约定报酬,但依据交易习惯或该委托事务的性质,应当由委托人给付报酬,受托人仍然享有请求委托人支付报酬的权利。

因不可归责于受托人的事由,致使委托合同解除或者委托事务不能完成的原因主要有以下两方面:第一,因委托人原因,例如委托人有本法第562条规定的情形,受托人依法解除合同的;或者委托人拒绝垫付处理委托事务的必要费用致使事务无法进行的。第二,基于客观原因,例如不可抗力、委托人死亡等,致使委托合同中止的。因不能归责于受托人的事由而导致委托合同解除或者委托事务不能完成的,除非当事人之间另有约定,否则受托人仍然可以根据其处理委托事务时的实际情况以及事务自身性质等,请求委托人给付相应报酬。

第九百二十九条 有偿的委托合同,因受托人的过错造成委托人损失的,委托人可以请求赔偿损失。无偿的委托合同,因受托人的故意或者重大过失造成委托人损失的,委托人可以请求赔偿损失。

受托人超越权限造成委托人损失的,应当赔偿损失。

释 义

本条是关于受托人过错致使委托人损失时责任承担的规定。

受托人因有过错造成委托人损失时,根据委托合同系属有偿抑或无偿,其责任承担方式也有不同。在无偿委托合同之情形,受托人仅在故意或者重大过失情形下,对其造成的委托人损失承担赔偿责任。在有偿委托合同之情形,不区分受托人的过错程度,换言之,只要受托人在处理委托事务时有过错,就应当承担因其过错给委托人造成损失的赔偿责任。

区分有偿和无偿的原因在于,相较于有偿委托合同,无偿委托中受托人并未因委托合同的成立而取得新的利益,因而在其注意义务的要求上,不应设定过高,故仅在受托人主观上具有较高之可苛责性时,例如故意或者重大过失,才使其承担赔偿责任。但是本条第 2 款规定,在受托人超越权限给委托人造成损失的情形,不论委托合同是否有偿,受托人均应当对委托人的损失进行赔偿。

第九百三十条 受托人处理委托事务时,因不可归责于自己的事由受到损失的,可以向委托人请求赔偿损失。

释 义

本条是关于委托人对受托人损失承担的规定。

本条旨在明确委托法律关系中委托人对受托人损失承担的责任规则。在委托合同关系存续期间,因不可归责于受托人的事由而致使其在处理委托事务时受有损失的,就该损失受托人可以请求委托人进行赔偿。满足本条规定的条件有三点:第一,须委托法律关系并未解除或终止;第二,损失须发生在受托人处理委托事务过程中;第三,损失的发生须因不可归责于受托人之事由,例如,委托人在受托人无过错情形下解除委托合同。

确定由委托人承担受托人损失的原因在于,委托合同是受托人为委托人之利益处理事务,既然委托人最终享有事务处理的利益,则在利益实现过程中的相应风险亦应由其终局地承担。因此,受托人在不具有可归责性之前提下所发生的财产或人身损害,有权请求委托人进行赔偿。

第九百三十一条 委托人经受托人同意,可以在受托人之外委托第三人处理委托事务。因此造成受托人损失的,受托人可以向委托人请求赔偿损失。

释 义

本条是关于委托人委托第三人处理事务的规定。

委托合同的订立建立在双方当事人相互信赖的基础之上,尤其是无偿委托的情形,委托人和受托人之间更是释放出明显的人身性特征。委托合同的信赖基础要求受托人不得随意将事务转委托他人处理,同时也意味着,委托人在委托受托人之外的第三人处理事务时,也应征得受托人的同意。

若委托人转委托第三人处理事务从而给受托人造成损失的,受托人可以向委托人请求赔偿其相应的损失。

第九百三十二条 两个以上的受托人共同处理委托事务的,对委托人承担连带责任。

释 义

本条是关于共同委托的规定。

共同委托,是指委托人委托两个或两个以上的受托人就特定事务的处理共同享有代理权的情形。在共同委托的认定中,首先,若委托人为数人而受托人为一人的,并不成立共同委托;其次,数个受托人须共同行使代理权。所谓共同行使,是指在特定事务的处理上,只有经过全体受托人的共同同意,才可行使代理权。因此,委托人在受托人之外另行委托他人处理委托事务的,并不属于本条中的共同委托之情形。

共同委托中,某一受托人在与其他受托人协商或者数个受托人共同协商后,单独或者共同实施的事务处理行为,应被认为是全体受托人的共同行为。若该代理权行使对委托人造成损失的,应当由受托人共同对委托人承担连带责任。委托合同中,若当事人事先约定按份责任的,则各受托人依照约定的责任份额承担责任。若合同中未约定按份责任,共同受托人中某一个或数个委托人未经全体同意而擅自行使代理权处理事务的,因此造成的损失仍然由共同委托人承担连带责任。

第九百三十三条 委托人或者受托人可以随时解除委托合同。因解除合同造成对方损失的,除不可归责于该当事人的事由外,无偿委托合同的解除方应当赔偿因解除时间不当造成的直接损失,有偿委托合同的解除方应当赔偿对方的直接损失和合同履行后可以获得的利益。

释 义

本条是关于委托合同任意解除权的规定。

通常情形下,合同的解除须满足约定或法定之条件。但在委托合同中,委托关系的基础在于委托人与受托人的相互信任。但在纷繁复杂的交往中,双方的信任基础可能随时面临变化,一旦信任基础不在,继续履行合同也无必要,因此,本条赋予委托人或受托人以委托合同的解除权,只要一方想要终止合同,其无须提出理由即可随时解除合同。

因解除委托合同而给另一方当事人造成损失的,若该损失是因不可抗力、合同当事人死亡或丧失行为能力等客观的、不可归责于当事人的事由所造成,则解除方不承担因合同解除而产生的损失。除此之外,因合同解除所造成的损失,解除方应当承担赔偿责任。就其责任的内容,本条根据委托合同在无偿和有偿之不同性质,规定了不同的责任内容。

在无偿委托合同的情形,解除方应当赔偿另一方当事人因解除时间不当所造成的直接损失。所谓解除时间不当,就委托人而言,是指在受托人未完成委托事务而解除合同的情形,委托人因自己无法亲自处理事务,且不能及时找到合适的受托人继续处理事务而发生的损害;就受托人而言,是指委托人在受托人未完成委托事务而解除合同的情形,受托人因此而遭受的损失等。

在有偿委托合同的情形,基于合同的有偿、对价特点,委托合同的解除方应赔偿对方因合同解除所造成的直接损失以及其可以期待合同履行后能够获得的利益。

第九百三十四条 委托人死亡、终止或者受托人死亡、丧失民事行为能力、终止的,委托合同终止;但是,当事人另有约定或者根据委托事务的性质不宜终止的除外。

释　义

本条是关于委托合同终止的规定。

本条规定了委托合同终止的情形,即委托人死亡、终止(即委托人作为法人或其他组织时)或者受托人死亡、丧失民事行为能力或者(作为法人或其他组织)终止的情形。委托合同的成立,建立在双方当事人的相互信任基础之上。若一方当事人死亡或者终止的,原有的信任基础已经不在,合同能否继续履行取决于原当事人的继承人、遗产管理人或者清算人与另一方当事人能否建立新的信任基础。为避免纠纷,本条规定在上述情形中,委托合同可以终止。但在委托合同当事人丧失行为能力的情形,委托合同并不当然终止。本条之所以区分合同当事人丧失行为能力对委托法律关系的不同影响,即在于当委托人丧失行为能力时,因其订立合同时行为能力未受瑕疵影响,原则上应尊重其当时的理性意思,而不使合同当然终止;但在受托人丧失行为能力的情形,此时受托人已无能力继续委托事务,且为保护委托人的利益,此时委托合同即告终止。

本条同时规定,若当事人之间另有约定,或者根据委托事务的性质委托合同不宜终止的,例如,因委托合同终止将可能损害委托人利益的,委托合同并不因上述情形而当然终止。

第九百三十五条　因委托人死亡或者被宣告破产、解散,致使委托合同终止将损害委托人利益的,在委托人的继承人、遗产管理人或者清算人承受委托事务之前,受托人应当继续处理委托事务。

释　义

本条是关于受托人继续处理受托事务的规定。

当作为自然人之委托人死亡或者作为非自然人之其组织形态被宣告破产、解散时,根据本法第934条,通常情形该委托合同即为终止。但是,若合同的终止将损害委托人的利益,则委托合同不能因此中止,受托人应当继续处理委托事务,在委托人的继承人、遗产管理人或者清算人承受委托事务之前,仍然应当采取必要措施保护委托方的利益。

在委托合同有偿的情形,受托人得因委托合同的继续而仍然享有相应的报酬请求权。但在委托合同无偿的情形下,要求受托人继续履行委托义务,则涉及其义务终止时间的判断问题。对此,应认为当委托人的继承人、遗产管理人、法定代理人或者清算人具有接受委托事务之现实可能性时,受托人即可从委托合同的约束中解放出来,无须等待委托人的继承人等现实地接受委托事务。

第九百三十六条 因受托人死亡、丧失民事行为能力或者被宣告破产、解散,致使委托合同终止的,受托人的继承人、遗产管理人、法定代理人或者清算人应当及时通知委托人。因委托合同终止将损害委托人利益的,在委托人作出善后处理之前,受托人的继承人、遗产管理人、法定代理人或者清算人应当采取必要措施。

释 义

本条是关于受托人丧失民事权利能力、行为能力时委托事务的处理的规定。

本条规定,因自然人之受托人死亡、丧失民事行为能力或者作为非自然人之组织形态被宣告破产、解散而致使委托合同终止的,受托人的继承人、遗产管理人、法定代理人或者清算人应当及时通知委托人。若委托合同终止将损害委托人利益的,受托人的继承人、遗产管理人、法定代理人或者清算人应当采取必要措施保护委托人的利益。

对于继续处理委托事务的截止时间,应当区分委托合同的有偿和无偿情形。在委托合同有偿的情形下,基于合同的对待给付性质,在委托合同持续的过程中,受托人的继承人等可以继续请求合同约定相应报酬,换言之,其并未因委托合同的继续而增加不必要的负担,故其应当继续处理委托事务,直到委托人能够接受时为止。但对于无偿委托合同而言,受托人无偿接受委托事务的基础在于对委托人更强的信任,在原受托人主体灭失后,该信任基础也一并消失。不应对受托人的继承人课以更高的要求,因此,其负担的委托合同义务,在委托人具有接受委托合同事务之现实可能性时即可终止。

第二十四章　物业服务合同

本章是《民法典》第三编第二分编对物业服务合同的规定,本章共 14 条。物业服务合同为本次民法典编纂新增加内容。在我国第三次民法典编纂工作中,即在 1980 年民法草案(征求意见稿)合同编中曾出现社会服务之专章内容。本章规定则是与物权编建筑物区分所有权制度相配套的法律规定。随着城市化进程的加快,房地产行业的快速发展,与物业服务相关的纠纷也日益增加。尤其是在《物权法》对业主的建筑物区分所有权制度作出规定后,业主对物业整体享有管理权,而在建筑物区分所有权中,关于共有、专有等制度均涉及物业服务合同,鉴于业主人数众多,公共事务繁杂,聘请专业的物业服务企业管理物业成为重要的物业管理方式,而业主借助物业服务企业管理物业又往往需要借助于合同的形式,为回应社会需求,更好地处理法律纠纷,本法将物业服务合同规定为有名合同,并对物业服务合同的定义、内容、形式、效力,前期物业服务合同的效力以及业主和物业服务人的权利和义务等内容进行规定。

第九百三十七条　物业服务合同是物业服务人在物业服务区域内,为业主提供建筑物及其附属设施的维修养护、环境卫生和相关秩序的管理维护等物业服务,业主支付物业费的合同。

物业服务人包括物业服务企业和其他管理人。

释　义

本条是关于物业服务合同定义的规定。

　　物业服务合同是指物业服务人和其他物业管理人,在合同约定的物业服务区域内,为业主提供建筑物及其附属设施的维修养护、环境卫生和相关秩序的管理维护等物业服务,业主支付相应物业服务费用的合同。物业服务合同的主体是物业服务企业、其他管理人以及业主。其中"业主",是指全体业主,而非单独的业主个人。原因即在于:

　　(1)根据本法物权编第 278 条的规定,有关建筑物及其附属设施的管理规约的制定和修改、业主委员会的选举或者业主委员会成员的更换、物业服务企业或者其他管理人的选聘和解聘,以及有关共有和共同管理权利的其他重大事项等内容,应由业主共同决定,本章作为物权编建筑物区分所有权制度的配套规定,对"业主"的界定应当与物权编保持一致,即全体业主;(2)物业服务合同的内容是提供建筑物及其附属设施的维修养护、环境卫生和相关秩序的管理维护等物业服务,该服务通常涉及全体业主的共有利益,故应当将全体业主作为服务合同的当事人;(3)将业主定义为全体业主,有利于贯彻物业服务合同的效力,物业服务合同的订立,使得物业服务人对全体业主负有提供符合合同约定或法律规定内容的服务,相应的,该合同也对全体业主产生拘束力,单个的业主不得单方面变更或者解除合同,也不得拒绝物业服务或拒绝支付物业费用。

　　第九百三十八条　物业服务合同的内容一般包括服务事项、服务质量、服务费用的标准和收取办法、维修资金的使用、服务用房的管理和使用、服务期限、服务交接等条款。

　　物业服务人公开作出的有利于业主的服务承诺,为物业服务合同的组成部分。

　　物业服务合同应当采用书面形式。

释　义

　　本条是关于物业服务合同内容和成立要件的规定。

　　本条对物业服务合同的内容和订立形式进行了规定。物业服务合同在性质上属于委托合同、双务合同。

　　本条第 1 款就物业服务合同的一般内容进行了规定,包括服务事项、服务质量、服务费用的标准和收取办法、维修资金的使用、服务用房的管理和使用、服务期限、服务交接等条款。其中:(1)所谓"维修资金",是指由业主缴纳的专门用于住宅共用部分、共用设施和设备维修所需的资金,如电梯、水箱等共有部分的维修费用。除维修资金外,物业服务合同中也可以约定管理资金,即由业主出资组成的由业主大会或者业主委员会管理的资金,它可以由业主出资的财产构成,也可以由共有财产的收益所构成。维修资金只是由业主出资形成的,属于业主共有,且只能用于特定的目的,不能用于支付各种管理费用。(2)所谓"服务用房"是指物业服务企业为管理整个小区内的物业而使用的房屋。原则上,物业管理用房应由全体业主共有,但是,没有物业管理用房,物业服务企业等就无法为业主提供必要的物业服务,因此,物业管理用房是向小区提供物业服务所必需的,在物业服务企业进驻以后,全体业主就应当允许其使用该物业管理用房。为明确双方的权利义务,关于物业服务企业使用物业管理用房的权利,如使用期间、使用方式等,可以由当事人在合同中预先约定。

本条第 3 款规定了物业服务合同为要式合同,须以书面形式订立。原因即在于物业服务的内容具有较强的专业性,而且物业服务企业无须在处理每项事务时都要按照业主的指示,只要其提供的物业服务符合合同约定的标准和要求即可,因而明确以书面形式订立物业服务合同能更好的固定和监督合同主体义务的履行。同时,物业服务合同虽须以书面形式订立,但此仅为原则性规定,本条第 2 款规定,物业服务人公开作出的有利于业主的服务承诺,虽然未以书面形式写入物业服务合同的,仍然视为是物业服务合同的组成部分,以便更为周全地保障业主的权益。

第九百三十九条 建设单位依法与物业服务人订立的前期物业服务合同,以及业主委员会与业主大会依法选聘的物业服务人订立的物业服务合同,对业主具有法律约束力。

释 义

本条是关于物业服务合同效力的规定。

本条是对物业服务合同效力的规定。根据合同主体的不同,可以将物业服务合同分为前期物业服务合同与物业服务合同。

所谓前期物业服务合同,是指在前期的物业管理阶段,即在物业区域内的业主、业主大会选聘物业服务企业之前,由房地产开发建设单位或公有住房出售单位与物业服务企业之间订立的,双方约定由物业管理企业对前期物业管理项目进行管理的书面协议。实践中,从建设单位开始销售商品房到召开全体业主大会之间,往往存在一定的时间差,在这段时间内,由于相应的房产出售率未达到法定条件或因其他原因,客观上无法召开第一次业主大会并成立业主委员会,这就有必要由房地产开发建设单位或者公有住房出售单位与物业服务企业订立前期物业服务合同。允许建设单位选聘物业服务企业并与之签订前期物业服务合同,对维护业主的共同物业利益十分必要。

所谓物业服务合同,是指业主大会召开之后,业主委员会或者业主大会与选聘的物业服务企业和其他物业管理人订立的物业服务合同,此时业主委员会或者业主大会代表全体业主与物业服务人订立合同,基于意思表示的一致而当然使合同对双方当事人具有法律拘束力。

第九百四十条　建设单位依法与物业服务人订立的前期物业服务合同约定的服务期限届满前,业主委员会或者业主与新物业服务人订立的物业服务合同生效的,前期物业服务合同终止。

释　义

本条是关于前期物业服务合同终止的规定。

前期物业服务合同主要是由房地产开发建设单位与物业服务企业订立的,业主并没有参加前期物业服务合同的订立,对于已经受领房屋交付的业主而言,先入住的业主对物业公司并没有选择权,无论其是否搬入,其既然已经成为业主,成为业主团体的成员之一,自然应当受到前期物业服务合同的约束。这实际上属于合同权利义务的概括移转,即业主概括承受建设单位在前期物业服务合同中的权利义务。但由于业主没有实际参与到前期物业服务合同的订约过程,若均由业主概括承受相关的权利义务关系,并不利于全体业主合法权益的保护。

有鉴于此,应当对前期物业服务合同的终止条件进行规定,在满足该条件的前提下,全体业主有权重新选聘新的物业服务人,并就相应的物业服务内容进行约定,以更好地安排、实现全体业主的合法权益。本条即规定,建设单位依法与物业服务人订立的前期物业服务合同约定的服务期限届满前,业主委员会或者业主与新物业服务人订立的物业服务合同生效的,前期物业服务合同即告终止。

若建设单位依法与物业服务人订立的前期物业服务合同约定的服务期限届满后,业主委员会或者业主并未与新物业服务人订立物业服务合同的,原前期物业服务合同并不当然继续有效。应当由业主委员会或者业主选择是否继续与前期物业服务人订立物业服务合同,或者与新物业服务人订立合同。

第九百四十一条 物业服务人将物业服务区域内的部分专项服务事项委托给专业性服务组织或者其他第三人的,应当就该部分专项服务事项向业主负责。

物业服务人不得将其应当提供的全部物业服务转委托给第三人,或者将全部物业服务支解后分别转委托给第三人。

释 义

本条是关于物业服务人将物业服务转委托第三人时的规定。

物业服务合同虽然在性质上属于委托合同,但与一般委托合同相比,物业服务人在提供物业服务时往往具有较强的自主性,其无须在每项事务的处理上均按照业主的指示活动,仅需提供符合物业服务合同约定要求和标准的服务即可。同时,物业服务合同的标的是由物业服务企业提供的一种社会化、专业化、技术化的综合性服务,在特定的服务事项上往往需要具备专业化的技能和知识,因此在部分的专项服务事项上,物业服务人可能将之委托给专业性服务组织或者其他第三人。对此,法律原则上不禁止该转委托行为,但物业服务人需要对其委托第三人处理的专项服务事项向业主负责,换言之,因物业服务人转委托第三人处理之专项服务事项而产生纠纷时,物业服务人不得以自己并非行为人而主张责任承担的排除。

此外,物业服务合同的订立往往建立在双方相互信任的基础之上。物业服务人可以基于专业性服务上的考虑将部分专项服务事务委托其他服务组织或者第三人处理,但不得将其应当提供的全部物业服务转委托给第三人,或者将全部物业服务支解后分别转委托给第三人。未经业主大会或业主同意或追认的转委托合同,物业服务人应当对第三人的行为承担责任。

　　第九百四十二条　物业服务人应当按照约定和物业的使用性质,妥善维修、养护、清洁、绿化和经营管理物业服务区域内的业主共有部分,维护物业服务区域内的基本秩序,采取合理措施保护业主的人身、财产安全。

　　对物业服务区域内违反有关治安、环保、消防等法律法规的行为,物业服务人应当及时采取合理措施制止、向有关行政主管部门报告并协助处理。

释　义

　　本条是关于物业服务人义务的规定。

　　物业服务合同的内容具有复合性特点,其既包括财产的管理、环境的管理,也包括秩序的维护等。物业服务的内容有的来自法律规定,有的来自约定,有的来自物业的使用性质,作为提供物业服务的一方当事人,应当按照合同约定和物业的使用性质,积极履行其义务。就其义务内容,既包括对环境和财产的管理,例如,妥善维修、养护、清洁、绿化和经营管理物业服务区域内的业主共有部分。也包括对物业服务区内基本秩序的维持,应当采取合理措施保护业主的人身、财产安全。

　　在物业服务区域内,除涉及业主相关权益保护的事项之外,也往往包括对公共秩序和社会利益的维护,对于物业服务人而言,当发现其物业服务区域内存在违反有关治安、环保、消防等法律法规的行为时,例如,业主乱搭乱建、携带危险物品进入社区、饲养危险动物或者不当占用消防通道等,作为该区域的实际管理人,物业服务人同时承担着维护上述公共秩序和社会利益的公共性义务,其应当采取合理措施及时制止违反治安、环保等法律法规的违法行为,并及时向有关行政主管部门进行报告,在必要时,还应积极协助有关行政主管部门对违法行为的处理。

　　第九百四十三条　物业服务人应当定期将服务的事项、负责人员、质量要求、收费项目、收费标准、履行情况,以及维修资金使用情况、业主共有部分的经营与收益情况等以合理方式向业主公开并向业主大会、业主委员会报告。

释 义

本条是关于物业服务人向业主大会、业主委员会报告义务的规定。

物业服务合同持续的时间往往较长,同时,鉴于物业服务合同的内容具有专业性和复杂性的特点,其涉及的公共事务较为繁杂,为减少纠纷的发生,更好的维护业主的合法权益,本条规定,物业服务人负有定期向业主大会、业主委员会进行报告的义务。

就物业服务人报告的内容,应当将服务的具体事项、负责人员、质量要求、物业收费项目、收费标准、服务履行情况以及维修资金的使用情况、业主共有部分的经营与收益情况等向业主公开并向业主大会、业主委员会进行报告。物业服务人就上述事项的报告方式,应当采取合理的方式,即应当以公开且便于业主知悉、查询的方式进行报告。就物业服务人的报告时间,物业服务合同中进行约定的,应当按照合同约定的期限进行报告。若合同中未就报告期限进行约定的,应允许业主与物业服务人就报告期限协议补充,未能达成补充协议的,应当根据合同条款或交易习惯确定。若仍无法确定的,物业服务人应当以符合合同诚实信用基本要求的方式和期限向业主大会、业主委员会报告并向业主公开。违反该报告义务的物业服务人,应当承担相应的责任。

第九百四十四条 业主应当按照约定向物业服务人支付物业费。物业服务人已经按照约定和有关规定提供服务的,业主不得以未接受或者无需接受相关物业服务为由拒绝支付物业费。

业主违反约定逾期不支付物业费的,物业服务人可以催告其在合理期限内支付;合理期限届满仍不支付的,物业服务人可以提起诉讼或者申请仲裁。

物业服务人不得采取停止供电、供水、供热、供燃气等方式催交物业费。

释　义

本条是关于业主合同义务的规定。

物业服务合同是双务、有偿合同。物业服务包括对房屋及配套的设施、设备和相关场地进行维修、养护、管理,维护相关领域内的环境卫生和秩序,这些服务内容通常涉及全体业主的共有部分以及共同利益。作为合同一方当事人的物业服务人,应当按照合同约定或物业的使用性质提供符合标准和要求的物业服务,相应的,作为另一方当事人的业主即应当向物业服务人支付合同约定的物业费用。

本条第 1 款中的业主,系指特定的业主个体。业主个体不得以其并非合同当事人为由,或者以其未接受或者无须接受相关物业服务为由拒绝支付物业费用。例如,低层的业主,不得以居住楼层低无须使用电梯为由,拒绝向物业服务企业交纳电梯使用以及维护费用。

本条第 1 款中的物业服务人,即指普通物业服务合同中的物业服务人,也指前期物业服务合同中的物业服务人。实践中,前期物业服务合同是由建设单位与物业服务企业之间订立的,相关物业服务费用也由建设单位承担。但在房屋交付给业主后,业主是否需要按照前期物业服务合同的约定支付物业服务费用,一直存有争议。根据本条第 1 款,前期物业服务合同中的业主,在其受领房屋之后,即已经实际享有相关的物业服务,应当由其支付相关的物业服务费用。若物业服务费用过高或者物业服务质量过差,则可以由业主或业主大会表决确定物业费用标准,并同物业服务企业协商变更物业服务费用条款。在前期物业服务合同中,业主仅支付其受领房屋之后的物业费用,对其受领房屋之前所产生的物业费用,应当由建设单位承担。

本条第 2 款规定,业主违反约定逾期不支付物业费的,物业服务人可以催告其在合理期限内支付;合理期限届满仍不支付的,物业服务人可以提起诉讼或者申请仲裁。物业服务人应当采取书面方式进行催告,并给予业主合理的期限以支付物业费用。若业主逾期仍不支付物业费用,在物业服务人起诉或提起仲裁时,应当以特定的违约业主作为被告,而非将业主大会或业主委员会作为被告。

本条第 3 款规定,物业服务人不得采取停止供电、供水、供热、供燃气等方式催交物业费。本款对物业服务人催缴物业费方式进行规定,物业服务人虽因业主迟延履行合同义务而享有继续履行请求权,但其权利行使应当合法、合理,不得在主张权利的同时,侵犯业主的正当权利。

第九百四十五条 业主装饰装修房屋的,应当事先告知物业服务人,遵守物业服务人提示的合理注意事项,并配合其进行必要的现场检查。

业主转让、出租物业专有部分、设立居住权或者依法改变共有部分用途的,应当及时将相关情况告知物业服务人。

释 义

本条是关于业主对物业服务人告知义务的规定。

在业主共有关系中,业主通常对自己的专有部分的建筑物及其附属物设施享有自行管理权,可以对其专有部分的建筑物进行装饰、装修或改造,例如,对其房屋的布局进行设计、改造,对其房屋整体进行装修、装饰等。但业主对其房屋的装修装饰有可能会影响到建筑物共有部分的功能以及建筑物整体的安全,例如,在房屋装修时将承重墙拆除的,将导致对建筑物整体物理结构的严重破坏,并有可能危及其他业主的居住安全。因此在业主从事装修装饰房屋活动之前,应当事先告知物业服务人,对于物业服务人提示的合理注意事项,例如,对于房屋附属设施的搭建要求、房屋承重墙的具体位置等,业主应当遵守,并且应当在装修装饰活动结束后,配合物业服务人所进行的必要的现场检查。对于违反上述告知义务的业主,应当将其不符合物业提示事项标准的装饰装修恢复原状。若因违反上述告知义务给他人造成损失的,应当承担损害赔偿责任。

物业服务人承担着维护服务区域内良好秩序的义务,在业主转让、出租物业专有部分、设立居住权时,鉴于服务区内实际的服务承受者发生了改变,相应的应当使物业服务人知悉该变化,以明确其义务履行的对象。在业主改变共有部分用途时,因涉及服务区域内公共物业设施的使用和管理问题,业主也应当将其情况及时告知物业服务人。本条规定实质上是对业主行为的约束和管理,性质上并非真正义务,违反上述告知义务的业主,应当承受因其行为所带来的不利益后果。

　　第九百四十六条　业主依照法定程序共同决定解聘物业服务人的,可以解除物业服务合同。决定解聘的,应当提前六十日书面通知物业服务人,但是合同对通知期限另有约定的除外。

　　依据前款规定解除合同造成物业服务人损失的,除不可归责于业主的事由外,业主应当赔偿损失。

释　义

　　本条是关于物业服务合同解除的规定。

　　本条第1款规定,在物业服务合同履行期间,业主享有任意解除权。所谓任意解除,是指当事人可以在合同所约定的期限届满之前,根据法律规定或者合同的约定,无须特别理由就可以根据自己单方的意志解除合同。物业服务合同以当事人之相互信任为基础,具有一定的人身信任性质,一旦双方发生信任危机,例如,物业提供的服务质量不高、物业服务合同的内容对业主不利等,则实现物业管理与服务的合同目的将难以实现,因此业主应当享有任意解除物业服务合同的权利。

　　但是,物业服务人的正当利益也同样值得保护,实践中,物业服务企业为提供符合约定的物业服务,通常需要进行大量的准备工作,并且会与其他民事主体订立一系列的合同,在赋予业主任意解除权的情形下,可能会对物业服务企业造成较大的损失,因此,应对业主任意解除权的行使应当加以适度的限制,即该任意解除权的行使,应当由业主依照法定程序,且除非物业合同中另有规定,业主应当提前60日以书面形式通知物业服务人。

　　当业主依照本条第1款规定解除物业合同之后,除不可归责于业主的事由,例如,发生不可抗力,或者物业服务人根本违约等事由之外,物业服务人因业主解除合同所产生的损失,例如,在提供物业服务时进行准备工作所支出的费用等,业主应当对之进行赔偿。

　　第九百四十七条　物业服务期限届满前,业主依法共同决定续聘的,应当与原物业服务人在合同期限届满前续订物业服务合同。

物业服务期限届满前,物业服务人不同意续聘的,应当在合同期限届满前九十日书面通知业主或者业主委员会,但是合同对通知期限另有约定的除外。

释 义

本条是关于物业服务期限届满前续订物业服务合同的规定。

选聘和解聘物业服务企业涉及业主的重大利益,应当由业主共同决定。在物业服务期限届满前,业主通过业主大会或业主委员会等合法程序决定续聘物业服务人的,应当与原物业服务人在合同期限届满前续订物业服务合同。物业服务合同成立的基础有赖于合同双方当事人的信任,对于业主经由法定程序作出的决议,物业服务人有理由相信业主将在物业服务期限届满后与其继续订立新的合同,为保护其信任,本条第 1 款规定,业主在物业服务期限届满前依法共同决定续聘的,应当与原物业服务人在合同期限届满前续订物业服务合同。

在物业服务期限届满前,若物业服务人不同意续聘的,除非合同对通知期限另有约定,其应当在合同期限届满前 90 日书面通知业主或者业主委员会,以便业主或业主委员会在此期间寻找其他适格的物业服务人。若物业服务期限届满前物业服务人未履行上述告知义务,致使业主或业主委员会未能寻找到合适物业服务人的,原物业服务人应当继续履行合同义务直至业主或业主委员会寻找到合适的新物业服务人,或者继续履行合同义务满 90 日。

第九百四十八条 物业服务期限届满后,业主没有依法作出续聘或者另聘物业服务人的决定,物业服务人继续提供物业服务的,原物业服务合同继续有效,但是服务期限为不定期。

当事人可以随时解除不定期物业服务合同,但是应当提前六十日书面通知对方。

释 义

本条是关于物业服务期限届满后物业服务合同效力的规定。

本条第 1 款规定,物业服务期限届满后,若业主没有依法作出续聘或者另聘物业服务人的决定,同时物业服务人仍继续提供物业服务的,原物业合同继续有效,但服务期限为不定期。物业服务合同的委托性质决定了合同双方当事人之间的信任基础是决定合同效力的一项重要考察因素。通常情形下,合同履行期限届满之后,合同关系即告终止。但在物业服务合同的情形下,在其约定的履行期限届满之后,业主虽然没有依法作出继续续聘的决定,或者没有依法作出另聘物业服务人的决定,而原物业服务人仍继续提供物业服务的,可以视为双方当事人之间的信任基础并未完全破裂,仍然具有一定程度的信任,此时使原物业服务合同继续有效,是符合双方当事人正当利益的。

同时,鉴于双方的信任程度并不完全充分,双方当事人均未就新的物业服务合同中的服务期限进行约定,故此时双方当事人均可以随时解除该未定期限的物业服务合同。在行使解除权时,解除权人应当提前 60 日书面通知相对人,以便使合同解除的相对方有合理时间安排并保障自己在合同解除后的计划和利益。

第九百四十九条　物业服务合同终止的,原物业服务人应当在约定期限或者合理期限内退出物业服务区域,将物业服务用房、相关设施、物业服务所必需的相关资料等交还给业主委员会、决定自行管理的业主或者其指定的人,配合新物业服务人做好交接工作,并如实告知物业的使用和管理状况。

原物业服务人违反前款规定的,不得请求业主支付物业服务合同终止后的物业费;造成业主损失的,应当赔偿损失。

释　义

本条是关于物业服务合同终止后原物业服务人履行义务的规定。

本条第 1 款规定,在物业服务合同终止之后,原物业服务人应当在约定期限或者合理期限内退出物业服务区域。在退出过程中,物业服务人应当将其之前使用或掌握的物业服务用房、相关设施、物业服务所必需的相关资料等交还给业主委员会或者是由业主委员会指定的人。若业主决定自行管理,则应交还该自行管理的业主。此外,原物业服务人还应配合新物业服务人做好交接工作,并如实告知物业的使用和管理状况。在退出过程中,原物业服务人可以请求业主支付相应的物业费用。

若原物业服务人在合同终止后拒不退出物业服务区域,或者在退出过程中并未按照本条第 1 款的规定将其使用或掌握的物业服务用房、相关设施、物业服务所必需的相关资料等交还给业主或其指定的人,或者拒绝配合新物业服务人做好交接工作,且未如实报告物业的使用和管理状况的,在此过程中产生的物业费用,不得请求业主支付。若给业主造成损失的,还应当承担相应的损害赔偿责任。

第九百五十条 物业服务合同终止后,在业主或者业主大会选聘的新物业服务人或者决定自行管理的业主接管之前,原物业服务人应当继续处理物业服务事项,并可以请求业主支付该期间的物业费。

释 义

本条是关于物业服务合同终止后原物业服务人请求业主支付物业费的规定。

物业服务合同属于继续性合同,物业服务行为具有连续性。在物业服务合同终止后,业主或者业主大会选聘的新物业服务人或者自行决定管理的业主接管之前的期间内,为保证服务区域内业主的正当利益和生活秩序,原物业服务人仍然应当继续处理物业服务事项。此时,虽然合同中的权利义务已告终止,但基于物业服务行为的连续性,原物业服务人仍然在履行物业服务事项,且该服务事项的履行也符合业主的整体利益,因此,基于权利义务的一致性,继续处理物业服务事项的原物业服务人享有请求业主支付其继续履行物业服务义务期间所产生的相应的物业费用。

第二十五章 行纪合同

▌本章导言 ▶

本章是《民法典》第三编第二分编对物业服务合同的规定,共10条。行纪合同系大陆法系特有的制度,其发轫于15、16世纪,得益于国际商业之勃兴而日益发达。比较法上如德国商法典、日本商法典、瑞士债务法等均有专门规定。我国历次民法典草案中,多以"信托合同(契约)"规范行纪相关内容。行纪合同性质上系属委托,在第三次民法典草案第四稿中,即于合同编规定"委托、信托、居间"一章,强调彼此在性质上的联系。1999年的《合同法》则将委托、行纪、居间合同分别以独立专章之形式加以规定。本章承继了原《合同法》的立法体例,以独立专章形式规定行纪合同,并就行纪合同的定义;行纪人的介入权、处分权、留置权;行纪人费用负担义务、妥善保管的义务;委托人的指示权;委托人支付报酬的义务等内容进行规定。

第九百五十一条 行纪合同是行纪人以自己的名义为委托人从事贸易活动,委托人支付报酬的合同。

释 义

本条是关于行纪合同定义的规定。

行纪合同又称信用合同,其系源自罗马法上的遗产信托制度,经后世演变而逐渐发展成为英美法上的信托制度和大陆法上的财团法人制度等。行纪合同中行纪人接受委托人的委托,以自己的名义为委托人从事法律交易,并由委托人支付相应报酬。其中接受委托的一方即为行纪人,另一方称委托人,因而在性质上,行纪合同与委托合同具有相似性,例如,都以双方当事人之信赖为

基础,都以提供劳务为合同标的。但两者亦有明显的区别:

首先,行纪合同的适用范围仅限于代销等贸易行为,而委托合同的适用范围更为宽泛;其次,行纪合同的行纪人只能以自己的名义处理委托事务,委托合同中的受托人既可以委托人名义,也可以自己的名义处理委托事务;再次,行纪人主体资格要求更高,一般须为专门从事贸易活动的非自然人,其开业和经营需要经国家有关部门的审批登记,委托合同的当事人则不必有此要求;最后,行纪合同为有偿合同,委托合同既可以是有偿合同,也可以是无偿合同。

第九百五十二条　行纪人处理委托事务支出的费用,由行纪人负担,但是当事人另有约定的除外。

释　义

本条是关于行纪人费用负担义务的规定。

行纪人往往在特定领域内从事专门的行纪活动,而商事交往中,伴随着高回报所一同出现的还有较高的商业风险。行纪合同中,行纪人在为委托人处理委托事务时,不仅须恪尽职守,在行纪活动中所产生的各类费用,例如,交通费、差旅费等,还需由行纪人自行承担。行纪人从事行纪活动所支出的必要费用,性质上是处理委托事务所产生的成本,但只有当行纪合同履行完毕后,行纪人才能请求委托人支付报酬,且该报酬包括成本与利润。除非行纪人与委托人事先约定,不论事成与否,委托人均会承担行纪活动中产生的必要费用,否则,一旦行纪人未能处理好行纪事务,其支出的成本费用只能由自己负担。

第九百五十三条　行纪人占有委托物的,应当妥善保管委托物。

释　义

本条是关于行纪人保管义务的规定。

行纪人在行纪活动中需要为委托人购进或出售物品,在此期间妥善保管委托物应是行纪人履行合同义务的重要内容。鉴于行纪合同的性质为有偿合同,因而行纪人在占有委托物期间对于委托物的注意义务要求要高于无偿委托情形,行纪人应当选择对委托人最有利的条件,同时以善良管理人的注意对委托物进行保管。

在产品寄售的情形,寄售商品通常以积压产品、旧物品等居多,若因行纪人保管不善造成物品毁损、灭失、变质、污染的,除非行纪人能够证明其已经尽到善良管理人的注意,或者存在不可抗力或物品自身性质导致的自然损害等不可归责之事由,否则应当承担赔偿责任。实践中,若委托人对财物有特别的指示,例如,指示行纪人代其投保财物保险并支付保费,行纪人没有投保保险的,应当由其承担因此而产生的损害责任。在既无约定又无指示的情形下,若行纪人为委托人的利益考虑,且不违反委托人明知或可推知的意思对其占有的委托物投保保险的,其享有请求委托人支付保险费及自支出时起产生的利息。

　　第九百五十四条　委托物交付给行纪人时有瑕疵或者容易腐烂、变质的,经委托人同意,行纪人可以处分该物;不能与委托人及时取得联系的,行纪人可以合理处分。

释　义

本条是关于行纪人对委托物处置权的规定。

行纪合同的目的在于通过行纪人的贸易行为实现委托人所追求的经济利益。鉴此,行纪人应当按照委托人的指示,从维护委托人利益出发选择最有利于委托人的条件完成行纪事务。行纪人在履行合同义务的过程中,若委托人委托并交付其出卖的物品具有瑕疵或者依该物品性质易于腐烂、变质的,在征得委托人同意的前提下,行纪人可以按照委托人的指示对委托物进行处置,例如变卖、拍卖等。通常情形下,行纪人不得擅自改变委托人的指示,然若委托物已经具有瑕疵或变质、腐烂的倾向,而行纪人又无法与委托人取得联系致使其无法及时取得委托人同意的,此时,基于保护委托人利益的目的,行纪人得以合理之注意享有对委托物的处置权。

若行纪人对于出售或购入的物品不做检查,或者虽已做检查但没有按照规定程序对物品瑕疵记录存证,没有及时通知委托人的,行纪人应对委托物的瑕疵或毁损、灭失承担责任。若行纪人已经发现委托物具有瑕疵或变质、腐烂的倾向,但怠于通知委托人,或者未采取合理的措施导致损失进一步扩大的,因此给委托人造成的损失,行纪人应承担损害赔偿责任。

第九百五十五条 行纪人低于委托人指定的价格卖出或者高于委托人指定的价格买入的,应当经委托人同意;未经委托人同意,行纪人补偿其差额的,该买卖对委托人发生效力。

行纪人高于委托人指定的价格卖出或者低于委托人指定的价格买入的,可以按照约定增加报酬;没有约定或者约定不明确,依据本法第五百一十条的规定仍不能确定的,该利益属于委托人。

委托人对价格有特别指示的,行纪人不得违背该指示卖出或者买入。

释 义

本条是关于行纪人按委托人指定价格买卖的规定。

通常情形下,行纪人应当遵循委托人的指示,基于委托人明确指定的价格进行货品的购入和售出,行纪人违反委托人指示进行交易的,委托人可以拒绝承受,并有权就其因此受到的损害请求行纪人赔偿。但同时,商事交易的复杂性和变动性程度较高,行纪人卖出或买入的价格有时并未严格依照委托人指定的价格,其情形主要有以下两种:

一是行纪人以低于委托人指定的价格卖出或者高于委托人指定的价格买入的情形。当行情不利于委托人时,行纪人为避免损失的扩大或为避免利益的减少,以劣于委托人的指示从事行纪活动的,应及时取得委托人的同意。在未征得委托人同意时,委托人有权拒绝接受对其不利的行纪行为并要求行纪人赔偿损失。但若行纪人将损失的差额部分补足时,应认为行纪人的行为对委托人发生效力,委托人不得以行纪人违反其指示为由拒绝接受。

二是行纪人以高于委托人指定的价格卖出或者低于委托人指定的价格买入的情形。此时行纪人执行委托事务的结果比合同约定的条件更为优越,委托人因增加收入或减少开支所增加的利益应当归属本人,行纪人此时可请求增加报酬。对此情形,若行纪合同没有约定或约定不明确的,双方可协议补充。未能达成补充协议的,按照合同有关条款或交易习惯确定。仍不能确定时,利益归委托人,行纪人不能取得报酬。

若行纪合同中委托人对于交易的价格进行了特殊的指示,则行纪人不得违背该指示卖出或买入。行纪人违反该特殊指示的交易行为,其法律效果委托人可以拒绝承受,并得就因此发生的损失请求行纪人赔偿。

第九百五十六条 行纪人卖出或者买入具有市场定价的商品,除委托人有相反的意思表示外,行纪人自己可以作为买受人或者出卖人。

行纪人有前款规定情形的,仍然可以请求委托人支付报酬。

释 义

本条是关于行纪人介入权的规定。

所谓行纪人的介入权,是指行纪人按照委托人的指示实施行纪行为时,可以作为出卖人或者买受人,卖出或者购买委托人的委托物。行纪人介入权的本质是行纪人自己作为买受人或出卖人与委托人直接订立买卖合同,行纪人虽然介入买卖合同关系当中,但其依然具有行纪人的身份。

本条中规定,行纪人介入权行使的对象,即委托物,必须是具有市场定价的商品。鉴于商品所具有的明确的市场定价,可以判断行纪人是否在对委托人不利时介入以及其实施介入对委托人不利时的损害赔偿标准,以保证商事交易的公平。当行纪人行使介入权与委托人缔结买卖合同时,委托人仍然应当按照行纪合同的约定向行纪人支付报酬,不得以行纪人是买卖合同的当事人为由拒绝支付。但是,若在订立行纪合同或者行纪人在履行义务时告知委托人自己想作为出卖人或者买受人,但委托人明确表示拒绝时,行纪人便不得行使其介入权。

第九百五十七条 行纪人按照约定买入委托物,委托人应当及时受领。经行纪人催告,委托人无正当理由拒绝受领的,行纪人依法可以提存委托物。

委托物不能卖出或者委托人撤回出卖,经行纪人催告,委托人不取回或者不处分该物的,行纪人依法可以提存委托物。

释　义

本条是关于行纪人提存的规定。

本条第 1 款规定,行纪人按照委托指示和要求为其买入委托物时,委托人应当及时受领并支付报酬。若委托人拒绝受领,行纪人在合理期限内进行催告后,委托人仍无正当理由拒绝受领的,此时行纪人依法享有对委托物的提存权。

本条第 2 款规定,委托人委托行纪人出卖的委托物,在该委托物不能卖出或委托人撤回出卖委托物时,行纪人应当在合理期限内通知委托人取回。在此期间行纪人虽然在事实上代为保管委托物,但此时其并无合同上的保管义务,经过行纪人催告委托人逾期不取回或者不处分该委托物的,行纪人可以依法行使提存权。此时,行纪人可以依照法定程序将委托物进行拍卖,并可就该拍卖价款优先受偿,即从拍卖后的价款中扣除委托人应支付的报酬、偿付的费用以及损害赔偿金,若行纪人受偿后仍有剩余的,行纪人应将之交给有关部门进行提存。

第九百五十八条　行纪人与第三人订立合同的,行纪人对该合同直接享有权利、承担义务。

第三人不履行义务致使委托人受到损害的,行纪人应当承担赔偿责任,但是行纪人与委托人另有约定的除外。

释　义

本条是关于行纪人直接履行义务的规定。

行纪合同中涉及委托人、行纪人、第三人三方法律主体,其法律关系既包括行纪人与委托人之间的委托合同关系,也包括行纪人与第三人之间的买卖合同关系。在后一种法律关系中,鉴于行纪人是买卖合同的直接当事人,不论其是否向第三人表明自己的行纪人身份,或者第三人是否知道委托人的身份,除非行纪人与委托人另有约定,否则均不影响行纪人以自己名义参与买卖合同的法律效力。

基于债的相对性原理,委托人与第三人之间并不具有直接的法律关系,其无权对行纪人与第三人之间存在的买卖关系提出异议,相应地,在发生合同违约之情形,若行纪人违约,第三人不得直接对委托人主张违约责任,行纪人亦不得以自己仅为委托人的代理人为由抗辩,行纪人须先承担责任后再向委托人求偿;若第三人不履行买卖合同义务致使委托人受到损害的,委托人不得直接对第三人主张违约责任,行纪人亦不得以其无过错为由拒绝承担对委托人的责任,而须在承担对委托人的违约责任之后,再向第三人追偿。

第九百五十九条　行纪人完成或者部分完成委托事务的,委托人应当向其支付相应的报酬。委托人逾期不支付报酬的,行纪人对委托物享有留置权,但是当事人另有约定的除外。

释　义

本条是关于委托人支付报酬义务的规定。

本条规定,若行纪人按照委托人的指示履行了全部合同义务之后,其有权请求委托人支付合同约定的全部报酬;若行纪人部分完成委托事务的,可以就已经履行的部分请求委托人支付一定比例的报酬;若因委托人过错致使合同义务部分或全部不能履行的,行纪人则可以请求支付全部报酬。就行纪人取得的报酬,除非有特殊的法律规则,一般由当事人双方于合同中进行约定。就报酬支付的方式,既可以约定一次性全部支付方式,也可以是预先支付方式或者分期支付方式等。

若委托人不按照合同的约定支付报酬,则行纪人享有对其占有之委托物的留置权。留置期限届满后,行纪人可以将留置物折价或者变卖并从所得价款中优先受偿。行纪人留置权的行使,须符合本法物权编对于留置权的相关规定,即行纪合同中没有事先约定不得留置,委托人没有正当理由拒绝支付报酬,行纪人合法占有委托物。行纪人留置委托物后,应在合理期限内催告委托人,委托人逾期仍不履行支付报酬义务的,行纪人可以将留置物折价或从留置物拍卖、变卖的价款中优先受偿。留置物折价、拍卖、变卖后的价款超出行纪人所得报酬的,剩余部分应归委托人所有;该价款不足以支付行纪人报酬的,行纪人享有继续请求委托人支付报酬的权利。

第九百六十条　本章没有规定的,参照适用委托合同的有关规定。

释　义

本条是关于适用委托合同的规定。

行纪合同与委托合同在性质上具有相似性,行纪合同与委托合同均建立在双方当事人相互信任的基础之上,且行纪关系中委托人与行纪人之间亦为实质上的委托关系,因此,在本章没有规定的行纪合同中的情形,可以适用委托合同的有关规定。

第二十六章　中介合同

本章导言 ▶

　　本章是《民法典》第三编第二分编对中介合同的规定,共6条。中介合同系对原《合同法》第二十三章"居间合同"的代替与完善。居间制度自古希腊罗马时代即已有之,彼时无论何人均得自由为之。现代国家均对居间采自由营业主义,德国民法典及德国商法典分别对居间人契约和商业居间人进行规定,日本商法典专就商业居间人加以规定,瑞士债务法则未就民事商事进行区分,一并规定于居间契约之中。我国第三次民法典草案中于合同编第十四章设居间一节,1999年颁行的《合同法》以分则第二十三章规定"居间合同"。本次民法典编纂中,为契合我国当前各类中介行业迅速发展之现实,消弭专业法律概念与一般民众认知之间的隔阂,将原《合同法》中"居间合同"修改为本章"中介合同",并将条文增加为6条,对中介合同的定义、中介人的报告义务、委托人支付报酬的义务、中介费用的负担以及委托人利用中介服务时支付报酬的义务等内容进行了规定。

　　第九百六十一条　中介合同是中介人向委托人报告订立合同的机会或者提供订立合同的媒介服务,委托人支付报酬的合同。

释　义

　　本条是关于中介合同定义的规定。

　　作为一种日常生活中常见的法律交往形式,中介活动旨在将意欲缔结合同的当事人双方联系在一起,并在促成交易后赚取相应的佣金。中介合同,是指依照合同约定,一方当事人接受委托人委托后按照委托人指示和要求,为其报告订立合同的机会或者提供订立合同的媒介服务,并由委托人给付报酬的合同。中介合同中,接受委托报告订立合同机会或者提供交易媒介的一方为中介人,给付报酬的一方为委托人。中介合同中委托人一方可以为任何民事主体,而中介人则须为经有关国家机关登记核准的从事中介营业的法人或公民。

中介人提供报告订立合同的机会,是指其在接受委托人委托后,搜索、寻找交易信息并报告委托人,从而为后者提供订立合同的机会。中介人提供订立合同的媒介服务,是指在介绍双方当事人订立合同时,中介人不仅向委托人报告订约的机会,更要进一步斡旋于委托人与第三人之间并努力促成其合同成立。可见,中介合同以中介人促成委托人与第三人订立合同并取得相应报酬为目的,中介人并非委托人的代理人,仅为居于交易双方当事人之间起介绍、协助作用的服务中介人或媒介中介人,并不实质性参与委托人与第三人之间的合同关系。

就中介合同的性质,其首先为诺成合同,即当委托人与中间人意思表示一致时合同即告成立,中介人负有依照委托人指示提供中介服务的义务,当中介服务取得合同追求的效果后,委托人就应当支付报酬;其次,中介合同为不要式合同,当事人可采取口头或者书面等形式订立;最后,中介合同为双务、有偿合同。中介合同一经成立,双方当事人均互负相应义务,中介人促成合同约定的事项后,委托人应当向中介人支付报酬。若不计报酬为他人订立合同提供中介服务的,则不是中介合同,而是一种服务性活动,行为人不承担中介合同中的权利义务。

第九百六十二条 中介人应当就有关订立合同的事项向委托人如实报告。

中介人故意隐瞒与订立合同有关的重要事实或者提供虚假情况,损害委托人利益的,不得请求支付报酬并应当承担赔偿责任。

释 义

本条是关于中介人报告义务的规定。

　　中介合同的目的在于由中介人为委托人提供订立合同的机会或者提供订立合同的媒介服务,因此,中介合同的标的为中介人报告相关订约机会的行为,相应地,中介人的报告义务即是其在中介合同中的主给付义务,中介人应当就有关订立合同的事项向委托人如实报告。所谓有关订立合同的事项,主要是指相对人的资信状况、生产能力、产品质量以及履约能力等与订立合同有关的事项。当然,在现代商事交往中,各项订约信息瞬息万变,就中介人而言,不宜苛求其报告信息全面、准确,仅需就其所知道的情况如实报告委托人即可。

　　中介人违反上述报告义务,故意隐瞒与订立合同有关的重要事实或者提供虚假情况,损害委托人利益的,不享有支付报酬请求权,且应当承担赔偿责任。委托人订立中介合同的目的多是为克服信息障碍而委托中介人。对此,中介人应采取实事求是的态度报告其所掌握的订约信息,不得隐瞒欺骗委托人或对自己所掌握的信息掺杂过多的主观臆测,亦不得对委托人与第三人订立合同施加不利影响,更不得从中坐收渔利,损害委托人或委托人与第三人的利益。一旦中介人未尽到上述忠实报告义务,委托人可不支付中介报酬。若因中介人为获取中介报酬故意弄虚作假介绍,或与第三人串通以告知虚假信息促成委托人与第三人交易,从而损害委托人或第三人利益的,应当赔偿因此行为对委托人或第三人造成的损失。

　　第九百六十三条　中介人促成合同成立的,委托人应当按照约定支付报酬。对中介人的报酬没有约定或者约定不明确,依据本法第五百一十条的规定仍不能确定的,根据中介人的劳务合理确定。因中介人提供订立合同的媒介服务而促成合同成立的,由该合同的当事人平均负担中介人的报酬。

　　中介人促成合同成立的,中介活动的费用,由中介人负担。

释　义

　　本条是关于委托人支付报酬义务的规定。

　　中介人报酬请求权的享有须满足两项条件,首先,中介人须促成委托人与第三人订立合同;其次,委托人与第三人订立的合同,须因中介人的介绍。详言之：

中介人报酬请求权之享有以其为委托人提供订约机会或经介绍完成中介活动并促成合同的成立为前提。所谓促成合同的成立，是指合同有效地成立，且该合同在效力上不得存有瑕疵。若合同虽成立但最终属于无效或可撤销合同，中介人仍不得请求委托人支付报酬。实践中，尚存在委托人为规避中介报酬的支付义务而在中介人提供中介服务后，在故意拒绝其中介服务后再与通过中介人认识的第三人订立合同之情形。对此，应认为中介人已完成其承担的合同义务，仍有权请求委托人支付中介费用。就该中介报酬的支付及其数额，中介合同中有约定的，委托人应当依照合同约定的支付方式及数额进行支付。若中介合同中对于报酬的支付方式或数额没有约定或者约定不明确的，合同双方当事人可协议补充；若仍不能达成补充协议的，应按照合同的有关条款或商业交易习惯加以确定；若仍不能确定，则应根据中介人所提供的劳务内容，综合考虑中介人付出的时间、精力、物力、财力、人力以及中介事务的难易程度等综合因素加以确定。

此外，在中介人为委托人与第三人订立合同提供媒介服务的场合，中介人不仅负有向委托人报告订约机会的义务，还需实质性参与合同订立过程当中，同时为第三人促成合同的订立。在中介人的介入和斡旋之下，委托人与第三人方能订立合同。因此，一般情况下，除合同另有约定或有特殊商业交易习惯之外，中介人的报酬应当由因其提供媒介服务而受益的委托人和第三人双方平均负担。但是，中介人在促成合同成立过程中，因从事中介活动而支出的各项费用，由于得作为成本计算在报酬之内，故除合同另有约定之外，中介人不得对该费用再请求委托人支付。

第九百六十四条　中介人未促成合同成立的，不得请求支付报酬；但是，可以按照约定请求委托人支付从事中介活动支出的必要费用。

释　义

本条是关于中介费用负担的规定。

中介合同为双务、有偿合同，委托人支付中介报酬的对价即是委托人利用中介人提供的订约机会与第三人订立合同。但商事交易中,委托人与第三人能否订立合同充满各种不确定性,有时中介人虽已尽到向委托人报告或者媒介订立合同机会之义务,但合同仍未订立。此时,鉴于中介人所提供的订约机会或媒介服务并未使委托人与第三人成功订立合同,故其无法取得请求委托人支付报酬的对价。

此外,中介人在从事中介活动中支出的必要费用,本质上并非中介合同对价的内容。质言之,在委托人与第三人通过中介服务成果订立合同时,中介人报酬请求权中虽然包括中介活动费用,但该费用的支出与否并不包含在委托人支付报酬的内容当中,委托人支付的报酬仅仅是对通过中介人提供中介服务而成功订立合同所形成的对价。因此,中介人为促成合同订立付出了一定的劳务和费用但合同仍未促成的,其虽不能请求委托人支付报酬,但可请求委托人支付其从事中介活动所支出的各种必要的费用。

第九百六十五条　委托人在接受中介人的服务后,利用中介人提供的交易机会或者媒介服务,绕开中介人直接订立合同的,应当向中介人支付报酬。

释　义

本条是关于委托人利用中介服务时支付报酬义务的规定。

随着中介行业在我国的快速发展,实践中,委托人在收到中介人提供的交易机会或者媒介服务后绕开中介人直接订立合同的"跳单"违约行为多有发生。中介合同中,委托人得随时解除合同,结合中介合同旨在促成委托人与第三人订立合同之目的,当委托人拒绝中介人提供的服务时,因合同终结时委托人并未与第三人通过中介人报告的订约机会或媒介服务而订立合同,则中介人此时无法请求委托人或第三人支付中介报酬。但从合同订立的角度观察,委托人能够与第三人订立合同,实际上仍得益于其曾经享有的中介服务,若放纵委托人滥用其合同自由而不当损害中介人的利益,有违合同诚实信用的基本法理。因此,本条规定,委托人在接受中介人的服务后,利用中介人提供的交易机会或者媒介服务,绕开中介人直接订立合同的,中介人依然享有请求委托人支付报酬的请求权。

本条中,判断"跳单"违约行为的关键,在于委托人是否利用了中介人提供的订约机会或媒介服务。若委托人并未利用该中介人提供的信息、机会等条件,而是通过其他公众可以获知的正当途径获得同一信息、机会,则应认为,委托人有权选择报价低、服务好的中介人促成房屋买卖合同成立,此时,原中介人不享有请求委托人支付中介报酬的请求权。

第九百六十六条　本章没有规定的,参照适用委托合同的有关规定。

释　义

本条是关于参照适用委托合同的规定。

中介合同与委托合同在性质上具有相似性,中介关系中委托人与中介人之间实质上即为委托关系,且两者均建立在双方当事人相互信任的基础之上,委托人系基于对中介人专业和服务的信任而委托其代为寻找订立合同的机会,因此,在本章没有规定的中介合同中的情形,可以适用委托合同的有关规定。

第二十七章　合伙合同

本章导言 ▶

　　本章是《民法典》第三编第二分编对合伙合同的规定,共 12 条。合伙合同为本次民法典中新增加的有名合同。合伙系历史悠久之制度,《罗马法》上便已将人的联合体分为团体和合伙组织。德国私法据此发展出两种对应形式:团体法人和共同共有共同体。其中,合伙视为共同共有共同体,并被作为一项特殊债务关系置于德国民法典债法分则中。后世大陆法系国家立法多效仿德国立法体例。整体上,本章内容亦继受大陆法系国家民事合伙的立法传统,并且与我国原《民法通则》及其司法解释所确立之民事合伙的指导思想和规范体系基本一致。合伙合同不仅是《民法通则》实施 30 多年来的经验总结,更是在充分借鉴比较法的基础上对其具体条文努力做到精细科学化,以此保障合伙法律关系在社会变迁和法典制定中的延续性和法律适用的安定性。本章主要内容包括合伙合同的定义、合伙人的出资义务、合伙财产、合伙事务的管理执行、合伙利润和亏损的分配、合伙债务的承担、不定期合伙、合伙合同的终止等内容。

　　第九百六十七条　合伙合同是两个以上合伙人为了共同的事业目的,订立的共享利益、共担风险的协议。

释　义

　　本条是关于合伙合同定义的规定。

　　合伙合同又称合伙协议,其由两个以上的全体合伙人协商一致而达成的关于共同出资、共同经营、共享收益、共担风险的协议。本条中的合伙人,既可以是自然人,也可以是法人或非法人组织。本条中"共同的事业目的"的术语使用,借鉴了德国、日本等的措辞,使用了"共同的事业目的"一语,突出了合伙合同是合伙人之间为实现此项目的而形成的合同性联合。并且,该条突出强调了合伙人之间的法律关系是一种互负义务以促成"共同目的"得以实现的继续性债务关系,而非彼此间旨在实现交换目的而形成的利益对立关系。换言之,合伙人基于债务合同性质而互负促进义务,并在相互之间形成对价关系,但该合同不同于以交换目的与利益对立为基础建构的双务合同。合伙合同的当事人之间并未产生诸如买卖合同、租赁合同当事人间的相互牵连的双务合同关系,也不产生一方意在以尽可能低的价格买进,而另一方意在以尽可能高的价格卖出这种利益对立关系,而是在追求一个共同目的上所有当事人负有协力合作义务。因而在性质上,其并非一般合同关系中的双方行为,而应属共同行为。

正是基于对共同之事业目的的追求,合伙合同各当事人之间既共享因合伙存续而产生的利益,又共同承担合伙存续期间所产生各类交易风险。同样的,合伙协议在性质上也不同于决议行为。决议行为通常不需要所有决议参与者达成一致同意,合伙协议则因当事人就合同内容达成一致而成立,即便某合伙人对合伙协议部分内容存在异议,但其一经签署协议则应当毫无保留地接受合伙协议的全部条款。

就合伙协议的效力,应认为其仅作为各合伙人的内部约定,既不能对抗善意第三人,也不能排除合伙人的对外责任。在合伙关系内部,其构成对各个合伙人的行为约束,各合伙人应严格按照合伙协议的约定行为。

第九百六十八条 合伙人应当按照约定的出资方式、数额和缴付期限,履行出资义务。

释 义

本条是关于合伙人出资义务的规定。

合伙的成立以订立合伙协议为条件,并旨在实现特定的目的。合伙协议之于合伙,犹如章程之于公司,它是合伙组织最重要的内部文件,也是确定合伙人之间权利义务关系的总章程。不论是民事合伙还是商事合伙,都应当依据合伙协议确定其内部关系。合伙协议规定了各个合伙人的基本权利义务内容,各合伙人入伙时必须无条件地接受合伙协议。基于合伙协议共同出资、共享收益、共担风险的性质,其最重要的内容之一便是合伙人的出资义务。同时,立足于合同自由之原则,在不抵触法律强制性规定或者公序良俗之前提下,本法允许合伙人根据其所需自行确立合伙目的,并确定出资义务的相关内容。因此,本条规定,合伙人之间可根据合伙存续之目的确定彼此之间的出资义务,并应当按照约定的出资方式、数额和交付期限履行其出资义务,合伙人既可以用货币、实物、知识产权、土地使用权或者其他财产权利出资,也可以用劳务出资,采取何种出资方式、数额和交付期限,均可在合伙合同中进行约定。

合伙协议中各合伙人并不互负对待给付义务,其目的在于追求共同的利益,一方负担的义务并不构成另一方的权利。是故,合伙协议并非双务合同,相应的,双务合同中的诸多规则便难以适用于合伙合同。当合伙人违反合伙协议约定的出资义务时,就其他合伙人能否享有同时履行抗辩权,有观点认为,合伙本质上是一种合同关系,各合伙人为实现共同的目的均负有共同出资的义务,因此种义务导致各个合伙人所负义务之间具有对价关系,某一合伙人不履行其出资义务时,其他合伙人可主张同时履行抗辩权拒绝履行自己的行为。但根据合伙合同作为共同行为的本质,合伙人订立合伙合同的目的确是旨在经营某项合伙事业,实现某种合伙目的。但某一或数个合伙人履行其出资义务并非为换取另一方的对待给付,或使另一方履行出资义务,而是为形成合伙财产并从事合伙经营。因此,本条第2款规定,在某一或数个合伙人不履行出资义务时,其他合伙人不能主张双务合同的同时履行抗辩权从而拒绝出资,否则此时将难以形成合伙财产,合伙事业和合伙目的也无法实现。当某一合伙人未按照合伙协议履行其出资义务时,其他合伙人虽不得拒绝履行其出资义务,但可以依据合伙协议的约定向其主张违约责任。

第九百六十九条　合伙人的出资、因合伙事务依法取得的收益和其他财产,属于合伙财产。

合伙合同终止前,合伙人不得请求分割合伙财产。

释　义

本条是关于合伙财产的规定。

民事合伙追求共同利益的基础在于合法有效地形成和保持合伙财产。本条第1款中的合伙财产包括两部分,一部分是合伙人的出资,即各合伙人按照合伙协议所实际缴付的出资。另一部分则是在民事合伙存续期间,因合伙事务依法取得的收益和其他财产,例如,从事合伙事务所赚取的财产性收益,合伙财产所增加的利息等。

合伙具有典型的"属人性"特征,合伙事务的存续以及合伙目的的实现,均有赖于合伙人之间身份的稳定与相互的信任。属人性特征自然也会限制成员的流动性,以此保障基于共同目的结成的人的联合体保持一定程度的稳定性,这便是所谓的成员身份牵连原则。对此,本条第2款规定,合伙合同终止前,合伙人不得请求分割合伙协议,以防止因财产的分割对合伙的稳定性和持续性造成不良影响。

实际交易过程中,常会面临合伙人违反本条规定将合伙财产分割并让与第三人时,应当如何处理的问题。此时应考察第三人是否善意,即第三人是否明知合伙人擅自处分合伙的财产。关于第三人善意的判断,首先,可从财产性质的视角考察,若其受让的财产为不动产,因不动产必须通过公示进行转让,除非登记事项存在错误,否则不应作为善意取得的对象;其次,若其受让的是动产,此时应考察第三人取得该合伙财产时是否为有偿取得,若第三人无偿取得财产,则应认为其并非善意取得,则应依法确认该转让行为无效。若对合伙财产的分割处分给其他合伙人造成损失的,无权处分的合伙人以及具有主观恶意的第三人还应承担相应的损害赔偿责任。

第九百七十条　合伙人就合伙事务作出决定的,除合伙合同另有约定外,应当经全体合伙人一致同意。

合伙事务由全体合伙人共同执行。按照合伙合同的约定或者全体合伙人的决定,可以委托一个或者数个合伙人执行合伙事务;其他合伙人不再执行合伙事务,但是有权监督执行情况。

合伙人分别执行合伙事务的,执行事务合伙人可以对其他合伙人执行的事务提出异议;提出异议后,其他合伙人应当暂停该项事务的执行。

释 义

本条是关于合伙事务管理执行的规定。

根据存续期限的不同,合伙可分为偶然合伙和持续合伙。但不论何种合伙类型,为实现特定时间内合伙关系的稳定,合伙人之间就必须彼此信任,且其成员身份不轻易变更,因而,合伙协议便具有明显的属人性特征。在此特征之下,产生了合伙的一项重要原则,即自营机关原则。依据该项原则,出于全体合伙人安全利益和高度人合性原则的要求,本条第1款规定,合伙人全体视为合伙的最高事务执行机关,参与事务执行既是合伙人的权利,亦是其义务。就合伙事务的表决和执行,除合伙合同另有约定外,应当经全体合伙人一致同意。

同时,基于合同自由的原则,合伙的事务执行,不论是事实行为还是法律行为,原则上都应由全体合伙人亲自来履行。若合伙人基于自身情事的考虑,并不希望亲自处理合伙事务,本条第2款亦允许其通过合意将该执行权转移给一个或多个合伙人,从而将自己排除出事务执行之外。不过纵是如此,基于合伙合同的属人性特征,排除出合伙事务执行之外的合伙人依然对合伙事务享有一定程度的控制权,这便是该条后半句规定的监督权和基于合伙人身份衍生出来的检查权。为保障合伙目的的实现以及维护自身的合法权益,作为非事务执行人的合伙人,依然有权对合伙事务执行情况进行监督和检查,其他合伙人不得以其不执行合伙事务为由拒绝之。

在合伙事务的执行中,基于合同的约定,各个合伙人既可以约定共同执行某一合伙事务,也可以约定各合伙人分别执行不同的合伙事务。合伙人分别执行合伙事务的,为防范某个或数个合伙事务执行人滥用其事务执行权从而侵害合伙人全体利益,本条第3款规定执行事务合伙人可以对其他合伙人执行的事务提出异议。异议权的功能在于暂停其他合伙人就某项事务的执行。若其他合伙人不暂停该项事务的执行并致使该合伙事务无法实现其合同目的时,执行该事务的合伙人应当向其他合伙人承担由此造成的损失。

第九百七十一条 合伙人不得因执行合伙事务而请求支付报酬,但是合伙合同另有约定的除外。

释　义

本条是关于合伙人报酬请求权的规定。

合伙组织体的利益即为各个合伙人的整体利益,某一合伙人之所以无法单独决定合伙事务的执行情况,就是因为合伙事务的执行也体现了包括自身在内的全体合伙人的整体利益。同时,合伙合同在性质上属于共同行为,其合同内容是各合伙人有关经营收益和经营风险的一种安排。在权利义务的构架上,各合伙人的权利义务具有同向性,即基于追求共同的合伙目的而订立合伙协议。围绕该目的,各个合伙人之间乃通过合伙协议而安排各自负责的事务内容。而合伙人之所以执行合伙事务,并非是对其他合伙人的对待给付,而是为实现其自身利益所从事的必要活动。质言之,合伙人执行合伙是合伙目的的内在要求,而并非其请求支付报酬的对价。因此原则上合伙人不得因执行合伙事务而请求支付报酬。

但在特定的事务执行上,基于执行事务的复杂性、专业性、长期性,执行该事务的合伙人要比其他合伙人付出更多的时间、精力、费用等,为更好的实现合伙合同所追求的目的,鼓励合伙人更好地执行合伙事务,依据本条后半句,合伙合同中可另行约定合伙人因执行合伙事务得请求其他合伙人支付相应的报酬。

第九百七十二条　合伙的利润分配和亏损分担,按照合伙合同的约定办理;合伙合同没有约定或者约定不明确的,由合伙人协商决定;协商不成的,由合伙人按照实缴出资比例分配、分担;无法确定出资比例的,由合伙人平均分配、分担。

释　义

本条是关于合伙利润分配和亏损分担的规定。

成立民事合伙组织的目的在于经营共同的事业,各合伙人共享收益、共担风险,合伙合同中约定了合伙利润分配和亏损负担的,应当按照合同约定办理。所谓"利润分配",是指合伙的盈利在作了各项扣除后,按协议规定的方式和比例分配给各合伙人。亏损分担是对经营期内合伙的经营亏损分由各合伙人按一定的比例予以承担。合伙的利润分配与亏损分担是合伙经营的重要内容,直接关系合伙人的利益。因此,本条规定合伙的利润分配方式与比例和亏损分担方法应在合伙成立之前在合伙协议中加以规定,以便共同执行,避免争议。

若根据合伙合同,对于合伙的利润分配和亏损负担没有约定,或者约定不明确的,本条在充分尊重合同自由原则基础上,规定得在不抵触法律的强制性规定或者公序良俗的前提下,各合伙人可以对合伙的利润分配和亏损负担协商补充。若各合伙人因参与经营的程度不同等因素相互之间无法达成补充协议,则按照各自的实缴出资比例分配、分担。鉴于合伙协议中各合伙人的实缴出资形式不同,可能存在无法确定出资比例的情形,此时应当由全体合伙人平均分配合伙利润,并平均负担亏损。

第九百七十三条　合伙人对合伙债务承担连带责任。清偿合伙债务超过自己应当承担份额的合伙人,有权向其他合伙人追偿。

释 义

本条是关于合伙债务承担责任的规定。

民事合伙与商事合伙不同,其并不具有较强的组织性,亦非独立的民事主体,不能单独以自己名义从事活动,民事合伙在从事民商事活动时,各合伙人无法以合伙组织体名义进行,而必须由全体合伙人共同实施。因而在对外关系中,民事合伙所负担的债务,应当由全体合伙人对之承担连带责任。所谓连带责任,亦称连带债务,指数个债务人就同一债务各负全部给付的一种责任形式。民事合伙的债权人可对各个合伙人中的一人、数人或全体请求履行债务,时间上,即可以同时,也可以先后请求全部或部分给付的一种债务形式。对于合伙的债权人,合伙人不得以其并未实际执行该合伙事务或不负责合伙事务的具体执行为由拒绝承担责任,亦不得以债务承担超出了合伙合同中约定的自身应承担的份额或比例而拒绝承担责任。

合伙合同中,各合伙人约定了在对外债务中应当承担的份额的,实际承担对外债务的合伙人,若该债务的承担超出其合同中约定的承担份额的,根据本条第2款规定,其有权向其他合伙人追偿。若合伙合同中未就责任承担的份额进行约定,基于意思自治的基本精神,应允许各合伙人之间进行协商,若协商不成的,就承担责任之债务人的份额确定,应以其实缴出资比例为准。若无法确定实缴出资比例的,则认为各合伙人应平均承担份额。

第九百七十四条 除合伙合同另有约定外,合伙人向合伙人以外的人转让其全部或者部分财产份额的,须经其他合伙人一致同意。

释 义

本条是关于合伙人转让财产份额的规定。

合伙具有强烈的人合性色彩,其组织形态存续的基础建立在各合伙人互相的信任之上。民事合伙既可以因合伙人的信任而良好发展,也可以因信任关系的破裂而难以为继。因而对于民事合伙而言,在具有信任基础的前提下,维持合伙成员身份的稳定就显得尤为重要。此种属人性特征一方面要求合伙事务的执行原则上均由全体合伙人亲自履行,另一方面也自然地倾向于限制组织体内成员的流动性,进而保障其组织体的稳定性,这就是民事合伙中成员身份的牵连原则。身份牵连原则又衍生出禁止拆分原则,即合伙成员身份为一个整体,基于成员身份所产生的全部的合伙人权利,例如,管理权和财产权等,均不得转移,亦不得将单个权利从整体权利中分离并让与他人,以避免对合伙基础的动摇。

民事合伙合同的订立旨在经营某项合伙事业,实现某种目的。合伙成员身份的取得以其履行实缴份额之出资义务为限。当合伙人向合伙人以外的人转让其全部或部分财产份额时,合伙组织外部人员得借由其受让的财产份额而取得合伙成员身份,此时,民事合伙中成员身份的牵连原则将被打破。为保障其组织体内合伙人的属人性特征不被稀释,本条规定除合伙合同另有约定外,合伙人向合伙人以外的人转让其全部或者部分财产份额的,须经其他合伙人一致同意。本条中虽仅规定合伙人转让财产份额时须经其他合伙人一致同意。但基于本条的规范目的在于维持民事合伙人的人合属性,因此应认为,若合伙人对合伙组织所持有的并非是财产性份额,例如,以劳务形式或特定专业技能出资的,其实际转让的是基于合伙人身份所产生的集合性成员权利。鉴于该权利财产份额具有更强的人身属性,基于举重以明轻之法理,在其向合伙外部转让份额时,除非合伙合同对此有明确约定,否则也应取得全体合伙人的一致同意。

在合伙协议的合同主体变更后,鉴于合伙协议具有组织规则的基本属性,各合伙人应当将变更后的合伙协议提交登记机关办理相应的变更登记,并以新的合伙协议代替原合伙协议。

第九百七十五条　合伙人的债权人不得代位行使合伙人依照本章规定和合伙合同享有的权利,但是合伙人享有的利益分配请求权除外。

释　义

本条是关于合伙人的债权人行使代位权的规定。

本条规定,原则上合伙人的债权人不得代位行使合伙人依照本章规定和合伙合同享有的权利,即对合伙人之债权人的代位权进行限制。所谓债权人的代位权,是指当债务人怠于行使其权利时,债权人为保全债权,得以自己的名义行使债务人的权利,以维持债务人的财产。原则上,债务人应以全部财产负其责任,该责任财产亦为债权的一般担保,一旦责任财产减少,则恐有害于债权人的利益。因此,通常情形下债权人为担保其债权的实现,可在债务人怠于行使自己权利时代为行使。

但在民事合伙中,合伙的核心构成要件为债务合同、共同目的和属人性质。详言之,民事合伙在本质上并非民事主体,其并非独立的民事主体,而仅是一种债的关系,且在该债的关系中,各个合伙人订立合同的目的并非使其他合伙人负担一种债务,而是为成立合伙组织体这一共同目的而服务,并确立全体合伙人的对内、对外行为的共同规则。如此一来,合伙组织体对其成员身份的要求即殊为明显,各合伙人须秉持共同的目的参与合伙组织,并基于彼此之间形成的信任关系,安排各自对合伙事务的执行活动,共同享有合伙收益、承担合伙风险。在合伙人有债权人的情形,若合伙人负担与合伙事务无关之债务的,债权人不得以其债权抵销其对合伙人负担的因合伙事务产生的债权。此外,也不允许其债权人代位行使其法定或约定的合伙权利。原因即在于,若允许合伙人的债权人主张代位权,行使依照本章规定和合伙合同约定的原本由该合伙人所享有的权利,因合伙人的债权人对于其他合伙人并不熟悉,亦不了解合伙的目的以及合伙事务执行的计划,若允许其行使代位权,将会打乱合伙事务执行的原本安排并有可能损害其他合伙人的合法权益。因此,原则上合伙人的债权人不得代位行使合伙人依照本章规定和合伙合同享有的权利。

作为禁止拆分原则的例外,合伙人权利中的分红请求权和清算收益请求权等因属于纯粹的财产权所为的处分,故并不妨碍合伙的目的。若债权人代位权的对象是合伙人享有的利益分配请求权等,此时因不涉及合伙事务的管理和执行,并不影响民事合伙的属人性质,合伙人的债权人可以行使其代位权。

第九百七十六条 合伙人对合伙期限没有约定或者约定不明确,依据本法第五百一十条的规定仍不能确定的,视为不定期合伙。

合伙期限届满,合伙人继续执行合伙事务,其他合伙人没有提出异议的,原合伙合同继续有效,但是合伙期限为不定期。

合伙人可以随时解除不定期合伙合同,但是应当在合理期限之前通知其他合伙人。

释 义

本条是关于不定期合伙的规定。

民事合伙存续的期限,或者以完成特定事项为其存续期限的终点,或者明确规定特定的时间节点,一般会在合伙合同中进行约定。而根据合伙存续的期间,合伙可分为持续合伙和偶然合伙。持续合伙中合伙人之间订立合伙合同之目的在于形成长期的合伙关系。偶然合伙中合伙人之间订立合伙合同之目的在于完成特定的事项或者存续时间较短。但在特定情形,还会存在不定期合伙之类型。所谓不定期合伙,是指合伙人在合伙合同中对于合伙的存续期间没有约定或者约定不明确,且各合伙人未就合伙存续期间形成补充协议,同时基于合同相关条款和上市交易习惯仍不能确定合伙期限的,此时成立不定期合同。在不定期合伙中,各合伙人得根据自身情况、各合伙人之间的信任情况、合伙事务具体的执行情况以及合伙目的的实现情况等,在经合理期限内通知其他合伙人后,可随时解除合伙合同并退出合伙关系。

合伙合同中约定了合伙存续的期限,在合伙期限届满后,合伙人继续执行合伙事务,其他合伙人没有提出异议的,原合伙合同继续有效,但是,此时合伙期限为不定期。一般情形下合同存续期间届满后,合同关系即告终止。但在合伙合同中,由于其较强的属人性特征,合同届满后,若各合伙人在客观上仍然表现出相互之间足够的信任关系时,应认为合伙关系并不因合伙合同期限届满而当然终止,此时合伙合同可转为不定合伙,合伙人可以随时解除不定期合伙合同,但在解除合伙关系之前,应当在合理期限之前通知其他合伙人。

第九百七十七条　合伙人死亡、丧失民事行为能力或者终止的,合伙合同终止;但是,合伙合同另有约定或者根据合伙事务的性质不宜终止的除外。

释　义

本条是关于合伙合同终止的规定。

在通常的商事合伙中,合伙企业的组织性表现为该组织的存续具有一定的独立性,某一合伙人的死亡、丧失民事行为能力或终止是其当然退伙的事由,但并不当然导致组织体的终止。民事合伙因不具有商事合伙那样强的组织性,根据本条前半句的规定,作为自然人的合伙人死亡、丧失民事行为能力,或者作为法人或非法人组织的合伙人终止的,即当然导致合伙合同的终止,这也是民事合伙人合性特征的表现,即民事合伙与全体合伙人的人格不相分离,合伙人中一人所发生的事由将导致整个合伙的解散。

同时,若合伙合同中约定合伙人死亡、丧失民事行为能力或者终止并不导致合伙合同终止的,基于对合同自由原则的尊重,应认可合同约定的效力。此外,若根据合伙事务的性质,不宜因合伙人中一人所发生的事由而解散合伙合同的,例如,若解散合伙合同将对其他合伙人的合法权益造成损害的,此时也不宜终止合伙合同。

第九百七十八条 合伙合同终止后,合伙财产在支付因终止而产生的费用以及清偿合伙债务后有剩余的,依据本法第九百七十二条的规定进行分配。

释 义

本条是关于合伙合同终止后剩余合伙财产分配的规定。

本条规定,在合伙合同终止后,各合伙人出资形成的合伙财产须支付因合伙合同终止所产生的费用并清偿合伙存续期间产生的债务,例如,需清缴的税款、所欠招用的职工工资和劳动保险费用、清算费用、合伙存续期间所产生的债务等。在合伙财产支付上述费用及债务后仍有剩余的,若合伙合同对其分配进行了约定的,依照合伙合同的约定处理;若合伙合同没有约定或者约定不明确的,由合伙人协商决定;协商不成的,由合伙人按照实缴出资比例分配;若无法确定各自出资比例的,则采取均分原则,由合伙人平均分配。

第三分编

准 合 同

第二十八章　无因管理

本章导言 ▶

本章是《民法典》第三编第三分编对无因管理的规定,共6条。大陆法系上,无因管理系债的发生之法定原因。英美法系上,无因管理之债则是一种准契约关系。就大陆法系各主要民法典以观之,无因管理作为债之类型,或被规定于债编通则之中,或作为典型之债务关系规定于债法分编。我国无因管理制度原规定于原《民法通则》第93条及《民通意见》第132条。本次民法典编纂中,民法总则第121条已对无因管理做出了一般性规定,鉴于本次民法典中未设债法总则或通则,无因管理之债又显与作为双方行为之合同存有差别,为顾全体系逻辑之周延,特设准合同一编,以安置无因管理制度。本章是对民法典总则第121条无因管理制度的体系发展和完善,主要包括无因管理的定义、管理人的管理方法、管理人的通知义务、管理人的报告义务、无因管理的追认等内容。

第九百七十九条　管理人没有法定的或者约定的义务,为避免他人利益受损失而管理他人事务的,可以请求受益人偿还因管理事务而支出的必要费用;管理人因管理事务受到损失的,可以请求受益人给予适当补偿。

管理事务不符合受益人真实意思的,管理人不享有前款规定的权利;但是,受益人的真实意思违反法律或者违背公序良俗的除外。

释　义

本条是关于无因管理定义的规定。

无因管理制度肇始自罗马法,称为"管理他人事务"(Negotiorum Gestio),最早适用于为不在之人(尤指远征在外的军人)管理事务。其后经由19世纪德国法学家的精研而发展成为现代私法上重要的理论与制度体系。本质上,无因管理制度旨在规训"禁止干预他人事务"与"奖励人类互助精神"两项原则之间产生的冲突与矛盾,并合理地规定当事人之间的权利关系。

本条第1款中规定,无因管理的成立,须满足四项要件,即管理事务、管理"他人"事务、为他人"管理事务"、没有法定或约定的义务。详言之:

1. 所谓"管理事务",与本法第919条中"处理委托人事务"意义相当,即原则上凡是任何适于作为债的客体的事项均属管理事务,但单纯的不作为义务不应包括在内。管理事务既可以是事实行为,例如,救助落水之人;也可以是法律行为,例如,订立租约、出售货物等,但此时若管理人以受益人(本人)名义实施法律行为,若发生无权代理之问题时,得因本人的承认而转换为一般代理。应注意的是,无因管理注重管理事务本身,至于最终的目的是否达成并不属于无因管理是否成立的考察事项。例如,某甲见邻居某乙房屋失火,持家中灭火器参与救火,身负重伤仍未能将火势扑灭,乙房屋仍烧毁殆尽。救火的目的(将火势扑灭)虽未实现,但仍可以成立无因管理。

2. 管理"他人"事务。所谓"他人"事务,既可以是根据客观的权利归属就能加以判断的事务,也可以是无法根据法律上权利归属之客观表象便能判断的事务。对于后者,则应根据管理人的主观意思进行判断,若管理人有为他人管理的意思,该事务就是他人的事务。学理上,前者称为客观的他人事务,后者称为主观的他人事务。

3. "为他人"管理事务。所谓"为他人",由两项要素构成:(1)管理人应当认识到他所管理的是属于他人的事务;(2)管理人希望使管理事务产生的利益归属于受益人(本人)。若管理人误将他人事务作为自己事务进行管理时,此时属于"误信的管理";若管理人误将自己的事务当成他人的事务进行管理的,此时属于"幻想的管理";若管理人虽然认识到其所管理的事务是属于他人的事务,但却出于使自己受益的目的,则属于"不法管理"。上述情形均不构成无因管理。

在判断"为他人"管理事务时,并不要求管理人明确知道本人是谁,即便管理人误将某乙事务认作某甲事务进行管理,同样成立无因管理。若管理人管理的事务属于客观的他人事务,则容易依客观情形进行判断。若管理人管理的事务属于主观的他人事务时,此时,管理人需要承担自己有为他人事务进行管理的证明责任。在为他人管理事务时,要求管理人希望使管理事务产生的利益归属于本人,但此时若管理人也希望自己同时受益,例如,上述某甲救火之例,假设某甲救火同时也是希望避免邻居火势波及自家,应当认为"为他人"与"为自己"两种意思可以并存,无因管理仍然成立。

4. 没有法定或约定的义务。所谓法定的义务,多是指法律规定的如赡养、抚养、夫妻扶养义务等。没有约定的义务,即不存在委托、代理等基于合同关系所产生的行为义务。

无因管理行为在性质上属于事实行为,因此,纵使管理人为限制民事行为能力人或者无民事行为能力人,也不妨碍无因管理的成立。学理上,根据无因管理行为是否符合管理人的利益,以及是否符合受益人的真实意思,又可以将无因管理区分为正当的无因管理和不正当的无因管理。结合本条第1款及第2款的规定,应认为,本条第1款所规定的"管理人没有法定的或者约定的义务,为避免他人利益受损失而管理他人事务"系正当无因管理之情形。其中:

首先,本条中的管理他人事务,仅指对管理事务的承担而言,并非指管理事务的实施。"避免他人利益受损失",是指其管理行为对于本人而言应实质有利、客观有益,且并不强调管理事务实施的结果,例如,前述某甲救火之例,某乙房屋虽在结果上烧毁殆尽,其利益并未因某甲的管理而免遭损失,也同样成立无因管理。同样,若管理人从事管理行为乃是基于履行特定义务的考虑,例如,代本人缴纳税费、清偿他人之债、履行法定抚养义务等,虽然在结果上他人利益并未免受损失,仍然成立正当的无因管理。

其次,对他人事务的管理应符合受益人的真实意思。详言之,其既可以是受益人明示的意思,例如,落水者大声的呼救;也可以是由管理人推测而知的意思,例如,发现某人在路边昏迷送往医院救治。但根据本条第2款,管理人承担管理事务虽然违反本人的真实意思,但本人的真实意思违反法律强制性规定或者公共秩序和善良风俗,例如,本人真实意思原为逃避纳税义务、不履行法定义务,或者其本人意思有害于社会公益,例如,放任自己的危房不加修缮等,此时管理人的管理行为虽违反其真实意思,仍然成立正当的无因管理。

再次,正当的无因管理使本人与管理人之间发生法定之债的关系。管理人虽实质上干涉了他人的事务,但因其事务的管理有利于他人且并不违反他人的真实意思,此时可产生违法性阻却的法律效果。但该违法性阻却的效果仅限于管理事务的承担而言,若管理人在实施管理事务时因故意或者过失侵害本人利益的,并不排除其违法性,仍然可以构成侵权责任,例如,某甲见某乙快递置于小区门口,遂代某乙收取并送往某乙家中,途中因过错致使某乙快递损坏。此时,某甲的代收行为成立无因管理,并不构成侵权行为,但其过错致使某乙快递损坏的行为,应构成侵权责任,并有可能因其行为同时违反本法第981条而发生侵权与违约责任的竞合关系。

最后,管理人在进行正当的无因管理时,应当尽到善良管理人的注意义务,即要求管理人为避免他人利益受损失而管理他人事务,并且符合受益人真实意思。同时根据本条第1款,管理人可以对本人主张必要费用的返还请求权以及损害赔偿请求权。所谓"必要费用"是指管理人所合理支出的必要费用和有益费用,包括准备措施、辅助措施、差旅费、事后开销、因管理事务所承担的债务、支出费用所产生的利息等。当管理人因管理事务受到损失时,还可以享有请求受益人给予适当补偿的损害赔偿请求权。

本条第2款中"管理事务不符合受益人真实意思的",是指管理人对管理事务的承担,不符合受益人明知或者可推知的意思,此种情形学理上成为"不当的无因管理"。在管理人承担管理事务不符合受益人真实意思时,本款"管理人不享有前款规定的权利",并不是指一切情形下管理人均不得请求本人返还必要费用、有益费用并对其损失给予适当补偿,否则会与本法第980条发生评价上的矛盾。此时应解释为,若受益人不主张其享有管理利益,则管理人不得请求本人返还必要费用、有益费用并对其损失给予适当补偿;若受益人主张其享有管理利益的,则适用本法第980条的规定。

第九百八十条 管理人管理事务不属于前条规定的情形,但是受益人享有管理利益的,受益人应当在其获得的利益范围内向管理人承担前条第一款规定的义务。

释 义

本条是关于受益人享有管理利益时责任承担的规定。

管理人管理事务不属于前条规定的情形,并非指管理人行为不构成无因管理,而是指管理人管理他人事务虽成立无因管理,但因其管理事务的承担对于本人而言并非实质有利、客观有益,或者其管理事务的承担违反本人明知或可推知的意思的情形。对此,学理上称之为"不当的无因管理"。

本条中的"管理事务"与本章第 979 条同样是就管理事务的承担而言。管理人就管理事务的承担,或者不利于本人,例如,某甲将名画存于某乙处,某乙得知某甲有意出售,便以低于市场价格的售价将该画出售;或者虽利于本人,但违反本人明知或可推知的意思,例如,某甲因公事出国请某乙代其看管自己房屋,某乙违反某甲意思将该房屋予以出租。此时在客观上,管理人的管理事务仍然符合无因管理一般的构成要件,但因其管理事务的承担并不利于本人,或者虽利于本人但违反本人明知或可推知的意思,因而此时管理人对他人事务的管理并不构成违法性的阻却,换言之,不论管理人在主观上的过错程度如何,只要其实施了不当的无因管理行为,该行为即构成侵权,管理人即应当立刻停止管理行为并承担相应的侵权责任。

管理人虽然实施了不当的无因管理,但若受益人(本人)享有管理利益的,本条规定,受益人应当在其获得的利益范围内向管理人承担前条第 1 款规定的义务。所谓"管理利益",主要是指管理人因管理事务所取得的利益,例如上述两例中,管理人出售名画所得的价款、管理人出租房屋所得的租金等,本人可以主张管理人返还因管理事务所得之利益。所谓"在其获得的利益范围内向管理人承担前条第一款规定的义务",是指在该利益范围之内,受益人应当履行对管理人在不当的无因管理中所支出的必要费用、有益费用、管理人自支出上述费用时所产生的利息、管理人因承担管理事务所受到的损失等返还或偿还义务。

第九百八十一条 管理人管理他人事务,应当采取有利于受益人的方法。中断管理对受益人不利的,无正当理由不得中断。

释 义

本条是关于无因管理人实施管理事务的规定。

本条第一句规定了管理人在实施管理事务中应当尽到善良管理人的注意义务,这是无因管理中管理人的主要义务。其中管理人"管理他人事务"的含义,既不同于第 979 条中的"管理他人事务",也有别于第 980 条中的"管理事务"。后两者均是指"管理事务的承担"而言。而本条中的"管理他人事务",则是指"管理事务的实施"。上述区分的意义主要在于以下两点:

首先,管理人在管理事务中承担所享有的权利并不因其在实施管理事务中的不当行为而受影响。例如,村民某甲回家路上发现邻村某乙走失的一头黄牛,某甲将黄牛牵回家中饲养并等待某乙领取。此时某甲的行为属于管理事务的承担,该行为有利于某乙,且并不违反某乙明知或可推知的真实意思,成立正当的无因管理。若该黄牛实际患有严重寄生虫病,某甲发现后并未及时进行救治致使该黄牛死亡,在此情形,某甲在管理事务的实施过程中并未采取有利于受益人的方法,其应当承担某乙因黄牛死亡的损害赔偿责任。但某甲不当实施管理事务的情况并不影响其在承担管理事务时可享有的权利,因此,某甲可以就其饲养黄牛过程中支出的饲料费等,请求某乙偿还。

其次,在不当无因管理的情形,管理人在实施管理事务和承担管理事务中的过错程度要求不同:(1)在实施管理事务中,管理人负有善良管理人的注意义务,即仅对其因故意或过失行为承担损害赔偿责任;(2)在管理事务的承担中,一方面,就正当的无因管理情形,管理人在承担管理事务中负有善良管理人的注意义务,另一方面,在不当的无因管理情形,管理人承担管理事务因在客观上不符合受益人真实意思或者不利于本人,不论其是否故意或过失,均承担侵权责任。例如,某甲有罕见名犬一只,并明确表明不欲带名犬参加任何比赛。某乙为使某甲名利双收,趁甲外出之际将名犬带出参加比赛,期间名犬不幸被盗。此外,对于名犬被盗之事,某乙尽到看护管理之一切注意义务,即其在实施管理事务中并无过错。但某乙仍不得主张其实施管理事务无过错而免于承担侵权责任,原因即在于某乙在管理事务的承担上负有无过错责任,其违反某甲的真实意思而构成不当的无因管理,应当承担相应的侵权损害赔偿责任。

因此,管理人管理他人事务,应当采取有利于受益人的方法。若管理人在实施管理事务过程中因故意或者过失导致受益人权益遭受损失的,则应当承担相应的侵权责任。但应当注意的是,若无因管理人处理的是本人所面临的急迫的、直接的危险,或者该急迫危险虽不直接为本人面对,但管理人却来不及与本人沟通并等候其指示时,此时对于管理人注意义务的要求应当降低,即管理人仅对其恶意或有重大过失的行为承担责任。其中,所谓"恶意",并非是与"善意"相对的"知悉特定信息或情事"之概念,而是指管理人的故意在公共秩序和善良风俗之评价上具有更高的可苛责性。

本条第二句规定了管理人中的继续管理义务,即若管理人中断管理之后,本人的利益状况相较于管理人实施管理事务的状态反而更为不利的,管理人若没有正当理由或不可归责于管理人的事由,则不得中断管理。管理人违反上述继续管理义务的,除非出现不可归责于管理人的事由,否则管理人应当承因其中断管理而产生的损害赔偿责任。此时的问题在于,在不当的无因管理情形下,无因管理人负有立即停止无因管理的义务,则其是否还应履行本条第二句中的继续履行义务呢?笔者认为,因此时本人的利益状态有持续恶化的可能,而控制并防止此种态势客观上有利于本人,且并不违反本人真实的意思,是故即便是在不当的无因管理情形,若中断管理后本人的利益状况反而更为不利的,管理人依然负有继续管理的义务。

第九百八十二条 管理人管理他人事务,能够通知受益人的,应当及时通知受益人。管理的事务不需要紧急处理的,应当等待受益人的指示。

释 义

本条是关于管理人通知义务的规定。

在并不具有紧急危险的无因管理活动中,管理人往往有充足的时间去思考管理方式,并可征询本人的意思,本人也有时间和能力对管理人的事务管理进行指导或提出反对意见。因此,管理人在能够通知受益人的情形,应当及时通知受益人事务管理的相关情况,并征询本人的意思并按照本人的指示进行管理。在管理人履行通知义务后,本人指示管理人继续管理的,在特定情形下即可解释为本人对管理人管理行为的承认,此时根据本法第 984 条的规定,双方当事人适用委托合同的有关规定。若本人指示管理人停止管理,但管理人仍为管理时,此时应认为其管理事务违反本人的真实意思,则从管理人违反本人指示而仍实施管理事务时起,应适用本法第 979 条第 2 款及第 980 条的规定。

但应指出,若管理人在开始承担管理事务时便构成本法第 979 条第 2 款及第 980 条所规定之不当的无因管理时,此时并不适用本条规定,即管理人并不负有通知本人的义务,而应承担立刻停止管理的义务。

第九百八十三条 管理结束后,管理人应当向受益人报告管理事务的情况。管理人管理事务取得的财产,应当及时转交给受益人。

释 义

本条是关于管理人报告义务的规定。

管理人的报告义务,又称管理人的计算义务,是指管理人在管理结束后,应当将其管理事务进行的相应状况报告于本人。同时,管理人在处理事务过程中所收取的金钱、物品及孳息等财产,应当及时转交本人。管理人以自己名义为本人取得的财产,也应当转交给受益人。

若管理人在为他人管理事务过程中同时为自己利益进行管理,且在管理自己利益过程中使用了本属于受益人的财产,或者使用了本应为管理受益人利益而使用的财产,应当支付自其使用之日起所产生的利息。若上述财产受有损害的,管理人还应当承担相应的损害赔偿责任。

第九百八十四条 管理人管理事务经受益人事后追认的,从管理事务开始时起,适用委托合同的有关规定,但是管理人另有意思表示的除外。

释 义

本条是关于无因管理适用委托合同的规定。

本条规定,管理人管理事务经受益人事后追认的,除管理人另有意思表示外,从管理事务开始时起,适用委托合同的有关规定。本条中的"事后",并非指管理事务处理完毕之后,而是指管理人承担管理事务之后。受益人(本人)的追认行为,性质上属于单方行为,且为不要式行为,可以明示或默示的方式作出,且该行为一经作出即产生法律效力,故具有形成权的性质。

管理人在管理事务过程中,或者以自己名义进行管理活动,或者以本人名义进行管理活动,而在后者常涉及无权代理或无权处分之问题。此时本人对管理事务的承认,通常可以视作是对无权代理或者无权处分的承认。但若本人明确表示仅对管理人的无权代理或无权处分进行承认的,不应认为是对管理事务的承认。

另外,在因本人对管理事务的追认而适用委托合同有关规定时,若适用委托合同的规定会使管理人处于较无因管理更为不利的法律地位,则不应适用委托合同的规定,例如,本法第 935 条规定的受托人继续处理委托事务的规定,因对管理人不利而不应适用;若适用委托合同将使管理人处于更为有利的法律地位时,则应当适用,例如本法第 921 条中委托人预付费用的规定、本法第 928 条中委托人支付报酬的规定、本法第 930 条中委托人对受托人损失负担的规定等。

第二十九章 不当得利

本章导言 ▶

　　本章是《民法典》第三编第三分编对不当得利的规定,共 4 条。不当得利系源自罗马法之古老制度,迄今已逾 2000 年。在大陆法系国家,德国、法国之旧民法上仅对非债清偿加以规定,此后经学说和判例的发展,不当得利逐渐发展成为大陆法系民法典中一项独立的法律制度。在英美法系国家,确立了不当得利"损人利己,违反衡平"之实践原则。我国原《民法通则》第 92 条以及《民通意见》第 131 条中亦就不当得利制度进行了规定。在本次民法典编纂中,首先于总则部分第 122 条对不当得利制度做出了一般性规定,之后于本法准合同编就不当得利的成立要件、抗辩事由、善意得利人的返还义务、恶意得利人的返还义务、第三人得利的返还义务等内容作具体规定。

　　第九百八十五条　得利人没有法律根据取得不当利益的,受损失的人可以请求得利人返还取得的利益,但是有下列情形之一的除外:

　　(一)为履行道德义务进行的给付;

　　(二)债务到期之前的清偿;

　　(三)明知无给付义务而进行的债务清偿。

释　义

　　本条是关于不当得利的成立要件和排除事由的规定。

　　不当得利制度是在罗马法上各种"返还财产之诉(condictio)"的基础上发展演进而来。最早适用 condictio 的是消费借贷,由于在消费借贷中所有人丧失其所有权,其不能继续行使原物返还请求权,因此通过赋予所有权人 con-dictio,以对其进行完善的保护。不当得利制度的法理基础是任何人不能通过损害他人而获利,在这一思想的引导下,不当得利制度经历过中世纪共同法时期,在中世纪法学与近代自然法发展的基础上,于近代趋向法典化。本质上,不当得利制度旨在去除无法律上原因的获利,其主要功能在于去除受领人不当获得的利益,因此与侵权责任法着眼于受害人的损害填补有所不同。

关于不当得利的构成要件,我国民法学说以及裁判多采四要件说,即:一方获得利益;他方受有损失;得利和受损间有因果关系;得利没有法律根据,即得利无法律上之原因。详言之:

首先,一方获得利益。不当得利的首要条件是得利人一方须取得利益,若无人获利,则无得利可言。一般而言,所取得的利益主要可分为积极利益和消极利益:第一,所谓积极利益,是指直接增加得利人财产的利益。积极利益主要包括以下情况:(1)权利的取得与利用他人权利获得利益,所有权、限制物权、知识产权以及其他财产权均可以作为不当得利中的利益,债权的取得亦属于此不当得利所指的利益;(2)权利以外的利益亦可以成为不当得利中所指的利益,典型者如登记、占有;(3)劳务、服务或工作的提供,通常情形下,使用他人应支付报酬的劳务、服务或工作,构成不当得利之利益;(4)债务的消灭。第二,所谓消极利益,指得利人的财产应减少而未减少,消极利益主要包括以下几种情形:(1)未支出应支出的费用;(2)未负担应负担的债务;(3)未承担应承担的损失;(4)未设定应设定的限制物权,如因担保物权的消灭使所有权上的负担解除。

值得注意的是,本条中的"不当利益",系指利益的取得不当,并非是指利益本身的不当。而该利益则是指依某特定事实而取得的个别具体利益,不能就得利人的总体财产加以计算,换言之,此种利益是否获得,应遵循法律所确定的权利变动规则而定,而不能依实质上的价值进行判断。得利的方式可以是事实行为或法律行为,该导致得利发生行为的实施者可以是失利人、得利人或第三人。

其次,他人受有损失。不当得利中的损失与"赔偿损失"中的损失(损害)并非同一概念。"赔偿损失"无论在侵权赔偿还是违约赔偿,均旨在填补受损人一方的损害,违约、侵权一方是否得利并不影响损害的赔偿。此外,不当得利制度中的损失仅限于财产损失,而不包括精神损失。他人所受损失主要包括现有财产利益的减少以及应得财产利益的丧失。认定不当得利构成中的损害时,应采具体、个别标准,只要是无法律上原因获得利益,即应认为对方受有损害。损害是否存在应依据利益是否违背权益归属而定,而不应依失利人的财产总额而定。

再次,得利和受损间有因果关系。本条与本法第 122 条相比,去除了"因……取得"的表述,但仍不能否认得利人需从失利人处获得利益,表明得利与受损间须存在因果关系。但损失与利益二者在范围、内容以及发生时间上不必然相同。针对不当得利制度中的因果关系的判断,我国司法判决一般采直接因果关系说,即不当得利关系当事人之间发生直接的财产转移。据此,一方得利与另一方受损具有直接关系。而财产变动的直接性或得利事实的同一性是指,一方得利与另一方受损具有直接关系,两者均基于同一事实发生。

最后,得利无法律依据。原《民法通则》第 92 条的"没有合法根据",事实上并不准确,不当得利的构成不以合法性作为其评价要件。本条的"没有法律根据"较之前的表述更具合理性。没有法律根据包括没有法律行为或没有法律规定上的依据,本法第 129 条所列举的民事权利的取得依据,可兹参考。司法实践和学说多延续德国法上的叫法,称此要件为"无法律上原因"。而根据不当得利制度的不同调整功能,可将不当得利区分为给付型不当得利和非给付不当得利。就此,立法上虽未明文规定,但我国司法实务中多采之。以下对上述"法律上原因"加以详述:

1. 给付型不当得利的法律上原因。给付型不当得利主要指一方基于他方给付而受有利益,无法律上的原因,应负返还义务。给付型不当得利无法律上原因主要指给付者因给付并没有实现追求的目的,或者没有长久地达成其目的。

2. 非给付型不当得利的法律上原因。其又可区分为:

(1)侵害权益型不当得利的法律上原因。

侵害权益型不当得利是指,侵害他人权益而获有利益不具有保有的正当性,应予返还,其要件有三:一是因侵害他人权益而受有利益;二是致他人受损害;三是无法律上原因。关于其法律上原因的争议,主要包括违法性说与权益归属性说。违法性说为早期观点,主要强调侵害的违法性与法律作为一般权益保护工具的功能以及与侵权法并行的功能。通过权益侵害型不当得利返还请求权的行使,权利人可以要求停止对其权利和法益的侵害。当前学者多主张权益归属内容说,其强调在侵害权益型不当得利中,所谓无法律上原因,系指以不当手段取得应归属他人权益之内容,从法秩序权益归属之价值判断上,不具有保有利益的正当性。

(2)支出费用型不当得利的法律上原因。

支出费用型不当得利,是指失利人非以给付的意思,为得利人之物支出费用,而使后者得利。关于此种类型的不当得利的"无法律上原因",通说认为主要指得利人欠缺保有所受利益的正当性,即不存在契约或法律规定上的理由可以使得利人保有得利。

(3)求偿型不当得利的法律上原因。

求偿型不当得利,是指失利人向第三人为给付,使得利人对该第三人所负的义务消灭,因而使得利人得利。若清偿他人债务的行为非基于无因管理或基础行为进行,则债务人所获的债务消灭即无法律上原因。如垫付劳务费用使真正债务人的债务消灭,构成不当得利,真正债务人应予返还。

关于举证责任,在给付型不当得利,失利人有责任证明对方得利无法律上根据,不能证明的,则承担不利后果。非给付型不当得利得利人有责任证明己方得利有法律根据,否则应承担不利后果。

本条第1、2、3项还规定了不当得利请求权的排除事由。

1. 为履行道德义务进行的给付。

所谓"道德上的义务"与法律上的义务不同,对方不得诉请法院判决履行,但如义务人已经自愿提供给付,则不得以不当得利为由请求返还,否则依社会一般观念,有违社会道德。何为道德上的义务可从得利人所受利益价值大小、给付之原因以及双方当事人的关系在个案中进行具体判断。如给远房亲戚抚养费的行为,虽无法律依据,但却系基于道德所为的给付,不构成不当得利。但误认他人子女为自己子女而抚养,则不能认为属于道德上之义务。比较法上,除为履行道德义务进行的给付不构成不当得利外,因礼仪上的义务所进行的给付也会排除不当得利请求权的适用,我国民法虽未对礼仪上的义务进行规定,应认为可对本条道德上的义务进行扩张解释,加以涵盖。

2. 债务到期之前的清偿。在清偿期届满前,债务并非不存在,只是债权人不能请求履行而已,因此债务人对未到期之债务,为清偿而为给付,债权人受领给付有法律上的原因,不构成不当得利。

3. 明知无给付义务而进行的债务清偿。无给付义务而进行的债务清偿,又称非债清偿,即无债务而为清偿。非债清偿是最典型的给付型不当得利,受领人与给付人之间无债务之关系,应负有返还义务。但若一方明知无债务而仍为给付,法律对其无保护之必要,因此排除其不当得利请求权。

第九百八十六条 得利人不知道且不应当知道取得的利益没有法律根据,取得的利益已经不存在的,不承担返还该利益的义务。

释 义

本条是关于善意得利人得利返还义务范围的规定。

本条规定,善意的不当得利债务人,即得利人在得利时不知道且不应当知道其得利无法律根据的,仅负担返还现存利益的义务。换言之,当不当得利债务人不再受有利益时,排除其返还所受利益或价额偿还义务。该规定明示了不当得利法的核心法律思想:返还得利或价额偿还义务不允许导致善意的不当得利债务人的财产因不当得利返还反而减少,其背后是信赖保护的思想。善意的不当得利债务人原则上不必考虑,其得利需要返还。信赖其可以永久保有取得之利益,基于此种信赖其进行了使财产上的支配,即使是对该项财产不利的支配,也不应该波及不当得利债务人的其他财产。若不当得利人开始时不知其无法律依据,之后得知其得利无法律依据,则应返还其知悉取得利益无法律根据时现存的利益,也即对知悉前灭失的得利不负返还义务,并须返还自知悉无法律根据时起计算的利益,如有损害应予赔偿。得利已经不存在的事实应由不当得利债务人负举证责任。

第九百八十七条 得利人知道或者应当知道取得的利益没有法律根据的,受损失的人可以请求得利人返还其取得的利益并依法赔偿损失。

释 义

本条是关于恶意得利人得利返还义务范围的规定。

本条规定,不当得利债务人在取得利益时或之后知悉其无法律根据取得利益的,应返还受领时所受的一切利益,如有损害并应赔偿。针对得利时即知无法律根据取得利益的,其返还义务的范围具体而言,应包括:(1)所获得的利益、不论请求返还时是否存在,均应返还;(2)基于得利所获得的孳息;(3)若得利已经不存在的,不当得利债务人应对不当得利债权人的损害予以赔偿。针对得利之时不知无法律根据而之后知道的不当得利债务人而言,应返还其知悉取得利益无法律根据时现存的利益,也即对知悉前丧失的得利不负返还义务,并须返还自知悉无法律根据时起计算的利益。恶意不当得利债务人依上述方法仍不足以弥补不当得利债权人损失的,此时应就其不足部分,加以赔偿。应由不当得利债权人就不当得利债务人的恶意受领承担举证责任。

恶意不当得利债务人不能主张所得利益不存在,而仍必须价额偿还,实则已经是要恶意的不当得利债务人即使在无财产利益增加的情况下,亦必须负起利益返还责任。除此以外,恶意的不当得利债务人还有损害赔偿责任,可见恶意的不当得利债务人责任,已经超越不当得利去除不当得利取得的制度性功能。

第九百八十八条　得利人已经将取得的利益无偿转让给第三人的,受损失的人可以请求第三人在相应范围内承担返还义务。

释 义

本条是无偿受让的第三人的得利返还义务的规定。

本条规定,得利人将其得利无偿让与第三人而因此免除返还义务的,第三人在其免除返还义务的范围内,应负返还责任。虽然第三人的利益是通过其与得利人之间的法律行为而获得,不能认为无法律根据,原则上第三人不应对不当得利债权人负返还义务。但是得利人若为善意时,其通过无偿让与行为导致得利不存在,依本法第986条免负返还义务。如此,不当得利债权人一方无法向原得利人主张返还,而第三人一方却无偿受有利益,难谓公平,因此法律课以第三人返还义务。由于此种情形属于法律规定的例外情形,因此其适用须满足以下要件:

首先,须为无偿转让。让与须为无偿,如赠与或遗赠,若为有偿,则无论其对价是否相当,均不能适用本条。

其次,被转让的物须为原得利人应返还的物。除原物外,尚包括所收取的原物的孳息,原物的代偿。

最后,须原得利人因无偿让与而免负返还义务。原得利人虽将得利无偿让与给第三人,但是仍对失利人负返还义务时,如得利人恶意,无本法第986条适用余地,则第三人不负返还义务。根据本条,第三人应在"相应的范围内"承担返还义务,相应的范围也即指原得利人免除返还义务的限度。

责任编辑：赵圣涛

封面设计：林芝玉

版式设计：顾杰珍

责任校对：白　玥

图书在版编目（CIP）数据

《中华人民共和国民法典·合同编》释义/杨立新,郭明瑞 主编;戚兆岳,郝丽燕,
　孙犀铭 编著. —北京:人民出版社,2020.6
ISBN 978－7－01－022153－3

I.①中…　Ⅱ.①杨…②郭…③戚…④郝…⑤孙…　Ⅲ.①合同法-法律解释-
中国　Ⅳ.①D923.65

中国版本图书馆 CIP 数据核字(2020)第 099374 号

《中华人民共和国民法典·合同编》释义

ZHONGHUARENMINGONGHEGUO MINFADIAN HETONGBIAN SHIYI

杨立新　郭明瑞　　主编

戚兆岳　郝丽燕　孙犀铭　编著

人 民 出 版 社 出版发行
(100706　北京市东城区隆福寺街 99 号)

北京盛通印刷股份有限公司印刷　新华书店经销

2020 年 6 月第 1 版　2020 年 6 月北京第 1 次印刷
开本:710 毫米×1000 毫米 1/16　印张:32.5
字数:550 千字

ISBN 978－7－01－022153－3　定价:79.00 元

邮购地址 100706　北京市东城区隆福寺街 99 号
人民东方图书销售中心　电话 (010)65250042　65289539